# HISTOIRE
## DE
# LA PEINTURE
## EN ITALIE,

DEPUIS LA RENAISSANCE DES BEAUX-ARTS, JUSQUES VERS LA FIN DU XVIIIe SIÈCLE.

### Par l'abbé LANZI;

TRADUITE DE L'ITALIEN SUR LA 3e ÉDITION,

Par Mme Armande DIEUDÉ.

TOME II.

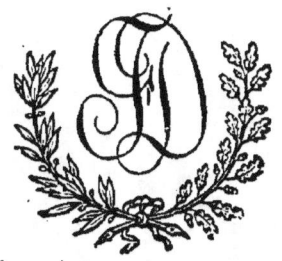

## A PARIS,

Chez { H. SEGUIN, RUE DE SEINE, N° 24.<br>DUFART, QUAI VOLTAIRE, N° 19.

1824.

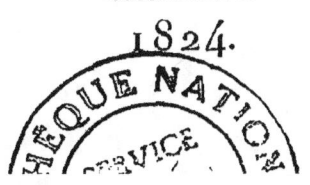

# HISTOIRE DE LA PEINTURE EN ITALIE.

DE L'IMPRIMERIE DE FIRMIN DIDOT,
IMPRIMEUR DU ROI ET DE L'INSTITUT, RUE JACOB, N° 24.

# HISTOIRE
### DE LA PEINTURE
# DANS LA BASSE ITALIE.

## LIVRE III.

### ÉCOLE ROMAINE.

J'AI entendu plus d'une fois des amateurs de beaux-arts mettre en doute, si ce n'était point faire un abus de mots, que de donner le nom d'*école romaine*, à l'école établie à Rome pour l'exercice de la peinture; et si l'on pouvait la caractériser par ce nom avec autant de justesse que celles de Florence, de Bologne et de Venise l'ont été chacune par le leur. Il est vrai que ces dernières ont été fondées, et propagées ensuite pendant une longue succession d'années, par leurs peintres nationaux, tandis que Rome, selon quelques-uns, n'a eu que *Jules*, le *Sacchi*, et un petit nombre d'autres, parmi ses citoyens, qui aient enseigné et formé des élèves. Les autres peintres qu'on y vit briller, ou bien étaient nés dans d'autres villes de l'état romain, ou était tout à fait étrangers. Quelques-uns de ces derniers s'établirent à Rome, et d'autres, après y avoir plus ou moins long-temps travaillé, re-

*Si l'on peut l'appeler avec justesse école romaine.*

vinrent mourir dans leur patrie. Mais il me semble que c'est là une dispute de mots, plutôt que de faits; et l'on peut la comparer à celle que les sophistes péripatéticiens élevèrent jadis contre la philosophie moderne, en s'écriant que celle-ci abusait des termes, et disait, par exemple, *vis inertia*, comme si ce qui est purement *inertie*, pouvait être appelé une force: les modernes sourirent de cette difficulté; ils se contentèrent de répondre à leurs antagonistes, que si ce mot *force* leur déplaisait, ils pouvaient y substituer le mot de *nature*, ou un autre mot équivalent; que du reste c'était du temps perdu que de se contredire sur les mots, et de négliger les choses. On pourrait appliquer le même raisonnement à la discussion de laquelle nous rendons compte, et ceux qui n'approuvent point ici l'emploi du mot *école*, peuvent y substituer celui d'université, ou tout autre terme qui exprime un lieu où l'on exerce et où l'on enseigne la peinture. Or, comme les universités littéraires empruntent toujours leur nom du lieu où elles sont établies, et qu'on a dit, université de Pise, ou de *Padoue*, quoique la plus grande partie des professeurs, et même tous, fussent étrangers; il en est de même des universités de peinture, auxquelles on a toujours donné la dénomination des villes où elles furent fondées, et jamais celle des maîtres qui les dirigèrent.

Le Vasari ne fit point de distinction d'écoles. M. Agucchi fut l'un des premiers qui classèrent la peinture de l'Italie en *lombarde, vénitienne, toscane et romaine* (1). Il fut aussi du nombre de ceux

(1) « Selon le Bottari (*Vite de' pittori*, etc., page 191), l'é-

qui, renouvelant l'exemple des anciens, se servirent du mot *école*, et il parla expressément de *l'école romaine*. Il se trompa peut-être, en lui donnant pour chef, avec Raphaël, le célèbre Michel-Ange, que les écrivains qui ont paru depuis, ont placé à la tête des Florentins. Mais il ne s'est point trompé en la distinguant de toutes les autres écoles, parce qu'elle a, en effet, un style qui lui est propre; aussi, a-t-il été suivi en cela, par tous les écrivains modernes. Le caractère qu'ils assignent à l'école romaine, est l'imitation des marbres antiques, non-seulement dans ce qu'ils offrent de plus énergique, mais encore dans ce qu'ils ont de plus noble et de plus élégant : ils y remarquent d'autres détails que nous indiquerons lorsqu'il en sera temps. C'est ainsi que cette dénomination d'*école romaine*, soit à juste titre, soit par convention, a prévalu de tous côtés : et puisqu'elle sert à distinguer l'un des principaux styles de la peinture, il est nécessaire d'en faire usage, si nous voulons être entendus. Du reste, nous ne disons point l'*école des Romains*, comme on pourrait dire l'*école des Florentins*, en parlant de celle que nous avons décrite dans le premier livre. Néanmoins, si l'on voulait désigner ainsi cette dernière, on pourrait encore lui contester cette appellation prise dans son sens le plus étendu. Ainsi, l'on ne peut rien conclure contre l'école romaine, de ce que des artistes étrangers ont enseigné à Rome, et qu'ils y ont même dominé à l'égard de la

« cole romaine, dont Raffaello et Michelangiolo ont été les
« peintres les plus célèbres, a imité la beauté des statues, et
« s'est approchée de la perfection des anciens. »

peinture; car, dans l'école de Venise, on doit compter comme étranger, Tiziano de Cadore, Paul de Vérone, Jacopo de Bassano. S'ils furent regardés comme vénitiens, c'est parce qu'ils étaient sujets de cet état, et que ce terme comprend en général ceux qui sont nés dans la métropole, et dans toute l'étendue de la république; il en est de même de ceux de l'état ecclésiastique. Outre les maîtres qui étaient nés à Rome, il y vint des maîtres des autres villes du domaine de l'Église, et qui, en enseignant à Rome, ont continué la première succession de peinture, et ont propagé en quelque sorte les premières doctrines. Ne nous arrêtons point à Pier della Francesca, et à Pietro Vannucci, et commençons depuis Raphaël. Il naquit à Urbino, sujet d'un duc dépendant du Saint-Siège, qui remplissait à Rome, auprès du pape, les fonctions de préfet de la ville, et dont l'état devint, par l'instinction de sa descendance masculine, l'héritage de l'Église; Raphaël n'était donc point étranger à la domination romaine. Jules Romain et ceux de son école lui succédèrent, et furent remplacés à leur tour par les *Zuccari*, et les *Maniéristes* de ce temps, jusqu'à ce que la peinture fût ramenée à de meilleurs principes par le Baroccio, et le Baglione. Après ceux-ci fleurirent le Sacchi et le Maratta, dont les successeurs se sont reproduits jusqu'à nos jours. L'école romaine, renfermée dans ces limites, n'en est pas moins une école nationale, et même très-riche, si non pour le nombre, au moins, si j'ose ainsi parler, pour la valeur de ses monnaies. Raphaël vaut à lui seul une foule de bons peintres.

Quant aux autres artistes qui vécurent à Rome, et qui suivirent les principes qu'on y avait adoptés, je ne veux ni les donner ni les soustraire à l'école romaine. J'ai déclaré, dès le commencement de cet ouvrage, que je ne voulais point prononcer dans des questions puériles et étrangères à mon sujet, et je ne sortirai point des bornes que je me suis prescrites. Je ne placerai pas non plus dans cette série de peintres ceux qui, malgré leur résidence dans la ville pontificale, se firent toutefois un style absolument différent de celui de l'école. Michelangiolo de Caravaggio fut de ce nombre; ainsi, laissons le figurer, ou parmi les Lombards à cause du lieu de sa naissance, ou parmi les Vénitiens à cause du lieu de ses études. Qu'il suffise à l'exactitude de l'histoire, que l'on en fasse mention en parlant de Rome où il vécut, et où il exerça son influence sur le goût des artistes nationaux, soit par ses ouvrages, soit par les élèves qu'il forma. L'on trouvera encore beaucoup d'autres noms dispersés de la même manière dans le cours de cet ouvage. Les rapporter est une obligation de l'historien, et en même temps un titre de gloire pour l'école romaine, qui semble avoir été le centre de toutes les autres. On dirait même que tant d'habiles maîtres n'auraient pu devenir tels, s'ils n'avaient point vu Rome, ou qu'ils n'auraient pu paraître grands aux yeux du reste du monde, si Rome ne leur avait accordé son suffrage.

Je ne marque point les limites de cette école par celles de l'état ecclésiastique, car ce serait y comprendre Bologne, Ferrare et la Romagne, dont j'ai réservé les peintres pour un autre volume. Je ne considère seulement ici, avec la métropole, que les provinces qui en sont le plus rapprochées, comme le Latium, la Sabine, le Patrimoine de St-Pierre, l'Ombrie, le Picenum

*Limites de l'école romaine.*

et l'état d'Urbin, dont les peintres furent pour la plupart élevés à Rome, ou du moins par des maîtres qui en étaient venus. Les notices historiques nous seront offertes, après l'ouvrage du Vasari, par le *Baglione*, le *Passeri* et Léon *Pascoli*. Ces auteurs écrivirent les Vies d'une multitude d'artistes, qui travaillèrent à Rome, et le dernier y joignit celles des Pérugins ses compatriotes. Il n'a pas le mérite des trois précédents, mais on ne doit pas le dédaigner autant que *Ratti* et *Bottari* l'ont fait dans quelques-unes des *Lettere Pittoriche*. Ce dernier ne l'épargne pas non plus dans ses notes sur le *Vasari*, où il l'appelle *écrivain misérable et sans réputation*. Il est vrai que son ouvrage sur les artistes de Pérouse fait voir clairement qu'il transcrivait ce que les autres avaient écrit bien ou mal, et qu'il donnait plus de poids qu'il n'aurait dû aux traditions populaires *sur les artistes anciens*. Mais dans son autre ouvrage, où il s'occupe des *peintres*, des *sculpteurs* et des *architectes modernes*, il n'est pas sans autorité. Dans toutes les branches de l'histoire, on doit faire cas des écrivains synchronistes, particulièrement s'ils ont connu ceux desquels ils parlent, et s'ils ont été leurs amis. *Pascoli* eut cet avantage, par les rapports qu'il eut avec les artistes dont il fait mention dans son livre; car, outre les instructions qu'il en reçut de vive voix, il trouva une nouvelle source de lumières dans ses entretiens avec ceux de leurs plus intimes amis qui leur avaient survécu. Il n'épargna, d'ailleurs, aucunes recherches pour parvenir à la connaissance de la vérité (\*).

---

(\*) V. *Vita del Cozza*.

Les jugements qu'il porte sur chaque peintre ne sont donc point à négliger, puisqu'il les recueillait de la bouche des artistes qui vivaient alors à Rome, ainsi que l'a remarqué Vinckelmann (*); et si ces derniers se sont trompés, comme il le prétend, à l'égard des sculpteurs grecs, ils ne seront point tombés dans la même erreur au sujet des peintres modernes; en particulier, le *Luti*, aux opinions duquel je crois que Pascoli se conforma plus qu'à celles de tous les autres, à cause de l'estime et de l'amitié qu'il avait pour lui.

*Bellori* écrivit d'autres vies d'une plume beaucoup plus savante, et avec plus de critique. Il s'était d'abord appliqué à la peinture; mais je conjecture, d'après Pascoli (**), qu'il se dégoûta de cet art et l'abandonna, pour se livrer à la poésie et à l'étude de l'antiquité. On découvre son habileté, relativement à ces deux genres de connaissances dans les Vies qu'il a écrites; elles sont en petit nombre, mais remplies de descriptions intéressantes, et d'analyses détaillées des caractères des peintres et surtout de leurs ouvrages. Il dit lui-même qu'il avait en cela suivi le conseil de Nicolas Poussin. Il composa de plus une *description des images peintes par Raphaël dans les salles du Vatican*. Il montre quelque amertume contre *Vasari* (1), dans ce petit livre qui cependant est fort utile.

Il faut mettre au nombre des écrivains qui abondent en anecdotes piquantes, le *Taja*, dans sa *description du palais vatican*, et le *Titi* dans celle des *peintures*,

---

(*) T. I, page 150.
(**) *Vita del Canini.*
(1) V. les *Lett. Pitt.*, T. I, page 323, et *i Dialoghi sopra le tre arti del disegno*. Lucques, 1754.

*sculptures et architectures, exposées en public à Rome.* Ce dernier ouvrage a été réproduit et augmenté il n'y a pas long-temps, et nous le citons quelquefois sous le titre de *Guide.* D'autres villes ont eu des *Guides* semblables, entre autres Pesaro, pour laquelle M. *Becci* en a rédigé un. Ceux d'Ascoli et de Pérouse sont l'ouvrage de M. Baldassare Orsini, habile architecte. Il existe, en outre, des *Lettere Perugine* de M. le docteur *Annibale Mariotti,* qui traitent des peintres anciens de Pérouse. Ce recueil est accompagné de nombreux documents, et rempli d'une saine critique, qui le rend très-recommandable. On peut encore citer dans ce genre *la Risposta* du même *Orsini* dont nous venons de faire l'éloge; mais j'aurais voulu qu'il n'eût point parlé des antiquités étrusques, s'il ne pouvait le faire sans retomber dans des préjugés anciens, que le bon sens a proscrits depuis long-temps : il offre du reste une lecture utile. Pour revenir aux descriptions, nous en avons de plusieurs temples, comme celle de la basilique de Lorette; celle des églises d'Assise composée par le P. *Angeli*; l'histoire de la cathédrale d'Orvieto, écrite par le P. *Della Valle*, et les opuscules sur les églises de S. François de Perouse, ou de S. Pier de Fano, décrites par des anonymes. On trouve des détails très-récents sur plusieurs peintres du *Picenum*, de l'Ombrie et d'Urbin; ils ont été produits par M. l'abbé *Colucci* dans le *Antichità Picene* qui, à ma connaissance, s'étendent jusqu'à 31 volumes (1).

(1) On a rassemblé dans cet ouvrage plusieurs productions de plumes diverses; nous n'avons néanmoins pas fait également usage de toutes, parce qu'il nous a semblé que certaines peintures que l'on y donne pour originales, ne sont en effet que

Je trouverai dans les savants écrivains que j'ai nommés, et dans d'autres que j'aurai quelquefois occasion de citer; les matériaux qui me seront nécessaires pour mon travail, quoique j'en aie rassemblé de moi-même une grande partie, soit en consultant de vive voix, soit en m'adressant par écrit à ceux dont je pouvais attendre des lumières.

Mais en voilà assez pour notre introduction, et il est temps de passer à la première époque de l'école romaine.

## PREMIÈRE ÉPOQUE.

### Les anciens.

Ceux qui ont parcouru l'étendue de pays, à laquelle nous venons de circonscrire les matières de ce troisième livre de notre histoire, doivent avoir observé que, malgré le soin qu'on a pris de substituer toujours de nouvelles productions, aux anciennes images qui sont répandues dans cette partie de l'Italie, on y conserve encore, çà et là, des peintures grecques et latines des premiers temps : les premières, offrent la preuve évidente que les Grecs vécurent dans cette

des copies, et que l'on peut, sans aucun préjudice pour l'histoire, omettre plusieurs des peintres qui y sont nommés. Nous indiquons souvent dans nos citations le compilateur et quelquefois même les auteurs des opuscules les plus remarquables; comme, le P. *Civalli*, le *Terzi*, M. *Agostino Rossi*, M. l'archiprêtre *Lazzari*, à l'égard desquels nous renvoyons à notre second index, où nous rapportons les titres qu'ils mirent en tête de leurs ouvrages.

XII⁰ siècle. contrée; et les secondes, que nos Italiens peignirent en concurrence avec eux. L'un de ceux-ci, auquel on donne le nom de *Luca*, passe pour être le véritable auteur du tableau d'autel de la Vierge, à Ste-Marie Majeure, et de toutes les autres peintures de l'état romain et du dehors que l'on attribue communément à Saint-Luc l'évangéliste. Nous examinerons bientôt quel était ce Luc, si ce fut un seul peintre, ou si plusieurs furent confondus sous ce même nom. L'ancienne opinion sur ce point fut d'abord adoptée par le Manni (1), et après lui, par Piacenza (*). Elle n'a aujourd'hui de partisans que parmi le peuple; et c'est parmi le peuple que l'on doit classer la multitude infinie de ceux qui ferment l'oreille à une sage critique, comme à un dogme de novateurs. Le silence des anciens contredit les traditions populaires auxquelles on peut encore opposer la circonstance que, dans les premiers siècles de l'église, on ne représentait point la mère de Dieu, avec l'Enfant-Jésus entre ses bras (2), mais avec les mains étendues, dans l'attitude de la prière : c'est ce que prouvent les vitraux de cimetière, que l'on voit au musée *Trombelli*, à Bologne, avec

---

(1) *Dell' errore che persiste*, etc. V. le second index. Elle fut adoptée par *Crespi*, dans sa *Dissertazione anticritica*, citée dans ce même index. Elle fut suivie aussi par le P. *dell' Aquila*, dans le *Dizionario portatile della Bibbia, tradotto dal francese*, qui contient une note fort étendue sur ce sujet, après l'article *S. Luc*.

(*) T. II, page 120.

(2) V. les *Opuscoli calogeriani*, T. 43, où l'on rapporte une savante dissertation qui prouve que cet usage s'était introduit vers la moitié du cinquième siècle, à l'occasion du concile d'Éphèse.

l'inscription *Maria*; et plusieurs bas-reliefs de sarcophages chrétiens, dans lesquels la Vierge est représentée de la même manière. Rome en renferme plusieurs, et j'en ai vu un fort grand, composé de figures symboliques, à *Velletri* (1).

On croit donc, généralement, que tous les tableaux attribués à Saint-Luc, sont des ouvrages de plusieurs peintres du même nom. *Lami* a produit une légende du quatorzième siècle sur la *Madonna dell' Impruneta*, où il est rapporté que cette peinture est l'ouvrage d'un Luca de Florence, auquel ses vertus chrétiennes firent donner le surnom de Saint (2). Et comme il avait peint cette image de l'Impruneta, on crut qu'il avait peint aussi celle de Bologne, et toutes celles de Rome et de l'Italie, qui sont faussement attribuées à Saint-Luc l'évangéliste. Mais elles ne sont point toutes du même style, et portent quelquefois des caractères grecs; ainsi, l'on est obligé de conclure qu'elles sont peintes par des mains différentes quoiqu'elles semblent toutes appartenir au douzième siècle ou environ. Du reste, l'erreur dont elles sont l'objet ne s'est pas seulement acréditée en Italie, dans les temps passés, mais aussi dans plusieurs églises orientales. L'auteur des *anecdotes des beaux-arts* raconte

St-Luc.

---

(1) Il a été gravé par les ordres du savant cardinal Borgia. L'on commença vers la moitié du cinquième siècle à la représenter avec l'Enfant-Jésus entre ses bras. V. le passage cité plus haut dans les *Opuscoli calogeriani*.

(2) « L'auteur de cette peinture fut un serviteur de Dieu, « dont la vie fut exemplaire. Il était de Florence et se nommait « *Luc*, mais on l'appelait communément le *saint*. » V. Lami, *Deliciæ eruditorum*, Tome xv.

qu'en Grèce, on a dans la plus grande vénération le nom de Saint-Luc, ermite, qui avait grossièrement peint quelques images de la Vierge, et qu'à ce nom de Saint-Luc ermite, par lequel il avait d'abord été désigné, l'erreur populaire avait fait succéder celui de Saint-Luc évangéliste. *Tournefort* (*), cite un portrait de la Vierge que l'on voit au Mont-Liban, et que l'opinion vulgaire attribue à Saint-Luc; mais son véritable auteur est encore un autre Luc, moine d'une époque très-reculée, qui se distingua par la sainteté de sa vie.

XIII<sup>e</sup> siècle. Il nous reste à Assise de plus grandes compositions, et de peintres Grecs et de peintres Italiens qui vécurent pendant le treizième siècle, ainsi que je l'ai rapporté dans le premier livre; et l'on peut ajouter aux peintures sur murailles que j'ai citées, d'autres peintures sur bois, ouvrages dont les auteurs sont inconnus. Tel est le crucifix de Sainte-Claire, peint, si l'on doit en croire la tradition, avant que Giunta eût paru. On voit même à Subiaco, une autre peinture antérieure à celle-ci, puisqu'elle porte la date de 1219; elle représente la Consécration d'une église, et le

Conciolo. peintre y a mis pour inscription : *Conxiolus pinxit*.

Si l'on voulait, outre les peintres, considérer les *miniaturistes*, on pourrait rappeler une foule de leurs productions, répandues dans la bibliothèque vaticane, et dans d'autres qui existent à Rome. Je me contenterai de citer le Saint-Augustin de la bibliothèque publique de Pérouse, dans lequel on voit le Rédempteur avec plusieurs saints, et le commencement de la Genèse, figuré

(*) Voyag., etc.

en miniature. La roideur et la profusion des plis y décèlent le style grec, mais ces ouvrages servent du moins à prouver que cet art était déja connu dans l'Ombrie; ce n'est point même dire assez, car, je dois ajouter que dès ce siècle, il y avait à Pérouse un nombre de peintres assez considérable pour en former une corporation, comme on le voit dans le *Lettere Perugine*, citées un peu plus haut; et en ayant égard au temps, ces peintres devaient être pour la plupart des *miniaturistes*.

C'est un peu plus tard que l'on doit placer la première éducation d'*Oderigi* de Gubbio, ville très-rapprochée de Pérouse. Le Vasari rapporte qu'Oderigi *fut véritablement un habile homme et un intime ami de Giotto, à Rome*. Dante l'appelle dans son second poëme, l'*honneur d'Agobbio et de l'art de la miniature*. C'est d'après ces notions, que le Baldinucci sans se mettre en peine de faire d'autres recherches introduit cet ancien artiste dans l'école de Cimabue, pour le placer dans son arbre généalogique prétendu. C'est sur ces bases qu'il appuie sa conjecture, en lui donnant, selon son usage, beaucoup plus de poids qu'elle ne méritait; mais, quoiqu'il l'ait délayée dans une abondance de paroles, elle se réduit à cet enthymême: Giotto, Oderigi, Dante savaient dessiner et ils étaient amis; donc, ils s'étaient connus à l'école de Giotto. Faible raisonnement dont nous renvoyons l'examen à l'histoire de l'école bolonaise, par la raison qu'Oderigi vécut à Bologne, et y forma *Franco*, maître auquel cette ville commence la série de ses peintres. On croit qu'Oderigi fit aussi quelques élèves dans sa patrie; et en effet, peu de temps après lui, c'est-à-

Oderigi de Gubbio.

*Cecco et Puccio de Gubbio.*

*Guido Palmeruccio.*

dire en 1321, on trouve *Cecco* et *Puccio* de Gubbio, salariés comme peintres de la cathédrale d'Orvieto. Puis vers 1342, *Guido Palmerucci*, aussi de *Gubbio*, employé dans le palais public de sa ville natale. Il est resté de lui un ouvrage à fresque dans le premier vestibule de cet édifice, mais il a été fort endommagé par le temps, à l'exception de quelques demi-figures de saints, dans lesquelles il ne le cède point aux plus habiles peintres de l'école de Giotto. On trouve d'autres vestiges de peinture fort anciens à la confrérie des pénitents-blancs. On apprend par les archives de cette corporation, que le tableau de Saint-Blaise fut restauré par un Donato, en 1374, ce qui annonce qu'il devait être d'une bien plus grande ancienneté. Je tiens ces détails, ainsi que beaucoup d'autres, du savant M. Sébastiani Rangliasei, patricien que Gubbio s'honore d'avoir vu naître, et qui a fait des artistes de son pays, un catalogue inséré depuis dans le quatrième volume de la dernière édition du Vasari.

XIV<sup>e</sup> siècle.

*Pietro Cavallini.*

Parvenu à l'époque de Giotto, le premier peintre qui se présente à nous est *Pietro Cavallini*, instruit par lui à Rome (1), dans les deux arts de la peinture et de la mosaïque, qu'il exerça avec autant d'intelli-

---

(1) C'est ainsi que s'exprime le Vasari qui a écrit la *Vie* de ce peintre ; mais le P. della Valle nous donne comme « très-« probable qu'il fut élève de *Cosimati* et non de Giotto, parce « que le Cavallini était contemporain de Giotto. » Je lui accorde qu'il ne comptait que quelques années de moins et qu'il ait pu apprendre quelque chose à l'école de Cosimati, mais ce style régénéré, véritablement conforme aux principes de Giotto, dans lequel il le cède à peine au Gaddi, qui pouvait le lui avoir communiqué si ce n'était Giotto lui-même ?

gence que d'application. Le Guide de Rome le nomme quelquefois; celui de Florence cite une Annonciation qu'il peignit à St-Marc, et le Vasari indique plusieurs autres de ses peintures dans des chapelles de la ville. L'une d'entr'elles est placée dans le magasin public des grains. La plus étonnante de ses compositions est à Assise; c'est une peinture à fresque qui occupe une grande surface dans une des divisions du temple. Il y représenta le Crucifiement du Rédempteur, au milieu d'une foule de soldats et de chevaux, et environné d'un peuple innombrable, dont les costumes et les sentiments offrent la plus grande variété. Il figura dans les airs une quantité d'anges dont les traits et les attitudes expriment la douleur : l'étendue et l'esprit de cette composition, rappelle le Memmi, et l'on y remarque dans l'un des Crucifix, que l'auteur connaissait l'art du raccourci, et en essaya l'emploi avec assez de bonheur. La couleur s'en est très-bien conservée, surtout le bleu, qui dans cet ouvrage ainsi que dans d'autres endroits de l'église, forme véritablement un ciel de *saphir oriental*, pour parler le langage de ces poètes.

Le Vasari ne lui connaît point d'autre élève que *Gio.* de Pistoïe, mais Pietro Cavallini, qui avait fait sa résidence à Rome pendant presque toute sa vie, dont la durée se prolongea jusqu'à 85 ans, dut contribuer puissamment aux progrès de l'art, dans la métropole, et dans les villes moins considérables qui l'avoisinent. Quoi qu'il en soit, on trouve encore dans cette partie de l'Italie, des peintures, ou du moins quelque souvenir des peintres nationaux du siècle dans lequel il vécut. Velletri revendique un Andrea, dont on conserve un *Triptyque* dans le riche et précieux musée Borgia. Il

Gio. de Pistoïe.

Andrea de Velletri.

représente la Vierge environnée de plusieurs saints; sujet de composition généralement adopté alors, ainsi que je l'ai déja remarqué, ce qui me dispensera de le répéter encore. On y lit le nom du peintre, et l'année 1334. L'exécution s'y rapproche de la manière siennoise, plutôt que de toute autre. On connaît sous la date de 1321, les ouvrages d'*Ugolino* d'Orvieto, de *Gio. Bonini* d'Assise, de *Lello* de Pérouse, de *F. Giacomo* de Camerino, dont nous avons fait mention ailleurs, et qui tous furent appelés à peindre dans la cathédrale d'Orvieto. M. Mariotti nous a indiqué par ses lettres, d'autres peintres de Pérouse; et l'*Ascevolini*, historien de la ville de Fabriano, nous a transmis la mémoire d'un maître fort ancien de son pays. Il écrit que dans l'église villageoise de Santa Maria Maddalena, on voyait de son temps une peinture à fresque de *Bocco*, faite en 1306. M. Colucci parle dans son vingt-cinquième volume (*), d'un *Francesco Tio* de Fabriano, qui, en 1318, orna la tribune des conventuels à Mondaino; le temps l'a détruite : mais Fabriano possède en revanche des productions de l'un de ses successeurs, dans l'oratoire de St-Antoine abbé, dont les murs subsistent encore. Il y est resté plusieurs sujets tirés de l'histoire de ce saint, et ils sont partagés, suivant l'usage antique, en plusieurs tableaux, au-dessous desquels on lit cette inscription : *Allegrettus Nutii de Fabriano, hoc opus fecit* 136....

Une des circonstances qui contribuèrent beaucoup à l'avancement de l'art dans toutes ces villes, fut la proximité d'Assise, où les élèves de Giotto travail-

---

(*) Page 183.

# PREMIÈRE ÉPOQUE.

lèrent après leur maître, et plus que tous les autres, *Puccio Capanna* de Florence. Celui-ci que l'on compte parmi les meilleurs peintres de son école, après avoir travaillé à Florence, à Pistoïe, à Rimini et à Bologne, se fixa, selon la conjecture du Vasari, à Assise, où il laissa une multitude de ses productions.

Puccio Capanna.

Le siècle suivant est beaucoup plus fécond en notices, par la raison que les papes, ayant quitté le séjour d'Avignon, et ayant rétabli leur résidence à Rome, se plurent à embellir le palais Vatican, et y employèrent ainsi que dans les basiliques, les peintres qui avaient le plus de réputation. Aucun de ceux qui se firent un nom, n'était romain ; mais on compte parmi ceux qui appartenaient à l'état ecclésiastique, Gentile de Fabriano, Piero de la Francesca, le Bonfigli, le Vannucci, le Melozzo, qui le premier prépara la route à la connaissance de la perspective de bas en haut. Les étrangers furent le *Pisanello*, *Masaccio*, le *Beato Angelico*, le *Botticelli* et ses émules. Le *Mantegna*, dit-on, s'y trouva parmi eux, et il y laissa les peintures de la chapelle d'Innocent VIII, où elles existent encore, quoique cette chapelle ait changé de destination : je parle de chacun d'eux, en traitant des écoles auxquelles ils appartiennent, et je ne veux ici que rappeler ceux qui fleurirent de l'Uffente au Tronto, et au delà du Metauro (\*), limites de l'espace auquel ce troisième livre est consacré. Je pourrais en rassembler un grand nombre, dont les noms remplissent d'autres livres, comme, un Andrea et un Bartolommeo d'Orvieto, ou un Mariotto de Viterbe, avec une foule

XV<sup>e</sup> siècle.

Andrea et Bartolommeo

(\*) Fleuves d'Italie.

d'autres artistes, qui peignirent à Orvieto, depuis 1405 jusqu'en 1457; et y joindre enfin plusieurs peintres qui travaillèrent à Rome même, tels qu'un Giovenale, un Salli de Celano, etc., tombés dans l'oubli depuis long-temps. Mais sans nous arrêter à cette nomenclature inutile, nous passerons en revue les artistes du Picenum, du duché d'Urbin, et du reste de l'Ombrie, où nous trouverons les traces de plusieurs écoles qui se soutinrent pendant une longue succession d'années.

<small>d'Orvieto. Mariotto de Viterbe.</small>

<small>Gentile de Fabriano.</small>

Celle de Fabriano dans le Picenum, paraît être fort ancienne, et elle produisit alors *Gentile*, l'un des premiers peintres de son temps. C'est le même duquel le Buonarroti disait qu'il avait un style analogue à son nom. Gentile commença de se faire connaître parmi les peintres de la cathédrale d'Orvieto, en 1417. C'est alors, ou peu de temps après, qu'il est nommé dans les livres de la fabrique, *Magister Magistrorum*, à propos d'une madone qu'il y peignit, et qui existe encore. Il demeura ensuite à Venise, où après avoir décoré le palais communal, il fut récompensé par la république, qui lui assura une pension, et lui accorda le privilége de porter la toge, comme les patriciens de la ville. C'est là, dit le Vasari, qu'il fut le *maître et comme le second père* de Jacopo Bellini, père et précepteur de deux peintres qui devinrent l'ornement de l'école vénitienne. Le premier fut Gentile, qui reçut ce nom en mémoire du maître de son père, et qui naquit en 1421; le second fut Giovanni, qui eut plus de célébrité que son frère, et dont l'école produisit Giorgione et Tiziano. Gentile de Fabriano travailla aussi à Rome dans l'église de St-Jean de Latran, en concurrence avec Pisanello, au temps de Martin V.

On doit regretter que les peintures qu'il exécuta aient péri, ainsi que celles qu'il fit à Venise. Facio, qui a écrit son éloge, et qui avait vu ses ouvrages les plus soignés, le vante comme un peintre universel, qui représentait avec une étonnante vérité, non-seulement les hommes et les édifices, mais encore les tempêtes les plus violentes, au point qu'on éprouvait de la terreur en les regardant. Lorsqu'il figura dans St-Jean de Latran, l'histoire du patron de cette église, avec les cinq prophètes, peints de couleur de marbre, il se surpassa lui-même, et sembla préssentir sa mort, qui arriva en effet peu de temps après, sans lui laisser le temps d'achever son ouvrage. Mais selon ce que Facio entendit raconter, cette peinture n'en parut pas moins admirable à Roger de Bruges, qui était venu passer l'année sainte à Rome, et qui jugea que Gentile de Fabriano était le premier de tous les peintres de l'Italie : comme il avait fait une *innombrable quantité d'ouvrages*, disent Vasari et Borghini, pour la Marche d'Ancône et pour l'état d'Urbin, mais en particulier pour Gubbio et pour Città di Castello, lieux voisins de sa patrie; il reste dans ces divers pays, ainsi qu'à Pérouse, quelques tableaux de son style. On en montre un très-bien exécuté dans une église de village, appelée la Romita, dans le territoire de Fabriano (1).

Florence a conservé deux de ses plus beaux ouvra-

(1) Dans les archives de la collégiale de St-Nicolas à *Fabriano*, l'on conserve un catalogue des peintures de la ville, qui m'a été communiqué par M. le chanoine Claudio Serafini. Ce tableau, qui est partagé en cinq divisions, y est nommé ; et l'on ajoute « que pour admirer un si bel ouvrage, il s'est présenté en ce lieu « plusieurs peintres fameux, entre autres, le célèbre Raphaël. »

2.

ges; l'un, placé à St-Nicolas, représente des images du saint évêque, avec plusieurs traits de sa vie; l'autre qui orne la sacristie de la Ste-Trinité, est une Epiphanie, et porte la date de 1423. Ces peintures se rapprochent beaucoup du style de B. Angelico, à l'exception que les proportions des figures sont moins sveltes, les idées moins gracieuses, les franges d'or et le brocart plus prodigués. Vasari veut que Gentile ait été l'écolier de ce religieux, et Baldinucci appuie son opinion, quoiqu'en disant que le P. Angelico prit l'habit de son ordre, dans *un âge fort tendre*, eu 1407, époque qui, si on la compare à celle de Gentile, exclut entièrement la possibilité de ce fait. Je crois que l'un et l'autre eurent pour maîtres des miniaturistes : je le conjecture d'après le fini et le goût de leur peinture, qui ne s'élève que très-rarement jusqu'aux grandes proportions, et ressemble toujours au travail délicat de la miniature.

Antonio de Fabriano.

On nomme un *Antoine* de Fabriano, comme l'auteur d'un Crucifix fait en 1454; peinture sur bois, que j'ai vue à Matelica, chez MM. Piersanti. La manière n'en est point aussi belle que celle de Gentile (1).

L'inscription d'un ancien tableau que l'on conserve encore à Perouse, dans la communauté de St-Dominique, nous découvre un peintre de Camerino, c'est-à-dire des mêmes environs, qui exerçait son art en 1447.

G. Bochatis. On y lit *Johannis Bochatis de Chamereno*. San Severino, qui n'en est pas très-éloigné, fut le lieu de la

---

(1) Dans la note ci-dessus, extraite des archives, on indique encore deux tableaux sur bois fort anciens d'un Giuliano Fabriano; l'un à St-Dominique, l'autre aux Capucines.

naissance d'un *Laurent*, qui peignit à Urbin, de concert avec un de ses frères, l'oratoire de St-Jean-Baptiste, où tous les deux figurèrent des actions diverses de ce saint. Ces artistes sont au-dessous de leur siècle. J'ai vu quelques autres de leur ouvrages, d'après lesquels il paraît qu'ils vivaient en 1470, et ils peignaient comme on l'aurait fait à Florence en 1400. D'autres peintres de la même province sont nommés dans *l'Histoire du Picenum*; entre autres, à S. Ginesio, un *Fabio di Gentile di Andrea*, un *Domenico Balestrieri*, un *Stefano Folchetti*, desquels on cite des ouvrages qui ont une date certaine (1). Quelques étrangers, à peine connus dans leur patrie, vécurent aussi dans cette étendue de pays. Tels furent, *Francesco* d'Imola, élève du Francia, qui figura une Descente de croix, aux conventuels de Cingoli; et *Carlo Crivelli*, vénitien, qui, après avoir erré de pays en pays, se fixa enfin à Ascoli. C'est principalement dans cette ville, que l'on retrouve de ses ouvrages; je parlerai de son mérite, lorsqu'il sera question de l'école vénitienne; j'ajouterai seulement ici, qu'il eut pour écolier *Pietro Alamanni*, le premier des peintres d'Ascoli, et l'un des plus recommandables du quinzième siècle. Il fit en 1489 un tableau sur bois à Santa Maria de la Charité. On vit travailler vers ce temps, et dans les mêmes environs, un *Vittorio Crivelli* de Venise. Je conjecture qu'il était de la famille, et peut-être de

Lorenzo de S Severino.

Fabio di Gentile. Domenico Balestrieri. Stefano Folchetti.

Francesco d'Imola.

Carlo Crivelli.

Pietro Alamanni.

Vittorio Crivelli.

(1) Tome XXIII, page 83, etc.; le premier est l'auteur de l'ancienne image de sainte Marie de la consolation, église bâtie en 1442; le second a fait les peintures de l'église de St-Roch, en 1463; le troisième a fait un tableau d'autel dans celle de St-Libérat, en 1494.

l'école de Carlo : le livre intitulé *le Antichità Picene*, en fait plusieurs fois mention.

Urbin avait aussi ses peintures, car les souverains de ce duché n'étaient point demeurés inférieurs en matière de bon goût, aux autres princes de l'Italie. Dès la renaissance de la peinture, on y trouve Giotto, et après lui, plusieurs adeptes de son école. Plus tard, Gentile di Fabriano (1), un Galeazzo, et peut-être un Gentili d'Urbin. Je vis à Pesaro, dans le couvent de Saint-Augustin, une madone, tableau dont le fond est orné d'une assez bonne architecture, et au bas duquel on lit, *Bartholomæus magistri Gentilis, de Urbino* 1497. Le même nom se retrouve, mais sans indication de pays, dans un ancien tableau de 1508, à *Monte Cicardo* (\*). Je suis dans le doute si ce M. Gentilis désigne le père de Bartolommeo, ou son maître, duquel, selon l'usage de ce temps, l'écolier aurait emprunté son surnom. Mais il est certain que le peintre dont il est question ici, ne doit point être confondu avec Bartolommeo, originaire de Ferrare, dont le fils, Benoît, signe *Benedictus quondam Bartholomæi de Fer. pictor*, 1492, comme on le voit à Saint-Dominique d'Urbin, dans le tableau de la chapelle des *Muccioli*, leurs descendants.

Il reste encore à Urbin des peintures du père de Raphaël qui, dans une lettre de la duchesse Giovanna della Rovere, lettre qui est la première des Pittoriche, est signalé comme un peintre de *beaucoup de mérite*.

(1) De Galeazzo Sanzio, et de ses enfants. V. la seconde époque.

(\*) *Ant. Pic.*, T. XVII, 145.

On voit à l'église de Saint-François, un bon tableau de sa main, représentant un Saint-Sébastien; il a introduit, dans cette composition, plusieurs portraits dans une attitude suppliante. On lui attribue en outre, dans une petite église dédiée au même saint, le martyre de ce Patron, avec une figure en raccourci, que Raphaël, étant fort jeune, imita dans le tableau des noces de la Vierge, à Città di Castello.

Le père de ce grand peintre signait les ouvrages, *Jo. Sanctis Urbi*; c'est-à-dire, *Urbinas*. C'est ainsi que j'ai lu l'inscription d'une Annonciation qu'il peignit dans la sacristie des Conventuels de Sinigaglia. On y voit un ange d'une beauté ravissante, avec l'Enfant-Divin, qui descend du séjour céleste de son Père. Cette peinture paraît imitée de celle de Pietro Perugino, avec lequel le Sanzio travailla pendant quelque temps, ce qui ne l'empêcha point de conserver un style plus ancien. Les autres figures sont moins belles; cependant elles sont gracieuses, et les contours en sont soigneusement étudiés. Mais celui des peintres de la même ville qui se distingue par-dessus tous les autres, fut F. Bartolommeo Carradini, d'Urbino, dominicain, appelé autrement *F. Carnevale*. On voit aux *réformés* un de ses tableaux, dont la perspective est défectueuse et qui a toute la profusion d'ornements que l'on reproche à ce siècle; mais il est rempli de portraits parlants et pleins de vie, orné d'une belle architecture et animé des plus brillantes couleurs. Les têtes ont de la grace et de la noblesse à la fois. On sait que Bramante et Raphaël étudièrent d'après lui, la ville d'Urbin ne leur offrant point alors de meilleurs modèles. Il existait encore dans ce siècle, des vestiges

*Giovanni di Santi.*

*F. Carnevale.*

de l'ancienne école, à Gubbio, qui faisait partie de ce duché ; il y est resté une peinture à fresque d'Octavien Martis, à Santa Maria Nuova, faite en 1403. La Vierge y est entourée d'un chœur d'anges, dont les traits à la vérité, ont un peu trop de ressemblance entre eux, mais dont les formes et les attitudes ont plus de grace et de charme, qu'aucune des figures du même temps.

Borgo San Sepolcro, Foligno et Pérouse, nous offrent de plus habiles artistes : Borgo qui faisait alors partie de l'Ombrie était soumise au Saint-Siège, et fut donnée aux Florentins (1), comme gage d'un traité, par le pape Eugène IV, en 1440. C'est dans ce temps que florissait dans tout son éclat, *Piero della Francesca*, l'un des peintres les plus dignes de faire époque dans l'histoire. Il dut naître vers 1398, car le Vasari raconte que « ses peintures datent à peu près de 1458 (2),

<small>Pietro della Francesca.</small>

---

(1) V. le Vasari, édit. de Bologne, page 260.
(2) Les commentateurs de Vasari remarquent, que l'année vers laquelle il dit que les ouvrages de ce peintre parurent, est l'année de sa mort, ou celle dans laquelle il abandonna la peinture. Ainsi donc, Pietro devint aveugle vers l'année 1458, à l'âge de 60 ans, et il mourut en 1484, âgé de 86 ans. Ce peintre eut d'étroites liaisons avec la famille des Vasari. Lazzaro, bisaïeul de Georges, mort en 1452, avait été l'ami et l'émule en peinture de Pietro ; il lui avait même donné pour élève, quelques années avant que de mourir, le Signorelli, son neveu. On doit donc, ce me semble, croire tout ce qu'il raconte du Borghese : ou si nous en doutons dans cette occasion, quelles seront celles où nous lui donnerons plus de crédit ? Il est vrai qu'il se trompe en nommant comme son premier mécène le vieux Guidubaldo, duc d'Urbin; anachronisme évident. Mais ce genre d'erreur lui est si familier que l'on ne doit point y attacher d'importance.

« et qu'étant devenu aveugle à l'âge de soixante ans,
« il conserva cette infirmité jusqu'à la fin de sa vie,
« qui se prolongea jusqu'à quatre-vingt-six ans. »
N'ayant encore atteint que sa quinzième année, il fut
dirigé vers la peinture, après avoir déja reçu les premiers principes des mathématiques, et en se livrant à
l'une et l'autre étude, il y devint bientôt également
habile (1). Je n'ai pu découvrir qui avait été son
maître. Il est vraisemblable, qu'ayant une mère veuve
et réduite à la pauvreté, qui ne put l'élever qu'avec
peine, il ne sortit point de son pays, et qu'ayant été
enseigné par des maîtres obscurs, il s'éleva par la
seule force de son génie, au rang qu'il occupa depuis
dans la peinture. Le théâtre où il brilla d'abord, dit
le Vasari, fut la cour du vieux duc d'Urbino, *Guidubaldo Feltro*. Il n'y laissa que des tableaux de
petites figures, commencement ordinaire de ceux qui
n'avaient point étudié sous de grands maîtres : « on
« vante un vase qu'il avait *formé en surfaces carrées*,
« de manière que l'on voit de devant, de derrière, et
« de chaque côté le fond, et les bords; Ce qui est cer-
« tainement une chose étonnante, d'autant plus qu'il
« en a exactement représenté tous les détails, et fait
« raccourcir les lignes de ses contours avec beaucoup
« de grace (*a*). » Outre la perspective que quelques-uns
veulent qu'il ait cultivée savamment et par principes,

---

(1) *Il fut très-habile dans la perspective, et le plus grand géomètre de son temps*, Romano Alberti, *Trattato della nobiltà della pittura*, page 32. V. aussi Pascoli, *Vite*, T. I, page 90.

(*a*) Il est assez difficile de se faire une idée de ce tour de force. ( N. du T. ).

avant tous les autres Italiens (1), la peinture doit beaucoup à ses exemples, pour l'imitation des effets de la lumière; il indiqua aussi avec intelligence, le jeu des muscles du corps humain; fut habile dans l'art de préparer des modèles en terre cuite, pour l'exécution des figures, et s'en servit pour l'étude des plis, qu'il imitait d'après des draperies mouillées, et placées sur ces mêmes modèles; il se plaisait à les faire profonds et minutieusement disposés. J'ai souvent pensé, en observant le goût de Bramante, et des Milanais du même temps, qu'ils pouvaient avoir emprunté quelques lumières de Pietro. Celui-ci peignit, ainsi que nous l'avons dit, à Urbin, où Bramante étudia auparavant d'aller à Rome : il travailla beaucoup dans cette dernière ville, où Bramantino, qui y vint ensuite, fit plusieurs ouvrages sous le pontificat de Nicolas V.

On voit encore dans la *Florería* du Vatican un grand tableau à fresque, où ce pontife est représenté avec plusieurs cardinaux et plusieurs prélats. Les têtes sont d'une vérité frappante. *Taja* n'affirme point que ce soit un ouvrage de *Pietro*, mais il dit qu'il passe pour en être l'auteur (2). Ce que l'on indique sous son

(1) Il paraît qu'il fut prévenu à cet égard par le flamand Van Eyck. V. T. I, page 123, et V. l'éloge que *Bartolommeo Facio* en a fait (page 46). Il y vante son savoir en géométrie, et il indique plusieurs de ses peintures qui le font regarder comme un artiste consommé, et presque inimitable dans la perspective.

(2) Si la tradition est véritable à l'égard de la cécité de *Pietro*, que l'on dit avoir duré vingt-quatre ans, je ne conçois pas comment il put faire le portrait de Sixte IV. D'un autre côté, cette circonstance de sa cécité, est rapportée par Vasari, dont la famille avait été tellement liée avec celle de

nom à Arezzo, lui appartient incontestablement ; et ce qu'on y distingue de plus remarquable consiste en plusieurs sujets historiques de la passion, qui ornent le chœur des *Conventuels*. On y voit la peinture déja sortie de l'enfance; la perfection du relief, l'exécution heureuse des raccourcis, et toutes les difficultés de l'art, surmontées par l'auteur, annoncent qu'un style nouveau a succédé à celui que les doctrines de *Giotto* avaient consacré. Si Pietro avait la grace de *Masaccio*, on pourrait le placer au même rang que ce dernier.

Il existe à San-Sepolcro plusieurs peintures que l'on dit être de la main de Pietro della Francesca ; entre autres, un S. Louis, évêque, dans le palais public; un tableau de l'Assomption, avec les apôtres dans le lointain, à Sainte-Claire; un chœur d'anges occupe le haut du tableau. On voit sur le devant, S. François, S. Jérôme, et d'autres figures qui rompent l'unité de la composition. Il y reste encore quelque chose de la manière antique, comme la sécheresse du dessin, la profusion des plis, des pieds qui raccourcissent assez bien, mais qui sont trop éloignés l'un de l'autre. Du reste, dans le dessin, dans le mouvement, dans la couleur des figures, on aperçoit une ébauche de ce style que son élève, Pietro *Perugino*, améliora, et que Raphaël acheva de perfectionner.

Après la moitié de ce siècle, on trouve à Foligno de bons peintres ; mais on ne sait à quelle école ils appartiennent. On lit dans le tome 25 des *Antichità*

---

Pietro della Francesca, que cet artiste est celui sur le compte duquel il a dû se tromper le moins. Je serais plutôt porté à regarder le *Melozzo* comme l'auteur de cette admirable peinture, dont j'ai vu une belle copie chez S. E. le duc de *Ceri*, l'un des princes les plus éclairés de ce siècle.

*Picene* qu'il exista dans San-Francesco de Cagli ( je ne crois pas qu'il y soit encore) un très-beau tableau peint en 1461, pour le prix de 115 ducats d'or, par M. *Pietro de Mazzaforte* et M. *Niccolò Deliberatore* de Foligno. On voit à S. Venanzio de Camerino un grand tableau d'autel dont le fond est tout doré; il représente Jésus en croix, entouré de plusieurs saints, auxquels sont ajoutés trois petits sujets évangéliques. L'inscription est *Opus Nicolai Fulginatis*, 1480. Le style est celui des derniers peintres de l'école de Giotto, et je suis presque convaincu que l'auteur avait étudié à Florence. Je crois que c'est le même que *Niccolò Deliberatore*, ou *di Liberatore*, et qu'il est différent de *Niccolò Alunno*, comme lui, natif de Foligno, et que le *Vasari* appelle un *excellent peintre*, du même temps que le Pinturicchio. Il peignit à la détrempe, comme le firent communément ceux qui précédèrent *Pietro Perugino*, mais d'une teinte qui s'est conservée jusqu'à nos jours sans la moindre altération. Sa manière de distribuer les couleurs, est neuve par rapport au temps. Ses têtes sont animées, quoique communes et même un peu trop chargées, lorsqu'il figure des personnages pris dans le peuple. St-Nicolas de Foligno renferme un tableau composé dans le goût du 15ᵉ siècle; il représente la Vierge entourée de plusieurs saints, et au-dessous, quelques petits sujets de la passion dont on peut louer la vérité plutôt que l'ordonnance. On voit encore à Foligno quelques tableaux du même maître, peints après l'année 1500. Le *Vasari* préfère à tous les autres, la Piété qu'il figura dans une chapelle de la cathédrale et qu'il accompagna de deux anges qui « pleurent, dit-il, avec une action si

« vraie que je pense qu'aucun autre peintre, tel grand
« qu'il soit, n'aurait été en état de faire beaucoup
« mieux. »

Il y eut plus de peintres à Pérouse que dans aucune des autres villes. Ce fut, comme nous le verrons, celle qui répandit le plus d'éclat, quant à la peinture. Le savant M. *Mariotti* a fait un long catalogue de ces artistes du 15ᵉ siècle, parmi lesquels les plus saillants sont *Fiorenzo di Lorenzo* et Bartolommeo *Caporali*, desquels il reste des tableaux qui portent la date de 1487. Plusieurs peintres étrangers brillèrent aussi à Pérouse: on cite entre autres *Lello* de Velletri, auteur d'un tableau d'autel avec son gradin, que M. Orsini a découvert, et fait connaître (*). Mais on place au-dessus de tous les autres peintres *Benedetto Bonfigli*, qui eut de son temps la prééminence dans cette ville. J'ai vu de lui, outre les peintures à fresque du palais public, un tableau des Mages à *San-Domenico*, dont la manière est assez semblable à celle de Gentile, et où l'or est très-prodigué; puis, une Annonciation aux *orphelins*, dont le style est plus moderne: l'ange qui fait partie de l'action représentée, est parfaitement beau, et l'ensemble de cette peinture pourrait se comparer aux ouvrages des meilleurs maîtres, de la même époque, si le dessin en était plus exact (1).

<small>Fiorenzo di Lorenzo. Bartolommeo Caporali. Lello di Velletri.

Benedetto Bonfigli.</small>

(*) Risp., page 105.

(1) Plusieurs auteurs en ont fait mention avec éloges, entre autres, Crispolti, dans la *Perugia augusta*; le *Ciatti*, dans les *Istorie di Perugia*; l'Alessi dans les *Elogj de' Perugini illustri*; le Pascoli dans les *Vite de' pittori, scultori, architetti perugini*. Je n'accorde en aucune manière à ce dernier que Benedetto *fut aussi habile qu'aucun autre des peintres de son siècle, et*

Ce que j'ai raporté jusqu'à présent, prouve assez que la peinture n'était point négligée dans l'état ecclésiastique, même pendant les siècles les plus incultes ; et qu'il y parut aussi, de temps en temps, des hommes de génie, qui, sans sortir de leur pays, influèrent cependant sur l'avancement de l'art : mais le grand concours, l'académie, l'athénée de l'Italie, était Florence ; et quand tous les écrivains se réuniraient pour lui disputer cette gloire, ils ne pourraient parvenir à l'en dépouiller. Sixte IV, qui, comme nous l'avons dit, avait appelé des peintres de toutes les parties de l'Italie, pour embellir la chapelle sixtine, en trouva le plus grand nombre dans la Toscane, et il n'employa guères, outre ceux-ci, que *Pietro Perugino*, né son sujet, mais qui avait acquis son talent à Florence. C'est ici que l'école romaine commence à prendre un rang en Italie. Jusqu'alors elle n'avait produit que des fruits qui n'avaient point atteint leur maturité. Pietro fut son Masaccio, son Ghirlandaja, et la source de toute sa gloire en matière de peinture : parlons en peu de mots, et de lui, et de ses élèves ; réservant pour l'époque suivante le grand Raphaël dont elle a pris le nom.

Pietro Vannucci, de la Pieve (1), comme le porte l'inscription de quelques-uns de ses tableaux ; ou de

*peut-être le premier parmi les anciens, qui ait commencé à éclairer le goût des modernes.* ( page 21. ) Quel tort fait à Masaccio !

(1) Il écrivit de Castro Plebis, aujourd'hui *Città della Pieve*. C'est là, dit le Pascoli, qu'était né son père, lequel ayant été s'établir à Pérouse, y donna le jour à *Pietro* ; mais il est plus vraisemblable que ce dernier naquit aussi à *Città della Pieve*.

Pérouse, selon la signature qu'il mit au bas de quelques autres en vertu du droit de bourgeoisie dont il jouissait dans cette ville, avait étudié sous un maître qui n'*était pas très-habile*, si nous devons en croire le Vasari : et ce maître fut un Pietro de Pérouse, d'après la conjecture de M. Bottari; ou un Niccolò Alunno, suivant l'opinion qui règne à Foligno. Mariotti a soutenu que Pietro s'était fort avancé à Pérouse, dans l'école de Bonfigli et de Pietro della Francesca, auquel non-seulement il dut ce talent pour la perspective qui, d'après le témoignage du Vasari, lui valut tant de succès à Florence, mais dont il imita aussi en grande partie le dessin et le coloris (1). Mariotti élève ensuite le doute si le Pérugin étant allé à Florence, déja professeur, se fit l'écolier du Verrocchio, comme les historiens le racontent, ou s'il y perfectionna son talent à la vue des grands modèles du Masaccio, et des peintres habiles qui florissaient alors à Florence. Il conclut enfin, d'après l'opinion manifestée auparavant par le Pascoli, par Bottari, par Taja, et adoptée par le P. Resta (*), que le Verrocchio n'avait jamais été maître de Pietro Perugino. C'est une chose digne d'être lue, que le raisonnement fait par cet habile écrivain, dans sa cinquième lettre; et il faut observer avec quelle finesse de cri-

---

(1) Cette ressemblance peut avoir aussi son origine dans l'imitation de ce que *Borghese* avait peint à Pérouse. Du reste, il n'est point certain que le Pérugin ait jamais été à son école. Valle et d'autres en doutent fort, mais en réfléchissant que *Vannucci* avait douze ans lorsque *Borghese* devint aveugle, je regarde ce récit comme une fable.

(*) Dans sa *Galleria portatile*, page 10.

tique il développa un point si intéressant pour l'histoire de la peinture. J'ajouterai, cependant, qu'il ne me paraît point du tout invraisemblable, que Pietro, arrivé à Florence, se soit approché d'un artiste dont il avait dû entendre vanter la célébrité, ni qu'il ait été dirigé par lui dans le dessin, dans la sculpture, et même dans le bon goût de la peinture, dont le Verrocchio, sans l'avoir beaucoup exercée, sût enseigner les principes au Vinci et au Crédi. Les traditions ordinairement ne naissent point sans quelque cause; elles ont presque toujours un fond de vérité.

Le style de Pietro est un peu crud, et un peu sec, ainsi que celui de tous les peintres de son temps. Il semble aussi un peu mesquin dans sa manière de vêtir ses figures, tant paraît étroite la coupe de ses tuniques et de ses manteaux; mais il compense ces défauts par l'agrément de ses têtes, en particulier, celles des jeunes-gens et celles des femmes, dans l'exécution desquelles il surpassa tous ses contemporains, par la grace des mouvements et l'éclat de la couleur. Ces fonds d'azur qui font si bien ressortir les figures, ce rosé, ce verdâtre, ce violet, qu'il fond si parfaitement ensemble, ces paysages si bien diminués par degrés, « et *dont on n'avait point encore vu de modèles à* « *Florence.* » ( Vasari ); ces édifices si bien conçus et si bien posés, offrent autant de détails charmants que l'on voit toujours avec plaisir dans ses tableaux et dans les fresques qu'il a laissées à Pérouse et à Rome. Il n'est point assez varié dans ses tableaux d'autels : le seul qui ait un caractère d'originalité, est le tableau des Saints parents de J.-C., fait pour l'église de Saint-Simon, à Pérouse; on peut le regarder comme l'un des plus beaux modèles de tableaux d'autels pour la composition et la distribution. Du reste, Pietro s'étudia peu à trouver des inventions nouvelles : ses crucifix et ses descentes de Croix qui sont en grand nombre, se ressemblent presque tous entre eux. Il a répété avec aussi peu de variété une autre composition, ayant pour sujet les Ascensions du Rédempteur et de la Vierge, telles qu'on les voit à Bologne, à Florence, à Pérouse, à San Sepolcro. On sait que cette uniformité d'idées lui attira des critiques de son vivant, mais il s'en défendait en disant qu'il ne copiait personne; ce qui peut encore lui servir de défense, c'est que l'on revoit toujours avec plaisir en plusieurs lieux, les choses qui sont véritablement belles. Lorsqu'on a contemplé dans la chapelle Sixtine, son Saint-Pierre qui reçoit les clefs, on ne regrette point de revoir à Pérouse les noces de la Vierge-Marie, avec une perspective absolument semblable : ce tableau est même l'un des plus magnifiques spectacles que présente cette belle ville; c'est pour ainsi dire un abrégé des plus heureuses compositions que Pietro ait produites dans divers endroits. Il est plus fécond en idées, et même, selon l'opinion de quelques-uns, plus doux et plus harmonieux dans ses fresques, parmi lesquelles son chef-d'œuvre que possède sa patrie, est dans la salle de la bourse : il y a figuré des sujets évangéliques, et des saints de l'ancien testament. Il a placé parmi ceux-ci son portrait, au dessous duquel ses concitoyens reconnaissants, ont inscrit un bel éloge; il brille surtout, et s'approche presque de Raphaël dans quelques peintures faites, je crois, pendant les dernières années de sa vie. De ce nombre est une Sainte-Famille, aux

Carmes de Pérouse; on peut en dire autant de quelques autres petites peintures, comparables à des miniatures, telles que celles du gradin de Saint-Pierre à Pérouse. Il n'a peut-être rien fait de plus gracieux et de plus délicat, dans la quantité de petits tableaux qu'il a exécutés avec tant de soin (1), et qui ne paraissent pas nombreux, en comparaison de ceux de son école qui passent pour être de sa main.

École de Pietro Perugino.

Il faut indiquer à ce propos, ce que le Taja (2) et après lui l'auteur des *Lettere Perugine*, ont observé à l'égard de ses élèves, *qu'ils furent attachés avec une sorte de tenacité à la manière de leur maître*; et qu'ayant été fort nombreux, ils ont rempli l'Europe de tableaux que le commun des peintres et des amateurs attribue à leur maître. Lorsqu'on voit ses ouvrages à Pérouse, il gagne singulièrement dans l'estime des voyageurs, qui, pour la plupart, n'ont vu que de ses productions supposées. Il y a aussi à Florence quelques-uns de ses tableaux chez le prince régnant, et à Sainte-Claire est sa belle Descente de croix, avec plusieurs autres peintures. Mais, ce que l'on trouve de Saintes-Familles dans plusieurs maisons particulières de cette ville, ainsi que dans d'autres parties de

---

(1) Le Vasari à la fin de l'histoire de sa vie, ajoute : « Aucun de ses élèves n'approcha de la perfection de *Pietro*, ni du charme de son coloris. » Le P. della Valle est du sentiment contraire, et pense, qu'il « dut une grande partie de sa célébrité au talent de ses élèves. » Il dit avoir reconnu dans son tableau à la galerie royale, la main de Raphaël, mais il faudrait produire un second témoignage de cette identité de caractère avant d'y donner du crédit.

(2) *Descrizione del palazzo vaticano*, page 36.

la Toscane, et que l'on croit être de lui, est plutôt de Gerino de Pistoja, ou de quelqu'autre de ses élèves toscans qui ont été nommés dans l'histoire de l'école de Florence.

L'état de l'église eut aussi beaucoup de ses disciples, et ceux-ci, qui eurent en général plus de célébrité, ne furent point aussi scrupuleusement attachés à son style que les étrangers.

*Bernardino Pinturicchio*, écolier et même com- pagnon des travaux de Pietro, à Pérouse et à Rome, fut un peintre qui ne plaisait point au Vasari, et l'un de ceux auxquels il n'a point donné autant d'éloges qu'ils en auraient mérité. Bernardino, à la vérité, ne montra pas le même talent que son maître pour le dessin, et il prodigua plus qu'il n'aurait convenu à son siècle, les ornements en or dans les vêtements ; mais il est majestueux dans ses édifices, plein de vivacité dans ses têtes, et d'un naturel parfait dans tout ce qu'il introduit au milieu de ses compositions. Ayant été très-lié avec Raphaël, avec lequel il peignit à Sienne, il a quelquefois rivalisé avec lui pour la grace de ses figures, comme dans le tableau de Saint-Laurent, aux Franciscains de Spello, où l'on voit un petit Saint-Jean, que quelques-uns croient être de Raphaël lui-même. Il eut du mérite pour les grotesques, et pour la perspective ; genre où il fut le premier qui représenta des villes pour orner les peintures à fresques : il en fit d'abord l'essai dans une loge du Vatican, où, parmi des tableaux de paysages, il introduisit des vues des principales villes de l'Italie. Il conserva dans plusieurs de ses compositions l'ancien usage de faire en stuc certaines décorations de ses

Bernardino Pinturicchio.

3.

sujets, comme par exemple les arcs, usage qui dura dans l'école milanaise jusqu'à Gaudenzio. Rome a de ses ouvrages principalement dans le palais vatican et dans l'église d'Araceli. Il en a fait de meilleurs pour la cathédrale de Spello (1); mais ce qu'il a laissé de plus parfait est à Sienne, dans cette magnifique sacristie dont nous avons déja parlé : on y compte dix sujets différents, qui sont les faits les plus mémorables de la vie de Pie II. On voit au dehors le onzième qui représente le couronnement de Pie III, pour qui ce travail avait été commandé.

*Girolamo Genga.*

Le Vasari joignit à la vie du Pinturicchio, celle de *Girolamo Genga* d'Urbin, élève d'abord de Signorelli, puis du Perugino. Girolamo s'arrêta long-temps à Florence pour y faire ses études; il travailla beaucoup pour le duc d'Urbin, et atteignit un plus haut degré de talent dans l'architecture que dans la peinture, quoiqu'il ait été assez loin dans cet art, pour être jugé digne par l'historien d'être placé parmi les peintres modernes. Il nous serait difficile de juger de son mérite, les ouvrages qu'il fit à lui seul ayant péri. Dans tous les autres, ou il aida Luca Signorelli, à Orvieto et ailleurs, ou il fut aidé lui-même par *Timothée della Vite* à Urbin; puis dans l'*impériale* de Pesaro, par *Raphaël del Colle*, et par plusieurs autres. On lui attribue encore quelques sujets d'histoire, placés

---

(1) Il y a trois sujets tirés de la Vie de J.-C. dans la chapelle du St-Sacrement : l'Annonciation de sa venue sur la terre; sa Naissance, et la Dispute avec les docteurs, qui est son plus bel ouvrage. Il introduisit son portrait dans l'un des trois sujets. Le Vasari n'a point fait mention de cette production si remarquable.

auprès de ceux du Signorelli dans le palais Petrucci à Sienne, qui appartient maintenant à l'illustre maison de Savini : on en lit la description dans les *Lettere Senesi*, et dans les annotations ajoutées à Sienne, au T. IV de Vasari. Ces peintures y sont vantées comme beaucoup meilleures que celles de Luca, et comme conformes dans beaucoup de détails au style des premières productions de Raphaël. Je ne conçois donc pas comment l'auteur des lettres que nous venons de citer a pu former le soupçon que ces sujets d'histoire fussent des productions de Razzi, ou de Peruzzi, ou de Pacchiarotto, dans leur *manière pleine de sécheresse*, tandis que l'histoire nous démontre clairement que Girolamo resta fort long-temps avec Pandolfo, ce que l'on ne peut pas dire des trois précédents; il paraît même que Petrucci, pour faire continuer le travail de Luca, choisit Genga, son écolier. Or, si nous ôtons à celui-ci la salle où sont ces peintures, les seules dans cet endroit que l'on puisse regarder avec vraisemblance comme son ouvrage, qu'aurait-il fait pendant tout ce temps? Il n'existe pas autre chose dans cette maison qui puisse lui être attribuée, quoique Vasari prétende qu'il y peignit d'autres salles. On voit dans l'église de Sainte-Catherine de Sienne, à Rome, un tableau de la plus rare beauté, dont Genga est l'auteur : il représente la résurrection de J.-C.

Vasari n'a point écrit une histoire à part des élèves de Pietro, mais il a parlé d'eux dans la vie de ce maître. *Giovanni Spagnuolo*, surnommé aussi le *Spagna*, fut un des nombreux ultramontains que Pietro initia dans son art. La plupart de ceux-ci propagèrent sa manière au-delà des monts; mais Giovanni s'établit à Spolète, 

Le Spagna.

où il laissa, ainsi qu'à Assise, ses meilleurs ouvrages : on y retrouve le coloris de Pietro, et mieux, au jugement de Vasari, que dans aucun autre tableau de ses condisciples. Dans une chapelle des anges, près d'Assise, on voit encore le tableau décrit par le Vasari, dans lequel se trouvent des portraits des compagnons de Saint-François, qui termina sa vie dans ce même lieu. Aucun autre élève de cette école, par parenthèse, n'en a fait avec plus de vérité, à l'exception de Raphaël que l'on ne doit comparer à personne.

<small>Andrea d'Assise.</small>

Parmi ceux qui méritent le mieux que leur mémoire soit conservée, on doit surtout nommer Andrea Luigi d'Assise, compétiteur de Raphaël, et doué de tant de talent naturel qu'on le surnomma *le Génie*. Il aida Pierre dans la salle de la bourse, et dans d'autres ouvrages plus importants. On peut dire qu'il fut le premier de cette école qui ait commencé à en agrandir la manière et à en adoucir le coloris; il est facile d'en juger par quelques-uns de ses ouvrages, et surtout par les Sibylles et les Prophètes peints à fresque dans la basilique d'Assise; s'ils sont en effet de sa main, comme on le croit. Mais on ne peut voir les productions de son pinceau sans éprouver un sentiment de compassion, en se rappelant qu'il devint aveugle à la fleur de ses plus belles années. *Domenico de Pâris Alfani*, agrandit aussi la manière de son maître; et plus que lui encore, Horace, son fils, et non pas son frère, ainsi que d'autres l'ont prétendu : celui-ci est l'un de ceux qui ressemblent le plus à Raphaël. On voit de sa main, à Pérouse, des tableaux, qu'à l'exception d'une couleur moins forte, et dont la suavité tient de celle du Baroccio, l'on attribuerait à l'école du Sanzio.

<small>Domenico de Pâris. Orazio de Pâris.</small>

Il y a même quelques ouvrages sur lesquels on est encore dans le doute s'ils appartiennent à celle-ci, ou s'ils sont d'Horace; entre autres quelques madones que l'on conserve dans plusieurs galeries. J'en ai vu une chez le savant auditeur Frigeni, à Pérouse : il y en a une autre encore dans la galerie royale de Florence. La réputation de cet Alfani, a nui à celle de l'autre ; à Pérouse même plusieurs beaux tableaux ont été attribués à Orazio, tandis que l'histoire les revendique comme appartenant à Domenico. Mais on doit lire les écrivains les plus modernes, sur ce qui regarde ces ouvrages, ainsi que tous ceux qui appartiennent à ces deux grands artistes; et surtout le Mariotti à l'endroit où il nomme le tableau qui représente le Crucifix entre Sainte-Appollonie, et Saint-Jérôme, aux Conventuels; tableau peint par les deux Alfani, le père et le fils. L'historien ajoute, à la gloire du second, qu'il fut le premier chef de l'académie du dessin fondée à Pérouse, en 1573. Cette institution qui se maintint long-temps avec honneur au milieu des plus grandes vicissitudes, a été rétablie dans ces dernières années.

Il y a d'autres peintres beaucoup moins estimés à Pérouse, quoique le Vasari ne les ait point omis dans son ouvrage. Eusèbe de Saint-Georges, peignit à San Francesco de Matelica, un tableau d'autel représentant plusieurs saints, et sur le gradin, quelques sujets de l'histoire de Saint-Antoine ; il y joignit son nom, et l'année 1512 : on y reconnaît le dessin de Pierre, mais les teintes en sont faibles. Il fit à Saint-Augustin de Pérouse le tableau des mages, dont le coloris est meilleur, et il s'y conforma au style de

*Eusebio di S. Giorgio.*

Pâris Alfani. *Giannicola*, de Pérouse, bon coloriste, et par cette raison souvent employé par Pierre pour l'aider dans ses travaux, laissa voir, cependant, combien il lui était inférieur pour le dessin et pour la perspective dans la chapelle de la Bourse, qui fut peinte de sa main, non loin de la célèbre salle de Pietro, et où il figura des actions de la vie du Précurseur. L'un de ses ouvrages de l'église de St-Thomas, a pour sujet ce saint apôtre qui cherche la plaie du Sauveur : et si l'on en excepte le peu de choix des têtes, il y a beaucoup de la manière de Pierre. *Jean-Baptiste Caporali*, nommé mal à propos Benedetto, par Vasari, par Baldinucci, et par d'autres, tient de même dans cette école un rang médiocre; il occupe une place plus marquante parmi les architectes : Giulio, son fils naturel légitimé, s'exerça avec succès dans ces deux professions.

Ceux qui viennent après, ont été passés sous silence par le Vasari dans cette école, à laquelle, cependant, ils ne sont point étrangers ; mais, il est certain qu'il en a omis un grand nombre. M. Mariotti, s'appuyant de la chronologie, et de la conformité du style, y comprend *Mariano di Ser Eusterio*, que Vasari nomme *Mariano* de Perugia (\*), en citant de ce peintre un tableau, à Saint-Augustin d'Ancône, qui n'eut pas un grand succès parmi les connaisseurs.

Cependant l'Epistolaire oppose encore à ce jugement un tableau de Mariano, qui existe à Saint-Dominique de Pérouse; ce qui peut faire conjecturer que celui-ci

---

(\*) T. IV, page 162.

n'est point indigne de l'histoire. Il y compte en outre *Berto di Giovanni*, qui, ayant été employé comme aide par Raphaël, lorsqu'il peignit un tableau pour les religieuses de Montelucci ( duquel nous parlerons à propos de *Penni* ), se trouve dans le contrat, désigné par Raphaël même pour peindre le *Gradin*. Ce gradin existe dans la sacristie, et comme il a tout le caractère de Raphaël, dans les histoires de la Vierge qu'il représente, on doit croire ou que le *Sanzio* en fit le dessin, ou qu'il a été peint par quelqu'un de son école. Si ce fut Berto, il fut sans doute un de ceux qui passèrent de l'académie de Pietro, à celle du célèbre peintre d'Urbin; enfin, s'il ne le peignit point, il aura toujours des droits à l'estime de la postérité, à cause de la considération dont le grand maître de l'art l'honora. Ceux qui veulent en savoir davantage, peuvent lire ce qu'en écrivit M. le conseiller Bianconi, dans l'*Antologie romaine* (\*). Le Mariotti place encore dans cette école, *Sinibaldo* de Pérouse, qui non-seulement passa dans sa patrie pour un artiste habile, mais brilla encore dans la cathédrale de Gubbio, où il fit un beau tableau, en 1505, et une banière encore plus belle, qui le fait considérer comme l'un des meilleurs peintres de l'ancienne école. Enfin, Pascoli ajoute aux peintres précédents une femme, du nom de *Teodora Danti*, qui suivit la manière de Pietro et de ses élèves, et l'exerça dans des tableaux de cabinet. Des conjectures jointes à d'anciennes traditions, font regarder comme élève de Pietro, à Città di Castello, un Francesco, natif de cette ville, qui a

*Berto di Giovanni.*

*Sinibaldo de Pérouse.*

*Teodora Danti.*

*Francesco de Città di Castello.*

―――――――
(\*) T. III, page 121, etc.

laissé, sur un autel des Conventuels, une Annonciation dont on admire la perspective : il est nommé dans le Guide de Rome, pour la chapelle de San Bernardo, dans *Ara Cœli*, où l'on croit que travaillèrent le Pinturicchio, le Signorelli, et ce François. On prétend, sans pouvoir le démontrer, que Pietro forma aussi un *Giacomo di Guiglielmo*, qui peignit pour Castel della Pieve, sa patrie, une bannière estimée par les connaisseurs de Pérouse, 65 florins.

<small>Giacomo di Guiglielmo.</small>

*Tiberio* d'Assise, qui coloria plusieurs cintres de lunettes au couvent des Anges, à Pérouse, sur des sujets tirés de la vie de Saint-François, fait voir qu'il prit Pietro pour son modèle, mais qu'il n'avait pas assez de génie pour l'imiter. On a cru devoir attribuer, outre Tiberio, à l'école de Pietro, le meilleur peintre d'Assise, *Adone* (ou seulement *Dono*) *Doni*; celui-ci ne fut point inconnu au Vasari, qui en a parlé plusieurs fois et notamment dans sa vie de Gherardi (*). Il l'y surnomma d'Ascoli, leçon que Bottari soutient contre l'Orlandi qui y substitua Assise avec raison. Doni n'est point connu à Ascoli, mais il l'est à Pérouse, où l'église de St-François renferme sa grande composition du jugement universel; et davantage à Assise où il a peint à fresque dans l'église des Anges, plusieurs sujets tirés de la vie du fondateur, et de la vie de Saint-Etienne, avec une quantité d'autres tableaux qui, pendant long-temps, ont tenu lieu d'école aux jeunes étudiants. Il conserva peu de l'ancien style; il est quelquefois admirable pour la vérité de ses portraits. Il se conforma pour la couleur aux doctrines

<small>Tibère d'Assise.</small>

<small>Adone Doni.</small>

---

(*) T. V, page 142.

de l'école du Pérugin, dans sa période la plus moderne;
en tout, c'est un artiste qui se montra plus exact qu'ingénieux. Quelques-uns de ceux de Pérouse introdui-
sent dans l'école de Pietro un Lactance de la Marche Lattauzio
d'Ancône, que Vasari a aussi nommé dans la vie de della Marca.
Gherardi. On croit que c'est le même que le Lactance
de Rimini, dont Ridolfi a fait mention parmi les
élèves de Gio. Bellino, en citant de ce Lactance un
tableau d'histoire qui est à Venise, et qu'il peignit en
concurrence avec le Conegliano (1). Un écrit de Mariotti, dont nous parlerons bientôt, nous le fait encore mieux connaître : il nous apprend non-seulement
quelle fut sa véritable patrie, mais encore, qu'il était
fils de Vincenzo Pagani, peintre fort habile, comme
nous le verrons ailleurs; et qu'ils vivaient l'un et
l'autre en 1553. Il paraît donc très-vraisemblable que
Lactance avait été formé par son père, et l'on peut douter
qu'il ait reçu les leçons de Bellini, mort, vers 1516:
aussi bien que celles de Pietro, parmi les disciples
duquel, Mariotti toujours si exact, ne le place jamais.
Il semble aussi, que Vannucci étant déja mort, il
hérita de sa réputation, et des travaux les plus importants de Pérouse; tel fut l'emploi de peindre plusieurs des salles de la forteresse : il le remplit à l'aide
de Raffaellino del Colle, du Gherardi, du Doni, du
Paperello. Il y commença le tableau de Santa Maria
del Popolo, et en fit toute la partie inférieure, où
l'on voit une foule innombrable dans l'attitude de la

(1) Peut-être il vint de Rimini à Venise où il resta quelque
temps. D'autres peintres anciens et de pays divers, ont été
nommés par Ridolfi, comme *Jacopo Davanzo, Pietro Vannucci,
Lorenzo Lotto*, etc.

supplication : les traits de tous ces personnages sont véritablement frappants; l'ordonnance parfaite, malgré le grand nombre des figures; le paysage très-beau, les teintes bien distribuées et pleines de force; enfin, un goût dans tout l'ensemble, qui ne paraît point appartenir à Pérouse. Le haut du tableau qui est du Gherardi, n'est pas d'une vigueur égale. Lactance finit par être chef de la justice de cette ville : cette fonction plus honorable alors qu'elle ne l'est aujourd'hui, et dont il prit possession vers cette même année 1553, le fit renoncer à ses pinceaux. Il est certain que dans l'écrit dont nous avons parlé, le capitaine Lactance de Vincenzo Pagani, de Monte-Rubbiano, reconnaît avoir reçu six écus d'or, de Sforza degli Oddi, pour arrhes d'un tableau représentant la Trinité avec plusieurs saints, et il promet de faire en sorte qu'il soit terminé dans le mois d'août par Vincent son père, et par Thomas de Cortone. C'est probablement celui qui existe encore à Saint-François, dans la chapelle des Oddi; car les figures désignées dans le contrat s'y trouvent, et nous aurons occasion d'en parler une autre fois.

Ercole Ramazzani.

Dans le tome XXI des Antiquités du Picenum (*), *Hercule Ramazzani* de Roccacontrada, est désigné comme écolier de *Pietro Perugino*, et il le fut pendant quelque temps de Raphaël. On cite de lui un tableau de la Circoncision du Sauveur *à Castel Planio*; il porte son nom, avec la date de 1588, et l'on ajoute à la louange du peintre, qu'il eut un coloris brillant, une invention facile et une manière qui se rapproche

(*) Page 148.

de celle de *Barocci*. Je n'ai point vu le tableau dont il s'agit, non plus que ceux qu'il a laissés dans sa patrie, et qui sont mentionnés dans les Mémoires du magistrat chargé de la surveillance des greniers publics dans cette ville. Mais j'ai vu seulement une peinture d'un *Ramazzani* de Roccacontrada, faite à St-François de *Matelica*, et portant la date de 1573. Quoique je ne puisse dire avec certitude que ce peintre s'appelât *Hercule*, je soupçonne que c'est le même. Il représenta la Conception de la Vierge-Marie, en empruntant l'idée de Vasari, qui avait enchaîné à l'arbre de la science du bien et du mal, comme esclaves du péché, Adam et d'autres personnages de l'ancien testament, au milieu desquels, la Vierge triomphe, exempte de cette peine. Le *Ramazzani* a pris la même pensée de l'ouvrage de *Giorgio* qu'il pouvait avoir vu; mais il fit une composition plus vaste, mieux coloriée, et donna aux traits plus d'expression. Du reste, on n'y trouve point de traces du style de Pietro, et l'âge du peintre est un peu avancé, pour le supposer élève du *Perugino*. Il paraît plus vraisemblable que *Ramazzani* reçut des leçons de quelques-uns de ses derniers élèves, auxquels, si je ne me trompe point, on doit l'origine de cette manière de colorier, plus agréable que vraie.

Je remarquerai à cette occasion, que *Pietro* ayant le nom le plus connu qui existât vers le XVI$^e$ siècle, d'autres peintres qui apprirent leur art, à peu près dans le même temps, ont été rangés dans son école, sans aucune preuve historique, et en particulier ceux qui conservèrent presque entièrement l'ancien goût. Tels seraient, un *Palmerini d'Urbin*, contemporain

Écoliers de maîtres inconnus.

Palmerini

de Raphaël, et peut-être son compagnon d'étude pendant ses premières années. Il reste de lui à St-Antoine un tableau avec plusieurs saints, ouvrage d'une très-grande beauté, et qui tend vers la manière moderne. J'ai vu à Rome, dans la galerie *Borghese*, une Samaritaine au puits, peinte dans le même goût par un *Pietro Giulianello*, peut-être nommé ainsi, à cause d'un petit pays peu éloigné de Rome, qui était vraisemblablement le lieu de sa naissance. Cet artiste pourrait être mis à la tête des bons peintres du quinzième siècle, quoiqu'il n'ait point été nommé par les historiens. Il y a aussi dans cette métropole quelques peintures de *Pietro Paolo Agabiti*, que l'on indique dans le tome xx des *Antich. Picene*, comme faites par le *Masaccio* qui peignait en 1531 et plus tard. Mais j'ai vu de lui dans l'église de St-Augustin, à *Sasso ferrato*, un tableau avec un gradin, peint en petits sujets, et portant pour inscription avec son nom celui de *Sassoferrato*, sa patrie, et la date de 1514; ce qui le place non pas assurément parmi les modernes, mais parmi les anciens qui eurent quelque mérite. *Lorenzo Pittori* de Macerata peignit dans l'église des Vierges, estimée par son architecture, l'image de la mère du Rédempteur, en 1533; et son style est encore *Antico-moderne*, suivant l'expression de quelques-uns. Deux autres peintres, *Bartolommeo* et *Pompée* son fils, vécurent à Fano, et peignirent ensemble à San-Michele, en 1534, l'histoire du Lazare ressuscité. On est étonné de voir combien ils se soucièrent peu de la réforme que la peinture avait subie dans le monde entier. Ils eurent toute la sécheresse de dessin des peintres du xv$^e$ siècle, et laissèrent dire les modernes. Le fils même ne semble pas avoir changé son style, après qu'il fut sorti de l'atelier de son père. J'ai trouvé dans St-André de Pesaro un tableau de lui, représentant plusieurs saints; ouvrage qui aurait pu lui faire honneur, mais dans le siècle précédent. Le *Civalli* cite d'autres peintures de sa main, où il paraît qu'il suivit une meilleure route. Il est certain qu'il jouit de quelque réputation pendant sa vie, et qu'il fut un des maîtres de *Taddeo Zuccaro*. On veut souvent attribuer un maître connu à tous ces peintres dont je pourrais grossir le catalogue, et leurs compatriotes nomment le plus fréquemment à cette occasion Pietro Perugino; mais il me semble plus simple d'avouer que l'on ne sait rien de certain à cet égard.

On ne doit point passer à une autre époque avant d'avoir dit quelque chose des grotesques. Ce genre de peinture que Vitruve blâme, parce qu'il crée des monstres et des prodiges qui n'existent point dans la nature (1), fut en faveur chez les anciens; et il a été accueilli par les modernes sans doute, parce qu'il retrace avec les couleurs, les rêves et les écarts d'une imagination déréglée, de même que l'on imite les fureurs d'une mer orageuse, soulevée du fond de ses abîmes. Il a emprunté son nom de celui des grottes : car tel est

Grotesques.

---

(1) On dit que le chevalier *Mengs*, qui n'était point insensible à la gloire d'être appelé un peintre philosophe, avait adopté la maxime de Vitruve; mais on doit penser qu'il ne l'étendit qu'à la manière d'exécuter les grotesques, car il se plaisait à voir ceux que d'autres peignirent d'après le goût antique, comme il le prouva à Gênes qui en a de très-remarquables de l'école du Vaga. C'est ce que nous affirme le défenseur du Ratti.

aujourd'hui l'aspect des plus beaux édifices de l'antiquité, peints de cette manière, et qui ont été depuis recouverts par la terre et par d'autres constructions. Le goût de ces peintures se renouvela à Rome, où se trouvaient le plus grand nombre de modèles anciens de cette espèce, et il s'y renouvela à cette époque. Vasari en attribue la découverte à *Morto* de Feltro, et la perfection à Jean d'Udine. Mais lui-même, nonobstant le peu de cas qu'il faisait du Pinturicchio, dit que celui-ci était l'ami du Feltrino, et avoue qu'il fit aussi beaucoup de grotesques dans le château Saint-Ange. Pietro son maître en avait fait avant lui, dans la salle du Change; et M. Orsini dit, en propres mots, qu'ils étaient fort bien conçus. Ce dernier en avait reçu l'exemple de *Benedetto Bonfigli*, duquel Taja dit, dans la description du palais Vatican, qu'il fit à Rome, pour Innocent VIII, des grotesques fort agréables et fort bien peints. Cet artiste brilla depuis dans plusieurs écoles de l'Italie, et surtout dans celle de Sienne. Peruzzi le vanta comme architecte, et l'employa comme peintre; et il donna à Lomazzo l'occasion d'écrire des défenses et des préceptes, comme je l'ai dit ailleurs. ( Voyez le VIe livre de son *Trattato della Pittura*, cap. 48.)

## SECONDE EPOQUE.

### Raphaël et son école.

Nous sommes enfin parvenus à l'époque la plus brillante, non-seulement de l'école romaine, mais en général de la peinture moderne. Nous avons vu à peu près au commencement du seizième siècle, l'art porté au plus haut degré de gloire par le Vinci et par le Buonarroti ; et l'on sait que ce fut vers le même temps que commencèrent à fleurir, outre Raphaël, et le Corrège, et Giorgione, et Titien, et les meilleurs peintres vénitiens, au point qu'il aurait fallu la vie entière d'un homme, pour connaître toutes leurs productions. C'est ainsi qu'en peu d'années la peinture se vit élevée à une hauteur qu'elle n'avait point encore atteinte, et à laquelle elle ne s'est maintenue depuis, qu'en imitant ses premiers modèles, ou en s'efforçant de réunir dans un seul ouvrage, toutes les perfections qui sont éparses dans les leurs.

Telle est la marche ordinaire de la providence qui nous dirige, que c'est presque toujours dans le même temps, ou à de courts intervalles, que l'on voit naître et se développer un certain nombre de génies supérieurs, dans quelque art que ce soit. Vérité de laquelle Vellejus Paterculus, après avoir épuisé ses méditations philosophiques, avouait qu'il n'avait jamais deviné les causes.

Je vois disait-il, les hommes les plus marquants, dans un art quelconque, se rassembler dans un petit espace de temps, à peu près comme les animaux de plusieurs espèces, qui, lorsqu'ils sont renfermés, dans une enceinte resserrée, se rapprochent chacun de celui qui lui ressemble le plus, et s'unissent étroitement à leurs pareils.

Un seul siècle illustra la tragédie, dans les productions d'Eschyle, de Sophocle et d'Euripide. Un autre vit briller la comédie ancienne sous l'influence de Cratinus, d'Aristophane, d'Eumolpide ; un autre encore lui vit prendre un nouvel essor, sous Menandre, Diphile et Philémon. Depuis les temps de Platon et d'Aristote, on ne vit plus paraître de philosophes d'une grande célébrité; enfin, ceux qui connurent Isocrate et son école, connurent le plus haut période de l'éloquence grecque. On peut appliquer la même remarque aux autres langues. Les grands écrivains latins se rassemblèrent dans le siècle d'Auguste. L'Auguste des Italiens, fut Léon X; celui des Français, Louis-le-Grand; celui des Anglais, Charles II.

La marche des beaux-arts est la même : *Hoc idem*, continue Vellejus, *evenisse plastis, pictoribus, sculptoribus quisquis temporum institerit notis reperiet et eminentiam cujusque operis artissimis temporum claustris circumdatam* (1). De cette réunion d'hommes célèbres dans un même siècle, *causas*, dit-il, *quam semper requiro nunquam invenio quas veras confidam.*

Il lui paraît vraisemblable toutefois, que l'homme qui en trouve un autre déja parvenu au premier rang dans un art, cesse d'y aspirer, ainsi qu'à une place déja occupée : il se décourage alors, et demeure en arrière ; mais je me trompe fort, ou cette solution ne répond pas précisément à la question : elle détermine bien pourquoi un autre Michel-Ange ou un autre Raphaël ne se sont point reproduits, mais elle ne rend pas raison, pourquoi ces deux grands hommes, ainsi que d'autres que nous avons déja rappelés, parurent dans le même siècle. Quant à moi, je suis d'avis que les siècles sont toujours dirigés par l'influence de cer-

---

(1) *Hist. Rom.*, vol. premier, *ad calcem.*

taines maximes reçues universellement, et par les professeurs et par les amateurs, et que lorsqu'elles se trouvent être à la fois les plus vraies et les plus judicieuses, elles forment dans la même période quelques artistes supérieurs, et une grande quantité de ceux qui ne sont qu'estimables. Les maximes varient nécessairement par l'instabilité des choses humaines, alors l'impulsion donnée au siècle, change par la même raison. Il faut ajouter encore que ces siècles privilégiés ne fleurissent point, à moins qu'il n'y ait un grand nombre de princes et de particuliers qui favorisent à l'envi et qui commandent des ouvrages de goût. C'est de cette manière seulement que l'on peut employer un grand nombre d'artistes; et dans ce grand nombre, il s'élève toujours quelque génie transcendant, qui donne à l'art une nouvelle direction. L'histoire de la sculpture à Athènes, ville où la magnificence était égale au bon goût, vient à l'appui de ma proposition, et l'histoire de l'Italie pendant ce siècle, appelé le siècle d'*or*, lui donne encore plus de poids. Cependant je ne prétends point décider la question; j'en laisse le soin à ceux qui en savent plus que moi.

Mais, s'il n'est point aussi facile de rendre raison de la quantité de grands génies qui parurent à la fois dans ce temps, on peut du moins espérer de trouver les causes de la supériorité de quelques-uns; et c'est ce que j'essayerai de faire à l'égard de *Raphaël*. Il semble que la nature, par les dons les plus rares, et la fortune par ses combinaisons les plus favorables, aient conspiré à sa gloire. Pour s'en convaincre, il ne faut que suivre la trace de sa vie (1), et observer les

Raphaël d'Urbin.

(1) Outre la vie du Vasari, M. l'abbé *Comolli* en a publié

4.

progrès de son esprit : il naquit à Urbin, en 1483. Si le climat peut avoir de l'influence, comme cela est presque certain, sur le génie d'un artiste, je ne sais sous quel autre climat plus heureux il pouvait naître, que sous celui de la région de l'Italie, qui donna un Bramante à l'architecture; qui, après Raphaël, donna un Baroccio à la peinture, et un Brandone à l'art statuaire, sans parler de tant d'autres artistes moins célèbres, mais cependant remarquables, que la ville et le duché d'Urbin eurent la gloire de produire. Le père de ce grand homme, fut un Giovanni di Santi (1), ou, comme on l'a depuis appelé, commu-

une autre que je crois postérieure. D'autres notices ont été recueillies par Piacenza, Bottari et les écrivains divers que nous nommerons : nous en ajouterons encore d'autres, dérivées de l'examen de ses peintures, de ses caractères, des dates placées au bas de ses ouvrages, etc.

(1) *Jo. Sanctis* est écrit de sa main sous l'Annonciation de Sinigaglia, et il paraît qu'il naquit d'un père appelé *Santi* ou *Sante*, nom qui est encore en usage dans plusieurs pays de l'Italie. Quant à son nom de famille *Sanzio*, monseg. Bottari a produit un portrait d'*Antonio Sanzio* qui existe dans le palais *Albani*, et il a entre les mains une feuille intitulée : *Genealogia Raphaelis Sanctii Urbinatis. Julius Sanctius* y est nommé comme la souche primitive, qui *familiæ quæ adhuc Urbini illustris extat ab agris dividendis cognomen imposuit*. Il fut le prédécesseur d'*Antonio*; c'est de celui-ci que, par un *Sebastiano*, puis par un *Jean-Baptiste*, descend *Gio. ex quo ortus est Raphael qui pinxit a.* 1519. Il y est écrit encore que *Sebastiano* avait pour frère un *Galeazzo egregium pictorem*, et père de trois peintres, *Antonio, Vincenzio e Giulio*, qui est nommé *maximus pictor*. Aussi, dans cette branche des *Sanzj*, nous trouvons quatre peintres desquels j'ignore s'il reste quelque souvenir à Urbin. On nomme encore dans cette famille un chanoine savant, théologien, et un capitaine d'infanterie plein de bra-

nement; Gio! Sanzio, peintre médiocre, et duquel Raphaël ne put apprendre que fort peu de chose, quoique ce fut déja beaucoup que d'être guidé dans une route simple, et non encore gâtée par les préjugés du maniérisme. Les ouvrages de F. Carnevale, qui eut beaucoup de mérite pour ce temps, lui furent plus utiles. Ayant été envoyé à Pérouse, pour y travailler sous la direction de Pietro, il s'empara bientôt du style de son maître, comme l'observe Vasari, si ce n'est que l'on aperçoit qu'il avait résolu dès-lors de le surpasser.

vourq. L'anonyme Commolliano confirme à Raphaël sa noble origine, mais on sait que dans ce siècle, ainsi que l'a remarqué *Tiraboschi*, plus d'un auteur ne se fit point scrupule de feindre des généalogies, et qu'y ajouter foi sans examen, fut une erreur commune à bien de gens. Le portrait d'*Antonio* est très-beau; mais un peintre a remarqué avec justesse qu'il serait beaucoup plus beau encore, si Raphaël l'avait peint un an avant sa mort, ainsi que le même écrit l'annonce. Si d'autres connaisseurs en portent le même jugement (car c'est à eux seuls qu'il appartient de décider) on peut croire que ceux qui ont fait une supposition, quant à la main de l'artiste, ont pu en faire sur d'autres choses, ou l'on pourra du moins conclure que l'on doit chercher l'étymologie du nom de *Sanzio*, dans celui de *Sanctis* que portait l'aïeul de Raphaël, et non pas dans *sancire*, *partager des terres*. Dans le vol. XXXI des *Ant. picene*, on a produit un testament de *Ser Simone di Antonio*, de l'année 1477, où un *magister* Baptista qu. Peri Sanctis de Peris *qui passait pour un peintre habile et célèbre*, laisse pour héritier *Thomas*, son fils, auquel il substitue un fils d'*Antonio*, son frère, nommé *Francesco*. Remarquons ici, que l'on doit encore expliquer ce nom de *Pierre Sante de' Pieri*; surnom de la famille, qui serait alors différente de celle des *Sanzj*. J'espère recevoir encore des notices plus certaines sur ce point par M. l'archiprêtre *Lazzeri*, qui nous a déja été d'un grand secours pour notre édition.

**Ses premiers ouvrages à l'huile.**

J'ai entendu dire, à Città di Castello, qu'étant à l'âge de dix-sept ans, il peignit le tableau de Saint-Nicolas de Tolentino, aux *Eremitani*; le style était celui de l'école de Pérouse, mais la composition n'était point celle qui était généralement en usage alors, un trône de la Vierge, avec des saints debout autour d'elle. Il y représenta le saint, auquel la Vierge, et Saint-Augustin, voilés en partie par un nuage, ceignent le front d'une couronne; à droite et à gauche sont deux anges d'une beauté divine, qui tiennent des feuilles écrites et diversement placées, sur lesquelles on lit plusieurs paroles à la louange du saint hermite. Au-dessus est le Père Éternel, environné d'une gloire d'anges qui sont aussi de la beauté la plus majestueuse : les personnages sont comme dans un temple, dont les pilastres sont ornés de détails minutieux à la manière de Mantegna; les plis des draperies offrent un mélange de l'ancien goût et d'un goût plus correct. C'est ainsi que le démon qui est terrassé sous les pieds du saint, n'a point cette difformité bizarre que lui prêtaient les anciens, et qu'il a le visage d'un véritable Éthiopien. Il ajouta, vers le même temps, à ce tableau une autre composition pour l'église de Saint-Dominique : c'est un crucifix entre deux anges; l'un recueille dans un calice le sang divin qui coule de la main droite; l'autre avec deux calices reçoit celui qui tombe de la gauche et du côté. Ils sont accompagnés de la Mère du Sauveur, et du disciple bien-aimé, plongé dans la douleur, tandis que la Madelaine agenouillée avec un autre saint, contemplent le saint mystère : au-dessus est le Père Éternel. On prendrait toutes ces figures pour les meilleures de Pietro, à l'exception de la Vierge, dont je n'affirmerais pas que celui-ci ait jamais égalé la beauté, si ce n'est dans les dernières années : le savant abbé Morcelli (*), m'a fourni une autre notice relative à cette époque. Il raconte qu'il a vu chez M. Annibal Maggiori, patricien de la ville de Fermo, une Madone qui, de ses deux mains, ôtait de dessus le Divin Enfant, endormi dans son berceau, un voile léger, tandis que Saint-Joseph, placé à peu de distance, repaissait ses yeux de ce ravissant spectacle, en s'appuyant sur un bâton, dans lequel il découvrit et lut l'inscription suivante, marquée en caractères d'une finesse presque imperceptible : *R. S. V. A. A. xvii. P. Raphael sanctius Urbinas an. œtatis* 17 *pinxit*. Cet ouvrage fut sans doute le premier essai de cette conception qu'il perfectionna plus tard, et que l'on admire dans le trésor de Lorette, où l'Enfant-Jésus est représenté, non pas pendant son sommeil, mais au moment où il étend avec grace ses mains vers la Vierge. Je crois que l'on peut assigner à la même époque les médaillons que j'ai cités quelque pages plus loin à propos de *la Vierge à la Chaise*.

Vasari a écrit que Raphaël avait déja fait, avant ces deux tableaux, celui de l'Assomption, aux Conventuels de Pérouse, avec trois sujets sur le gradin tirés de l'histoire de la Vierge ; particularité que l'on peut révoquer en doute, cet ouvrage étant plus parfait que les précédents. Cette peinture a tous les genres de mérite que Vannucci a répandus dans ses tableaux ; mais les sentiments divers qu'expriment les apôtres en

---

(*) *De stylo inscrip. lat.*, page 476.

voyant le sépulcre vide, sont au-delà de la portée de son pinceau. Le Sanzio d'après l'observation du Vasari le surpasse encore davantage dans le troisième tableau, fait pour Città di Castello, à Saint-François. Il représente le mariage de la Vierge : la composition peut se comparer avec celle de son maître sur le même sujet, dans un tableau de Pérouse ; mais le caractère de celui de Raphaël est beaucoup plus moderne, au point même que l'on peut le regarder comme un premier fruit du nouveau style. Les deux époux sont d'une beauté que ce grand peintre surpassa à peine depuis, lorsqu'il eut atteint la maturité de son talent : la Vierge surtout a une expression vraiment céleste ; une troupe de jeunes filles presque aussi belles l'accompagne en habits de fête, dont la richesse le dispute à l'élégance : parures riantes, voiles disposés d'une manière pittoresque, mélange des costumes anciens et des modernes, ce qui, dans ce temps, ne semblait point être un défaut ; tout contribue au charme répandu dans cette composition. Au milieu de tant de beautés, la principale figure l'emporte, non pas par les ornements de l'art, mais par ceux qui lui sont propres : la noblesse, la perfection de ses traits, la modestie et la grace de son maintien, tout ravit dès le premier coup-d'œil, et force presqu'à dire quelle belle ame, ou plutôt, quelle divinité habite ce beau corps ! Le cortége des hommes qui accompagnent St-Joseph, est également bien choisi et bien conçu. On chercherait en vain à reprendre dans ces groupes, la mesquinerie des vêtements, le travail de pratique, et la beauté toujours un peu froide de Pietro. Tout y est soigné, on y trouve partout un feu créateur qui anime tous les mouvements et tous les traits des personnages; on y voit un paysage, non pas composé d'arbres grêles, faits en quelques coups de pinceau, comme dans les vues de Pietro, mais choisis dans la belle nature, et finis avec soin. Dans le haut du tableau est figuré un petit temple rond, environné de colonnes, *et fait avec tant d'art, que c'est une chose admirable, que de voir les difficultés qu'il se plaisait à vaincre.* ( Vasari). Il y a de beaux groupes dans le lointain, et on remarque surtout pour le naturel, un vieillard demandant l'*aumône;* et sur un plan un peu plus rapproché, un jeune homme qui, plein de dépit, brise sa baguette *qui n'est point encore fleurie;* figure dans laquelle il montre qu'il est déja devenu un habile maître, dans l'art presque inconnu alors, des raccourcis. J'ai décrit ses premiers ouvrages avec plus d'étendue qu'aucun autre historien, afin que le lecteur aperçoive la supériorité de ce beau génie. D'autres artistes qu'il observa depuis, réclament leur part de ce qu'il fit plus tard; mais l'essor qu'il prit dès les premiers temps, fut l'effet de l'énergie et de la force du talent dont la nature l'avait doué. Son ame aussi noble et aussi élevée, qu'elle était tendre et passionnée, le guidait vers le beau idéal, vers la grace, vers l'expression, partie la plus métaphysique et la plus difficile de la peinture. Ni l'art, ni l'étude ne suffiront jamais pour produire des chefs-d'œuvres dans ce genre; un goût naturel pour la perception du beau; une faculté intérieure de tirer de plusieurs beautés isolées, tout ce qui peut en composer une parfaite; un sentiment vif, et une sorte d'inspiration pour concevoir les effets produits par les mouvements rapides et instantanés d'une passion quelconque; une flexibilité de pinceau toujours obéissante aux conceptions de son esprit; tous ces moyens ne pouvaient lui être donnés que par la nature, et il en fut doué comme nous l'avons vu, dès ses premières années. Ceux qui attribuent l'incomparable talent de Raphaël à de longues études, et non pas à son heureuse organisation, n'ont nulle idée de tous les dons que le ciel lui avait prodigués (1).

*Cartons pour la sacristie de la cathédrale de Sienne.*

Bientôt son maître et ses disciples l'admirèrent, et ce fut alors que le Pinturicchio, après avoir peint avec tant de succès à Rome, avant la naissance de Raphaël, ambitionna presque de se faire son écolier dans le grand ouvrage de Sienne. Il n'avait point un génie assez élevé pour composer dans un style sublime, tel que celui qui convenait à la majesté de ce lieu, et Pietro lui-même n'avait point une fécondité ni une étendue d'imagination proportionnées à une machine si vaste. Il s'agissait de représenter les principaux traits de l'histoire d'Enea Silvio, qui devint depuis, souverain pontife, sous le nom de Pie II : entre autres, les ambassades qui lui furent confiées par le concile de Constance, auprès de plusieurs princes, et par l'antipape Félix, vers Frédéric III, qui lui décerna la couronne poétique. Ensuite les autres missions dont il se chargea pour Frédéric lui-même, vers Eugène IV, puis vers

---

(1) Le Condivi, dans la vie du Buonarroti, nomb. 67, assure que Michelangiolo ne fut point envieux, et parlait bien de tous les autres, *même de Raphaël d'Urbin, avec lequel il eut cependant quelque différend par rapport à la peinture, comme je l'ai remarqué. Je lui ai seulement entendu dire que Raphaël ne tenait pas son talent de la nature, mais d'une longue étude;*

Calixte IV, qui le créa cardinal : on devait en outre
figurer son exaltation à la papauté, et ses actions les
plus mémorables, telles que la canonisation de Sainte-
Catherine, son arrivée au concile de Mantoue, sa réception dans cette ville, où le duc régnant l'accueillit
avec une magnificence digne d'un souverain ; enfin,
sa mort et la translation de son corps à Rome. Quelle
entreprise comparable avait jamais été confiée à un
seul artiste ? La peinture avait encore peu de hardiesse : les grandes figures s'exécutaient presque toujours isolément, comme celles que Pietro fit à Pérouse,
sans en composer des sujets historiques. On se servait
pour ceux-ci, de proportions plus petites que nature,
et on ne s'écartait guère des sujets évangéliques, dont
la répétition fréquente avait applani la route au plagiat. Raphaël n'avait point vu des compositions historiques d'un genre si nouveau, et il devait lui être fort
difficile, à lui, qui n'était point accoutumé aux métropoles, d'inventer jusqu'à onze tableaux, d'imiter le
luxe de tant de cours, et pour ainsi dire, toute la
majesté de l'Europe, en variant toujours ses compositions à force d'art. Toutefois ayant été conduit à
Sienne par son ami, *il fit les esquisses et les cartons
de toutes les compositions*, dit le Vasari, dans la vie
de Pinturicchio, et l'opinion qu'il les fit *tous*, règne
encore généralement à Sienne. Il raconte ensuite dans
la vie de Raphaël, qu'il fit quelques-uns des cartons
et des dessins de cet ouvrage, et que la raison pour
laquelle il ne les continua pas, fut l'empressement
qu'il avait de passer à Florence pour voir les cartons
du Vinci, et du Buonarroti ; mais la première assertion du Vasari me semble plus satisfaisante que la

seconde. On travaillait dans le mois d'avril 1503, à la bibliothèque, ainsi que le prouve le testament du cardinal Francesco Piccolomini (1). A peine la bibliothèque était-elle finie, que le même cardinal fut créé pape le 21 septembre; et son couronnement ayant eu lieu le 8 du mois d'octobre suivant, le Pinturicchio en représenta la cérémonie, en dehors de la bibliothèque, du côté qui communique dans la cathédrale. (Vasari). Bottari observe, que l'on reconnaît dans cette façade, *non-seulement le dessin, mais aussi dans beaucoup de têtes la couleur de Raphaël.* Il paraît donc qu'il continua de faire les dessins jusqu'à la dernière composition, qui put être terminée dans l'année suivante, 1504, époque à laquelle il passa à Florence. Il est toutefois utile de remarquer que cet ouvrage qui s'est si bien conservé, qu'il paraît avoir été peint récemment, fait le plus grand honneur à son auteur qui n'avait alors que vingt ans, car, il ne se trouve point dans le passage du style ancien au moderne, un travail aussi vaste et aussi compliqué, conçu par un seul peintre; et si même Raphaël ne l'a point conçu à lui seul, on ne peut cependant attribuer qu'à lui, ce qu'il y a de meilleur dans tout l'ouvrage, puisque le Pinturicchio lui-même fit des progrès dans ce temps, et que les travaux qu'il exécuta depuis à Spello, et à Sienne même, tiennent davantage de la manière moderne, que tout ce qu'il avait fait auparavant. Cela suffit pour faire conclure que le Sanzio avait déja franchi à cet âge un espace consi-

---

(1) V. la Préface à la *Vie de Raphaël* écrite par le Vasari, édit. de Sienne, page 228, où ce testament est relaté.

dérable au-delà de l'habileté de son maître : que ses contours étaient plus pleins, ses compositions plus riches et plus franches ; qu'il avait dans les ornements un goût qui le portait à changer en grand tout ce qui est minutieux, et qu'il fut habile à traiter, non pas seulement tel ou tel autre sujet, mais tous ceux qui peuvent convenir à la peinture.

La vue de Florence ne le fit point dévier du chemin qu'il s'était tracé, ainsi qu'il arriva depuis à *Franco*, qui, étant venu de Venise, voulut adopter un dessin différent et suivre une carrière toute opposée à celle où il s'était élancé d'abord. Raphaël avait formé son plan, et il se bornait désormais à chercher des exemples qui multipliassent ses idées, et lui facilitassent les moyens de s'exercer. Il étudia *Masaccio*, peintre gracieux et expressif, et se servit même de deux de ses figures, celles d'*Adam* et d'*Éve*, dans les peintures du Vatican. Il devint l'ami de Bartolommeo *della Porta*, qui, vers ce temps, s'était livré de nouveau à cette profession. Il lui enseigna la perspective, et apprit de lui une meilleure méthode de coloris. Aucune histoire ne dit qu'il se soit fait connaître au *Vinci* ; et ce portrait de la galerie royale de Florence, que l'on veut qui ait été fait par Léonard, d'après Raphaël, est une image dont le véritable modèle est inconnu. Je penche bien à croire que la conformité de leurs caractères, sociables, généreux, enthousiastes de la beauté parfaite, amena entre eux, sinon un sentiment d'amitié, du moins une liaison de convenance. Personne alors n'était certainement plus capable que le Vinci, de donner à son talent un certain degré de rafinement qu'il n'avait pu recevoir de *Pietro*, et de le faire entrer

*Raphaël à Florence.*

dans les secrets les plus compliqués de son art. Les peintures de *Michel-Ange* étaient plus rares et moins conformes au goût de Raphaël. Son grand carton n'était point encore fini, et l'auteur ne voulait point permettre qu'on le vît avant qu'il l'eût terminé. Il l'acheva quelques années plus tard, lorsque, voulant se dérober au ressentiment de Jules II, il s'enfuit de Rome et revint à Florence. Raphaël ne put donc en faire l'étude alors; et il ne s'arrêta même que fort peu de temps en Toscane, parce que ses parents étant morts, dit le *Vasari*, il fut obligé de retourner dans sa patrie (1). Nous le retrouverons à Pérouse en 1505; et c'est à cette même année qu'appartient la chapelle de St-Sevère et le crucifix détaché du mur, que conservent les pères Camaldules. On peut juger, d'après ces peintures, toutes à fresque, du goût qu'il avait puisé à Florence. Je crois pouvoir avancer que ce ne fut pas celui des études anatomiques, puisqu'il n'en fit point l'essai en figurant le corps du Rédempteur, qui lui en offrait une occasion si favorable. Ce ne fut pas non plus celui du beau, dont il avait déja donné des exem-

(1) Le Vasari raconte que cela arriva, ou pendant que le Buonarroti travaillait aux statues de Saint-Pierre dans les liens, ou pendant qu'il peignait la voûte de la chapelle sixtine; c'est-à-dire quelques années après que Raphaël se fut fixé à Rome. Je me suis pendant long-temps rangé à cette seconde opinion qui est la plus générale; mais, en considérant un bref de Jules (Lett. pitt., T. III, page 320), dans lequel on rappelle à Rome Michelange, et on lui promet que *illæsus inviolatusque erit*; je crois que le carton fut terminé en 1506, qui est la date du bref. Il est donc possible que Raphaël, s'il ne le vit point à son premier voyage à Florence, ait pu le voir au second ou au troisième.

-ples si frappants, ni celui de l'expression, puisqu'il n'avait point trouvé à Florence de têtes plus animées, plus vives, plus expressives que celles qu'il savait créer. Mais la méthode de colorier avec douceur, de grouper et de raccourcir les figures, semble s'être perfectionnée sous son pinceau, après qu'il eût été à Florence, soit qu'il l'ait due au *Vinci*, ou au *Buonarroti*, ou à tous les deux ensemble, ou même à des peintres plus anciens. Il y retourna depuis, et en partit peu de temps après, pour peindre à St-François de Pérouse le Christ mort et porté au sépulcre, dont il avait fait le carton à Florence. Ce tableau, après avoir été mis à St-François, fut transporté à Rome sous le pontificat de Paul V, et orne aujourd'hui le palais Borghese. Enfin, Raphaël retourna encore une fois à Florence, et y resta jusqu'à son départ pour Rome, c'est-à-dire jusqu'en 1508. C'est en particulier pendant cet intervalle de quatre ans, que furent achevés les ouvrages que l'on appelle du *second style* de Raphaël, quoiqu'il soit difficile d'en décider. Le Vasari a rapporté à cette époque la Sainte Famille de la galerie *Rinuccini*, et cependant on y a lu l'année 1516. Mais on peut bien regarder comme du second style, le tableau de la Vierge avec Jésus enfant et un St-Jean, figurés dans un beau paysage, orné de ruines dans le lointain, lequel est dans la tribune du grand duc, et quelques autres que l'on cite même dans les pays étrangers. Les tableaux de cette époque ont généralement pour sujet une Madone environnée de plusieurs saints, comme celle des *Pitti*, qui était d'abord à *Pescia*, et celle de San Fiorenzo à Pérouse, qui a passé depuis en Angleterre. Il y a cependant des mouvements de têtes et des détails de composition, qui les distinguent visiblement de la manière commune. Le Christ expiré, dont nous avons déja parlé, est plus neuf et plus précieux. Le *Vasari* l'appelle un tableau divin. Les figures n'y sont point en grand nombre, mais chacune d'elles remplit parfaitement le rôle qui lui est imposé : les attitudes sont plus touchantes, les têtes sont admirables, et sont les premières depuis la renaissance de la peinture, auxquelles la profonde tristesse et les larmes de la douleur n'ôtent point leur beauté. Après cette production, Raphaël ambitionna de peindre une salle à Florence, je crois dans le palais communal. Il existe une lettre de lui, dans laquelle il demande que le duc d'Urbin écrive à ce sujet au gonfalonier *Soderini*, au mois d'avril de l'année 1508 (1); mais *Bramante*, son parent, lui valut un emploi plus avantageux, en le proposant à Jules II, pour l'exécution des peintures du Vatican. Il se rendit alors à Rome, où il était déja établi au mois de septembre de la même année (2).

Raphaël a Rome et les études qu'il y fit.
Le voilà donc dans cette célèbre métropole et au Vatican, dans un temps et dans des circonstances propres à le faire devenir le plus grand peintre qui fût au

---

(1) V. le Vasari, édit. de Sienne, T. V, page 238, où il rapporte la lettre écrite par lui-même à l'un de ses oncles, avec les fautes de langage que fait ordinairement le peuple d'Urbin et des environs.

(2) Malvasia, *Felsina pittrice*, T. I, page 45. Il existe cependant quelque difficulté à l'égard de cette lettre dans plusieurs documents, desquels il résulte, que Raphaël n'alla en effet à Rome que vers l'année 1510. J'ai entendu dire que le savant abbé Francesconi s'occupait à mettre en ordre la chronologie du *Sanzio* : c'est de sa judicieuse critique qu'il faut attendre l'éclaircissement de nos doutes.

monde. Ses biographes ne font point mention de ses connaissances littéraires, et si l'on en devait juger d'après les lettres que nous venons de citer, on serait tenté de croire que son ignorance était complète; mais il écrivait à l'un de ses oncles, et se servait du dialecte de son pays, comme on le fait aujourd'hui à Venise jusque dans les actes publics, quoique l'on connaisse et que l'on emploie un autre langage, lorsqu'il est convenable de le faire. D'ailleurs, Raphaël appartenait à une famille éclairée qui ne l'aurait point privé d'une instruction nécessaire dans ses premières années. On lit d'autres lettres de lui dans les *Pittoriche*, et il s'y exprime d'une manière bien différente. Quant à son savoir dans des choses d'une plus grande importance, il suffit de s'en rapporter à ce qu'affirme *Celio Calcagnini*, littérateur célèbre du siècle de Léon, qui dit, en s'adressant à *Giacomo Zieglero* : « Je cesse de
« rappeler *Vitruve*, duquel non-seulement il propose
« les préceptes, mais il les défend ou il les réfute se-
« lon l'occurrence, par les raisons les plus évidentes,
« et avec tant de douceur que, lorsqu'il les combat, il
« ne laisse entrevoir aucune marque de mépris..... Il
« a tellement excité l'admiration du pontife Léon et
« de tous les Romains, qu'ils le regardent comme un
« homme envoyé du ciel, pour rendre à la ville sainte
« son ancienne splendeur (1). » Cette connaissance de l'architecture suppose des lumières suffisantes dans la latinité ainsi que dans la géométrie ; et l'on sait d'ailleurs qu'il cultiva aussi l'anatomie, l'histoire et la poé-

(1) Voyez les additions au Vasari, édition de Sienne, page 223.

sie (1); mais sa principale étude, à Rome, fut celle des modèles grecs, qui mirent le comble à son savoir. Il observait les anciens édifices, et fut instruit pendant six ans dans leur théorie, par les leçons de *Bramante*, au point que celui-ci étant mort, Raphaël fut en état de lui succéder dans la surintendance de l'architecture de St-Pierre (2). Il étudiait aussi les anciennes sculptures, et en tirait non-seulement la pureté des contours, et les mouvements et les draperies, mais encore l'esprit et les principes fondamentaux de son art. Enfin, non content de ce qu'il voyait à Rome, il envoyait des dessinateurs pour copier les modèles antiques, à Pozzuolo, dans toute l'Italie et dans la Grèce; et il se procurait en outre des secours non moins importants, en consultant les artistes vivants sur chacune

(1) Un de ses sonnets a été rapporté par *Piacenza* dans les notes ajoutées au *Baldinucci*, T. II, page 371.

(2) Pour satisfaire au desir de Léon X, il osa faire le dessin et la description de Rome antique. Il trouva aussi l'art de mesurer les édifices au moyen de l'aiguille aimantée; c'est ce que nous avons appris du savant abbé Francesconi, qui, dans un opuscule ingénieux et profond, a fait reconnaître *Raphaël* comme l'auteur d'une lettre que l'on avait d'abord attribuée au *Castiglione*. On pourrait presque la regarder comme une dédicace de l'ouvrage à Léon X; mais l'ouvrage même, ainsi que le dessin, a été perdu, et la plus grande partie des édifices mesurés par le *Sanzio*, ont été rasés sous les pontificats suivants. M. l'abbé *Morelli* a produit, dans les annotations à la *Notizia*, page 210, un bel éloge de cet ouvrage, fait par une plume contemporaine; et c'est celle d'un *Marcantonio Michiel*, qui raconte que le *Sanzio* avait tracé « les anciens édi- « fices de Rome, en démontrant si clairement leurs proportions, « leurs formes et leurs ornements que, voir cet ouvrage, était, « pour ainsi dire, avoir vu Rome antique. »

de ses compositions. L'estime dont il jouissait *dans le monde entier* (1), ainsi que l'amabilité de sa personne et de ses manières, que tous les historiens s'accordent à dépeindre comme incomparables, lui concilièrent la bienveillance des gens de lettres les plus distingués de son temps; le *Bembo*, le *Castiglione*, le *Giovio*, le *Navagero*, l'*Arioste*, l'*Aretin*, le Fulvio, le Calcagnini s'honoraient de son amitié, et lui communiquaient tous, comme on peut le supposer, des notions et des lumières pour la composition de ses tableaux.

Ses émules, Michel-Ange et ses partisans, ne lui furent pas d'une moindre utilité, et de même que l'émulation qui exista entre Zeuxis et Parrhasius, contribua aux succès de l'un et de l'autre; ainsi l'espèce de rivalité du Buonarroti et du Sanzio, fit produire à Michel-Ange, la peinture de la chapelle Sixtine, et à Raphaël, les peintures des salles vaticanes avec une quantité d'autres. Michel-Ange, qui ne se contentait point de la seconde place, se présentait dans la lice accompagné, pour ainsi dire, d'un écuyer. Il traçait ses dessins en grand maître, et les faisait colorier par F. Sebastiano, élève du Giorgione, espérant que de cette manière les peintures de Raphaël paraîtraient toujours inférieures aux siennes, en dessin, et en couleur. Raphaël était seul, et il visait à produire des ouvrages ornés de toutes les perfections qui manquaient à Michel-Ange et au Frate; comme l'originalité d'invention, le beau idéal, l'imitation du dessin grec dans chaque caractère, la grace, la douceur, l'élégance, enfin, l'universalité de talent dans tous les

(1) Dans le bref de Léon rapporté par Piacenza, T. II, page 321.

genres de peinture. Cette ardeur de vaincre dans une lutte si difficile, le stimulait jour et nuit, et ne lui permettait point de repos dans sa carrière. Elle l'excitait même à surpasser dans chacun de ses ouvrages et ses émules et lui-même. Il fut encore favorisé par les sujets même qui lui furent donnés pour ces salles, parce qu'ils étaient neufs pour la plupart, ou que du moins ils devaient se traiter d'une manière neuve. Ce n'étaient point des bacchanales, ni des sujets particuliers et communs, mais c'étaient les mystères des plus hautes sciences, les actes les plus augustes de la religion; des exploits militaires qui avaient propagé la foi, et affermi la paix du monde; des événements passés qu'obscurcissait la gloire de deux pontifes, Jules d'abord, puis Léon X, le plus grand protecteur et l'un des juges les plus éclairés qu'eussent jamais eu les arts. Un génie élevé ne saurait avoir en partage un concours de circonstances plus heureuses pour atteindre au sublime; l'obligation de louer Auguste, fut pour les poètes de son siècle, un sujet qui enfanta des miracles de poésie. Properce qui était habitué à ne chanter que la chevelure, et les yeux, et les mépris de son ingrate Cinthie, se sentit une toute autre verve lorsqu'il essaya de célébrer Auguste et sa victoire. Il s'éleva hardiment jusqu'à prier Jupiter de suspendre toute création nouvelle, pendant que l'on chantait les louanges d'Auguste (1). On peut admettre en principe que d'aussi grands sujets excitent naturellement dans

---

(1)      *Cæsaris in nomen ducuntur carmina : Cæsar*
         *Dum canitur, quæso, Jupiter ipse vaces.*
                              Prop. (lib. IV, eleg. VI.)

une tête déja riche d'idées, une sorte de désordre tumultueux entre les images qui s'y trouvaient déja, et celles qu'ils y font naître; et qu'en éveillant dans l'ame je ne sais quel enthousiasme pour un objet auquel elle n'était point habituée, ils l'y fixent, et donnent à l'esprit les moyens de décrire ce même objet de la manière énergique et vraie, avec laquelle la pensée l'a saisi. C'est de là que naît le sublime dans les poètes et dans les artistes de génie.

Raphaël, *à son arrivée*, dit le Vasari, eut une salle à peindre; ce fut celle que l'on appelait alors la salle de la *signature*, et que les peintures du Sanzio firent nommer depuis, la salle des sciences. Il figura sur la voûte, la théologie, la philosophie, la poésie, et la jurisprudence : chacune d'elles a, sur la surface contiguë, un grand sujet d'histoire, analogue à son caractère. Il y a aussi dans les soubassements, des sujets qui appartiennent aux mêmes sciences; et ces peintures, moins considérables ainsi que les cariatides ou autres figures destinées à soutenir les corniches qu'il a distribuées çà et là, sont en camaïeu ou clair-obscur; idée qui appartient toute entière à Raphaël, et qui fut exécutée, dit-on, par Polydore Caravage. Il commença par la théologie, et imita Pétrarque, qui, dans une espèce de vision, avait imaginé une réunion d'hommes d'une même condition, quoiqu'ils eussent vécu à des époques diverses. Il y plaça les évangélistes, dans les livres desquels est la base de la théologie; les saints docteurs qui en transmettent la tradition; les théologiens Saint-Thomas, Saint-Bonaventure, Scott, et d'autres qui en agitent les questions : plus haut, est la Trinité, au milieu des bienheureux, et au-

*Peintures du Vatican au temps de Jules II.*

dessous, sur un autel, l'Eucharistie, comme pour exprimer le mystère de la science théologique. On y trouve des traces de l'antique; il y a fait usage de l'or dans les auréoles des saints et dans d'autres ornements. La gloire, placée dans le haut, est conçue d'après celle de Saint-Sévère que j'ai déja indiquée; là composition y est plus symétrique et moins hardie qu'ailleurs; le tout ensemble, comparé avec les autres sujets, paraît plus minutieux. Cependant, lorsqu'on observe chaque partie en détail, on la trouve d'une exécution si soignée et si parfaite, que l'on a été jusqu'à prétendre que ce tableau l'emportait sur tous les autres. On a observé en outre, que Raphaël le commença du côté droit, et que lorsqu'il arriva au côté gauche, il était déja plus grand peintre qu'auparavant. Cet ouvrage dut être achevé vers l'année 1508, et il excita tellement la surprise et l'admiration du pape, qu'il fit détruire tout ce qu'y avaient peint Bramantino, Pier della Francesca, le Signorelli, l'abbé d'Arezzo, le Sodoma ( excepté que les ornements peints par ce dernier y furent laissés ), afin que toutes les peintures de cette salle fussent de la main du Sanzio.

Dans ces autres travaux, à dater de 1509, on n'aperçoit plus de traces du style ancien. Raphaël avait déja trouvé une manière plus grande, et depuis lors, la perfectionna toujours de plus en plus. Vis à-vis de la composition que l'on vient de décrire, il avait a représenter la philosophie : il imagina de figurer un gymnase ou une espèce de temple, et il y rangea les savans de l'antiquité, les uns dans le haut, les autres sur les degrés, les autres sur un plan inférieur. Ce fut surtout dans cette composition qu'il se servit de son Pétrarque, et du troisième chapitre de la Renommée. Platon *qui, dans cette foule, atteignit le plus près du but*, y est représenté avec Aristote animé de tout son génie, et tous deux semblent disputer. Ils occupent dans cette composition la place la plus distinguée. On y voit Socrate qui instruit Alcibiade, Pythagore à qui un jeune homme présente les tablettes, sur lesquelles sont marqués les consonnances harmoniques. Zoroastre, roi des Bactriens, avec le globe élémentaire dans la main. Diogène y est étendu, avec une tasse posée auprès de lui, et *beaucoup plus découvert que la modestie ne l'eut permis* ; on y voit Archimède, *la tête inclinée*, qui en tournant un compas sur une table, enseigne la géométrie à ses jeunes disciples : d'autres enfin, méditent ou argumentent ; et en les observant attentivement, il serait possible peut-être de les décrire mieux que ne l'a fait Vasari. On a donné à ce tableau le nom d'*École d'Athènes* ; nom qui, à mon avis, lui convient à peu près aussi bien que celui de la *Messe* ou du Sacrement, convient au sujet de la théologie, tel que nous l'avons retracé. Le troisième, qui est celui de la Jurisprudence, est partagé en deux : du côté gauche de la fenêtre, est Justinien, avec le code des lois civiles ; Tribonien le reçoit des mains de cet empereur, avec un air de soumission et d'obéissance, qu'un autre pinceau tenterait vainement d'exprimer. Du côté droit est Grégoire IX, qui consigne le code des décrétales à un avocat consistorial, et il a vis-à-vis de lui l'image de Jules II, placée dans le lieu de la scène. Le dernier tableau, qui est celui de la poésie, représente le Parnasse, où le peintre a retracé auprès d'Apollon et des doctes sœurs, les poètes grecs, latins et toscans, en leur donnant autant qu'il a été possible leurs véritables traits. Homère, placé entre Virgile et le Dante, est peut-être celui dont la tête excite le plus d'admiration : on croit voir un homme possédé d'un esprit supérieur; il semble parler et prophétiser à la fois. Les sujets en camaïeu ajoutent à l'agrément de la vue, en formant un ornement de plus, et concourent à l'unité de l'action, par les rapports emblématiques qu'ils présentent; par exemple, au-dessus de la théologie, est saint Augustin, sur le rivage de la mer, écoutant le discours de l'ange, qui l'avertit que l'on ne doit point chercher à pénétrer le mystère de la Ste-Trinité, lequel ne peut jamais être compris par une intelligence humaine; au-dessous de la philosophie, on voit Archimède tué par un soldat, tandis qu'il s'occupe de ses spéculations. Cette première salle fut terminée en 1511, date qu'on lit au bas du tableau du Parnasse.

*Question sur les progrès du style.* Vasari jusqu'à l'entier achevement de cette première salle, ne parle jamais d'aucun agrandissement du style de son auteur; il raconte même dans la vie de Raphaël, « qu'avec tout ce qu'il avait vu de monuments « antiques, il n'avait cependant point encore donné à ses « figures une certaine grandeur, ni une certaine majesté, « qu'il leur imprima depuis. Il arriva dans ce temps, que « Michel-Ange fit au pape, dans la chapelle, ce bruit et « cette frayeur dont nous parlerons dans l'histoire de sa « vie, ce qui le força de fuir à Florence. Alors Bra- « mante ayant les clefs de la chapelle, la fit voir à « Raphaël dont il était l'ami, afin qu'il observât la « manière de Michel-Ange. »

Il continue en rappelant l'Isaïe de St-Augustin, les sibylles du temple de la Paix, faites depuis ce temps, et l'Héliodore.

Dans la vie de Michel-Ange, il reparle encore *du désordre pour lequel il lui fallut partir de Rome*, et il termine en disant qu'étant revenu dans cette ville, il alla jusqu'à la moitié de son ouvrage, et que le pape voulut qu'on en découvrît aussitôt cette portion terminée. « Raphaël qui était un imitateur parfait, l'ayant « vue, changea tout à coup de manière, et fit tout d'un « trait les prophètes et les sibylles de l'église de la Paix. » Nous voici arrivés à une question agitée avec chaleur, en Italie, et au-delà des monts. Le Bellori attaqua le Vasari, dans un opuscule très-mordant, qui a pour titre : « Si Raphaël agrandit et améliora sa manière, « après avoir vu les ouvrages de Michel-Ange? » Le Crespi lui répondit par trois lettres insérées dans le tome II des *Pittoriche* (\*), et beaucoup d'autres écrivains, en se déclarant pour l'un ou pour l'autre parti, ont produit de nouvelles réflexions.

Ce n'est point ici le lieu d'arrêter le lecteur par ces interminables questions. Ce fut sans doute un grand avantage pour la célébrité de Michel-Ange, que deux de ses élèves, lui vivant, et Raphaël déja mort, entreprissent d'écrire sa vie. Et ce fut un malheur pour Raphaël, que de n'avoir point un chance semblable. S'il eût existé lorsque le Vasari et le Condivi publièrent leurs écrits, il ne serait point demeuré dans le silence ; il aurait facilement démontré, que quand le Buonarroti s'enfuit à Florence, c'est-à-dire en 1506,

---

(\*) P. 323 et suiv.

il n'était point à Rome, et qu'il n'y fut appelé qu'au bout de deux ans; que par conséquent, il ne put observer furtivement les peintures de la chapelle Sixtine. Il aurait fait voir que depuis l'an 1508, époque à laquelle Michel-Ange n'avait peut-être point encore mis la main à ce travail, jusqu'à l'année 1511, dans laquelle il paraît qu'il en découvrit la première moitié (1), il tendit toujours à agrandir sa manière, et qu'à l'exemple du Buonarroti, qui avait étudié le torse du Belvedere, il étudia aussi ce modèle, ainsi que d'autres marbres (2) antiques, dont on reconnaît le dessin dans son style. Il aurait pu demander au Vasari, en quoi il imaginait que consistât la grandeur et la majesté du style, et il l'aurait instruit par l'exemple des Grecs, aussi bien que par la raison même, que le grand ne réside pas dans des membres musculeux, ou dans des attitudes imposantes, figurées à tout propos; mais comme l'a aussi observé le Mengs, dans le choix des grands traits, et dans le mépris de ceux qui ne sont que petits et médiocres (3). Enfin que pour y atteindre il faut savoir exciter dans sa propre imagination des idées élevées. Il aurait pu ensuite lui dévoiler détail par détail, tout ce qu'il y a de vérita-

(1) V. la première lettre de Crespi. *Lettere pitt.*, T. III, page 338.

(2) Mengs a observé que Raphaël étudia les bas-reliefs de l'arc de Titus et de Constantin, de l'arc de Trajan, et que ce fut de là « qu'il prit la méthode de marquer principalement les jointures « et les os, et de faire les contours des chairs plus simples et « plus faciles. » *Riflessioni sopra i tre gran pittori*, etc., cap. I.

(3) « Réflexions sur la beauté, et sur le goût en peinture », *parte III*, cap. I. V. aussi les observations sur ce traité, par S. E. M. le chevalier Azara, § XII.

blement grand dans ce tableau que l'on a nommé l'école d'Athènes, soit par la majesté de l'édifice, par les contours des figures, par la pose des manteaux, par la noblesse des physionomies et des attitudes, et il aurait facilement indiqué les sources de ce sublime, dans ce qui reste des débris de l'antiquité.

Que s'il paraît plus grand dans l'Isaïe, il aurait pu réfuter le Vasari par son histoire même, qui place ce tableau antérieurement à l'année 1511, et par conséquent le fait presque contemporain de l'école d'Athènes. Il n'aurait point négligé d'ajouter qu'il avait élevé son style selon la convenance des caractères, et d'après l'exemple des Grecs; lesquels faisaient une grande différence des hommes aux héros, et des héros aux dieux: et qu'après avoir représenté des hommes incertains dans leurs idées sur les choses du monde, il avait dû s'élever plus haut, en figurant un prophète qui médite des révélations divines (1). Raphaël, enfin, aurait pu répondre par tous ces arguments, pour éloigner de lui ainsi que de Bramante, une imputation absurde. Du reste, il n'aurait jamais nié, je crois, que les exemples de Michel-Ange ne lui eussent fait prendre une plus grande hardiesse de dessin, et même

(1) On a disputé sur l'époque véritable à laquelle il peignit le prophète et les sibylles; et quant au grandiose de la manière on a donné tort au Vasari. Il est facile de voir que cette conjecture n'en est que mieux fondée. Un artiste qui domine dans son art, élève ou tempère son style, selon l'importance plus ou moins grande des sujets; les écrivains suivent la même règle. Les sibylles sont du nombre des plus sublimes productions de Raphaël, quoiqu'elles soient de ses premières, ce qui est prouvé lorsque l'on observe qu'il eut pour compagnon de travail, *Timoteo della Vite*.

qu'il l'avait quelquefois imité dans l'expression des caractères prononcés. Mais comment les avait-il imité ? *en rendant*, remarque le Crespi lui-même, *cette manière plus parfaite et plus majestueuse* (\*). C'est un grand argument en faveur de Raphaël, que de pouvoir dire à ceux qui veulent voir ce qui manque aux sibylles de Michel-Ange, observez celle de Raphaël ; et examinez l'Isaïe de Raphaël, si vous voulez savoir ce qui manque aux prophètes de Michel-Ange.

Après que la curiosité du public eut été satisfaite, et que Raphaël eut saisi d'un coup d'œil ce nouveau style, le Buonarroti ferma les portes et s'occupa d'achever l'autre moitié de son grand ouvrage, qui fut terminée à la fin de 1512 ; de manière que le pape eut la satisfaction dans la solennité de Noël, de pouvoir chanter la messe dans la chapelle Sixtine. Pendant le cours de cette année, Raphaël acheva dans la seconde salle, l'histoire d'Héliodore flagellé dans le temple, par l'effet des prières du grand-prêtre Onias, l'une des peintures les plus célèbres de ce lieu. Là, le guerrier apparu en vision devant Héliodore, porte un aspect foudroyant. Le cheval qu'il monte semble hennir, et dans les groupes nombreux de ceux qui pillent les dons du temple, ou de ceux qui aperçoivent la frayeur soudaine d'Héliodore sans en deviner la raison, il a exprimé mille sentiments divers, tels que la consternation, la stupeur, la joie, l'abattement, et lesquels n'a-t-il point retracés ? dans ce tableau ainsi que dans tous ceux qui ornent cette salle, *Raphaël a donné à la peinture*, dit le chevalier Mengs, tout *l'accroissement qu'elle*

---

(\*) P. 344.

*pouvait encore recevoir après Michel-Ange.* Il y figura aussi l'image de Jules II, dont le zèle était symbolisé dans celui d'Onias : il le représenta sur le siége portatif, soutenu par des palfreniers, comme s'il venait voir ce travail. Le miracle de Bolsena fut peint aussi pendant la vie de Jules.

Tout le reste de ces salles fut exécuté au temps de Léon X, à la captivité duquel, ainsi qu'à sa délivrance, Raphaël a fait allusion dans le St-Pierre, tiré de la prison par la main de l'ange du ciel. C'est là que le peintre donna des exemples admirables de l'effet des lumières. Les soldats qui sont en dehors de la prison, sont éclairés par la lune ; il y a un flambeau qui jette une lumière différente, tandis que l'ange répand une clarté céleste, qui rivalise avec le soleil. Il donna encore à l'art un nouvel exemple, en profitant des entraves de la composition, pour l'avantage de la composition même ; car le lieu de la scène se trouvant partagé par une fenêtre, il y figura de chaque côté un escalier par lequel il est supposé que l'on monte à la prison, et il disposa sur les degrés les gardes vaincus par le sommeil ; de manière qu'il ne semble pas que le peintre se soit conformé au local, mais que le local ait servi aux vues du peintre. L'histoire de St-Léon-le-Grand, qui persuade à Attila de ne point passer outre avec son armée ; celle de l'autre salle où l'on voit la bataille contre les Sarrasins, dans le port d'Ostie, et la victoire remportée par saint Léon IV, mériteraient seules à Raphaël la couronne de poète épique, tant il retrace habilement l'appareil militaire des hommes et des chevaux et les armes diverses, et propres à chaque nation, et la fureur de la mêlée, et la honte et

<small>Peintures sous Léon X.</small>

la douleur de la défaite. On admire ensuite l'incendie de Borgo, éteint par un prodige du même St-Léon : c'est une scène qui glace l'ame de terreur, en même temps qu'elle y éveille la pitié! L'horreur de l'incendie est porté au plus haut degré, parce qu'il fait nuit, que le feu occupe déja un grand espace, qu'un vent furieux l'augmente en agitant les flammes, que l'on croit voir passer rapidement d'un lieu à un autre. La consternation des habitants est aussi portée aussi loin qu'elle peut aller. Les uns apportent de l'eau et sont combattus et repoussés par la fumée et par le vent; les autres cherchent leur salut dans la fuite, sans chaussures, leurs cheveux et leurs vêtements en désordre; des femmes en prières se tournant vers le saint pontife; des mères qui craignent pour leurs enfants plus que pour elles-mêmes; un jeune homme qui, portant sur ses épaules son vieux père, succombe sous le poids de ce corps privé de force, et semble tenter un dernier effort pour le faire arriver en lieu de sûreté : tout cet ensemble inspire la compassion et l'effroi. Les dernières histoires ont pour sujet Léon III; le couronnement de Charlemagne par la main de ce pontife, et le serment que fait le pape, sur les évangiles, d'être innocent des calomnies qui lui sont imputées. Ce Léon est représenté sous les traits de Léon X; honoré ainsi dans la personne de ses prédécesseurs du même nom. Charlemagne est représenté sous ceux de François Ier, roi de France, et c'est ainsi qu'il a retracé dans le cortège plusieurs personnages qui vivaient alors. Il n'y a même point de sujet historique dans ces salles qui ne renferme des portraits faits avec le plus grand art. On peut dire que Raphaël excella aussi dans ce genre; ses portraits ont fait quelquefois illusion aux plus grands connaisseurs: il en fit un de Léon X, avec le cardinal dataire de ce temps, portant une plume, un écritoire et des bulles qu'il lui présente à signer (1).

*Raphaël, grand peintre de portraits.*

Les six sujets historiques, concernant Léon, élu en 1513, furent terminés en 1517. Dans le cours des neuf années que Raphaël employa dans ces trois salles, il parvint encore, d'une autre manière, à embellir le palais pontifical: c'est ainsi qu'il enseigna à orner dignement les demeures des souverains. Il observa soigneusement quel genre de luxe convenait le mieux à leur rang, et fit en sorte que l'on cherchât désormais dans le palais et dans la famille de Léon, les plus beaux modèles de magnificence et de goût qu'il fût possible de trouver dans toute l'Europe. Il n'y a qu'un très-petit nombre d'observateurs, qui lui aient reconnu le genre de mérite, dont cette histoire offrira, pour ainsi dire, la démonstration. Raphaël avait exécuté la nouvelle *loge* du palais, en se servant en partie du dessin de Bramante, et en partie en l'améliorant. « Il fit ensuite les dessins des stucs, et des « sujets historiques qui y furent peints, et fit aussi « les distributions: quant aux stucs et aux grotesques, « il en chargea Gio. d'Udine, et pour les figures, « Jules Romain. » L'exposition de cette galerie aux intempéries de l'air l'a presque réduite à la pâleur des grotesques; mais ceux qui la virent dans les premières années, quand l'éclat de l'or, la blancheur des stucs, la nouveauté des marbres la faisait paraître de tous

*Loge de Raphaël.*

---

(1) V. *Lett. pitt.*, T. V, page 131.

côtés aussi riante que magnifique, durent être frappés d'étonnement, comme à la vue d'un lieu enchanté. Vasari en la décrivant, dit beaucoup en peu de mots : *que l'on ne pouvait ni faire, ni imaginer un plus bel ouvrage.* Ce qui s'y est le mieux conservé, ce sont les trois petites coupoles, dans chacune desquelles sont distribués quatre sujets des livres saints. Le premier est la création du monde, et Raphaël le fit de sa main, pour servir de modèle aux autres. Lorsque ses élèves eurent peint celles-ci, il les retoucha suivant son usage et leur donna un caractère d'unité : j'en ai vu les copies exactes, faites à Rome par la munificence de l'impératrice Catherine de Russie, sous la direction de M. Hunterberger; et je jugeai, par l'effet que produisait la fraîcheur des couleurs, combien les originaux durent paraître admirables dans leur nouveauté; quoique leur plus grand mérite consiste dans ce que Raphaël y mit en invention, en expression, et en dessin. Chacun convient que chaque sujet est une école toute entière : il paraît y avoir encore eu en vue de lutter avec Michel-Ange, qui avait traité les mêmes sujets dans la chapelle Sixtine, comme s'il eût voulu engager le public à juger s'il soutenait ou non la comparaison. Quant aux autres peintures en clair-obscur, et aux nombreux paysages, morceaux d'architectures, trophées, et camées artificiels, et masques, et tout ce qu'imagina et conçut ce divin génie, ou ce qu'il imita de l'antique en créant un art nouveau; Taja dit, que c'est une entreprise qui surpasse la force de l'esprit humain, que d'en parler d'une manière digne de l'auteur. Il nous a cependant donné de cet ouvrage une fort belle description, qui commence à la page 139.

elle fait le plus grand honneur à Raphaël, auquel nous sommes redevables des 52 sujets et de tous leurs ornements.

Ce fut aussi sous sa direction que furent exécutés tous les travaux du Vatican, comme les pavés, les portes, et les ouvrages en bois que l'on y fit alors. Il voulut que les pavés fussent de terre vitrifiée, ancienne invention de Lucas de la Robbia, qui, passée de père en fils comme un secret de famille, était alors entre les mains d'un autre Lucas. Raphaël l'appela de Florence, pour cet immense travail : il l'employa dans la loge, et lui fit exécuter dans plusieurs salles, les faits mémorables de ce pape (Léon X). Pour les siéges à dossier de la salle des *signatures*, il appela Frère Jean de Vérone, qui les fit en mosaïque avec de belles perspectives. Pour les soffites des mêmes salles, et pour une multitude de portes et de fenêtres, il se servit de Jean Barile, florentin, et excellent sculpteur en bois. Cet ouvrage est si habilement fait, que Louis XIII, voulant orner le palais du Louvre, fit dessiner une à une toutes les sculptures : les dessins en furent faits par le Poussin; et le célèbre Mariette s'applaudissait de les avoir dans sa collection. Enfin, il n'y eut aucuns travaux soit en pierre, soit en marbre, qui exigent la connaissance du dessin, auquel ne s'étendît l'inspection de Raphaël, et où il n'imprimât son goût, qui ne fut pas moins exquis à l'égard de la sculpture. Témoin ce Jonas à la *Madonna del Popolo*, dans la chapelle *Chigi*, qui, fait sous sa direction par le Lorenzetto, *n'a rien à envier*, dit M. Bottari, *à aucune des belles statues grecques*. Ce qu'il y eut surtout de remarquable fut le travail des tapisseries, pour la

*Ornements de tout genre dirigés par lui.*

chapelle papale, où l'on représenta les principaux sujets de l'évangile et de la vie des apôtres. Raphaël en fit et en coloria les cartons, qui, mis à exécution dans les Pays-Bas, passèrent ensuite en Angleterre, où ils sont encore. L'art atteignit encore dans ces tapisseries son plus haut point de perfection, et le monde n'a depuis rien vu d'aussi beau dans ce genre : on les expose une fois l'an, sous le grand portique de Saint-Pierre, pour la procession du *Corpus Domini*, et c'est une chose admirable que de voir le peuple même observer ces sujets historiques, et revenir les observer encore, avec une avidité et un plaisir toujours nouveaux. Mais tous ces ouvrages auraient alors été inutiles hors de Rome, si Raphaël n'avait pas songé à en communiquer l'idée même aux étrangers, par le moyen des gravures. Nous avons déja parlé de Marcantonio Raimondi, dans le premier volume, et nous avons fait voir que cet habile graveur avait été accueilli avec bienveillance par le Sanzio, qui l'aida ensuite à produire dans le monde entier, des dessins et des ouvrages de sa main savante. C'est ainsi que le bon goût se propagea rapidement dans toute l'Europe, et que dans une infinité d'endroits, l'on commença de suivre la route si belle, tracée par Raphaël. Ce goût devint en peu de temps le goût dominant, et si ses principes n'eussent jamais été altérés, la peinture italienne n'aurait point été en honneur pendant moins de siècles, que ne l'avait été la sculpture grecque.

*Autres peintures de Raphaël.* Au milieu de tant d'occupations diverses, Raphaël ne laissa point de satisfaire au vœu de beaucoup de particuliers, qui désiraient avoir de ses plans d'architecture, dans lesquels il déploya le style le plus élégant, et même de ses ouvrages de peinture. On connaît généralement très-bien, sans que je m'appesantisse sur les détails, la loge d'*Agostino Chigi* qu'il orna de sa main, en y figurant la célèbre fable de Galatée : il y fit plus tard, aidé de ses élèves, les noces de Psyché, et il rassembla au festin tous les dieux du paganisme, puis des génies d'un ordre inférieur, avec une telle propriété de formes et d'attributs qu'en traitant des sujets fabuleux, il a presque égalé les anciens. Ces peintures et celles des salles du Vatican furent réparées avec un soin extrême par le *Maratta*, dont la méthode, qui nous a été décrite par Bellori, peut servir de guide en pareille occasion. Raphaël fit encore un grand nombre de tableaux; presque tous représentant plusieurs saints, tels que celui des *Contesse* à Foligno, dans lequel il introduisit le valet de chambre du pape; figure qui semble plutôt la nature même, qu'une imitation de la nature ; celui de *St-Jean du Mont* à Bologne, représentant la Ste-Cécile qui, absorbée dans une mélodie céleste, oublie son instrument de musique, lequel se renverse et paraît prêt à lui tomber des mains; celui pour Palerme, de la marche de Jésus au Calvaire, appelé *la peinture de la passion* qui, encore qu'elle n'ait point plu à Cumberland, parce qu'elle a été retouchée, fait un des plus beaux ornements de la galerie royale de Madrid; enfin, ceux qu'il fit pour Naples et pour Plaisance, et que ses biographes ont mentionnés. Il peignit en outre un St-Michel pour le roi de France, avec une multitude de saintes Familles (1); et

---

(1) Personne n'a fait mention de celles que possèdent MM. *Olivieri* à Pesaro, ou la basilique de Loreto dans le trésor. Celle-ci semble être la même qui était autrefois à la *Madonna del po-*

6.

d'autres tableaux de dévotion, que ni le Vasari, ni les autres écrivains n'ont décrits complètement.

*Tableau de la Transfiguration.*

Mais, quoique le talent de produire des merveilles fût devenu une habitude de cet artiste, toutes les parties de ses ouvrages ne pouvaient pas être également admirables. On sait que dans les fresques du palais et de la *loge Chigi*, on critiqua dans quelques nudités des défauts qui, selon *Vasari*, avaient été commis par son école. Mengs lequel, dans plusieurs ouvrages composés à des âges différents, a écrit d'une manière diverse, fit entendre à plusieurs reprises, que Raphaël s'endormit pendant quelque temps, et ne donna point à l'art l'impulsion forte que son génie était capable de lui communiquer. Ce fut, par exemple, lorsque Michel-Ange passa quelques années hors de Rome. Quand il revint, il entendit plusieurs fois dire que les peintures de Raphaël avaient de plus que les siennes, « un « charme de coloris, une beauté d'invention, une grace « de physionomie et une harmonie de dessin analogue, « tandis que celles du Buonarroti, à l'exception du « dessin, n'avaient aucune de ces perfections. » ( Vas. ). Piqué de ces bruits, il commença à protéger *Fra Sebastiano*, et à lui fournir des dessins comme nous l'avons dit. L'ouvrage le plus remarquable qu'ils aient produit dans cette espèce de ligue, fut une transfiguration à fresque, avec une flagellation, et d'autres fi-

*polo*, ou en être une copie. J'en ai vu une tout-à-fait semblable à la *Lauretana* chez MM. Pirri à Rome. On lui attribue encore une Vierge avec l'Enfant-Jésus, sur le maître-autel des Pères Capucins de Sassoferrato; mais il est plus probable qu'elle est d'un *Fra Bernardo Catelani*. Il existe des gravures des deux précédentes, mais je n'en ai vu aucune de la dernière.

gurés dans une chapelle de *St-Pierre in Montorio*. Raphaël ayant ensuite à peindre un tableau pour le cardinal Jules de Médicis, qui fut depuis Clément VII, Sébastien, connu pour rivaliser avec lui, en fit un autre de la même grandeur. Ce dernier y représenta la résurrection du Lazare; l'autre, avec le même esprit d'émulation, la transfiguration du Christ. « Cet ou-
« vrage renferme, dit le Mengs, infiniment plus de
« beautés que tous les précédents : l'expression y est
« plus noble et plus délicate, le clair-obscur meilleur,
« la dégradation y est mieux conçue, la touche y a
« plus de finesse et de perfection. Il y a plus de va-
« riété dans les draperies, plus de beau idéal dans les
« têtes, plus de majesté dans le style »(1). Il représenta la scène sur le sommet du Thabor. Sur la pente de la montagne, il plaça une troupe de disciples, et par un jugement exquis, il les mit en action d'une manière conforme à leur dignité, de manière que cette espèce d'épisode ne s'écartât point de la vraisemblance. Il imagina de faire mettre en leur présence un enfant possédé, afin qu'ils en chassassent l'esprit des ténèbres. Les convulsions de cet enfant, la confiance du père, l'affliction d'une jeune fille d'une beauté parfaite et la compassion des apôtres, offrent l'image la plus pathétique qu'il ait jamais conçue ; cependant elle surprend beaucoup moins que le principal sujet placé sur le haut de la montagne. Les deux prophètes et les trois disciples y sont admirables; mais bien plus qu'eux encore, le Sauveur, dans lequel on croit voir cet éclat de la lumière éternelle, cette essence divine et cet air

---

(1) *Riflessioni sopra i tre gran pittori*, etc., cap. I, § II.

céleste qui fait la béatitude de ses élus. Cette tête dans laquelle il rassembla tout ce qu'il était capable de faire de plus beau et de plus majestueux, fut la plus belle des productions de l'art, et le dernier ouvrage de Raphaël.

*Mort de Raphaël.*

Depuis ce moment, il ne toucha plus un pinceau. Atteint par une maladie mortelle, il termina sa vie avec les sentiments d'un chrétien, en 1520, à l'âge de trente-sept ans, et le vendredi saint, qui avait été aussi le jour de sa naissance. Ce beau tableau fut exposé dans la salle où il avait coutume de peindre; on y exposa aussi son corps avant de le transporter à l'église de la Rotonde : il n'y eut point d'artiste si insensible, que ce spectacle ne forçât à pleurer. Il avait toujours tenu une conduite faite pour gagner tous les cœurs. Reconnaissant envers son maître, il obtint du pape que ses peintures sur une voûte des salles du Vatican, y restassent intactes; juste envers ses rivaux, il remerciait le ciel de l'avoir fait naître à l'époque du Buonarroti; affectueux envers ses élèves, il les aima comme ses enfants : bienveillant même à l'égard des inconnus, il aida généreusement de ses lumières tous ceux qui lui demandèrent des conseils; et pour faire des dessins à d'autres ou pour les diriger, il laissa quelquefois en arrière ses propres ouvrages, ne sachant non-seulement pas refuser un service, mais pas même le différer. On se rappelait dans ce triste moment toutes ces circonstances; et de pareils souvenirs attiraient les regards tantôt vers cette dépouille encore si jeune; tantôt vers ces mains qui, tant de fois, avaient surpassé les ouvrages de la nature en les imitant; tantôt vers cette dernière peinture qui semblait être le premier chef-d'œuvre d'un style aussi nouveau qu'admirable : on déplorait la fin prématurée de ce grand homme, comme un événement qui anéantissait tout à coup les plus belles espérances de l'art. Le pape lui donna des larmes, et ordonna au cardinal Bembo de composer l'épitaphe que l'on voit sur son tombeau : enfin, l'Italie et le monde en pleurèrent comme d'un désastre public. Il est vrai, qu'il survint peu de temps après de si graves calamités à Rome, et à l'état ecclésiastique, que le plus grand nombre eut moins à lui envier le bonheur de sa vie, que là propos de sa mort. Il ne vit pas du moins Léon X mourir empoisonné par une trahison sacrilége, et enlevé aux arts au moment où il les comblait le plus de ses bienfaits; ni Clément VII, contraint par une soldatesque effrénée, à se renfermer dans le château Saint-Ange, à errer ensuite en fugitif, à changer de siège, et à acheter à grand prix la liberté de ceux même qui auraient dû être les défenseurs de sa dignité ainsi que de sa vie. Raphaël ne vit point l'horrible ravage de Rome, et les grands assaillis et dépouillés dans leurs maisons; ni les Vierges sacrées envahies, et profanées dans leurs cloîtres, ni les prélats conduits à la potence par des insensés furieux, ni les prêtres arrachés des autels et des statues des saints qu'ils embrassaient pour y trouver leur salut, et même immolés à leurs pieds par le fer, et leurs cadavres traînés hors des églises et abandonnés aux chiens. Il ne vit point, enfin, rendre méconnaissable par les incendies et par les armes, cette ville qu'il avait rendue doublement digne d'être vue, et de laquelle il avait été pendant tant d'années, l'ornement, l'amour, et l'admiration ; mais nous reviendrons ailleurs sur ce sujet. Il convient de placer ici, relativement à son style, quelques réflexions choisies dans les écrits de plusieurs auteurs et principalement de Mengs, qui l'a analysé, soit dans les ouvrages que j'ai cités pendant le cours de cette période, soit dans quelques autres encore.

<small>Style de Raphaël.</small>

C'est une opinion généralement reçue aujourd'hui, que Raphaël est le *prince* de son art, non pas parce qu'il a surpassé tous les autres dans chaque partie de la peinture, mais parce qu'aucun autre n'est parvenu à posséder à la fois toutes les parties de la peinture au degré auquel il les posséda. Le Lazzarini remarque qu'il tomba lui-même dans quelques erreurs, mais qu'il n'en est pas moins le premier de tous, puisqu'il en commit moins que tous les autres. Il faut cependant avouer que ses défauts sont des qualités dans la plupart des peintres, puisqu'ils ne consistent généralement qu'à avoir négligé une perfection plus grande à laquelle il pouvait parvenir. L'art de la peinture comprend tant de détails, et tellement difficiles, que personne n'a jamais pu se flatter d'être parfait dans tous : Apelles lui-même le cédait à Amphion pour la disposition et pour l'unité, à Asclepiodore pour les proportions, à Protogène pour le fini.

<small>Dessin.</small>

Le dessin de Raphaël, privé de couleurs et tel qu'on le voit dans les cartons qui ornent aujourd'hui les collections, présente, pour ainsi dire, pure et sans mélange, l'image de sa pensée; quelle précision de contour il offre! quelle grace, quelle netteté! quel soin, quelle liberté d'exécution! Un des plus admirés, celui qu'on nomme la calomnie d'Apelles, et que

---

(*) Plin., XXXV, page 10.

j'ai vu dans la galerie ducale de Modène, est du fini le plus parfait, et au-dessus de tous les éloges, parce qu'il réunit en soi l'invention du meilleur peintre de la Grèce et l'exécution du meilleur peintre de l'Italie. On a voulu disputer si Raphaël le cédait à Michel-Ange dans le dessin; et le même Mengs en demeure d'accord, quant à ce qui regarde la théorie des muscles, et le caractère de force, dans lequel il avoue que le Sanzio reste en arrière, en se contentant d'imiter le Buonarroti; mais on ne doit pas pour cela, dire avec le Vasari, *que pour montrer qu'il était intelligent dans les nudités, aussi bien que Michel-Ange, il se priva d'une partie de sa renommée*. Et même dans les figures des deux jeunes gens de l'incendie de Borgo, critiqués par le Vasari, dont l'un se précipite du haut d'un mur pour échapper à la mort, et l'autre qui emporte son père sur ses épaules, non-seulement il fit voir qu'il connaissait parfaitement la théorie des muscles, et l'anatomie nécessaire à un peintre, mais il indiqua en outre, dans quelles occasions ce style pouvait être employé sans montrer une vaine ostentation de savoir : c'est-à-dire, dans les figures robustes, et dans les actions de force. Hors de là, il exprima seulement dans le nud les parties principales, et ne fit qu'indiquer les autres, à l'exemple des anciens qui ont le plus d'autorité, et quand il travailla seul, ses ouvrages furent également parfaits. On peut consulter sur cette question le Bellori, dans l'ouvrage cité plus haut (\*), et les annotations au T. II, du Mengs(\*\*),

---

(\*) Page 223.
(\*\*) Page 197.

faites par M. le chevalier d'Azzara, ministre du roi d'Espagne, à Rome, et personnage qui, en écrivant, n'a pas moins honoré l'art que l'artiste.

Raphaël a été comparé aux Grecs, dans tout ce qui porte le caractère de la délicatesse ; mais cet éloge est outré. Augustin Carrache le propose comme un exemple de symétrie, qualité dans laquelle il s'est plus qu'aucun autre approché des anciens, excepté, dit le Mengs, à l'égard des mains qui se trouvent rarement intactes dans les statues, ce qui fut cause qu'il manqua de modèles, et ne les fit point aussi élégantes. Il voyait le beau dans le vrai, et comme l'observe Mariette, déja riche de ses propres dessins, il les copiait avec toutes leurs imperfections qu'il corrigeait ensuite peu à peu, quand il exécutait ses compositions. Il s'appliquait par dessus tout à perfectionner les têtes, et d'après une lettre écrite au Castiglione, sur la Galatée du palais Chigi, on voit combien il était soigneux d'étudier et de choisir ce que la nature avait de plus beau, pour le perfectionner ensuite à l'aide de l'imagination (1). Il se servait de sa *Fornarina*, dont le portrait placé autrefois dans la galerie Barberini, est de la main de Raphaël même, et se retrouve dans ses madones, dans la Sainte-Cécile de Bologne et dans beaucoup d'autres de ses têtes de femmes. Les critiques auraient voulu qu'il les eût quelquefois embellies davantage, et il paraît que sur ce point, Raphaël fut

(1) « Je dis ceci en supposant que V. S. se trouvât avec moi « pour faire le choix de ce qui existe de mieux. Mais comme « rien n'est plus rare que les bons juges et les belles femmes, je « me sers toujours de quelque image qui me vient à l'esprit. » *Lett. pitt.*, T. III, page 84.

vaincu par *Guido Reni*. De même, quelque beaux que soient les enfants dans ses tableaux, nous en avons de meilleurs du Titien ; mais son triomphe est dans les têtes viriles, qui sont des portraits choisis dans la nature, et embellies par une dignité qu'il tempéra en proportion de celle des sujets. Le Vasari appelle *surhumaine*, l'expression de ces têtes, et il y admire que le peintre y a marqué avec la plus grande vérité dans les patriarches, le caractère de l'antiquité; dans les apôtres celui de la simplicité; dans les martyrs celui de la foi ; enfin, dans la tête de J.-C. transfiguré, il trouve la divinité copiée en quelque sorte, et rendue visible aux regards humains.

C'est là précisément une partie de cette expression, qui, dans le dessin de Raphaël, a été plus admirée par les modernes que par le anciens. On est étonné que, je ne dirai point Zuccaro, écrivain superficiel; mais Vasari, et Lomazzo lui-même, si supérieur en profondeur à tous les deux, ne lui aient point donné à cet égard les éloges qu'il a obtenus depuis d'Algarotti, de Lazzarini et de Mengs. Léonard fut le premier qui donna l'exemple de la finesse de l'expression, comme nous le ferons voir avec évidence, en parlant de l'école milanaise; mais celui-ci, qui peignit si peu, et avec tant de peine, ne peut être comparé avec Raphaël, qui, une fois élancé dans cette carrière, en mesura toute l'étendue. Il n'est point de mouvement de l'ame, point de caractère de passion défini par la morale et qui puisse être retracé par la peinture, que Raphaël n'ait saisi, exprimé, varié de cent manières, et toujours avec justesse. On ne cite point de lui des

*Expression.*

études telles que celles que faisait Vinci, en cherchant ses modèles dans la foule du peuple ; mais la quantité des peintures du Sanzio, prouve qu'il ne put en faire de si continuelles ; et ses dessins annoncent qu'il n'avait pas besoin de pareils secours. La nature l'avait doué, ainsi que je l'ai déja remarqué, d'une sensibilité d'organes qui transportait son ame toute entière dans une action fabuleuse ou lointaine, comme si elle eût été réelle et présente ; et lui faisait éprouver les émotions mêmes qu'auraient dû ressentir les personnages qu'il mettait en scène : elles l'animaient jusqu'à ce qu'il les eût reproduites sur la toile avec une vérité égale à celle avec laquelle il les avait observées, ou dans les physionomies des autres, ou formées dans sa propre imagination. Ce don très-rare parmi les poètes, plus rare encore parmi les peintres, fut le partage de Raphaël, et personne ne l'eut à un degré plus éminent. Ses figures aiment, souffrent, craignent, espèrent, osent véritablement, elles montrent de la colère, de la clémence, de l'humilité, de l'orgueil, selon que le veut l'histoire. Souvent, celui qui contemple ces visages, ces mouvements, ces regards, oublie que ce qu'il a devant les yeux est une image : il se sent enflammer, prend parti, et croit se trouver présent à l'action : ce grand homme y marque encore une autre nuance ; c'est la gradation des passions, qui est telle, que chacun aperçoit si elles sont à leur principe, dans leur accroissement ou sur leur déclin. Il avait observé des différences semblables dans le discours, et dans toutes occasions il savait peindre dans les traits ce qu'il avait vu ou ressenti ; tout parle au milieu du silence ;

Chaque personnage,

> Il cor negli occhi e nella fronte ha scritto.
> **PETRARCA.**

Porte écrit dans ses yeux et sur son front, ce qu'il a dans son cœur.

Les plus légers mouvements des yeux, des narines, de la bouche, des doigts, correspondent aux premiers mouvements de toute passion : les gestes plus animés et plus vifs, en manifestent la violence; et ce qui est encore plus, se varient de mille manières sans jamais sortir du naturel, et se modifient selon mille caractères sans jamais perdre la forme qui leur est propre. Le héros a le mouvement d'un héros; un homme du peuple a ceux du vulgaire, et ce que ni la parole ni la plume ne pourraient décrire, le génie et l'art de Raphaël le décrivent en un petit nombre de traits. En vain une foule de peintres se sont essayés à l'imiter, ses figures paraissent mises en mouvement par un sentiment de l'ame. Celles des autres, si l'on en excepte le *Poussin*, semblent n'agir que par imitation, et pour ainsi dire comme des acteurs tragiques sur la scène. Telle est la plus précieuse des qualités de Raphaël, celle d'avoir su peindre les passions de l'ame d'une manière si parfaite; et si c'est à ce genre de talent qu'est attaché ce qu'il y a de plus difficile, de plus philosophique, de plus sublime dans cet art, qui peut lui en disputer l'empire ?

Une autre qualité que Raphaël possèda éminemment, *La grace.*
est la grace : c'est encore un don naturel qui ajoute à la beauté, et la rend plus belle, si j'ose ainsi parler. Apelles, parmi les anciens, l'eut au suprême degré,

et il en était vain au point qu'il se préférait par cela seul à tout autre artiste (1). Raphaël sembla rivaliser avec lui parmi les modernes, ce qui lui valut le nom de *nouvel Apelles*. On pourrait ajouter quelque chose aux formes des enfants, et des autres figures délicates qu'il représenta; mais on ne saurait ajouter à leur grace, et lorsqu'il voulut aller plus loin en cela, il dégénéra, ainsi qu'il arriva souvent au *Parmigiano*, en affectation. Ses madones enchantent les yeux, observe Mengs, et cependant ce n'est point qu'elles aient des traits aussi parfaits que la Vénus de Médicis, ou la fille de Niobé, que l'on a tant admirée; mais parce que le peintre dans leurs traits et dans leurs sourires, a rendu visibles, la modestie, l'amour maternel, la candeur de l'ame, en un mot, la grace. Non-seulement il la répand dans la physionomie, mais encore dans l'attitude, dans les gestes, dans les mouvements et dans les plis des draperies, avec une adresse que l'on peut admirer, mais que l'on ne saurait imiter. La facilité avec laquelle il travaillait, constitua une partie de cette grace, qui cesse dès qu'on aperçoit l'étude et la fatigue. Et il en est du peintre comme de l'orateur, dont la grace naturelle et spontanée enchante, tandis que celle qui n'est qu'artificielle et recherchée, rebute.

Coloris. Quant à l'art du coloris, Raphaël le cède au Titien et au Corrège, quoiqu'il l'emporte sur Michel-Ange et sur beaucoup d'autres. On l'estime dans les fresques à l'égal des premiers peintres des autres écoles, mais

---

(1) Plin., *Hist. nat.*, Lib. XXXV, cap. 10. Quintil., *Instit.* orat. XII, 10.

il n'en est point ainsi pour les peintures à l'huile ; il se servait dans celles-ci des ébauches de Jules, qui étaient exécutées avec une sorte de dureté et de timidité, et quoiqu'elles fussent retouchées par Raphaël, elles ont quelquefois perdu le lustre de la dernière main. Ce défaut n'était point apparent alors, et si Raphaël eût vécu plus long-temps, il se serait aperçu de l'altération que le temps apportait à ses tableaux, et les aurait retouchés moins légèrement qu'il ne le faisait. On le vante davantage dans les premiers sujets historiques du Vatican, faits sous Jules II, que dans ceux qu'il fit sous Léon X, comme si ses occupations s'étant accrues, ainsi que son application au grand style, il en eût restreint peu à peu l'empâtement et les teintes. Mais rien ne prouve mieux que ses portraits, qu'il fut habile aussi dans ce genre ; car, ne pouvant y déployer son talent pour l'invention, la composition, la grâce et le beau idéal, il semble avoir cherché à s'y distinguer par le coloris. Rien n'est plus admirable dans ce genre, que les deux portraits de Jules II, celui de la galerie de Médicis, et celui de la galerie Corsini : celui de Léon X, entre deux cardinaux, et plus que tous les autres, selon l'opinion d'un grand connaisseur, c'est-à-dire de *Renfesthein*, celui de *Bindo Altoviti*, que l'on voit à Florence chez ses illustres descendants, et que beaucoup de gens croient être le portrait de Raphaël lui-même (1). On doit ad-

(1) On voit des portraits de Raphaël assez ressemblants dans plusieurs sujets d'histoire de la sacristie de la cathédrale de Sienne ; mais on est incertain s'ils sont de sa main ou de celle du Pinturicchio. Celui dont fait mention le Guide de Pérouse dans un tableau de la Resurrection qui est aux conventuels,

mirer aussi les têtes de la Transfiguration, peintes de sa main, et dont le coloris a été vanté comme très-beau par le Mengs : s'il y avait quelque exception à faire, ce serait dans les chairs de la femme, qui sont un peu plombées, comme le sont souvent celles de ses figures délicates, que par cette raison l'on regarde comme moins parfaites que les têtes viriles. La plus grande restriction que Mengs ait mise à ses éloges, a pour objet le clair-obscur de Raphaël, comparé avec celui du Corrège ; je laisse aux connaisseurs le soin d'en juger. J'ai lu qu'il le disposait à l'aide des modèles de cire, et le relief de ses peintures, et les accidents heureux du tableau d'Héliodore et de celui de la Transfiguration, sont attribués à cette méthode. Pour la perspective, il sut l'observer avec une exactitude parfaite. *De Piles* trouva dans quelques-unes de ses esquisses, l'échelle de dégradation (1). *Algarotti* soutient qu'il ne se hasarda jamais à peindre la perspective de *bas en haut*. On pourrait lui opposer l'exemple que l'on en voit dans la troisième arcade de la *loge vaticane*, où il y a *une perspective de petites colonnes*, dit le Taja, *supposées vues du bas en haut*. Il est

*Clair-obscur.*

*Perspective.*

passe pour être l'ouvrage de Pierre Pérugin. Il y en a un autre dans la galerie Borghese à Rome, que l'on croit de la main de *Timothée della Vite*. Celui de la galerie de Florence, fait par le Vinci, a quelque ressemblance avec Raphaël, mais ce n'est point lui. Un autre que j'ai vu à Bologne dans les appartements du gonfalonier, paraît devoir être attribué à Jules Romain. Un des portraits les plus authentiques du *Sanzio*, faits par lui-même, après celui qu'il plaça auprès de l'image de Saint-Luc, est celui de la galerie Médicis, dans la salle des peintres, quoi-qu'il ne soit pas de sa plus brillante époque.

(1) *Idée du peintre parfait*, chap. 19.

vrai que, dans la plupart de ses ouvrages, il évita cette difficulté; et pour ne point s'écarter du naturel, il supposa que les peintures fussent faites comme dans une tapisserie, et adaptées au moyen de nœuds, au soffite de la salle.

Toutes les qualités brillantes que nous avons décrites jusqu'à ce moment, n'auraient point valu à Raphaël une aussi grande réputation, s'il n'eût possédé en outre une étonnante facilité à inventer des sujets et à les distribuer; ce qui constitue surtout le grand éclat de son mérite. On peut dire avec vérité qu'il surpassa dans ce genre tous les modèles, soit antiques, soit modernes, qui avaient passé sous ses yeux, et que depuis il ne fut égalé par aucun autre. Il produit dans chacun de ses tableaux l'effet que doit produire un orateur dans ses discours. Il instruit, il touche, il plaît. La première partie de ces trois fins est facile à celui qui raconte, parce qu'il peut, au moyen d'un ordre bien conçu, expliquer toute une succession d'événements. Le peintre, au contraire, n'a qu'un moment pour se faire entendre; et son art consiste à faire comprendre non-seulement ce qui se fait, mais ce qui doit se faire; et (ce qui est encore plus difficile), ce qui a déja été fait. C'est ici que triomphe le génie de Raphaël. Il porte l'évidence de ces trois choses au plus haut point où elle peut atteindre. Il choisit entre mille circonstances celles seulement qui signifient le plus; il trouve les manières les plus neuves de dire beaucoup avec peu. Cent petits détails, tous réunis en un même ensemble, rendent le sujet non-seulement intelligible, mais palpable. Plusieurs auteurs en ont cité comme exemple le *St-Paul* à Listri, que l'on voit dans une

*Invention.*

des tapisseries du Vatican. L'artiste y a représenté le sacrifice qu'on y prépare à ce saint, ainsi qu'à St-Barnabé, comme à deux divinités, après qu'ils ont rendu à un estropié l'usage de ses jambes. L'autel, les ministres, les victimes, les joueurs de flûte, les pains consacrés, les haches indiquent assez ce que les Listriens sont sur le point d'exécuter. Saint Paul qui déchire ses vêtements, fait aisément connaître qu'il refuse cet honneur sacrilège; qu'il l'abhore, qu'il en dissuade le peuple par tout ce qu'il a de pouvoir; mais tout était nul, si l'on n'eût indiqué le prodige qui était déja arrivé et qui avait donné l'impulsion à cette scène. Raphaël y signala l'infirme guéri, de manière à le faire évidemment reconnaître entre tous les autres. Il est devant les saints apôtres, et, dans le transport de sa joie, il lève les mains vers ses libérateurs. Il a jeté à ses pieds, comme désormais inutiles, les béquilles qui lui servaient de soutien. Tout cela aurait suffi à un autre, mais le Sanzio ayant voulu porter l'évidence au dernier point, y ajouta un groupe de peuple qui, soulevant un peu le pan de sa robe, regarde curieusement ses jambes rendues à leur première forme. Ce peintre abonde en pareils exemples, et il ressemble à certains écrivains classiques, qui plus ils étudient, et plus ils donnent matière à réfléchir. Qu'il me suffise d'avoir fait remarquer dans les inventions de Raphaël, ce qui est le moins observé et le plus difficile: l'effet des sentiments, qui est tout-à-fait l'ouvrage de l'expression, le charme qui naît des inspirations poétiques, ou des épisodes agréables, parlent en quelque manière d'eux-mêmes, et n'ont pas besoin d'être indiqués.

Il y a d'autres choses encore à remarquer dans son

invention : l'unité, la sublimité, les mœurs, l'érudition. Il ne sera pas nécessaire d'en chercher des exemples hors de ces charmants petits poëmes, dont il orna la loge de Léon X, et qui, gravés par le *Lanfranco* et le *Badalocchi*, sont appelés la *Bible* de Raphaël. Dans le retour de Jacob, par exemple, au milieu de tant de variété d'animaux, de serviteurs, de femmes portant leurs enfans, qui ne reconnaîtrait une seule famille, qui, après avoir long-temps habité dans un lieu, se transporte dans un autre avec tout ce qu'elle possède ?

Dans la naissance du monde, ce Créateur qui, étendant les bras, touche d'une main le soleil et de l'autre la lune, n'est-il pas d'un sublime qui, au moyen du langage le plus simple, éveille la plus grande idée ? et dans l'adoration du Veau d'or, de quelle manière pouvait-on mieux représenter l'acte d'une adoration sacrilège et différente de l'adoration religieuse, qu'en imaginant un peuple ivre d'une joie insensée, licencieuse, fanatique ? Quant à l'érudition, il faut ensuite indiquer le triomphe de David, que Taja décrit et confronte avec les bas-reliefs antiques. Il penche à croire, qu'il n'y a rien dans ces marbres qui surpasse l'auteur et la perfection de cette peinture. Je sais que sous d'autres points de vue, il n'a point été tout-à-fait exempt de quelque tache, comme celle de repliquer la figure de St-Pierre, hors de la prison, ce qui rompt l'unité du sujet, ou de donner à Apollon et aux muses des instruments qui n'avaient rien de commun avec l'antiquité ; mais on ne peut ôter à Raphaël la gloire d'avoir rempli ses peintures d'une infinité de détails que ses prédécesseurs avaient négligés, et d'en avoir laissé fort peu à ajouter à ses successeurs.

Dans la composition, il est encore le maître de ceux qui sont habiles; dans chacun de ses tableaux, la principale figure s'offre d'elle-même au spectateur. Elle n'a pas besoin d'être cherchée ; les groupes dans leurs situations diverses sont réunis par l'action principale. L'opposition n'est point formée par l'affectation, mais par la raison et par la vérité. Souvent une figure qui demeure en repos et qui pense, fait ressortir l'autre qui agit et qui parle. Les masses des pleins et des vides, des lumières et des ombres, sont maintenues en équilibre, non pas par caprice, mais à l'imitation de la nature choisie avec discernement. Tout est fait avec art, mais tout annonce la facilité, et tout dissimule l'art. La prétendue école d'Athènes, au Vatican, est dans ce genre une des choses les plus remarquables qui soient au monde. Ceux qui ont succédé à Raphaël, et qui ont suivi une autre route, ont plu davantage aux yeux, mais ont moins satisfait la raison. Paul Véronese a voulu multiplier les figures et les ornements. Le Lanfranc et les *Machinistes* ont introduit des effets de lumière et d'ombre, et des oppositions de l'effet le plus frappant; mais qui voudrait changer ce goût, contre le goût si pur et si noble de Raphaël ? le seul *Poussin*, au jugement de Mengs, parvint à améliorer la composition dans les fonds ou dans l'économie du tableau. Il a voulu dire, dans le choix judicieux du lieu où se passe l'action.

Voilà en résumé comment Raphaël contribua aux progrès de la peinture en si peu d'années. Il n'y eut point d'ouvrages de la nature ou de l'art, où il n'ait consigné par son exemple cette maxime qui lui était propre, et qui nous a été transmise par *Federigo*

*Zuccaro*, que les choses doivent être peintes, non comme elles sont, mais comme elles devraient être. Le paysage, les éléments, les animaux, les édifices, les manufactures, chaque âge de l'homme, chaque condition, chaque sentiment, il comprit tout et embellit tout par l'élévation de son génie; et si sa vie se fût prolongée jusqu'à la vieillesse, même sans égaler les jours de Titien ou de Michel-Ange, qui peut deviner jusqu'à quel point il aurait porté la perfection de son art ? qui même pourrait imaginer jusqu'à quel degré de talent il serait parvenu dans l'art statuaire, et dans l'architecture, s'il se fût appliqué à ce genre d'études, ayant si bien réussi dans le peu d'essais qu'il nous a laissé de son intelligence pour ces deux professions ? On trouve de lui dans les galeries un assez grand nombre d'images sacrées, surtout des madones avec l'Enfant-Jésus, ou d'autres personnages encore de la sainte Famille. Elles offrent successivement les trois styles que nous avons décrits : le grand duc de Toscane a quelque essai de chacun des trois. La plus remarquable de ces peintures est celle que l'on appelle la Vierge à la Chaise (1). On a souvent agité la question, si l'on

(1) Gravée par Morghen. Ce sont trois figures qui semblent respirer : la Vierge, l'Enfant-Jésus et le petit Saint-Jean. Il paraît que Raphaël préférait à cette peinture d'autres études, et qu'il en fit une autre sans le St-Jean, qui resta long-temps à Urbin. J'en ai vu une copie chez MM. Calamini de Recanati; elle passe pour être du Baroccio; on peut du moins sans invraisemblance l'attribuer à son école. J'en ai vu encore une semblable à Pesaro dans la maison *Olivieri*, puis une encore à Cortone chez une autre famille noble, dans laquelle, dit-on, elle était passée par un héritage fait à Urbin, et qui était réputée pour être de la main de Raphaël. Les traits des visages

doit les considérer comme des originaux ou comme des copies, parce qu'elles se trouvent répétées trois, cinq et jusqu'à dix fois ; l'on peut en dire autant des autres tableaux de cabinet, et particulièrement du St-Jean dans le désert, qui se trouve répété dans plusieurs galeries, en Italie et au déhors. Cela devait naturellement avoir lieu dans une école où l'on avait adopté cet usage. Raphaël dessinait, Jules ébauchait, et le maître terminait avec un fini tel que l'on aurait pu, si l'on peut s'exprimer ainsi, y compter les cheveux. Les peintures ainsi perfectionnées, étaient copiées par les élèves, qui pour la plupart étaient du second ou du troisième ordre, et ces copies étaient encore quelquefois retouchées par Raphaël ou par Jules. Ceux qui sont habitués à distinguer la franchise et le moelleux de la manière dont peignait le chef de l'école, ne courent point le risque de le confondre, ni avec aucun de ses élèves, ni avec Jules même, qui, outre que son pinceau était plus timide, faisait usage de la couleur noire, beaucoup plus que son maître. J'ai entendu des gens habiles dire qu'ils reconnaissaient le caractère de Jules, à la couleur brune des chairs et aux demi-teintes sombres et non pas plombées, selon l'usage de Raphaël; enfin, aux lumières plus fréquentes, aux yeux dessinés un peu plus ronds que ceux de ce grand peintre, qui les faisait d'une forme plus allongée, à l'exemple de *Pierre*.

dans ces peintures sont beaucoup moins beaux, et les teintes moins vigoureuses ; ce sont des tableaux de forme ronde. J'en ai vu des répétitions dans la sacristie de St-Louis des Français à Rome, et dans le palais *Giustiniani*, mais le cercle en est d'une plus grande dimension, et elles offrent d'ailleurs quelques variétés.

Ce furent ces heureux commencements qui affermirent ce que nous appelons l'école Romaine, plutôt comme je l'ai déja remarqué, à cause du lieu où elle s'éleva, qu'à cause de la nation elle-même. Et l'on pourrait dire que, comme la population de cette ville offre un mélange de plusieurs langages et de plusieurs nations, parmi lesquelles les descendants des Romains composent le plus petit nombre, de même l'école de peinture a toujours été peuplée et soutenue par des étrangers, qu'elle a accueillis, associés à ses concitoyens, et considérés dans son académie de Saint-Luc, comme s'ils étaient nés à Rome, où qu'ils eussent joui des anciens droits des Quirites. C'est de là que dérivent les manières si variées et si multipliées, que nous observerons dans les périodes successives de cette école; quelques-uns comme le Caravaggio, ne profitèrent nullement des marbres ni des autres secours que le local leur offrait. Et ceux-ci travaillèrent dans l'école romaine, sans en suivre les principes. D'autres adoptèrent les préceptes des disciples de Raphaël, et leur méthode était en général d'étudier beaucoup d'après le maître et d'après les marbres antiques; c'est, si je ne me trompe, de l'imitation de l'un, et des autres, que résulte le caractère général, et pour ainsi-dire l'accent propre de l'école romaine. Les jeunes peintres habitués à dessiner des statues et des bas-reliefs, et à avoir sans cesse sous les yeux des modèles aussi parfaits, en transportent facilement les formes, ou sur le bois ou sur la toile; de là leur dessin tient de l'antique, et leur beau a de l'idéal plus qu'ailleurs. Cela même qui fut un avantage pour ceux qui surent en profiter, devint un écueil pour les autres, en les habituant à former des

*Caractère de l'école romaine.*

figures qui tiennent de l'art statuaire, belles sans doute, mais roides, et point assez animées. D'autres ont suivi une route encore plus dangereuse en copiant les statues modernes des saints, exercice qui facilite à la peinture les attitudes pieuses, les accidents des plis dans les habits religieux et sacerdotaux, ainsi que les autres usages que l'on ne trouve point dans les marbres antiques. Mais la scuplture, dans ces derniers temps, étant tombée en décadence, n'a pu être d'un grand secours aux peintres; elle les a plutôt fait dévier dans le genre maniéré, lorsqu'ils ont voulu plier les draperies comme le Bernino, ou comme l'Algardi, hommes très-habiles, sans contredit, mais qui n'auraient point dû avoir à Rome l'influence qu'ils eurent sur la peinture. L'invention dans cette école est ordinairement juste, la composition sage, le costume bien observé, l'étude des ornements médiocre; je parle seulement ici des peintres à l'huile, car les peintres à fresque de notre époque, doivent être considérés à part. Le coloris, généralement parlant, n'est ni le plus brillant, ni le plus faible; les Lombards et les Flamands qui firent partie de cette école, ayant empêché qu'il ne fût entièrement négligé. Revenons au sujet principal de ce discours, et faisons voir les principes de cette école, en la conduisant jusqu'à l'époque nouvelle. Ra-

*École de Raphaël et chefs des écoles italiennes qui en sortirent.*

phaël *occupa toujours une infinité d'élèves, soit en les enseignant soit en les aidant*; aussi n'allait-il jamais à la cour sans être accompagné par cinquante peintres tous habiles, qui se plaisaient à lui rendre cet honneur, ainsi que l'a rapporté Vasari. Il les employait chacun selon la nature de son talent. Quelques-uns, lorsqu'ils en eurent assez appris, retournèrent dans leur patrie; d'autres restèrent près de lui sans interruption, et demeurèrent encore après sa mort à Rome, où ils devinrent les premiers soutiens de cette école. Le plus marquant de ceux qui la composaient, était Jules Romain, que Raphaël avait laissé son héritier, avec Gio. Francesco Penni. Ils achevèrent donc, de concert, les ouvrages que leur maître avait pris l'engagement d'exécuter. Ils admirent ensuite Perin del Vaga en tiers dans leurs travaux; et pour rendre cette association plus durable, ils lui donnèrent en mariage une sœur de Penni. Plusieurs autres peintres qui avaient été les auxiliaires de Raphaël, se joignirent encore à eux; mais dans les commencements ils eurent peu de succès, parce que *la première place en peinture ayant été donnée d'une commune voix, à F. Sebastiano, par l'influence de Michel-Ange*, ceux qui suivirent l'école de Raphaël, *demeurèrent tous en arrière.* ( Vas. ) A cette circonstance défavorable se joignit celle de la mort de Léon X, en 1521, et l'élection à sa place d'Adrien VI, qui avait tant d'éloignement pour les beaux-arts, que tous les travaux publics conçus et entrepris même par son prédécesseur, furent discontinués. Les artistes en partie par cette raison, et en partie à cause de la peste de 1523, furent presque réduits à mourir de faim. Cependant, Adrien ayant terminé sa carrière au bout de vingt-trois mois de pontificat, et Jules de Médicis lui ayant succédé, sous le nom de Clément VII, les arts semblèrent revivre. Raphaël avait commencé la grande salle, il en avait déja terminé quelques figures, et y avait laissé un grand nombre d'esquisses pour l'achever. Il devait y exécuter quatre sujets historiques, à l'authenticité des-

Adrien VI.

Clément VII.

quels cependant on n'accorde point un crédit égal. Ce sont, l'apparition de la croix, ou l'allocution de Constantin ; la bataille où cet empereur dut sa victoire à la mort de Maxence ; son Baptême administré, par Saint Silvestre, enfin la donation de Rome faite à ce pontife. Jules Romain exécuta les deux premiers sujets, et Gio. Francesco, les deux autres. Ils y joignirent des bas-reliefs en bronze, figurés sous chacun des sujets mêmes, avec quelques autres figures. Ils peignirent ensuite, ou pour mieux dire, ils terminèrent les peintures de la maison de plaisance, sous Monte Mario, travail ordonné par le cardinal Jules de Médicis, et suspendu jusqu'à la seconde ou à la troisième année de son pontificat. Cette résidence reçut ensuite le nom de *maison de plaisance de Madame*; et il y reste encore malgré, les ravages du temps, des traces visibles de la magnificence du prince, et du goût de l'école de Raphaël. Sur ces entrefaites, Jules obtint du pape, la permission d'aller s'établir à Mantoue, le Fattore (Penni) passa à Naples, et peu de temps après, en 1527, à l'occasion du sac mémorable de Rome, le Vaga, Polidoro, Gio. d'Udine, le Peruzzi, Vincenzio di S. Gimignano, en partirent maltraités par la soldatesque, ainsi que le Parmigianino qui était à Rome à cette désastreuse époque, et qui s'était livré avec passion à l'étude des peintures de Raphaël. C'est ainsi que cette école célèbre se dissipa et se répandit par toute l'Italie ; et c'est de là que le nouveau style s'étant propagé rapidement, l'on vit s'élever dans tant de villes, les écoles florissantes qui nous fourniront le sujet de plusieurs autres livres. Si quelqu'un des peintres de l'école de Raphaël retourna ensuite à Rome, il n'y continua point la belle époque que nous venons de décrire. Elle ne se prolongea point au-delà du ravage de cette ville, qui ne fit plus que décroître en peinture, et se remplit à la fin de *maniéristes*. Mais nous parlerons de ceux-ci lorsqu'il en sera temps. Après avoir donné une idée générale de l'école de Raphaël, il convient de parler de chacun de ses élèves et de chacun de ceux par lesquels il se fit aider.

*Giulio Pippi*, ou Jules Romain, le plus célèbre des disciples de Raphaël, suivit les traces de son maître, plutôt dans son caractère de force que dans sa manière délicate; et il réussit principalement dans les faits d'armes, qu'il retraça avec autant d'esprit que d'érudition. Grand dessinateur, et véritable émule du Buonarroti, il se rend maître de la structure du corps humain, la reproduit et la dispose à son gré, sans aucune espèce de faute, si ce n'est que par fois, il excède la mesure des mouvements, par amour pour le vrai. Le Vasari avait plus d'admiration pour son crayon que pour son pinceau, trouvant que la grande verve dont il animait ses conceptions, à l'instant où elles jaillissaient de sa tête, se refroidissait un peu dans l'exécution. Quelques-uns lui reprochent la tristesse de ses physionomies, et on l'accuse généralement d'avoir fait ses demi-teintes trop noires. Nicolas Poussin, en observant cette particularité à l'égard de la bataille de Constantin-le-Grand, approuva cette dureté de teintes qu'il jugeait convenables à l'horreur d'un combat. Dans le tableau de l'*Ame* qui est représentée sous la figure de la Vierge entourée de plusieurs saints, et dans d'autres sujets analogues, cette couleur n'est point d'un aussi bon effet. Ses tableaux

Jules Romain.

de cabinet sont rares, et quelquefois licencieux : il peignit presque toujours à fresque; et ses nombreux ouvrages produits à Mantoue, doivent être considérés comme appartenant à l'école établie dans cette ville; école qui l'honore comme son fondateur.

Le Fattore.    Gianfrancesco Penni, florentin, appelé *le Fattore*, parce qu'étant fort jeune il servit de valet dans l'atelier de Raphaël, devint ensuite fort habile à exécuter ses dessins. Il l'aida plus qu'aucun autre dans les cartons qu'il fit pour les tapisseries, et il coloria dans la loge vaticane les sujets d'Abraham et d'Isaac, indiqués par Taja. Parmi les ouvrages de son maître qu'il acheva après la mort de celui-ci, plusieurs comptent l'Assomption de *Monte Luci*, à Pérouse, dont la partie inférieure, où l'on voit les apôtres, est de Jules; la supérieure, qui est remplie de toute la grace de Raphaël, passe pour être du Fattore, mais Vasari l'attribue à Perino. Il travailla seul, en outre, quoique ses ouvrages à fresque aient péri à Rome, et que ses autres peintures soient très-rares, et presque inconnues dans les autres galeries. L'histoire le représente comme doué de la plus grande facilité à apprendre; d'une grace parfaite dans l'exécution, et d'un talent particulier pour le paysage. Après avoir partagé avec Jules l'héritage de Raphaël, et réglé ses intérêts, il désira de se réunir à lui; mais étant allé à Mantoue, et ayant été accueilli froidement par Jules, il passa à Naples, où nous le trouverons se rendant d'une grande utilité dans cette ville, quoiqu'il ne vécût que peu de temps.

L'Orlandi compte dans l'école de Raphaël, non-seulement un, mais deux *Penni*, en y comprenant *Luc*, frère de Gianfrancesco, ce qui n'est point invraisemblable, quoique l'histoire ne l'ait point constaté, que je sache. Ce qui est certain, c'est que Vasari rapporte, que Luca s'associa aux travaux de Perino del Vaga, et qu'il peignit avec lui à Lucques, et dans d'autres parties de l'Italie; qu'il suivit le Rosso, en France, ainsi que nous l'avons déja dit, et qu'étant enfin passé en Angleterre, il travailla pour le roi, et pour des particuliers : enfin, qu'il fit surtout une grande quantité de dessins pour la gravure.

*Perino del Vaga* ( dont le véritable nom, est *Pierino Buonaccorsi*), concitoyen et beau-frère des Penni, eut part aux travaux du Vatican, tantôt en faisant des statues et des grotesques avec Jean d'Udine, tantôt en peignant des clairs-obscurs comme Polydore, tantôt en exécutant des sujets d'histoire sur les esquisses ou d'après les dessins de Raphaël. Vasari paraît le considérer comme le plus grand dessinateur de l'école florentine, après Michel-Ange, et le meilleur peintre de ceux qui aidèrent le Sanzio. Il est certain, du moins, que personne ne fut en état de lutter comme lui contre Jules, dans l'académie que Raphaël dirigeait, et que les sujets du Nouveau-Testament, qu'il peignit dans la loge papale, furent approuvés par Taja plus que tous les autres : sa manière offre un mélange de celle de l'école florentine, comme on peut le voir à Rome, dans le tableau qui a pour sujet la naissance d'Eve, à l'église de Saint-Marcel, avec plusieurs enfants qui paraissent réellement vivre : cet ouvrage est fort estimé. Un monastère de Tivoli a de lui un Saint-Jean dans le désert, avec un paysage du meilleur goût. Il a laissé beaucoup d'autres ouvrages à Lucques, à Pise, et surtout à Gênes, où il

Perino del Vaga.

doit figurer avec plus d'éclat comme chef d'une école non moins importante.

Jean d'Udine.

*Giovanni d'Udine*, qu'un historien de cette même ville appelle Gio. di Francesco Ricamatore (\*), aida aussi le Sanzio dans les grotesques et dans les stucs dont il orna les loges vaticanes, la salle des pontifes, et plusieurs autres endroits; on le regarde même comme le premier parmi les modernes (1) qui ait travaillé en stucs dans ce goût, qu'après des expériences réitérées, il avait imité des grottes de Titus, découvertes dans ce temps à Rome, et retrouvées de nos jours (2). Ses treilles, ses chars, ses volières, ses colombiers, peints dans les endroits déja indiqués, ainsi que dans d'autres lieux de Rome et de l'Italie, trompent les yeux par la vérité de l'imitation. C'est dans les animaux, et surtout dans les oiseaux, indigènes

(\*) Boni, page 25.

(1) *Morto* de Feltre, sous Alexandre VI, commençait à peindre en grotesques, mais sans stucs. Baglione, *Vite*, p. 21.

(2) L'entrée de ces grottes avait été fermée à dessein. *Serlio* écrit, à propos de plusieurs grotesques qui étaient à Pozzuolo, à Baïes, et à Rome, qu'ils « furent détruits et gâtés par la mal-« veillance et par l'envie de quelques-uns, afin que d'autres ne « pussent avoir de ce qu'ils avaient recueilli pour eux-mêmes « en abondance. » (Lib. IV, c. II.) Les noms de ces personnages que le Serlio a voulu taire par ménagement, ont été soigneusement recherchés par la génération qui lui a succédé. Les uns ont accusé Raphaël, d'autres le Pinturicchio, d'autres encore le Vaga, Jean d'Udine, ou plutôt ses élèves et ses aides, « qui étaient fort nombreux, et qui, à des époques différentes, « en remplirent toutes les provinces. » ( Vasari.)

V. ce point très-bien discuté par Mariotti dans la lettre IX, page 224 et suiv., et dans les *Memorie delle belle arti per l'anno* 1788, page 24.

ou étrangers, que l'on juge qu'il est parvenu au plus haut degré de perfection. Il eut enfin un talent si extraordinaire pour contrefaire avec ses pinceaux toutes sortes de productions de l'industrie des hommes, qu'ayant placé dans la loge de Raphaël des tapis en peinture, un palefrenier cherchant à la hâte un tapis, afin de l'étendre je ne sais en quel lieu, pour le service du pape, courut vers ceux de Giovanni, qui lui avaient fait illusion. Après le pillage de Rome, ce peintre erra dans toute l'Italie, où il se forma le goût le plus judicieux et le plus riant à la fois, dans l'art des ornements; aussi l'on en a fait, et l'on en fera encore mention dans d'autres écoles. Étant devenu vieux il revint encore à Rome, où le pape lui assura une pension jusqu'à sa mort (1).

*Polydore* de Caravaggio, d'abord manœuvre dans les travaux du Vatican, puis artiste d'un grand renom, se distingua par l'imitation des bas-reliefs antiques, en exécutant en clair-obscur des sujets sacrés et profanes. Jamais on ne vit rien de plus parfait en ce genre, soit pour la composition, soit pour la touche,

Polydore de Caravaggio.

---

(1) Elle lui fut assignée sur l'administration lorsqu'elle fut confiée à *Sebastiano* de Venise, et la pension était de 300 écus. Le P. Federici observa que l'un etait appelé *Fra Sebastiano*, et que l'autre n'était point appelé *F. Giovanni;* cela n'a rien d'étonnant: l'évêque est appelé monseigneur, mais celui qui jouit d'une pension assignée sur un évêché, n'a pas le titre pour cela. On ne peut donc pas déduire de cette circonstance, comme il le voudrait, qne Sebastiano ait été d'abord frère de l'ordre de Saint-Dominique sous le nom de *Fra Marco Pensaben*, puis sécularisé par le pape, et fait directeur des plombs, de telle manière cependant qu'il conserva ce titre de *Frate*, comme un souvenir de son premier état.

soit pour le dessin, dans lequel, au jugement de plusieurs, Raphaël et lui se sont approchés du goût antique, plus qu'aucuns peintres du monde. Rome fut pendant un certain temps, très-riche d'ornements, de façades, de supports d'armoiries peints de sa main, et de celle de *Mathurin* de Florence, habile dessinateur et compagnon de ses travaux, lesquels, au grand préjudice de l'art, ont presque tous péri. La fable de *Niobe au masque d'or*, qui était un de leurs ouvrages les plus remarquables, est encore un des morceaux que le temps et la barbarie ont le plus respecté. Mais cette perte est en quelque sorte compensée par les estampes de Cherubino Alberti, et de Santi Bartoli, qui gravèrent un grand nombre de ses ouvrages, avant qu'ils eussent été détruits. Polydore perdit à Rome son compagnon qui mourut, à ce qu'on croit, de la peste; et il se réfugia à Naples, puis en Sicile, où il mourut lui-même, étranglé par un valet qui commit ce crime pour s'emparer de l'argent de son maître. L'on vit disparaître avec lui, l'invention, la grace, et la hardiesse dans les productions de l'art : ce que nous en avons dit comme artiste, doit suffire ici; il reparaîtra au quatrième livre, comme l'un des maîtres de l'école napolitaine.

*Pellegrino* de Modène, de la maison de Murani, fut peut-être celui des élèves de Raphaël, qui lui ressembla le plus, pour les airs de tête et pour une certaine grace dans sa manière de mouvoir et de grouper ses figures. Après avoir exécuté d'une manière admirable l'histoire de Jacob rappelée plus haut, et d'autres encore du même patriarche, avec quatre sujets de celle de Salomon, dans la loge de Raphaël, il demeura dans Rome jusqu'à la mort de son maître, et y travailla pour plusieurs églises. Il retourna ensuite dans sa patrie, et il y fut père d'une nombreuse succession d'imitateurs de Raphaël, comme nous le rapporterons lorsqu'il en sera temps.

*Barthélemi Ramenghi*, appelé autrement le *Bagnacavallo*, et nommé par Vasari le *Bologna*, est compris dans le catalogue de ceux qui travaillèrent dans la loge vaticane; cependant l'on n'en désigne à Rome aucun ouvrage authentique, non plus que de *Biagino Puppini*, autre Bolonais, avec lequel il se réunit pour peindre à Bologne. Vasari n'a point été prodigue de louanges envers le premier, et a blâmé hautement le second dans ses écrits. Nous parlerons de leur degré de mérite, lorsque nous nous occuperons de l'école bolonaise, dans laquelle le *Bagnacavallo* fut le premier à introduire un style nouveau et meilleur.

Vasari a nommé, outre ces derniers, *Vincenzio* de St-Gimignano, en Toscane, auquel, comme à un imitateur habile de Raphaël, il a accordé de grands éloges en parlant de plusieurs de ses façades à fresque, qui aujourd'hui n'existent plus. Après le sac de Rome, il revint dans sa patrie, mais si abattu, si découragé jusqu'au fond de l'ame, qu'il y parut tout différent de lui-même. Aussi depuis lors, l'historien ne dit plus rien de ce qu'il fit. On vit un exemple semblable de déclin dans un compagnon de Vincent, appelé Schizzone, qui promettait les plus brillants succès. Nous verrons encore dans l'école bolonaise le *Cavedone*, auquel des chagrins profonds firent perdre tout son talent. Parmi les sujets qui ornent la loge, je n'en trouve aucun qui soit attribué à Vincent; mais c'est peut-être à lui qu'appartient celui de Moïse au mont Horeb, que le Taja, par une simple conjecture, attribua au pinceau hardi de *Raphaël del Colle*, que l'on sait avoir travaillé dans la Farnesienne, sous la direction du grand Raphaël, et dans la salle de Constantin, sous celle de Jules. Nous avons assez parlé de cet artiste et de ses élèves dans le premier livre, en suppléant même à ce que *Giorgio* avait omis dans son histoire.

*Timoteo della Vite* naquit à Urbin; et, après s'être appliqué pendant quelques années à la peinture, à Bologne, sous *Francesco Francia*, il retourna dans sa patrie: il passa de là dans l'académie qu'avait ouverte Raphaël, son compatriote et son parent. Il l'aida dans ses travaux de l'église de la Paix, lorsqu'il y peignait les *Prophétesses*, dont il conserva les cartons. Après un assez court espace de temps, quelle qu'en fût la raison, il revint à Urbin, où il passa un grand nombre d'années jusqu'à sa mort. Il avait apporté à Rome une manière qui se ressentait fortement de la manière du quinzième siècle, comme on le voit par quelques-unes de ses madones de la maison de *Bonaventura* et du chapitre d'Urbino, puis à Pesaro dans le Recouvrement de la croix aux Conventuels. Il perfectionna son style sous les yeux de Raphaël, et il emprunta quelque chose de sa grace, de ses attitudes et de son coloris; mais il ne fut jamais qu'un inventeur borné, dont le pinceau timide eut plus d'exactitude que de grandiose. La Conception des Observantins d'Urbin, et le *noli me tangere* de l'église de *St-Angiolo* à Cagli, sont peut-être ce qu'il a laissé de meilleur. *Pietro della Vite* que l'on croit avoir été son frère, peignit dans le même style, mais d'une manière inférieure. Peut-être celui-ci est-il ce prêtre d'Urbin, qui fut le parent et l'héritier de Raphaël, et dont *Baldinucci* parle dans son V<sup>e</sup> vol. Le même historien affirme, à la fin du IV<sup>e</sup>, que les artistes de l'état d'Urbin comptaient parmi les disciples de Raphaël un certain *Crocchia*, et qu'ils montraient un tableau de sa main aux capucins d'Urbino. Je n'ai rien à ajouter, ni pour ni contre cette assertion.

Crocchia d'Urbin.

Le *Garofolo*, appelé autrement Benevenuto Tisi de Ferrare, ainsi que le précédent, ne passa que peu de temps auprès de Raphaël; mais ce court espace lui suffit pour devenir, comme nous le verrons plus tard, le *prince* de son école. Il imita du Sanzio, le dessin, les traits, l'expression, et même en partie le coloris, excepté qu'il y ajouta quelque chose d'animé, de fort, qui paraît dérivé de sa propre école. Rome, Bologne, et d'autres villes de l'Italie, sont remplies de ses petits tableaux, représentant des sujets évangéliques; leur mérite est inégal, et tous ne sont pas exécutés par lui seul. Il est plus original dans les grands tableaux; la galerie du prince Chigi en est fort riche; sa Visitation dans le palais Doria, est un des plus beaux morceaux de cette magnifique collection. Cet artiste eut pour habitude de peindre sur ses tableaux un œillet, ou comme on l'appelle plus généralement en Italie, une giroflée, fleur emblématique de son nom. Parmi les peintures de Raphaël citées par Vasari, ou même par Titi ou Taja, en même temps que les jeunes peintres qui y travaillèrent, il n'est fait mention d'aucune à laquelle le Garofolo ait eu part.

Le Garofolo.

Pour la fable de Psyché, Titi a nommé, comme ayant contribué à cet ouvrage, *Gaudenzio Ferrari*, duquel nous aurons encore occasion de parler dans un

Gaudenzio Ferrari.

8.

des livres qui suivront, comme chef d'école chez les Milanais. L'Orlandi, sur la foi de quelques historiens moins anciens que Titi, dit qu'il travailla aussi, avec le Sanzio, à Torre-Borgia; et avant cette époque, il le fait écolier du Scotto, et du Perugino. A Florence et ailleurs, dans la basse Italie, on fait voir quelques petits tableaux de sa main, qui sont d'un extrême fini, mais qui tenaient encore un peu des défauts du quinzième siècle; du reste, il n'ont rien de l'école du Perugino. Nous parlerons ailleurs de ces peintures : il suffit à présent d'observer que, dans la Lombardie, où il vécut, je n'ai pas trouvé un seul tableau dans ce goût, qui portât son nom; il marche toujours sur les traces de Raphaël, et s'approche constamment des peintres de l'école romaine.

Jacomone de Faenza.

Le Vasari introduit parmi les peintres qu'il nomme, un *Jacomone* de Faenza, qui fut copiste des tableaux de Raphaël, et que ce constant exercice fit devenir lui-même inventeur. Il fleurit dans la Romagne, et l'on veut que ce soit lui qui ait contribué à répandre le goût de Raphaël dans cette partie de l'Italie; le Vasari et le Baldinucci l'ont signalé dans leurs écrits : nous tâcherons, lorsqu'il en sera temps, de le faire encore mieux connaître.

Le Pistoja.

Outre les élèves, ou les auxiliaires de Raphaël, dont nous avons parlé précédemment, les historiens font mention de plusieurs autres, dont voici le catalogue abrégé. Le premier qui se présente est Pistoja, élève du Fattore, et vraisemblablement employé avec lui dans les travaux du Sanzio, ainsi que Raffaellino del Colle, et Giulio. Baglione dit qu'il avait été l'élève de Raphaël d'Urbin; ce que le Taja a répété sur sa

parole : nous en avons parlé lorsque nous avons fait
la revue des peintres toscans, et nous aurons encore
occasion de le nommer à Naples, où nous trouverons
aussi Andrea de Salerne, *prince* de cette école, et que
le Domenici prouve avoir été élève de Raphaël.

Andrea de Salerne.

Dans les *Memorie di Monte Rubbiano*, publiées
par M. Colucci (*), on annonce comme élève du même
maître, *Vincent Pagani*, natif de ce pays. Il y reste
de lui, dans l'église collégiale, un très-beau tableau
de l'Assomption, et le P. Ciralli en indique une autre
à Fallerone, et deux à Sarnano dans l'église des religieux de son ordre : ces peintures sont très-estimées,
et dans le goût de Raphaël, si toutefois l'on doit s'en
rapporter à des relations. Ce peintre, duquel on trouve
des vestiges dans le Picenum, reparaît dans l'Ombrie,
en 1553, lorsque Lactance, son fils, ayant été magistrat de Pérouse, il semble qu'il y alla fixer sa résidence et qu'il y fut employé à faire le tableau de la
chapelle des Oddi, à l'église des Conventuels, comme
nous l'avons déja dit. Aux termes de la convention
qui avait été faite par écrit, il aurait dû être secondé
dans ce travail par le Paparelli, que l'on doit considérer comme un aide de Vincenzo, et parce que
Vasari le nomme en second lieu, et parce qu'il nous
le représente dans d'autres occasions, comme un acteur chargé des seconds rôles. Mais puisque l'histoire
ne rapporte autre chose de ce tableau, que le contrat
dont il fut l'objet, nous nous contenterons d'ajouter,
pour la mémoire de cet artiste si recommandable, et
cependant inconnu dans l'histoire pendant tant d'an-

Vincenzio Pagani.

(*) P. 10.

nées, qu'il peignit encore en 1553. S'il sortit de l'école de Raphaël, ou si ce n'est là qu'un bruit populaire qui se répandit par la suite du temps dans sa patrie, et qui n'est appuyé que sur les circonstances de son style et de son âge, c'est une question qui ne peut être décidée que d'après des documents plus certains que ceux que nous avons pu recueillir. J'approuve très-fort M. l'archiprêtre Lazzari, qui en parlant de *F. Bernardo Catelani*, d'Urbin, qui peignit à Cagli le tableau du grand-autel, dans l'église des Capucins, dit qu'il y avait suivi le style de l'école de Raphaël, mais il ne le donne pas pour son élève.

On a prétendu que *Marcantonio Raimondi* avait fort bien peint sur les esquisses de Raphaël, au point d'être admiré par son maître même; je laisse cette circonstance dans l'incertitude, et telle que Malvasia nous l'a transmise. Armenini place aussi dans cette école *Scipion Sacco*, peintre de Cesène; l'Orlandi y fait figurer *Pietro* de Bagnaja; nous aurons à parler de l'un et de l'autre parmi les peintres de la Romagne : quelques-uns leur ont associé Bernardino Lovino, d'autres Balthazar Peruzzi; opinions que nous n'admettons point. Nous avons trouvé plus singulière encore, la conjecture du P. della Valle, que l'on pouvait ranger le Corrège dans cette même école, parce qu'il pouvait avoir été employé dans les peintures de la loge et avoir colorié cette composition historique des Mages, que Vasari avait attribuée à Perino, et tout cela uniquement à cause du sourire de la madone et de l'Enfant-Jésus. Mais cette conjecture, et d'autres semblables, soit qu'on leur donne le nom de doutes, de soupçons, d'imaginations, ou de découvertes, sont comme l'ivraie de cet écrivain, qui, pour achever la même métaphore, a cependant donné aussi de pur froment : passons aux peintres étrangers.

Bellori a classé parmi les imitateurs de Raphaël, Michel Cockier ou Coxie, de Malines, qui a laissé quelques fresques dans l'église de l'Anima. Plusieurs des ouvrages de Raphaël ayant été depuis envoyés en Flandres, où ils furent bientôt multipliés par les gravures du Cock, Cockier fut convaincu de plagiat : cependant, il ne laissa pas de conserver une très-brillante réputation, parce qu'il joignit à un certain degré d'invention, une exécution infiniment gracieuse ; plusieurs de ses meilleures peintures passèrent en Espagne, et y furent achetées à grand prix. Palomino nous fait connaître un autre élève très-habile de Raphaël, dans *Pierre Campanna*, flamand, qui, malgré qu'il n'eût point entièrement oublié la sécheresse de son école native, ne laissa pas d'être fort estimé dans son temps. Il resta vingt ans en Italie, et fut conduit à Venise par le patriarche Grimani, pour lequel il peignit plusieurs portraits outre la célèbre Madelaine, conduite par Ste.-Marthe au temple, pour entendre la prédication de J.-C. : ce tableau, laissé par le patriarche à l'un de ses amis, est passé depuis plusieurs années en Angleterre, dans la collection de M. Slade. Pier Campanna se distingua à Bologne, en peignant un arc de triomphe pour l'entrée de Charles-Quint, lequel l'ayant envoyé à Séville, il y demeura long-temps, travaillant et faisant des élèves parmi lesquels on compte Moralès, auquel sa nation a donné le surnom de *Divin*. Il s'exerça à faire de petits tableaux que les Anglais ont fort recherchés depuis, et qui ont été

*Michel Cockier.*

*Pier Campanna.*

transportés dans leur pays, où ils sont regardés comme très-rares et très-précieux. Il existe à Séville plusieurs de ses grands tableaux d'autel, et l'on nomme parmi les plus estimés, la Purification dans la cathédrale, et la Déposition, à Sainte-Croix. Murillo, peintre véritablement grand, revoyait et étudiait souvent ce tableau, qui, lorsqu'on l'examine, même après avoir vu ceux des grands maîtres de l'Italie, commande non-seulement les applaudissements, mais encore l'étonnement et l'admiration. Un jour que l'on demandait à ce peintre pourquoi, même dans ses dernières années, il revenait toujours à ce tableau; *j'attends*, disait-il, *le moment où Jésus aura fini de descendre de la croix.*

Le Mosca. J'ai entendu parler, en outre, d'un *Mosca* (je ne sais s'il fut Italien ou étranger), comme d'un élève présumé de cette école. Le Christ montant au calvaire, qui existe maintenant à l'académie de Mantoue, est certainement un tableau dans le style de Raphaël; mais ce n'est point assez pour déclarer Mosca élève du Sanzio, plutôt que son imitateur ou son copiste. Dans l'édition du Palomino, faite à Londres en 1742, je trouve quelques peintres signalés comme disciples de ce grand maître, et qui, nés peu auparavant, ou même après l'année 1520, ne purent lui appartenir.

Le Bacerra. Tels sont Gaspard Baccerra, aide de Vasari; Alphonse Sanchez, portugais; Gio. de Valence; Fernando Lannes. Il n'est point difficile de trouver de semblables exemples dans l'histoire de la peinture, ainsi que j'ai souvent occasion de le répéter; et ce sont des traditions, nées pour la plupart dans le siècle dernier. Lorsqu'on commença, dans chaque pays, à recueillir les notices des peintres anciens, l'on s'habitua à les juger selon leur style; et, comme si l'esprit humain ne pouvait rien apprendre au-delà de ce qui lui est transmis par la voix, chaque imitateur devint un disciple de celui qu'il imitait, et chaque école en introduisant des noms de grands artistes, dans l'histoire de son origine, s'efforça de se donner plus d'éclat, et de se rendre plus imposante.

## TROISIÈME ÉPOQUE.

La peinture, après les calamités publiques de Rome, commence à décliner, et tombe de plus en plus dans la recherche.

Après l'année 1527, Rome demeura pendant quelque temps comme attérée en considérant ce qu'elle avait été, et ce qu'elle était devenue; puis elle commença lentement à réparer ses désastres comme on répare ceux d'un vaisseau endommagé par le naufrage. Les soldats, entre autres injures faites au palais apostolique, avaient gâté quelques têtes de Raphaël. F. Sebastiano fut chargé de les rétablir, quoique son pinceau fût au-dessous d'une pareille entreprise : c'est ainsi du moins qu'en jugea le Titien, qui ayant été conduit dans ces salles, et ne sachant point cette circonstance, demanda à Sébastien lui-même : *quel était le présomptueux et l'ignorant qui avait barbouillé ces têtes* (1)? jugement impartial contre lequel la pro-

État de la peinture sous Paul III.

___
(1) Dolce, *Dial. della pittura*, page 11.

tection même de Michel-Ange ne put lui servir de refuge. Paul III régnait alors, et les arts commencèrent à renaître sous sa domination. Le palais Caprarola et d'autres grands ouvrages de Paul, et des Farnesi ses neveux, étaient autant d'aliments qui les faisaient revivre: heureux, s'ils eussent trouvé un maître tel qu'avait été Raphaël. Le Buonarroti travailla pour le service du pape, ainsi que nous l'avons dit; et s'il laissa de grands exemples à l'école romaine, il ne lui laissa pas pour cela de grands élèves. Sébastiano délivré, par la mort du Sanzio, d'une redoutable concurrence, et chargé de l'administration lucrative des plombs, commençait à jouir des douceurs de la vie, et de laborieux qu'il était auparavant, il était devenu presque désœuvré. Vasari n'a donc pu citer avec éloge aucun de ses disciples, à l'exception de Laureti (1). Jules Romain fut rappelé à Rome, et on lui offrit de présider aux travaux de St-Pierre. Mais la mort ne lui permit point de revoir sa patrie. *Perino del Vaga* yalla, et il aurait suffi pour rendre à la peinture tout son éclat, si la grandeur de son ame eût été proportionnée à l'élévation de son génie. Mais il n'avait point le cœur magnanime de son maître; il enseignait avec jalousie, travaillait avec avidité, ou pour mieux dire, il ne travail-

*Perino del Vaga.*

(1) Il sera question de lui en parlant de l'école de Bologne où il passa ses plus belles années; il appartient aussi à l'école romaine, dans laquelle il enseigna. Sebastiano eut encore quelque autre élève ou imitateur, car on trouve dans la collégiale de Spello une communion de Sainte-Lucie, peinte d'une manière conforme à son style. Le peintre signe ses tableaux de cette manière: *Camillus Bagazotus Camers faciebat.* Orsini, *Risposta,* page 16.

lait point de lui-même; mais se chargeant indistinctement de toutes sortes d'ouvrages, quels qu'ils fussent, il les faisait exécuter par des jeunes gens, même au risque de porter atteinte à sa réputation. Il s'efforçait d'attirer à lui ceux du talent le plus marquant, comme nous le verrons plus tard. Mais c'était pour qu'étant dépendants de lui, ils ne pussent occasionner de diminution aux travaux qui lui étaient confiés, non plus qu'au profit qu'il en retirait. Il associait aux bons, les médiocres et même les mauvais. C'est ce qui fait que dans les salles du château St-Ange, et dans d'autres lieux où il fit travailler en son nom, l'on est frappé de la grande différence qui se trouve quelquefois entre les unes et les autres figures. La plupart de ses auxiliaires sont demeurés nuls dans l'histoire, n'ayant laissé presque aucuns tableaux qui leur appartinssent en propre. Il se servit beaucoup d'un *Luzio Romain*, bon peintre de pratique, dont il est resté un lambris dans le palais Spada, et il eut pendant quelque temps dans son atelier, *Marcello Venusti* de Mantoue, jeune homme d'une grande habileté, mais timide, et qui aurait eu besoin peut-être de plus d'assistance que Perino ne lui en prêtait. Il la reçut plus tard du Buonarroti, dont il coloria les dessins avec beaucoup d'intelligence, ainsi que nous l'avons déjà dit (\*); et il composa même avec quelque succès, aidé des conseils de ce grand maître (1). C'est ainsi que Perino était dans une affluence continuelle de travaux et d'argent.

Luzio Romano.

Marcello Venusti.

(\*) T. I, page 144.
(1) Il peignit la Ste-Catherine à Sant' Agostino, la crèche à St-Silvestre près Monte-Cavallo, et d'autres sujets dans plusieurs autres églises.

Taddeo Zuccaro fit de son art un trafic semblable, si nous devons en croire Vasari, et Vasari lui-même en fit autant, si nous en jugeons par ses peintures.

*Salle royale.* On peut déduire de l'examen d'une multitude d'ouvrages de ce temps, quel était précisément alors l'état de la peinture. Mais rien n'est plus remarquable dans ce genre, que la salle royale, commencée sous Paul III, et finie à peine environ trente ans après, en 1573. Le Vaga en eut la surintendance, comme Raphaël avait eu celle des salles vaticanes. Il en fit les distributions, orna la voûte, dirigea tous les ornements en stuc, les corniches, les armoiries, les figures colossales, avec tout le talent qu'on devait attendre d'un si grand maître. Il s'adonna ensuite à dessiner les sujets, occupation au milieu de laquelle il mourut en 1547.

*Daniel de Volterre.* Daniel de Volterre lui fut substitué par le crédit de *Michel-Ange*; Daniel avait déja travaillé sous sa direction aux stucs du même lieu. Il imagina de représenter les donations de ces souverains qui avaient étendu ou rétabli le domaine temporel de l'église; ce qui fit donner à cette salle le nom de *salle des Rois*. La même idée fut en partie suivie, et en partie altérée, par les peintres qui y travaillèrent après lui. Il était naturellement lent et irrésolu; et, après la Descente de croix que nous avons raconté qu'il avait faite avec le secours de Michel-Ange, il ne fit plus les mêmes prodiges en peinture. Il commença quelques figures dans cette salle des rois; mais le pape étant mort, en 1549, il fut obligé, à cause du conclave, d'ôter les échafaudages et de les découvrir, lorsqu'elles n'étaient point encore bien finies; elles déplurent, et ne furent

*Jules III.* point continuées sous Jules III, beaucoup moins encore sous Paul IV, au temps duquel on faisait si peu de cas de la peinture, que les apôtres peints par Raphaël, dans une des salles du Vatican, furent jetés à terre.

Pie IV qui, à la suggestion du Vasari, renouvela cette entreprise, en 1561, en destinait toute la charge à Salviati ; cependant à la prière du Buonarroti, il consentit enfin à ce que la moitié du travail fût confiée à *Ricciarelli*, et l'autre à Salviati ; mais l'ouvrage n'en avança pas davantage. On vit alors croître en faveur auprès du pape, *Pirro Ligorio* de Naples, antiquaire médiocre, mais bon architecte et peintre à fresque de quelque mérite (1). Cet homme, d'un caractère hardi, devint mécontent à la fois de *Ricciarelli*, à cause des hommages qu'il rendait au Buonarroti, et de Salviati, à cause des hommages qu'il ne lui offrait point à lui-même. Voyant que le pape n'était point disposé à attendre long-temps, il lui conseilla de choisir encore des jeunes peintres, et de partager les sujets de tableaux entre eux. Le Vasari ajoute que Salviati s'en offensa au point qu'il partit de Rome, et qu'y étant revenu, il mourut sans finir sa composition ; que de son côté Ricciarelli, toujours indolent, n'y mit plus la main, et mourut ensuite lui-même peu de temps après.

Les tableaux furent confiés, autant que la possibilité le permettait, aux descendants de l'école de Ra-

(1) Il peignit quelques façades à Rome : il reste de lui à l'oratoire de St-Jean décollé, la Danse, pendant le festin d'Hérode. Le dessin y manque de correction, et la couleur en est pâle ; la perspective et la richesse des costumes, qui s'approchent du style de l'école vénitienne, peuvent donner quelque prix à cette peinture.

phaël. *Livio Agresti* de Forlì, *Girolamo Siciolante* de Sermoneta, *Marco de Pino*, siennois, bien dirigés d'abord par d'autres maîtres, l'avaient été ensuite par *Perino del Vaga*, et avaient peint d'après ses cartons.

*Taddeo Zuccaro* avait pratiqué son art sous *Giacomo* de Faenza, et avait lui-même enseigné *Federigo*, son plus jeune frère. Ce fut à eux que l'on confia l'exécution des sujets de l'histoire, et on leur associa le *Samacchini*, le *Fiorini* et *Giuseppe Porta della Garfagnana*, appelé aussi *Giuseppe Salviati*, duquel il avait appris les vrais principes du dessin. Il suivit dans tout le reste l'école de Venise, où il vécut. Le Vasari préféra *Taddeo Zuccaro* à tous les autres dans ce concours; mais la cour se contenta de *Porta*, qui fut sur le point de détruire les autres peintures, afin que la salle tout entière fût peinte par lui seul. Il représenta Alexandre III, bénissant de nouveau Frédéric Barberousse, dans la place St-Marc à Venise, et il y prodigua les ornements d'architecture, selon l'usage vénitien; cependant, lorsqu'on examine ce travail, et qu'on le compare à d'autres, on trouve dans cette manière une sorte d'uniformité qui caractérise ce temps. En tout, l'on y désirerait plus de vigueur et dans les couleurs et dans les ombres. Il semble que la peinture, à mesure que les années s'accumulaient, vieillissait elle-même ; qu'elle offrait encore les traits de son bel âge, mais flétris et privés de leur première vigueur. Les tableaux qui manquaient, à la mort de Pie IV, furent peints sous son successeur par Vasari et son école; et le peu qu'ils laissèrent à faire, fut complété sous Grégoire XIII, élu en 1572.

C'est véritablement ici que commence une époque

moins heureuse, pour l'art illustré par les Michel-Ange et par les Raphaël, et qu'elle devint encore plus désastreuse au temps de Sixte V, successeur de Grégoire. Ces pontifes érigèrent ou firent faire en peinture tant de travaux publics, que l'on fait à peine un pas à Rome, sans y rencontrer des armoiries pontificales, avec un dragon ou avec un lion : le Baglione a décrit tous ces travaux, et nous lui devons en outre les vies des artistes de cette période et de celle qui lui succéda. C'est le propre des vieillards, que de se contenter de la médiocrité dans les travaux qu'ils ordonnent, parce qu'ils craignent de ne point en jouir s'ils prétendent y trouver la perfection. C'est par cette raison que l'on estimait surtout, et que l'on employait de préférence, ceux qui se distinguaient par la célérité de leur pinceau, et principalement sous le pontificat de Sixte V, dont nous rapporterons bientôt un exemple terrible de sévérité, envers les artistes qui manquaient de promptitude.

On ne peignit pas avec beaucoup plus de soin par la suite, jusques à Clément VIII, par les ordres duquel il fallut exécuter à la hâte une quantité de travaux, avant que l'année 1600 fut commencée. Sous ces pontifes, les peintres italiens, et les ultramontains mêmes, inondèrent la ville de la même manière que les poètes sous Domitien, et les philosophes au temps de Marc-Aurèle; chacun y apportait son style, et la plupart l'y rendaient encore plus défectueux par la promptitude de leur travail. C'est ainsi que la peinture, celle à fresque surtout, devint un travail de pratique, et presque un mécanisme; une imitation, non pas de la nature, que l'on ne prenait pas la peine d'étudier, mais des idées fantastiques qui passaient par la tête des artistes (1). Le coloris n'était pas meilleur que le dessin; à aucune époque l'on n'a fait autant d'abus des couleurs primitives sans mélange; dans aucune le clair-obscur n'a été aussi faible; dans aucune, l'accord n'a été plus négligé. Ce sont ces *maniéristes* qui ont peuplé de leurs figures, les temples, les cloîtres; les salles publiques de Rome; mais ils n'eurent point autant de succès dans les galeries de ses princes, et par cette raison, l'on ne doit point dédaigner entièrement cette époque, où l'on trouve encore quelques hommes habiles, débris, pour ainsi dire, de la brillante époque qui avait précédé. Nous avons rappelé les peintres qui figurèrent à Rome sous les premiers pontificats du siècle, et nous en aurons à nommer beaucoup d'autres : ils furent étrangers pour la plupart, et ce sera dans d'autres écoles que nous les verrons figurer. Je mentionne principalement ici ceux qui naquirent entre les confins de la Romagne, et ceux qui, s'y étant établis, y enseignèrent et y propagèrent le style qui leur était propre.

Girolamo de Sermoneta.

*Girolamo Siciolante* de Sermoneta, est un de ceux qui, en s'attachant à la manière de Raphaël, mérita d'être comparé aux disciples du Sanzio, pour le bonheur avec lequel il imita ce fondateur de l'école. On voit de sa main, dans la salle des rois, Pepin, qui, ayant fait prisonnier Astolphe, roi des Lombards, donna Ravenne à l'Église. Mais il s'approche moins de Raphaël dans les fresques, que dans certains tableaux à l'huile, tels que le martyre de Ste-Lucie à Ste-Marie

(1) V. le Bellori, *Vite de' pittori*, page 20.

Majeure., la Transfiguration, dans *Ara Cœli*, puis la Nativité de J.-C., à l'eglise de la Paix, sujet qu'il répéta avec une grace remarquable dans une église d'Osimo. Son chef-d'œuvre est à Ancône ; et c'est le tableau du grand-autel de l'église de Saint-Barthelemy, tableau très-vaste, d'une distribution tout à fait neuve, et proportionnée à la grandeur de l'espace, et à la multitude de saints qu'il avait à y introduire. Il plaça dans le haut, le trône de la Mère du Sauveur, au milieu d'un groupe riant, formé par des anges, avec deux Vierges agenouillées de l'un et de l'autre côté. Il a supposé que l'on arrivait à cette hauteur par deux riches escaliers placés à droite et à gauche, et ayant par cet artifice séparé le plan supérieur de l'inférieur, il représenta dans ce dernier, le saint Titulaire; figure demi-nue, d'un caractère plein de force, et avec lui, un Saint-Paul tout à fait dans le style de Raphaël; puis deux autres saints. On distingue dans cet ouvrage un empâtement de couleurs, une harmonie, un ensemble tels, que quelques-uns le regardent comme le meilleur tableau de la ville; s'il laisse quelque chose à désirer, c'est une meilleure méthode dans la dégradation des objets. Sermoneta ne travailla pas beaucoup pour les galeries, si l'on en excepte les portraits, pour lesquels il eut un talent non moins distingué.

*Scipion Pulzone* de Caëte, élevé dans l'atelier de Jacopino del Conte, fut assez semblable au Sermoneta, mais il eut la touche plus légère et fit un mêlange de la manière de Raphaël, et de celle d'Andrea del Sarto. Étant mort encore jeune, âgé seulement de trente-huit ans, il laissa une grande réputation surtout pour les portraits : il en fit en grand nombre pour les pontifes et les seigneurs de son temps; et avec une si grande perfection, qu'il fut appelé le *Vandyck* de l'école romaine. Il préluda même au fini de Seybolt, dans la manière de représenter les cheveux, ainsi que les points lumineux, et les objets les plus détaillés qui se réfléchissent dans les prunelles, comme on l'observe dans la nature. Il composa aussi des tableaux du goût le plus exquis, tels que le Crucifix de la Vallicella et l'Assomption de Saint Silvestre à Monte-Cavallo, peinture d'un beau dessin, d'une douceur de teinte admirable et d'un très-bel effet. On voit de lui dans la galerie Borghese, une sainte famille; dans le musée de Florence, une prière au jardin; et ailleurs de petits tableaux de cabinets, estimés comme fort rares et fort précieux.

Taddeo Zuccaro.

Ottaviano Zuccaro.

*Taddeo*, et *Federigo Zuccari*, sont presque regardés comme les Vasari de cette école : et de même que Vasari pratiqua beaucoup son art en suivant les traces de Michel-Ange, ceux-ci voulurent suivre en particulier celles de Raphaël. Fils d'un peintre médiocre de Sant' Angiolo in Vado, appelé Ottaviano, ils vinrent à Rome l'un après l'autre, et ils y peignirent ainsi que dans le reste de l'état Romain, une infinité de tableaux, les uns bons, les autres médiocres et même mauvais, lorsqu'ils suivirent leur propre école. Un frippier qui avait une collection nombreuse de leurs ouvrages, demandait ordinairement aux acheteurs, s'ils voulaient des *sucres* (\*) de Hollande, de France, ou de Portugal, comme aurait fait un droguiste, voulant dire qu'il en avait de tous les prix.

(\*) Allusion au nom de *Zuccaro* ou plutôt *Zucchero*.

Taddeo, qui était l'aîné, travailla d'abord avec Pompeo de Fano; puis avec Giacomone de Faenza : il apprit de lui et des bons peintres italiens qu'il copia infatigablement, tout ce qui suffisait pour se faire distinguer. Il se forma un style qui n'était peut-être ni assez choisi, ni assez étudié, mais facile, et pour ainsi dire, populaire et très-agréable à ceux qui ne cherchent point le sublime. Il est semblable à certains orateurs qui, sans avoir une grande élévation d'idées, subjuguent la multitude parce qu'elle entend tout ce qu'ils disent, et qu'elle trouve, ou croit trouver dans leur langage, l'expression de la nature et de la vérité. On peut dire que ses peintures sont un assemblage de portraits : les têtes y sont belles; les nuds n'y sont ni fréquents, ni compliqués, comme ils l'étaient à Florence; mais ils ne sont point négligés non plus : les costumes, les fraises, la coupe de la barbe, sont conformes à la mode de son siècle; la disposition en est simple, et il imite par fois quelques anciens, dans l'usage où ils étaient de faire paraître seulement à moitié, sur la toile, les figures de devant, comme si elles étaient sur un plan inférieur. Il reproduit très-souvent les mêmes physionomies et son propre portrait : il est encore moins varié dans les mains, dans les pieds, ainsi que dans les plis de ses draperies, et souvent même, pêche par l'incorrection.

On voit à Rome de vastes compositions à fresque de Taddeo, et l'on compte parmi les meilleures quelques sujets évangéliques, à la *Consolation*. Il peignit peu à l'huile. Urbino conserve dans l'église du Saint-Esprit, une Pentecôte, et possède en outre quelques autres de ses ouvrages qui ne sont point au nombre

9.

des meilleurs. Il plaît davantage dans quelques petits tableaux de cabinet, où il fait voir tout le fini dont il était capable : l'un de ses plus remarquables, que possédaient autrefois les ducs d'Urbin, est aujourd'hui à Osimo, entre les mains de la famille Leopardi : c'est une nativité du Rédempteur, dont le style est le plus parfait que Taddeo ait jamais atteint; mais rien ne lui fait plus d'honneur que les peintures du palais Farnese de Caprarola, qui se trouvent gravées dans une juste proportion par Preninner, en 1748 : elles contiennent les faits mémorables des illustres Farnese, et dans la toge et dans les armes. Il y a aussi d'autres sujets profanes et sacrés; le plus célèbre de tous est le séjour du sommeil, dans lequel il introduisit beaucoup d'inventions poétiques qui lui furent suggérées par le Caro dans une lettre charmante qui fut imprimée parmi celles qui composent son recueil d'épîtres familières, et reproduite dans les *Pittoriche* (\*). Les étrangers qui vont continuellement à Caprarola, en reviennent souvent avec plus d'estime qu'ils n'en avaient d'abord conçue de ce Zuccaro. Il est vrai qu'on vit travailler dans le même lieu, soit concurremment avec lui, soit après sa mort, des jeunes peintres ou qui l'égalèrent, ou qui furent plus habiles que lui, et dont les ouvrages ne doivent point être confondus avec les siens, mais que l'on ne distingue ni toujours, ni avec certitude : il vécut 37 ans juste, ainsi que Raphaël, auprès du tombeau de qui, on le plaça dans la Rotonde.

Federigo Zuccaro.

*Frédéric* son frère et son élève lui ressemble quant

(\*) T. III, l. 109.

au goût, mais ne l'égale point quant au dessin : il est plus maniéré que Taddeo, plus capricieux dans ses ornements, plus confus dans la composition. Il acheva dans la salle des rois, dans la salle du palais Farnèse, à la Trinité des Monts, et ailleurs, les peintures que son frère aîné avait laissées imparfaites en mourant. Ce fut dans ces travaux qu'il se montra capable de plus grandes entreprises, et il fut invité par le duc François I$^{er}$ à peindre la grande coupole de l'église métropolitaine de Florence, où Vasari avait déjà commencé à mettre la main lorsqu'il mourut. Federigo y fit plus de trois cents figures hautes de cinquante pieds, sans parler de celle de Lucifer, *tellement gigantesque, qu'elle fait paraître toutes les autres comme des figures d'enfants*, ainsi qu'il l'écrit lui-même, en ajoutant que ces figures étaient les plus grandes que l'on eût vues jusqu'alors dans le monde (1).

Rien n'est remarquable dans cet ouvrage, si l'on en excepte sa grandeur immense (2); et même, au temps.

(1) Dans la *Idea de' pittori, scultori e architetti*, réimprimée dans le Lett. pitt., T. VI, page 147.

(2) Le poète *Lasca*, si renommé pour la grace, salua cette coupole dès qu'elle fut découverte, en lui adressant un assez long madrigal, inséré dans l'édition de ses poésies publiée en 1741. Il blâme beaucoup moins *Federigo* que *Giorgio* d'Arezzo, c'est-à-dire le *Vasari*, auquel l'amour du gain avait fait projeter et entreprendre un ouvrage qui, au jugement des Florentins, gâtait la coupole de *Brunellesco* que tous admiraient, et que *Benvenuto Cellini* avait coutume d'appeler *la merveille des belles choses*. Il conclut en disant que le peuple florentin

Non sarà mai di lamentarsi stanco
Se forse un di non le si dà di bianco.

de *Pierre* de Cortone, l'on songeait à y faire substituer une peinture de cet artiste, projet auquel on ne donna point de suite, dans la crainte que sa vie ne fût pas d'une durée suffisante pour l'exécuter. Après cette vaste coupole, il n'y eut point de grands travaux, dont on ne crut devoir charger *Federigo*. Grégoire le rappela donc pour peindre la voûte de la *Paolina*, et aussi pour donner la dernière main à un ouvrage commencé par un *Buonarroti*. Ayant été accusé dans cette ville par je ne sais quels courtisans, il peignit et exposa publiquement le tableau de la *Calomnie* (1), où ceux qui l'avaient offensé, étaient représentés avec de longues oreilles. Ils en firent de telles plaintes au pape, que *Federigo* fut obligé de fuir de Rome pour se mettre en sûreté. Il en fut absent pendant plusieurs années, et voyagea alors en Flandre, en Hollande, en Angleterre. Il fut même appelé à Venise, pour faire, dans le palais public, un tableau historique de *Frédéric Barberousse*, aux pieds du souverain pontife. Il fut partout employé et applaudi, et le pape s'étant enfin apaisé, il revint achever l'ouvrage qu'il avait interrompu, et qui fut le meilleur peut-être de tous ceux qu'il fit à Rome, sans le secours de son frère. Son grand tableau de St-Laurent à Damas et celui des Anges à l'église de *Jésus*, ainsi que d'autres ouvrages qu'il fit encore dans plusieurs églises, ne manquent pas de mérite. Il fit bâtir une maison sur le mont Pincio, et l'orna de peintures à fresque, représentant des portraits

(1) Ce n'est pas le grand tableau de la calomnie d'Apelles, peint à la détrempe pour la famille *Orsini*, et répandu par les gravures. Cet autre est aujourd'hui dans le palais *Lante*, et peut être considéré comme l'un des ouvrages les plus étudiés de *Federigo*.

de sa famille, des assemblées de salon et d'autres compositions singulières et neuves, exécutées avec l'aide de son école et avec peu de vigueur. C'est dans ce lieu plus que partout ailleurs, que l'on reconnaît en lui un peintre vulgaire, et le chef d'une école vraiment dégénérée.

Il alla plus tard à Madrid, où Philippe II l'avait appelé; mais n'ayant point plu à cette cour, ses peintures furent effacées, puis refaites par *Tibaldi*, et on le renvoya dans sa patrie avec une pension assez considérable. Il entreprit un autre voyage vers la fin de sa vie, et parcourut les principales villes de l'Italie, laissant de ses productions à quiconque en voulait. L'une de ses meilleures est une Assomption de la Vierge dans un oratoire de Rimini, peinture à laquelle il mit son nom, et dans le même lieu, à Sainte-Marie *in Acumine*, la mort de Notre-Dame avec des figures d'apôtre, mieux étudiées que l'auteur n'avait coutume de le faire. Une crêche qu'il fit à la cathédrale de Foligno, offre un modèle de grace et de simplicité, ainsi que deux sujets historiques de la Vierge, dans une chapelle de Lorette, peinte pour le duc d'Urbin. Les pères de l'ordre de Cîteaux en ont deux grands tableaux dans leur bibliothèque, outre le miracle de la *neige*. On y remarque une grande richesse de figures, avec des portraits animés, comme il les faisait toujours; un coloris varié et bien conservé. Il y a dans le collége Borromée à Pavie un salon renfermant plusieurs traits de l'histoire de St-Charles, peints à fresque. Le morceau le plus admiré est le saint priant dans son oratoire. Les autres sujets, dont un représente le Consistoire où il reçut le chapeau, et un autre la peste de Milan, seraient beaucoup meilleurs si

*Ses voyages.*

l'on en retranchait les figures superflues. Frédéric retourna à Venise, où sa peinture existait encore, mais elle avait souffert moins par l'action du temps, que par je ne sais quel jeu de mot de *Boschini* sur un certain *Zucchero*, assez mauvais peintre qui vint à Venise; il la retoucha donc, et y écrivit, en mémoire de ce *fait*, *Federicus Zuccarus F. an. sal* 1582 *perfecit an* 1603. C'est un de ses meilleurs ouvrages; riche de composition, dit *Zanetti*, bien exécuté et bien conservé. Il alla depuis à Turin, et y peignit, aux Jésuites, un St-Paul. Il commença ensuite à enrichir une galerie pour Charles Emmanuel, duc de Savoie: ce fut dans cette ville, qu'il publia l'*Idea de pittori scultori e architetti*, ouvrage qu'il dédia au duc. Il retourna ensuite en Lombardie, où il donna occasion à deux opuscules intitulés: l'un, *la dimora di Parma del sig. cav. Federigo Zuccaro*; l'autre, *il passaggio per Italia colla dimora di Parma del sig. cav. Federigo Zuccaro*. Ces deux ouvrages furent imprimés à Bologne en 1608. L'année suivante, lorsqu'il retournait dans sa patrie, il tomba malade à Ancône, et y mourut. Le Baglione admira le mérite de cet artiste, qui s'étendit même jusqu'à la sculpture et à l'architecture; mais il admira encore plus sa destinée qui fut plus heureuse que celle de la plupart des peintres contemporains. Il la dut, en grande partie, aux belles qualités qui le distinguaient: son aspect et ses manières étaient nobles, son esprit était cultivé par la littérature. Il avait l'art de gagner les cœurs, et était d'une libéralité qui absorba les sommes considérables que lui avaient valu ses travaux.

*Il écrit sur la peinture.* Il semble qu'il ait écrit par un sentiment d'émulation, dont Vasari fut l'objet, et avec le désir de le surpasser. Quelle qu'en fût la raison, il lui était contraire, comme on le voit par les additions faites aux *Vies* de *Vasari*; additions que l'annotateur de l'édition romaine a citées quelquefois, en leur reprochant de porter l'empreinte de l'envie et de la malignité, surtout dans la vie de *Taddeo Zuccaro*. Dans l'idée apparemment de se faire croire supérieur au Vasari, il semble avoir choisi une manière d'écrire aussi diffuse, que celle de Giorgio était simple et facile. Tout l'ouvrage imprimé à Turin, traite uniquement du dessin, intérieur et extérieur, et contient moins de préceptes que de spéculations tirées des péripatéticiens, qui alors rendaient les écoles, non pas savantes, mais tumultueuses; le langage qu'il emploie est plein d'idées intellectuelles et figurées, de *substances substantielles*, de *formes formelles*, et jusqu'aux titres, sont embarrassés de ces pédanteries, tel que celui du chapitre XII, *que la philosophie et le raisonnement philosophique est un dessin métaphorique similitudinaire*. Cet art, si c'en est un, est propre à en imposer aux ignorants. Mais il ne suffit pas pour satisfaire les hommes éclairés (1). Ils reconnaissent le philosophe, non pas aux termes scholastiques,

---

(1) Ce langage philosophique et gigantesque a eu de la vogue pendant les derniers temps dans quelques parties de l'Italie, à la honte de la langue et du bon goût dans l'art d'écrire. On lit, par exemple, dans l'*Arte di vedere*, les *plis longitudinaux*, *l'éclatante resurrection du beau*, etc. On a voulu en outre expliquer des rapports entre les propriétés de la musique et celles de la peinture, ce qui a donné occasion à un maître de chapelle habile d'écrire une *lettre* fort plaisante, rapportée en partie dans la *Difesa del Ratti*, page 15, etc.; et c'est la chose la plus intéressante et la moins caustique de celles qui se trouvent dans cet opuscule.

bannis des meilleures écoles grecques et latines, comme purement pédantesques ; mais à une méthode dont les définitions sont justes, les distinctions précises, et dans laquelle les effets sont rapportés avec sagacité à leurs véritables causes, conformément au but pour lequel l'auteur se propose d'écrire. Ces qualités ne se trouvent point dans l'ouvrage de Federigo. Il mêle souvent aux termes philosophiques, des réflexions puériles, telles que sur l'étymologie du dessin, qu'après une abondance de paroles, il prétend faire venir de ces mots, *signe de Dieu;* et au lieu d'instruire les jeunes gens, il ne fait que leur présenter un amas de raisonnements stériles et mal conçus. Aussi l'on est plus instruit, pour ainsi dire, par une page du Vasari, que par tout cet ouvrage. Mariette et Bottari, ont apprécié avec justesse son véritable mérite, dans les lettres qu'ils ont écrites l'un et l'autre sur ce sujet, et qui font partie des *Pittoriche*(\*). Ces deux opuscules n'offrent rien de plus utile : dans l'un des deux, sont quelques conclusions du même genre, qui furent proposées pour sujet de discussion à l'académie des *Anonymes* de Parme.

Académie de St-Luc. On croit que ce traité du Zuccaro, fut composé à Rome, lorsqu'il dirigeait l'académie de St-Luc. Cette académie prit naissance sous le pontificat de Grégoire XIII, qui signa le bref de sa fondation, à la sollicitation du Muziano, comme Baglione le raconte dans sa vie. Il dit en outre qu'après la démolition de l'ancienne église de St-Luc, dans l'*Esquilino*, siége apparemment de la compagnie des peintres, on leur accorda l'église de Santa Martina, au pied du Capitole ;

(\*) T. VI.

mais il paraît que le bref n'eut son plein effet, qu'après que Zuccaro fut revenu d'Espagne, puisque ce fut lui, selon le même historien, qui présida à l'établissement de l'académie. Ce dut être en 1595, si la véritable centième année, fut celle que célébrèrent à Rome les peintres de St-Luc, en 1695 (\*). Mais l'époque de l'institution se prend selon quelques-uns, depuis novembre 1593, comme le remarque le baron Vernazza, qui, sur la relation de Romano Alberti, range le Piémontais Arbassa, parmi les premiers instituteurs ou académiciens de cette société (\*\*). Baglione rapporte que Federigo en fut déclaré le chef, d'une voix unanime, et que ce jour fut pour lui, semblable à un triomphe. Il retourna chez lui accompagné d'un grand nombre de dessinateurs de profession, et même de gens de lettres ; et peu de temps après, il disposa dans sa maison même, une salle de dessin, pour l'usage de l'académie. Il écrivit en outre, en prose et en vers, sur l'académie de St-Luc, et il cite même plus d'une fois ce livre dans son principal ouvrage. Il affectionna singulièrement cette institution, et suivant l'exemple de Muziano, lui assura l'hérédité de ses biens, en cas que sa postérité vînt à s'éteindre. Il fut remplacé comme chef, par le Laureti, auquel succéda cette série d'artistes habiles, qui se prolonge jusqu'à nos jours. Le siége de l'académie est fixé depuis long-temps dans un bâtiment contigu à l'église de Santa Martina, et ornée des peintures et des portraits de tous ceux qui en ont fait partie. On y conserve comme un

(\*) Pascoli l., page 201.
(\*\*) Orig. et progr., etc.

trésor, le tableau de St-Luc, peint par Raphaël, qui lui-même y joignit son portrait, et l'on y voit même dans une armoire, le crâne de ce grand homme; dépouille la plus riche que la mort ait conquise sur la peinture. Nous aurons encore à parler de cette académie, vers la fin de ce troisième livre; revenons cependant à Federigo.

<small>École de Federigo.</small>

Son école fut d'abord accréditée par le Passignano, et par plusieurs autres de ses élèves que nous avons nommés. Joignons à ceux-ci *Niccolò Trometta*, où

<small>Niccolò de Pesaro.</small>

*Niccolò de Pesaro*, qui peignit beaucoup dans Ara Cœli; mais son meilleur morceau est une Cène du Rédempteur, qui existe à Pesaro, dans l'église du St-Sacrement. C'est un tableau si bien conçu, si harmonieux, et si riche d'ornements pittoresques, que Lazzarini en tira des études de peintures, comme de l'un des meilleurs de la ville. On dit que Barocci estimait beaucoup cet artiste; Baglione en fit l'éloge, par rapport à ses premiers ouvrages; mais il fut obligé ensuite d'avouer qu'il n'avait point persévéré dans la bonne route, et qu'il était devenu un peintre médiocre et insipide; ce qui lui avait fait perdre à la fois son crédit et sa fortune. Zuccaro forma un autre peintre de Pesaro,

<small>Gio. Giacomo Pandolfi.</small>

nommé *Gio. Giacomo Pandolfi*, qui se fit connaître dans sa patrie par plusieurs tableaux qui ne cèdent en rien à ceux de Federigo; tel est celui de St-Georges avec St-Charles, dans la cathédrale. Il peignit à fresque tout l'oratoire du Nome di Dio, avec plusieurs sujets de l'ancien et du nouveau testament; mais étant devenu vieux et goutteux, il ne s'y fit pas un grand honneur. Son principal mérite est d'avoir donné de bons principes à Simon Cantarini, duquel ainsi que des Pesarais qui suivirent ses traces, nous aurons à parler en parcourant l'école de Bologne. Un *Paolo Cespede*, espagnol, qui fut appelé à Rome *Cedaspe*, fut aussi formé par le Zuccaro. Lorsqu'il eut commencé à se produire à Rome, il donna de brillantes espérances dans quelques fresques que l'on voit encore à la Trinité des Monts et ailleurs. Sa manière était naturelle, et il était assez jeune pour espérer d'aller beaucoup plus loin. Mais ayant obtenu dans sa patrie un bénéfice ecclésiastique, il se détermina à vivre du revenu qu'il en retirait. *Marco Tullio Montagna* fut conduit par Federigo à Turin, pour lui servir d'aide ; et c'est peut-être à lui que l'on doit un petit tableau de St-Xavier avec d'autres saints, qui sont dans une église de cette ville, et que l'on attribue à l'école de Zuccaro. Il a peint à Rome à St-Nicolas dans les fers, aux Grottes vaticanes et dans plusieurs autres endroits où il a montré un talent estimable, mais rien de plus.

Paolo Cespede.

Marco Tullio Montagna.

Après les maîtres que je viens de nommer, il s'en présente, ou plutôt il s'en précipite dans ma mémoire une foule d'autres du même temps, ceux d'abord qui eurent la direction des travaux sous Grégoire XIII. La salle des ducs fut confiée à *Lorenzino* de Bologne, appelé à Rome, du sein de sa patrie, où il jouissait de la réputation d'un excellent peintre, et avec raison, comme nous le verrons dans la suite. On entreprit le travail de la galerie vaticane qui était comme une ville entière à peindre, tant cet édifice est vaste. *Niccolò Circignani*, ou delle *Pomarance*, déja nommé dans le premier livre, distribua cet ouvrage entre un grand nombre de jeunes gens qui y représentèrent des sujets d'histoire, des paysages, des perspectives, des gro-

Directeurs des ouvrages de Grégoire et de Sixte.

Lorenzino de Bologne.

Niccolò Circignani.

tesques. Le pape voulut que ce lieu contribuât aussi à l'érudition, et il y fit tracer des compartiments pour les tables géographiques de toute l'Italie ancienne et moderne : entreprise dont il chargea le P. *Ignazio Danti*, dominicain, mathématicien, et cosmographe de sa cour, promu ensuite à l'évêché d'Alatri. Il était né à Pérouse, dans une famille où l'on cultivait les beaux-arts, et il avait pour frères deux peintres; Girolamo, duquel il reste dans sa patrie quelques travaux à Saint-Pierre, dans le style de Vasari; et Vincent qui aida Ignazio à Rome, où il mourut, étant déjà au rang des bons peintres à fresque. On entreprit aussi dans le même temps un autre ouvrage très-vaste; ce fut la continuation de la loge de Raphaël, ou une aile contiguë à celle-ci, dans laquelle on devait peindre, en suivant les traces du Sanzio, quatre sujets d'histoire par arcades, tous puisés dans le nouveau testament. *Roncalli*, écolier de Circignani, dont nous réservons la notice pour l'époque suivante, fut chargé de présider à ces peintures ; mais il fut assujetti lui-même au P. Danti, l'expérience ayant démontré, qu'abandonner entièrement aux artistes la direction des travaux, c'est nuire à leur exécution; car, dans la classe des peintres subalternes, ceux qui ne se laissent point guider par la prévention, par l'avarice ou par l'envie, forment toujours le plus petit nombre.

Ce choix fut donc confié au Danti, qui, à une grande connaissance des arts du dessin, réunissait les qualités morales, nécessaires pour y réussir. Ce fut par ses soins que l'ouvrage fut distribué et conduit de manière, que l'on crut voir renaître au Vatican, la paix, la discipline, le bon ordre du temps de Raphaël.

Mais l'art, cependant, n'était plus le même ; et la faiblesse des nouvelles peintures comparées avec les anciennes, en accuse la décadence. Néanmoins, l'on y remarque de temps à autre des compositions du Tempesti, de Raffaellino de Reggio, de Palma le jeune, et de Girolamo Massei, qui font beaucoup d'honneur à cette époque.

Le Tempesti. Raffaellino de Reggio. Palma le jeune. Girolamo Massei.

Un autre sur-intendant des travaux du Vatican, mais plutôt peut-être pour la peinture que pour l'architecture, fut *Girolamo Muziano* de Brescia, qui ne laissa point de renommée dans sa patrie ; mais étant venu fort jeune à Rome, il y fut considéré par la suite comme un des plus fermes soutiens du bon goût. Il avait puisé dans l'école vénitienne ses principes de dessin et de coloris ; et il devint d'abord habile dans les vues champêtres, au point qu'il était surnommé, à Rome, le *jeune homme aux paysages* ; mais ce talent n'est rien en comparaison des études assidues qu'il fit ensuite, allant jusqu'à se raser la tête pour s'ôter la possibilité de sortir de sa maison. Ce fut alors qu'il peignit la Résurrection du Lazare, transférée jadis de Sainte-Marie Majeure, au palais Quirinal, et qui, ayant été exposée à la vue du public, lui valut l'estime et la protection du Buonarroti : on voit dans les églises et dans les palais de Rome, ses tableaux souvent ornés de paysages à la manière du Titien. L'église de la Chartreuse en renferme un d'une beauté frappante ; il représente un groupe d'anachorètes, écoutant attentivement les discours de je ne sais quel saint. Le tableau de la Circoncision à l'église de Jésus, est aussi très-beau et orné avec goût. L'Ascension d'Ara Cœli, est exécutée avec beaucoup d'art, et le tableau des

Girolamo Muziano.

Stigmates de Saint-François, à la Conception, est d'une grace parfaite, soit dans le paysage, soit dans les figures. Ce peintre n'est point au-dessous de lui-même dans les peintures qu'il exécuta pour la cathédrale d'Orvieto, et qui ont reçu les plus grands éloges du Vasari : on voit dans la basilique de Lorette, la chapelle de la Visitation renfermant trois de ses tableaux, et celui de la Probatique est rempli d'ornements et de représentations bizarres. On montre du même artiste, dans la cathédrale de Foligno, une peinture à fresque, des miracles de San Feliciano, laquelle ayant été pendant long-temps recouverte de chaux, a reparu, il y a peu d'années, d'un brillant et d'une fraîcheur de coloris véritablement extraordinaires.

Les figures du Muziano sont dessinées avec exactitude, et rappellent souvent la science anatomique de Michel-Ange. Il figurait avec succès les costumes militaires et étrangers, et surtout les anachorètes, ou des hommes d'un caractère analogue, qui ont des physionomies graves, et maigries par l'abstinence; généralement son dessin penche vers la sécheresse plutôt que vers le moelleux. On lui doit la gravure de la colonne Trajane, que Jules Romain avait commencé à esquisser : Muziano poursuivit cette grande entreprise et la termina ; ce fut alors qu'elle fut gravée, puis enrichie de notes.

Élèves du Muziano. Cesare Nebbia.

Son meilleur élève fut *Cesare Nebbia* d'Orvieto, qui présida aux embellissements ordonnés par Sixte, en dessinant, et en faisant exécuter ses compositions à ceux qui agissaient sous ses ordres. Il eut pour le seconder dans cette sur-intendance, *Gio. Guerra* de Modène, qui lui suggerait souvent des sujets pour ses

Gio. Guerra.

tableaux d'histoire, et qui distribuait aux jeunes peintres chacun leur emploi. L'un et l'autre étaient doués de cette facilité qui était nécessaire pour exécuter les travaux immenses qui eurent lieu pendant les cinq années du pontificat de Sixte, dans sa chapelle de Ste-Marie Majeure, dans la bibliothèque vaticane, dans le palais Quirinal, dans ceux du Vatican, et de Latran, à la *Scala Santa*, et dans plusieurs autres lieux. Du reste, entre le Muziano et le Nebbia son élève, il y a une grande distance : l'un est un homme, génie, et l'autre n'eut guère que de la pratique, surtout dans les peintures sur murailles. On voit de lui d'assez beaux tableaux d'autels d'un bon coloris, parmi lesquels on doit remarquer l'Épiphanie, à Saint-François de Viterbe; cet ouvrage est tout à fait dans le style de Muziano. Baglione nomme avec le Nebbia, *Gio. Paolo della Torre*, gentilhomme romain, qui paraît avoir été conduit par Girolamo, au-delà du rang de simple amateur. Le Taja joint à celui-ci *Giacomo Stella* de Brescia, auquel il reproche d'être un peu indolent, et d'avoir dégénéré du style de son maître. Il travailla cependant à la *loge* de Grégoire et ailleurs, et il obtint quelques suffrages : il est à remarquer que M. Bardon le donne pour Lyonnais, en ajoutant qu'il vécut en Italie pendant une longue suite d'années.

*Raffaellino* de Reggio, étranger à Rome, ainsi que le précédent, y parut long-temps après Muziano : il avait reçu de *Lelio* de Novellare les premiers principes de son art; mais il se forma dans la ville pontificale un style dans lequel il s'éleva au premier rang. Rien n'y est à reprendre, si ce n'est un peu plus d'étude quant au dessin. Il a de l'esprit, de l'ordre, de la douceur, du relief et de la grace, qualités qui n'étaient point communes à cette époque. On voit, mais très-rarement, quelques-unes de ses peintures dans les galeries; ses meilleurs ouvrages sont des fresques, dont les figures sont petites : tels sont dans la salle ducale deux sujets de fables, dont Hercule est le héros; composition de l'aspect le plus gracieux; et deux sujets évangéliques, dans la loge contiguë à celle de Raphaël d'Urbin. Il peignit en outre, à Caprarola, en concurrence avec les Zuccari et Vecchi, mais d'une manière si différente, que ses figures paraissent animées, tandis que les autres laissent voir qu'elles sont peintes selon l'expression de Baglione. Ce grand talent fut enlevé à son art dans un âge encore peu avancé, regretté de tous, et sans avoir formé aucun élève digne de lui : il eut pourtant à Rome le rang de chef d'école,

*Peintres de l'école de Raffaellino.*

et ses ouvrages étaient étudiés par les jeunes gens de l'académie. Une multitude de peintres à fresque s'attachèrent à l'imiter, et surtout un *Páris Nogari*,

*Páris Nogari.*

romain, duquel un grand nombre d'ouvrages qu'il a laissés dans sa patrie, se reconnaissent à sa manière; les plus saillants sont dans la loge, et offrent des sujets historiques. Il fut imité par *Gio. Battista* della Marca,

*Gio. Battista della Marca.*

dont le nom de famille fut Lombardelli : ce jeune homme était doué de la plus heureuse facilité; avantage dont il abusa par l'éloignement qu'il avait pour le travail. Il reste à Pérouse, ainsi qu'à Rome, une grande quantité de ses peintures à fresque, mais ses meilleures sont à Montenovo, sa patrie. Un Milanais, qui fut enlevé de même par une mort prématurée, s'approcha de Raffaellino, plus qu'aucun des précédents.

*Giambattista Pozzo.*

Ce fut *Giambattista Pozzo*, qui, pour le sentiment

du beau idéal, est le Guido de cette époque; il suffit de voir à l'église de Jésus, le chœur d'anges qu'il peignit dans une chapelle, pour imaginer quel degré de talent il aurait pu atteindre, s'il eût vécu jusqu'au temps des Carraches.

*Tommaso Laureti*, sicilien, que nous avons signalé par nos éloges, en nommant les élèves de F. Sebastiano, et qui doit en recevoir encore parmi les professeurs de Bologne, fut appelé à Rome au temps de Grégoire XIII. Il y fut chargé de l'un des ouvrages les plus importants : ce fut de peindre la voûte et les cintres de lunettes de la salle de Constantin, dont Jules Romain et Perino avaient déjà orné d'une manière merveilleuse la partie inférieure. Il choisit des sujets analogues à la piété de Constantin, comme les idoles renversées, la Croix exaltée, et l'addition de quelques provinces au domaine de l'Église. Le traitement que Laureti reçut du pape dans le palais même de ce pontife, fut celui d'un prince, dit Baglione, et soit qu'il fût naturellement lent, ou qu'il ne voulût point se presser de retourner à sa condition de peintre, il traîna tellement son ouvrage en longueur, que le règne de Grégoire finit, et fit place à celui de Sixte. Le nouveau souverain jugea que Laureti avait abusé de la tolérance de son prédécesseur, et l'ayant réprimandé avec menaces de le punir, s'il ne se hâtait de retirer ses échafaudages, il lui fit une telle frayeur, qu'il ne songea plus qu'à terminer promptement. Ses travaux ayant été découverts pendant la première année du nouveau pontificat, ils ne furent point jugés dignes du lieu qu'ils étaient destinés à embellir; les figures parurent trop grandes, trop lourdes, le coloris crud, les formes communes; le meilleur est un temple représenté sur la voûte avec assez d'art, quant à la perspective, genre dans lequel Laureti mérite d'être compté parmi les plus habiles de sa profession, et de son temps. En portant atteinte à sa réputation il se fit un tort d'une autre espèce; car, non-seulement il ne fut point payé comme il l'avait espéré, mais on lui porta en compte toutes les provisions, les dépenses, et jusqu'au fourrage de son cheval, de manière qu'il ne lui resta presque rien, et qu'il mourut dans la pauvreté sous le pontificat suivant. Cependant, il avait eu des occasions de se redonner du crédit, surtout dans les sujets de Brutus, et d'Horatius au pont du Tibre, qu'il exécuta au capitole avec beaucoup plus de succès. Savant dans la théorie de l'art, qu'il enseignait volontiers, il eut un grand concours d'élèves à Rome. Parmi ceux qui l'aidèrent aux travaux du Vatican, on nomme *Antonio Scalvati* bolonais, qui, au temps de Sixte, fut employé avec les peintres de la bibliothèque; et s'étant adonné ensuite à faire des portraits, sous Clément VIII, Léon XI et Paul IV, il figura dans cette sphère plus étroite, avec assez de succès.

*Giovanni Battista Ricci*, de Novara, suivit une route toute contraire : étant venu à Rome sous le pontificat de Sixte, il fit un heureux essai de sa promptitude, à l'escalier de Latran, et à la bibliothèque vaticane, ce qui lui valut bientôt les bonnes graces du pape, qui lui donna la direction des peintures qu'il faisait faire dans le palais quirinal. Il fut considéré aussi par Clément VIII, sous le pontificat duquel il peignit à St-Jean de Latran l'histoire de la consécration de cette basilique. Baglione juge que les peintures, qu'il a laissées dans ce lieu, valent mieux que toutes celles qu'il fit ailleurs; et il en fit une grande quantité, soit à Rome, soit dans d'autres pays. Ses ouvrages ont une sorte d'hilarité, et je ne sais quoi de riant et de facile, qui charme la vue. Il était né dans un lieu où Gaudenzio Ferrari avait apporté le style de l'école de Raphaël, et Lanini son gendre l'y avait pratiqué, quoiqu'avec moins de vigueur. Il paraît que Ricci l'affaiblit encore davantage, lorsqu'il fut allé à Rome. Ainsi son style était encore celui de Raphaël réduit à la pratique et au *maniérisme*, comme celui que suivaient Circignani, Nebbia et la plupart de ceux de la même époque.

*Giuseppe Cesari*, appelé aussi le chevalier d'Arpino, eut un nom aussi célèbre parmi les peintres, que celui du Marini le fut parmi les poètes. Le goût du siècle déjà corrompu, courait après l'erreur pour peu qu'elle fut brillante; et ces deux hommes favorisaient et propageaient, chacun dans sa profession, l'aveuglement général. L'un et l'autre avaient reçu de grands talents de la nature, et c'est une observation ancienne, mais vraie, que les arts ainsi que les républiques, reçoivent de leurs plus grands génies, leurs plus dangereuses atteintes. Le grand talent du Cesari, se développa dans son enfance : il lui concilia bientôt l'admiration des hommes habiles, et la protection du Danti : Grégoire XIII, lui-même, lui donna tous les secours nécessaires pour s'avancer. Il eut bientôt la réputation d'être le plus grand maître qui se trouvât à Rome. Quelques peintures qu'il exécuta de concert avec Giacomo Rocca (1), sur les dessins de Michel-Ange

Il cavaliere d'Arpino.

(1) Élève de *Daniel* de Volterra, des dessins duquel il hérita.

( dont Giacomo possédait une grande quantité), lui firent d'abord un nom : mais dans ce siècle il n'en fallait pas tant. La plupart se contentaient de cette facilité, de ce feu, de ce fracas, de cette multitude de figures, qui remplit ses tableaux. Les chevaux qu'il représentait d'une main habile, les physionomies qu'il embellissait par de belles attitudes, plaisaient à la multitude, qui faisait peu d'attention aux incorrections du dessin, à la monotonie des mains et des pieds. Le petit nombre seulement observait qu'il ne rendait point assez raison de ses plis de draperies, ni de la dégradation, et des accidents de la lumière et des ombres. Le Caravaggio et Annibal Carrache, furent de ce petit nombre : ils en vinrent à des mots injurieux, et il en résulta des défis. Giuseppe n'accepta point celui du Caravagge, parce qu'il n'était point encore chevalier ; et Annibal n'accepta point celui du chevalier d'Arpino, parce qu'il disait que son épée était son pinceau. Ainsi ces deux grands peintres n'eurent pas de plus grand obstacle pour réformer la peinture à Rome, que le Cesari, son école et ses partisans.

L'Arpinien survécut plus de trente ans, à l'un et à l'autre, et laissa après lui *progeniem vitiosiorem*. Il était véritablement né peintre, et dans un art aussi vaste et aussi difficile, il avait des qualités qui absorbaient en partie ses défauts ; il coloriait habilement ses fresques, ses inventions étaient naturellement riches et heureuses, il savait donner de l'ame à ses

ainsi que de ceux dont il est question ici. Il travailla peu et presque toujours sur les dessins des autres, qu'il n'exécutait cependant pas heureusement quelque bons qu'ils fussent. *Baglione* ajoute qu'il ne plaisait point par ses peintures.

figures, et leur imprimait un charme, que Baglione, dont les principes étaient tout à fait différents, ne pouvait s'empêcher d'admirer ; il a même observé deux manières très-distinctes dans le Cesari : l'une d'elles est bonne, et c'est celle qu'il employa pour figurer l'Ascension à Ste-Praxède, avec plusieurs prophètes, peints pour être vu d'en bas ; la Vierge dans le ciel, à Saint-Jean Chrysogone ; ouvrage dans lequel il se signala pour le coloris ; la loge de la maison Orsini ; enfin au Capitole, la naissance de Romulus, et la bataille entre les Romains et les Sabins. Ce travail est mis par quelques-uns au-dessus de toutes ses autres productions. On pourrait y ajouter quelques-uns de ses tableaux, et surtout quelques petits sujets d'histoire, où il a quelquefois employé l'or, et dans lesquels il offre le fini le plus exquis, au point que l'on croirait que ce n'est plus le même artiste. J'ai vu une Épiphanie dans ce goût chez les comte Simonetti à Osimo, et un St-François en extase, dans la maison de MM. Belmonti. Son autre manière est facile jusqu'à la négligence, et il n'employa que trop souvent cette dernière, en partie parce qu'il était l'ennemi du travail, et en partie, parce qu'il était déja parvenu à la vieillesse ; comme on en peut juger par trois sujets historiques, peints au Capitole, dans la même salle où il avait fait les premiers, quarante ans auparavant. Ses productions sont presque innombrables, non-seulement à Rome, où il travailla sous les pontificats de Grégoire et de Sixte, et, où ayant présidé sous Clément VIII aux travaux de St-Jean de Latran, il continua sous Paul V ; mais encore hors de Rome, à Naples, au Mont Cassin, et dans plusieurs villes de la domination du pape, sans parler d'autres tableaux envoyés aux cours étrangères, et faits pour des particuliers. Il travaillait plus promptement pour ceux-ci, et même pour ceux qui n'étaient point nobles, que pour les princes, avec lesquels, comme le Tigellien d'Horace, il aimait à paraître difficile et renchéri. Il voulait être sollicité par eux, et affectait de ne point en faire cas, tant les applaudissements d'un siècle dégénéré lui avaient donné d'orgueil.

*École de Cesari.*

Il compta un grand nombre de disciples, avec le secours desquels il poursuivit ses travaux, principalement ceux du Latran, ne daignant pas beaucoup, à cette époque, se donner la peine d'exercer son pinceau. Plusieurs d'entre eux s'attachèrent à ce qu'il y avait de plus faible dans son style; et, comme ils n'avaient pas reçu les mêmes dons de la nature, ils devinrent intolérables. On est facilement trompé, dit Horace, par un modèle qui offre des vices à imiter. Quelques-uns cependant de ceux qui sortirent de son école, se corrigèrent dans d'autres, du moins en partie. Un

*Bernardino Cesari.*

de ses frères, nommé Bernardino Cesari, fut un excellent copiste des dessins du *Buonarroti*, et travailla avec intelligence aux tableaux du chevalier Joseph. Il nous reste peu d'ouvrages purement de son invention,

*Cesare Rossetti.*

parce qu'il mourut de bonne heure. Un *Cesare Rossetti* de Rome travailla plus long-temps pour l'Arpinien. Il nous reste quelques-uns de ses ouvrages qui lui ap-

*Bernardino Parasole.*

partiennent entièrement. *Bernardino Parasole*, qui mourut dans la fleur de l'âge, a laissé aussi quelques

*Guido Ubaldo Abatini.*

peintures dans les édifices publics. *Guido Ubaldo Abatini*, de Città di Castello, mérita les louanges du *Passeri*, comme peintre de fresques, particulièrement pour un

*Francesco*

enfoncement qu'il peignit à la Victoire. *Francesco Al-*

*legrini* de Gubbio fut peintre de fresques, et son style dans le dessin fut conforme à celui de son maître, autant qu'on en peut juger par la coupole du *St-Sacrement* à la cathédrale de Gubbio, et par une autre coupole à *Notre-Dame des pénitents blancs*. On y retrouve les mêmes proportions élancées, et la même facilité poussée jusqu'à l'extrême. Il sut cependant mieux faire, lorsqu'il travailla dans un âge plus mûr et avec plus d'application. Le chevalier *Rotti* l'applaudit pour divers ouvrages à fresque faits à Savone dans la cathédrale et dans la maison *Gavotti*, aussi bien que d'autres exécutés à Gênes dans le palais Durazzo. Il y admire surtout la fraîcheur du coloris et la connaissance de la perspective. Baldinucci lui a aussi donné des éloges pour des travaux semblables qu'il fit dans le palais *Pamphili*; et il en a mérité encore davantage pour quelques petits sujets d'histoire et de batailles, que l'on rencontre assez fréquemment à Rome et à Gubbio. Outre ces productions diverses, il orna de figures les paysages de *Claude Lorain*. On voit deux de ces derniers dans la maison Colonna. Il vécut long-temps à Rome, ainsi que Flaminio son fils, cité par Taja, pour quelques travaux qu'il fit dans les loges vaticanes.

Allegrini.

Flaminio Allegrini.

Le Baglione en a nommé beaucoup d'autres, soit de l'état romain, soit étrangers. *Donato* de Formello (fief des ducs de *Bracciano*), avait beaucoup perfectionné la manière de Vasari, dont il était l'élève. On peut en voir la preuve dans quelques traits de l'histoire de St-Pierre, qu'il a peints dans l'un des escaliers du Vatican : le sujet, entre autres, de la pièce de monnaie trouvée dans la gueule du poisson. Il mourut fort jeune, et ce fut une véritable perte pour son art.

Donato di Formello.

*Giuseppe Franco*, appelé aussi *Dalle Lodole*, parce qu'il plaça dans ses peintures, à Ste-Marie *in Via* et ailleurs, une allouette, eut part, aussi bien que *Prospero Orsi*, romain comme lui, aux travaux ordonnés par Sixte. Ceux-ci étant achevés, le premier demeura pendant quelques années à Milan; le second passa du genre de l'histoire à celui des grotesques, et il y déploya tant d'habileté qu'on le surnomma *Prosperino* des Grotesques. *Girolamo Nanni*, qui naquit dans le même pays, mérite une mention particulière, pour n'avoir jamais rien fait à la hâte dans tous les ouvrages où il fut employé. Il répondait à tous les surintendants qui s'accordaient à le presser, *peu et bon* : maxime qui lui resta ensuite pour surnom. Il continua toujours à travailler avec la même application et la même ardeur, selon ses forces à St-Barthelemi dans l'Isle, à Ste-Catherine des Cordiers et dans plusieurs autres lieux; mais il ne se distingua guère que par sa bonne volonté. Nous le placerons donc au même rang que *Giuseppe Puglia*, ou del *Bastaro*, avec *Cesare Torelli*, romain comme lui, *Pasquale Cati* de Jesi, travailleur infatigable de cette époque, quoiqu'un peu lourd, et d'autres professeurs semblables que Rome même a oubliés, qu'elle ne considère plus, et dont il suffit de donner légèrement l'indication, pour satisfaire au devoir d'un historien, qui, comme je l'ai déja fait observer, ne doit rien passer sous silence, même de ce qui est médiocre.

Il serait trop long de faire des recherches sur les artistes étrangers ; il suffit de dire que l'on employa dans les travaux de la bibliothèque, plus de cent peintres, dont aucun, presque, n'était né à Rome. J'ai rappelé dans le premier livre, Gio. de Vecchi, maître fort habile, qui, dès l'époque des Farnèse, avait été compté aux nombres des meilleurs; et j'ai parlé de la colonie des peintres de son pays, que Raffaellino avait envoyée à Rome (*). On trouve dans le même livre, Titi, Naldini, Zucchi, le Coscj, et un grand nombre de Florentins; puis dans le suivant, Matteo de Sienne, avec plusieurs autres de la même école. C'est ainsi que, dans le quatrième livre, seront placés Matteo de Leccio, et Giuseppe Valeriani dell' Aquila; et qu'il sera fait mention dans le tome troisième, parmi les peintres vénitiens, du jeune Palma, qui travailla dans la *loge*. Ce fut à peu près vers le même temps, que *Salvator Fontana*, vénitien, qu'il suffit de rappeler ici, peignit à Sainte Marie Majeure. On trouvera aussi parmi les peintres milanais, les noms de Nappi et de Paroni; parmi les Bolonais, Croce, Mainardi, Lavinia Fontana, et beaucoup d'autres qui appartiennent à diverses écoles et qui peignirent à la même époque à Rome, sans toutefois y faire un long séjour, et sans y former d'élèves.

Salvator Fontana.

On pourrait faire ici une mention plus expresse de quelques ultramontains, qui contribuèrent avec nos compatriotes aux travaux ordonnés par les pontifes, et l'on pourrait le faire avec d'autant plus de raison, qu'il n'en est point fait mention dans d'autres parties de cet ouvrage. Mais ceux qui travaillèrent à Rome furent en si grand nombre, à toutes les époques, qu'il serait impossible de les nommer tous dans une histoire particulière de la peinture italienne. Un *Arrigo*, de Flandres, fit l'histoire de la Résurrection, dans la

Quelques ultramontains.

Arrigo Flamand.

---

(*) P. 321 et suiv.

chapelle Sixtine, et peignit aussi des fresques dans d'autres endroits de Rome : Baglione qui en a parlé, lui accorde du talent. Francesco de Castello, fut encore un flamand, mais qui montra plus de recherche et de finesse dans son goût : on voit à Saint-Roch un de ses tableaux représentant plusieurs Saints, et c'est peut-être le meilleur ouvrage de sa main, qui appartienne à un monument public; mais la plupart de ses ouvrages furent des tableaux de cabinet ou des miniatures, art dans lequel il montra beaucoup de talent. Nous parlerons de *de' Brilli* parmi les paysagistes.

<small>Francesco di Castello.</small>

L'état ecclésiastique eut pendant cette période des peintres remarquables, même hors de Pérouse : les deux *Alfani* y fleurirent ainsi que quelques autres qui avaient adopté le bon style, et qui, je ne sais pourquoi, ne furent point connus à Rome, ou du moins n'y furent point employés. J'en ai fait mention en parlant de Pietro Perugino, pour ne pas les séparer de la série de ses imitateurs; mais ils continuèrent à vivre et à travailler pendant une partie du seizième siècle. On pourrait joindre à eux *Piero*, et (1) *Se-*

<small>Autres peintres dans l'état ecclésiastique.</small>

---

(1) Il restait de lui, au temps de *Pascoli*, des peintures *exquises* suivant l'expression de cet écrivain. Elles étaient à Spolète où il s'établit, et dans d'autres lieux voisins. Souvent on les a indiquées comme des ouvrages de Pierre Pérugin, à cause de la ressemblance du nom. Le *Cesarei* cependant paraît avoir eu l'intention d'éviter l'équivoque en signant, tantôt *Perinus perusinus* ou *Perinus Cesareus perusinus*, comme dans le tableau du Rosaire à Scheggino, fait en 1595. Notez que le Vasari, dans la *Vie d'Agnol Gaddi*, nomme parmi ses élèves, Stefano de Vérone, et dit que « tous ses ouvrages furent imi- « tés et copiés par ce Pierre de Pérouse, *miniaturiste*, qui pei- « gnit tous les livres qui sont à Sienne, à la cathédrale, dans

rafino *Cesarei*, avec plusieurs autres dont la réputation fut moins grande.

Piero et Serafino Cesarei.

Dans la ville d'Assise, vivait au commencement du seizième siècle, un Francesco Vagnucci, et il en reste quelques ouvrages qui se ressentent un peu de l'ancien style. Le chevalier *Cesare Sermei*, qui vécut un peu plus tard dans la même ville, était né à Orvieto, et s'étant marié à Assise, il y demeura environ jusqu'à l'année 1600, époque à laquelle il mourut âgé de quatre-vingt-quatre ans. Il travailla dans cette ville ainsi qu'à Pérouse, et s'il n'eût pas une grande pureté de dessin, il posséda du moins une extrême fertilité d'idées, avec une égale intelligence des mouvements, et une extrême vigueur de teintes. Il a aussi un rare mérite de composition dans ses tableaux à l'huile; j'ai vu à Spello un tableau de sa main, ayant pour sujet un miracle du *bienheureux* Andrea Caccioli, et il me semble que peu d'au-

Cesare Sermei.

---

« la bibliothèque du Pape Pie; et qui colorait à fresque par « pratique. » Ces paroles ont embarrassé plus d'un historien. *Pascoli* ( P. P., page 134.), et *Mariotti* ( *Lett. pitt.*, page 59. ) les croient écrites par le Cesareï; comme si un homme né dans le siècle d'or avait voulu faire tant d'honneur à un mauvais peintre du quatorzième siècle, ou que les chanoines de Sienne eussent pu accueillir son style après avoir eu des peintures des *Razzi* et des *Vanni*. Le P. della Valle ensuite les attribue à *Pierre Vannucci*, et ne trouvant pas dans les livres dont il est question, que le style soit tel qu'il le voudrait: il réfute le Vasari comme si un historien tel que lui avait été capable de parler d'un si grand homme comme d'un peintre à fresque de pure pratique, et d'un miniaturiste. Il est plus vraisemblable que le miniaturiste et le peintre à fresque dont parle le Vasari, soit un troisième Pierre inconnu jusqu'alors à Pérouse, et duquel on fera mention en parcourant l'école vénitienne.

tres peintres de l'école romaine, auraient alors produit des choses qui pussent être comparées à cet ouvrage. Ses héritiers possèdent à Assise de grands tableaux de lui, qui représentent des foires, des processions, et des cérémonies qui se pratiquent dans la ville, à l'occasion du jubilé : le nombre, la variété, la grace de ces petites figures, l'architecture, les ornements de fantaisie qui les accompagnent, charment le spectateur. A Spello, que je viens de nommer, l'église de Saint-Giacomi renferme un tableau qui représente le Saint titulaire avec Sainte-Catherine, devant la Sainte-Vierge : on y lit *Tandini Mevanatis* 1580 ; c'est-à-dire, de *Tandino* de Bevagna, lieu situé près d'Assise ; cette peinture mérite d'être remarquée.

<small>Tandino de Bevagna.</small>

Gubbio eut parmi ses peintres, deux frères de la famille Nucci ; Virgile, élève, dit-on, de Daniele de Volterra, dont il copia la Descente de Croix, pour un autel de l'église de Saint-François à Gubbio ; et Benedetto, élève de Raffaellino del Colle, et regardé comme le meilleur peintre de tous ceux de sa ville natale (1) : tous les deux peignirent dans leur patrie et dans les pays voisins, le premier suivant toujours l'école florentine, et le second l'école romaine : Gubbio conserve de ce dernier plusieurs tableaux qui font voir ses progrès dans le style de Raphaël. Il faut, pour le juger d'après l'ouvrage le plus digne de son pinceau, voir dans la cathédrale, le Saint-Thomas qui cherche la plaie du Sauveur ; on le prendrait pour un tableau

<small>Virgilio et Benedetto Nucci.</small>

---

(1) V. Can. Reposati, *Appendix* du T. II de *la Zecca di Gubbio*, et le comte Ranghigli dans l'*Elenco de' professori eugubini*, inséré dans le Tome IV du Vasari (édit. sienn.) à la fin du volume.

du Garofolo, ou d'un peintre du même ordre, si l'on n'en connaissait point l'auteur.

Ce fut peu de temps après que l'on *vit fleurir *Felice Damiano*, que l'on dit avoir étudié dans l'école vénitienne. La Circoncision placée à Saint-Dominique, rappelle en effet cette école; mais il penche davantage en général, vers le goût romain, qu'il prit peut-être de Benedetto Nucci. Le Saint-Paul décollé de Castel Nuovo à Recanati, est son ouvrage : le saint est dans l'attitude la plus pieuse, et tous les assistants font des mouvements variés, et adaptés à la circonstance. Le dessin est exact; le coloris vif et animé : on y lit la date de 1584. Environ dix ans plus tard, il peignit deux chapelles à la *Madone de' Lami*, à St-Severino, avec plusieurs traits de l'histoire du Rédempteur, et de l'enfance de J.-C.; et il conserva toujours dans son style, de la douceur plutôt que de la force. Son ouvrage le plus étudié, et celui qu'il exécuta avec le plus de vigueur, est à Saint-Augustin de Gubbio; il représente le Baptême de ce saint : ce tableau peint en 1594, offre une grande richesse de figures, et frappe les regards par la nouveauté des costumes : on en admire également l'architecture et le sentiment religieux, exprimé sur les physionomies. Il lui fut payé deux cents écus, somme assez considérable pour ce temps; et l'on voit que l'application qu'il apportait à ses ouvrages, était proportionnée aux prix; car dans d'autres tableaux, et surtout dans un, qui porte la date de 1604, il se montra très-négligé. *Federigo Brunori*, que d'autres appellent *Brunoini*, passe pour avoir appartenu à la même école que le précédent, et se déclara plus ouvertement que lui pour la manière vé-

*Felice Damiani.*

*Federigo Brunoini.*

nitienne. Imitateur fidèle de la nature, il se distingua par son goût pour les costumes étrangers, et par un empâtement de couleurs plein de force; les Bianchi ont de lui un *Ecce Homo* montré au peuple, dont les figures sont petites, mais pleines de mouvement; et qui fait voir qu'il avait profité des gravures d'Albert Durer. *Pierangiolo Basilj*, instruit par Damiani, et même par Roncalli, tient de leur manière plus délicate; et ses fresques du cloître de Saint-Ubalde sont fort estimés. Il a laissé à Saint-Martial, une prédication de J.-C., avec un beau portique dans l'éloignement, et une grande quantité d'auditeurs; les figures sont petites comme celles du tableau précédent, et elles annoncent de même, que l'auteur avait observé les compositions d'Albert Durer. Ces deux ouvrages paraissent avoir été faits en concurrence par les deux auteurs. Brunori paraît plus énergique; Basilj plus aimable et plus recherché.

[marginal note: Pierangiolo Basilj.]

Dans l'édition précédente de cet ouvrage, j'ai fait mention de la petite ville de Castel Durante, ou Urbanea dans l'état d'Urbin, et j'y ai nommé parmi les peintres anciens Luzio Dolce, duquel je n'avais eu occasion de voir qu'une peinture très-faible qu'il fit dans une petite église de village, à Cagli, en 1536. Dans cette édition, l'on a fait connaître, d'après M. Colucci (\*), une *chronique* de Castel Durante, où l'on donne les détails les plus exacts sur Luzio, et sur tous ceux qui lui appartiennent : Bernardino son aïeul, et Ottaviano son père, avaient été bons stuccateurs, et avaient en outre exercé la peinture : Luzio,

[marginal note: Luzio, Bernardino, Ottaviano Dolci.]

---

(\*) T. XXVII.

qui vivait encore en 1589, fut applaudi pour des tableaux d'autels et d'autres peintures d'église qu'il exécuta dans sa patrie et ailleurs; et ce qui est plus important, c'est qu'il fut, dit-on, employé par le duc, pour peindre à l'*Impériale*. On cite honorablement aussi un de ses frères et plus que tous les deux, un *Giustino Episcopio*, surnommé *de' Salvolini*, qui fit à l'Abbaye, de concert avec Luzio, le tableau du Saint-Esprit, et les autres peintures qui l'environnent. Il fit ensuite beaucoup d'autres ouvrages qu'il exécuta seul à Castel Durante et ailleurs; enfin à Rome même, où il étudia, et demeura pendant fort long-temps. Il est vraisemblable que Luzio, dans ses dernières années, fut aidé par *Agostino Apolonio*, né de l'une de ses sœurs, mariée à Sant'Angelo in Vado : ce jeune homme étant venu à Castel Durante, s'y établit, y travailla avec succès en stuc et en peinture, surtout à Saint-François et succéda plus tard aux occupations et aux revenus de son oncle maternel.

Giustino Episcopio.

Agostino Apolonio.

La *Frutta*, qui fait aussi partie de l'état d'Urbin, vit mourir jeune encore un certain *Flori*, duquel il n'y est presque resté qu'une *Cène* de Jésus-Christ à l'église de Saint-Bernardin; mais cet ouvrage très-bien exécuté, selon les principes du grand siècle, mérite de trouver place dans une histoire de l'art. Non loin de là, dans Città di Castello, fleurit au temps de *Vasari* Gio. Battista *della Bilia*, peintre de fresques, et un autre *Gio. Battista* qui fut employé dans le palais Vitelli (\*). Je ne sais si c'est de celui-ci ou d'un autre, que *Avanzino Nucci* reçut ses premières leçons, avant

Le Flori.

Gio. Battista della Bilia.

Avanzino Nucci.

(\*) T. V, page 131.

*II.*

d'aller à Rome, où il dessina tout ce qu'il y avait de meilleur en modèles, et devint écolier, puis compagnon de la plupart des travaux de *Niccolò Circignano*. Il mit la main à presque tous les ouvrages de peinture ordonnés par Sixte, et il en exécuta plusieurs autres, soit dans des églises, soit dans des palais. Facile et prompt dans un style qui différait peu de celui de son maître, il fit ses figures encore plus petites. Il établit pendant quelque temps sa résidence à Naples, et travailla aussi dans son pays natal. Il a laissé à St-Silvestre de Fabriano un tableau des Innocents. Le *Sguazzino*, nommé par l'*Orlandi* au sujet des peintures exécutées au *Jésus* de Pérouse, parut un peu plus tard. Celles qu'il a laissées à Città di Castello sont meilleures ; telles sont, le St-Ange qu'on voit à la cathédrale, et les cintres de lunettes, où il a représenté plusieurs traits de l'histoire de la Vierge, au St-Esprit, et dans plusieurs autres églises. Son dessin n'est pas entièrement correct, mais il a une touche, une opposition de couleurs, un ensemble, qui sont loin d'être sans mérite.

*Gaspare Gasparini* de Macerata, fut un habile peintre, quoique peu connu. Il naquit de parents nobles, et exerça par enthousiasme la peinture à fresque et la peinture à l'huile. Parmi les anecdotes qui me sont parvenues de Macerata, relativement à cet artiste, on trouve (1) qu'il apprit à peindre de Girolamo de Sermoneta (2). Quoi qu'il en soit, Gasparini suivit une

(1) J'en suis redevable à M. le chanoine Ercolani, qui a bien voulu me les transmettre. La recherche en avait été faite par M. le chanoine *Piani* et par M. Paolo Antonio *Ciccolini*, gentilhomme de Macerata.

(2) Dans l'autre édition, en vertu d'une notice manuscrite,

route semblable, à l'exception qu'il est moins fini, ainsi qu'on peut en juger par les deux grandes chapelles de San Venanzio à Fabriano; dans l'une est la dernière Cène; dans l'autre, le Baptême de Jésus-Christ. Il y ajouta d'autres sujets sur les murs latéraux; le meilleur est celui de deux saints, Pierre et Jean, occupés à guérir des malades : la composition en est belle, et l'imitation de Raphaël y est évidente. On le reconnaît facilement dans sa patrie, au tableau des Stigmates, placé chez les Conventuels, et à quelques tableaux de cabinet que l'on voit chez MM. Ferri, alliés de la famille de Gaspard. Il en existe encore d'autres qui ont été retouchés, ou dont l'authenticité n'est pas bien prouvée. Le P. Civalli, religieux conventuel, qui écrivait sur la fin du seizième siècle, parle de cet artiste avec beaucoup d'estime, comme on peut le voir dans les *Antichità Picene* (\*). Je trouve dans la nouvelle description des peintres d'Ascoli, qu'un Sebastiano Gaspari de Macerata, élève du chevalier Pomaranci, peignit à fresque une chapelle de St-Blaise, dans cette ville. Je soupçonne que ce peintre était plutôt *Giuseppe Bastiani*, écolier du Gasparini. On fait voir à Macerata une autre chapelle aux Carmes, renfermant beaucoup de peintures exécutées par lui en 1594.

*Marcantonio* de Tolentino est rappelé parmi les peintres toscans, par le Borghini, et après lui par M. Colucci (\*\*). Je ne sais s'il revint exercer son art dans

<small>Giuseppe Bastiani.</small>

<small>Marcantonio di Tolentino.</small>

---

je l'appelai Serj, et j'étais dans le doute, si son surnom n'était point *Siciolante*. M. *Brandolese* me donna connaissance d'une épitaphe qui était chez M. Galletti, et dans laquelle il est nommé Siciolante; ainsi, *Serio*, pourrait plutôt être son surnom.

(\*) T. XXV.
(\*\*) T. XXV, page 80.

son pays. Il y eut à Caraldola, terre dans la dépendance de Macerata, un *Durante de' Nobili*, qui affecta de suivre la manière de Michel-Ange. On voit une de ses madones, entourée de quatre saints, dans *San Pier di Castello* à Ascoli. Son nom et celui de sa patrie y sont écrits, ainsi que l'année 1571. Ce fut, je crois, d'une autre école que sortit un *Simon* de Magistris, peintre et sculpteur à la fois, et qui laissa dans la province une grande quantité de ses ouvrages. Un de ses tableaux, qui représente St-Philippe et St-Jacques, et qui porte la date de 1585, est encore dans la cathédrale d'Osimo. Cet ouvrage annonce un goût simple dans la composition, mais l'exécution n'en est pas heureuse. Il n'en est pas ainsi de ceux qu'il laissa dans Ascoli, à un âge, je crois, un peu plus avancé. Il en existe un à St-Dominique, ayant pour sujet la Madone du Rosaire, et M. Orsini lui accorde beaucoup de mérite, pour la disposition des figures, pour le dessin et pour le coloris. Il en fit un sur le même sujet à St-Roch, et on le préfère au premier, à l'exception des figures tronquées, dont nous avons déja fait mention en parlant d'Andrea del Sarto, puis de Taddeo Zuccaro. C'est par la même raison que l'on critique Carlo Allegretti, qui commit une faute semblable dans la même ville. C'est d'ailleurs un peintre plein de variété, que l'on peut facilement reconnaître à une Épiphanie dans le style des *Bassano*, qu'il exécuta dans la cathédrale, et qui fait l'apologie de ses autres peintures. M. *Baldassini*, dans la *Storia de Jesi*, cite, d'après Colucci, le prêtre *Antonio Massi* qui étudia la peinture, et exposa publiquement quelques tableaux à Bologne; il rappelle en même temps *Antonio Sarti*, que je conjecture être supérieur à *Massi*, d'après les éloges donnés à son tableau de la Circoncision, qui se voit à l'église collégiale du Massaccio. Cette terre fut la patrie de *Paolo Pittori*, qui l'orna de ses ouvrages ainsi que les environs. Ces peintures servent à donner une idée de ce qu'étaient les peintres de province à cette époque. J'en laisse en arrière une multitude, dont la plupart peignirent à fresque, et qui sont ou médiocres, ou même au-dessous de la médiocrité. Il est vrai que si je suis obligé d'en passer sous silence un grand nombre, c'est seulement parce qu'ils sont inconnus. Du reste, on rencontre dans l'étendue de l'état romain des peintures qui sont assez belles, pour mériter que l'on en recherche et que l'on en fasse connaître les auteurs.

La peinture avait commencé, dès l'époque précédente, à se partager en plusieurs branches, et elles se multiplièrent dans le siècle qui suivit, grace à quelques peintres qui se plurent à exercer leurs talents, dans l'un ou dans l'autre de ces différents genres. Après *Jacopo del Conte* et *Scipion* de Gaëte, on vante beaucoup les portraits d'*Antonio de' Monti*, peintre romain, qui fut regardé comme le plus exact de ceux qui avaient peint Grégoire. *Prospero* et *Livia Fontana*, puis *Antonio Scalvati*, tous les trois de l'école bolonoise, eurent aussi de la vogue pour les portraits, ainsi que *Pietro Facchetti* de Mantoue.

La perspective fut cultivée avec succès par *Jacopo Barocci*, communément appelé le Vignola, nom célèbre parmi les architectes : le mérite qu'il eut dans ce genre, a presque fait oublier celui qu'il eut dans la perspective ; mais il faut observer que ses premières études avaient eu pour objet la figure, dans l'école du Passarotti à Bologne, jusqu'à ce qu'un goût naturel et fortement prononcé, l'eut détaché de ce genre, pour l'attirer vers la perspective; puis, à l'aide de celle-ci, comme il avait coutume de le dire, vers l'architecture. Il produisit dans cet art des choses admirables, entre autres le palais Caprarola. On y voit des perspectives de sa main, aussi bien que dans plusieurs autres lieux. Nous lui donnerons aussi une place comme écrivain dans notre second index, où sans parler de quelques autres de ses ouvrages, nous citons seulement les deux livres qu'il publia sur cette matière.

La perspective fit de rapides progrès à Rome, après Laureti, grace au génie de Gio. Alberti de San Sepolcro, dont je ne répéterai point l'éloge que j'ai déja fait dans le premier volume (*). Baglione cite deux peintres unis par les liens d'une étroite amitié, *Tarquinio* de Viterbe, et *Giovanni Zanna* de Rome, dont le premier peignait des perspectives que le second peuplait de personnages. Il nomme aussi deux frères de la famille *Conti* d'Ancône, *César*, qui fut habile pour les grotesques, et *Vincent* pour les figures; mais ils ne travaillèrent que pour des particuliers. Quant aux grotesques et aux autres peintures d'ornement qui furent faites au Vatican, l'on employa, sous le pontificat de Grégoire XIII, *Marc* de Faenza, qui dirigea lui-même d'autres artistes dans ce genre de travaux. Nous parlerons de lui avec plus de détail en passant en revue les peintres de la Romagne.

On cite parmi ceux qui travaillèrent aux paysages du palais apostolique, et à ceux de plusieurs autres

---

(*) T. I, page 327.

endroits de Rome, *Matteo* de Sienne dont nous avons fait mention précédemment, et Gio. Fiammingo, que Taja indique dans la salle Ducale. On remarque surtout les deux frères *Brilli*, nés Flamands, et qui peignirent également à fresque et à l'huile. Matteo conserva toujours sa manière ultramontaine, un peu sèche, et d'un coloris manquant de vérité. Paolo qui lui survécut, la rectifia d'après les exemples du Titien et des Carraches. Il fut très-habile à représenter au naturel toutes espèces de points de vue, et à y adapter des ornements analogues : l'Italie est remplie de ses petits tableaux.

Deux autres paysagistes vécurent à Rome dans le même temps : *Fabrizio* de Parme, que l'on peut comparer à Matteo, et *César* piémontais, dont le style fut asez conforme à celui de Paolo. On ne doit point oublier *Philippe* d'Angeli, que le long séjour qu'il fit à Naples, avait fait surnommer le Napolitain ; mais il était né à Rome, où, comme nous l'avons dit, il eut de grands succès ainsi qu'à Florence. Il travailla généralement en petit. Ses vues sont exécutées avec intelligence et ornées de petites figures qui y produisent le meilleur effet ; on a aussi de lui quelques batailles.

Mais dans ce dernier genre, ainsi que dans les chasses, aucun peintre de ce temps n'égala *Antonio Tempesti*, qui fut suivi, mais à un grand intervalle, de *Francesco Allegrini* ; les noms de l'un et de l'autre ne doivent point être inconnus au lecteur qui a parcouru les pages précédentes. On peut joindre à eux *Marzio* de Colantonio, romain, qui toutefois travailla moins à Rome qu'à Turin, où il fut souvent occupé par le cardinal prince de Savoie. Il était habile d'ailleurs dans les grotesques et dans les paysages, et exécutait fort bien de petits sujets à fresque.

*Peintures sur porcelaine.*

Le Vasari en parlant de cette époque a fait mention de la fabrique de vases de terre vitrifiée, et peints de plusieurs couleurs avec tant d'art, *que les peintures, dit-il, n'auraient pu être meilleures, quand elles auraient été faites à l'huile par les meilleurs maîtres.* Il prétendit que cet art était ignoré des anciens ; il est certain du moins, qu'ils ne le possédèrent pas dans cette perfection. Gio. Battista Passeri, qui écrivit une *histoire des peintures en porcelaine faites à Pesaro et dans les environs*, fait venir cet art de Luca della Robbia, florentin, qui trouva le moyen de recouvrir les vases de terre ou de porcelaine d'un vernis capable de résister aux injures du temps ; c'est de cette manière que l'on fit les bas-reliefs et les autels, qui existent encore, ainsi que les pavés qui ont été décrits plus haut (*). D'autres attribuent l'origine de cet art à la Chine, d'où il passa dans l'île de Majorque, et de là en Italie. Cette découverte fut particulièrement mise en usage dans l'état d'Urbin.

*Georges de Gubbio.*

On connaissait depuis fort long-temps la demi-porcelaine, ou la faïence ; mais la porcelaine fine ne commença d'y paraître que vers l'année 1500, et elle y était fabriquée par un potier habile, dont les dominicains de Gubbio ont conservé une statue de St-Antoine abbé, bien modelée et bien peinte. Il existe encore de lui, des plats et d'autres ustensiles de table, où on lit son nom, *M. Giorgio de Ugubio.* Il y marquait aussi l'année, ce qui m'a conduit à trouver que sa

---

(*) Page 81.

fabrique avait dû prendre naissance en 1519, et finir en 1537. Urbino cultivait aussi dans ce temps l'art de modeler, et ce fut Federigo Brandani qui surpassa dans ce genre tous ceux qui suivaient la même profession. Que si cet éloge paraît exagéré, l'on voie la Crêche qu'il a laissée à St-Joseph, et que l'on examine, quel autre, à l'exception du Begarelli de Modène, on pourrait lui comparer pour la vivacité et la grace des physionomies, pour la variété et la justesse des attitudes, pour le naturel des accessoires, des animaux qui semblent vivre, deux besaces, un baril, et d'autres humbles ustensiles analogues au lieu, tout y est admirable : la figure de l'Enfant-Divin, est peut-être la chose qui surprend le moins, parce qu'il n'acheva pas de la perfectionner. Cependant, ceux d'Urbin ne négligeaient point de cultiver l'art des vases vernissés; art dans lequel on lit qu'un M. *Rovigo* d'Urbin, acquit une grande renommée. Les sujets que l'on avait d'abord peints sur porcelaine étaient d'une extrême mesquinerie de dessin, mais avaient toutefois le mérite de la couleur, surtout pour un beau rouge éclatant, dont on cessa par la suite de faire usage, soit que le secret en fût perdu, soit qu'il s'accordât difficilement avec d'autres couleurs.

Rovigo d'Urbin.

Ce ne fut que vers l'an 1540, que l'on parvint à cette finesse de travail décrite par Vasari; et le mérite en appartient à *Orazio Fontana* d'Urbin, dont les vases pour la perfection des vernis, des figures et des formes, peuvent l'emporter même sur ce qui nous reste de l'antique. Il exerça sa profession dans plusieurs lieux de l'état d'Urbin, mais surtout à Castel Durante, petite ville appelée aujourd'hui Urbania,

Orazio et Flaminio Fontana.

comme nous l'avons déjà rappelé. On trouve dans ses environs une terre très-légère, et tout-à-fait appropriée à cet usage. Flaminio, frère d'Horace, et qui travaillait avec lui, fut ensuite appelé par le grand duc de Toscane, à Florence, où il introduisit la bonne méthode de peindre les vases ; particularité que M. Lazzari vient de nous faire connaître, et de laquelle l'histoire florentine des beaux-arts lui est redevable. Le bon goût qui venait de naître à Urbin, y fut maintenu en partie par les soins du duc Guidobaldo, prince passionné pour ces mêmes beaux-arts, et qui fonda et entretint à ses dépens la manufacture de porcelaines peintes. Il ne permettait point aux peintres de faire de dessins; il leur prescrivait de se servir des estampes gravées d'après les grands maîtres, principalement d'après Raphaël. Il fit même exécuter plusieurs dessins du Sanzio, qui n'avaient jamais paru au jour, et dont il était possesseur. C'est de là que toutes sortes de poteries ont été appelées en Italie, les *plats de Raphaël*. C'est aussi ce qui a donné lieu à cent fables que l'on raconte de son père et de lui-même; c'est de là enfin, que le surnom de *Boccalajo d'Urbino* a été donné à ce grand artiste comme nous le verrons ailleurs (1). On, employa aussi dans ces fabrications

---

(1). Je trouve une seconde raison de cette dénomination dans le nom de *Raphaël Ciarla* qui, ayant été l'un des plus habiles peintres dans ce genre, et ayant porté un nombreux assortiment de ces fayences à la cour d'Espagne par les ordres du duc, donna peut-être lieu à cette équivoque. On aura dit alors, que ces vaisselles étaient l'ouvrage de Raphaël ; et la voix populaire ajouta et répondit que c'était le Sanzio qui les avait fabriquées.

quelques compositions de Michel-Ange, et une quantité de celles de Raphaël del Colle, et d'autres professeurs non moins habiles. On lit dans la vie de Battista Franco, qu'il fit une multitude de dessins pour cet usage ; et l'on raconte dans celle de Taddeo Zuccaro, qu'on le chargea de tous les dessins de la vaisselle qui fut fabriquée pour Philippe II, le Catholique, ainsi que je l'ai indiqué, il n'y a pas long-temps. D'autres porcelaines encore sortirent de la même manufacture pour Charles V, ainsi que pour divers autres princes; et le duc lui-même en fit faire une immense quantité pour le service de sa cour. Les vases de sa pharmacie passèrent dans la sainte maison de Lorette, où ils sont encore, et ils plurent tellement à la reine de Suède, que pour les avoir, elle offrit de les changer contre autant de vases d'argent. Une grande collection de ces porcelaines, passa avec l'héritage des ducs d'Urbin, au pouvoir du grand duc de Toscane ; et l'on en voit quelques morceaux dans la galerie royale : quelques-uns portent le nom du pays où elles furent fabriquées. On en trouve beaucoup dans les maisons de la plupart des seigneurs de Rome ou de l'état d'Urbin ; et elles ne sont point rares dans toute l'étendue de l'Italie. L'art se maintint à son plus haut degré de perfection, pendant vingt-ans, ou environ, c'est-à-dire de 1540 à 1560 ; et les porcelaines de cette époque ne sont point indignes de figurer dans un musée. Les Fontana étant morts, dit M. Lazzari, le secret de ce vernis fut enseveli avec eux. C'est ainsi que cet art commença de décliner, et finit par devenir un travail de pratique, et un pur objet de commerce. Ceux qui voudraient approfondir cette matière peuvent consulter le Passeri, que nous avons déjà cité, et qui inséra son opuscule sur ce sujet dans le tome IV du P. Calogera: on peut voir aussi le dictionnaire d'Urbin, et la chronique Durantine.

<small>Peinture sur cuir.</small>

<small>Vespasien Strada.</small>

La peinture sur cuir n'est que d'une fort médiocre importance; cependant, puisque Baglione en fait mention dans la vie de *Vespasien Strada*, bon peintre à fresque de Rome, auquel il donna des éloges à cet égard, nous croyons ne pas devoir négliger entièrement d'en parler.

## QUATRIÈME ÉPOQUE.

Barocci et d'autres peintres, soit de l'Etat Romain, soit des autres points de l'Italie, rappellent le bon goût dans l'École Romaine.

<small>Commencements du nouveau style.</small>

Les ouvrages exécutés par les ordres de Grégoire, de Sixte, et même de Clément VIII, avaient presque banni de l'école romaine le sentiment du bon goût; mais la disposaient en même temps à le rappeler. Rome, en recherchant avec tant de passion les ouvrages de peinture, redevenait peu à peu le théâtre où les meilleurs peintres venaient s'exercer; et, comme au temps de Léon X, tous les autres pays y envoyaient leurs artistes les plus habiles, à l'exemple des villes grecques, qui envoyaient jadis à Olympie leurs citoyens les plus vaillants, pour y conquérir la palme et la couronne. Barocci d'Urbin avait été le premier à se distinguer dans l'école; il s'était formé sur le style du Corrège, style le plus capable de réformer un siècle dans lequel toutes les parties de l'art étaient négligées, mais principalement le coloris et le clair-obscur. Heureux mille fois ce siècle, si cet habile peintre fût resté à Rome, et qu'il eût eu la direction des travaux confiée à Nebbia à Ricci à Circignani. Il y resta seulement pendant quelque temps, et aida Zuccari pour les travaux des appartements de Pie IV, mais il fut obligé d'en partir, parce que de faux amis qui lui portaient envie, l'empoisonnèrent par la plus lâche trahison, et détruisirent sa santé au point qu'il ne put jamais se remettre à la peinture que très-peu, et par intervalles. S'étant toutefois éloigné de Rome, il demeura long-temps à Pérouse, et plus long-temps encore à Urbin, d'où il envoyait de temps en temps ses tableaux à Rome et ailleurs. Les écoles de la Toscane en retirèrent une grande utilité, grace à Cigoli, à Passignano et à Vanni, comme nous l'avons rapporté. Et je ne suis point éloigné de croire que Baglione et Roncalli en aient profité, d'après quelques ouvrages de l'un et de l'autre que j'ai vu dans des endroits différents.

Quoi qu'il en soit, après les commencements du dix-septième siècle, les cinq peintres que nous venons de nommer, furent en très-grande réputation. L'on imagina, dès le temps de Clément VIII, d'orner le temple vatican, des sujets divers de l'histoire de St-Pierre, et d'y employer les meilleurs artistes ; idée que l'on a suivie pendant long-temps, en réduisant ensuite en mosaïque les ouvrages de peinture, parce que les panneaux et les ardoises ne pouvaient résister à l'humidité de la basilique. Les cinq concurrents furent choisis pour peindre chacun un trait d'histoire, et Bernardo Castelli, l'un des plus grands maîtres de l'école génoise, fut le sixième et le moins applaudi. Les cinq premiers,

*Tableaux pour la bibliothèque de St-Pierre.*

généreusement récompensés par des sommes d'argent, et par la décoration de chevaliers, enseignèrent aux jeunes gens, par leur exemple, que le règne des maniéristes était sur son déclin. Caravaggio y porta encore une plus grave atteinte par son style plein de naturel. Baglione nous assure que ce jeune homme éveilla par les applaudissements qu'il s'attirait la jalousie de Federigo Zuccaro, déja vieux, et qu'il entra en rivalité avec Cesari qui avait été son maître. Mais ce furent les Carraches et leur école qui donnèrent le choc le plus terrible aux maniéristes. Annibal vint à Rome peu de temps avant l'année 1600, invité par le cardinal Farnèse à peindre sa galerie; travail auquel il employa environ huit années de temps, et ce qui est à peine croyable, dont il retira 500 écus de profit. Il fit aussi d'autres ouvrages dans diverses églises: Lodovico, son cousin, resta peu de temps avec lui. Agostino, son frère, y demeura davantage, et son école fut toujours permanente auprès de lui. On y compta parmi ses élèves, un Dominiquin, un Guide, un Albane, un Lanfranc. Ils y vinrent à des époques différentes; et, devenus habiles, non-seulement ils aidèrent leur maître, mais ils produisirent aussi des ouvrages de leur composition.

*Galerie Farnèse.*

Rome, depuis plusieurs années, ne voyait plus que deux extrêmes dans la peinture : Caravaggio et ceux de son école, étaient de purs imitateurs de la nature ; l'Arpino et les siens ne recherchaient que le pur idéal. Annibal enseigna la manière d'imiter la nature, toujours en l'ennoblissant par l'imagination, et d'élever l'imagination en la conformant toujours à la nature. On fit d'abord passer en proverbe ce que l'on appelait sa froideur et son insipidité ; reproche qu'on lui faisait parce qu'il n'était ni déréglé, ni forcé. Mais que l'envie fasse tout ce qu'elle est capable de faire, qu'elle se déchaîne, qu'elle s'insinue, qu'elle s'aide de protections, d'amitiés, d'intrigues, elle aura quelquefois le honteux plaisir d'affliger un homme de mérite ; mais elle n'aura pas la force d'aveugler le public, juge incorruptible des particuliers, et conseiller toujours respecté des princes. On ouvrit la galerie Farnese et Rome y vit je ne sais quoi de grand, qui, après la chapelle sixtine, et les salles vaticanes, pouvait être placé au premier rang. Ce fut alors qu'elle s'aperçut que les pontifes précédents avaient répandus des profusions qui avaient fait dégénérer l'art, et que le secret des grands, pour le faire renaître, était renfermé en deux paroles : bien choisir et donner du temps. Peu de temps après, mais un peu tard à la vérité, puisque Annibal ne vivait déja plus, on publia l'ordre de Paul V, pour que les travaux fussent distribués aux Bolonois : on appelait ainsi les Carraches et leurs élèves, l'un desquels, nommé Ottaviano Mascherini, était l'architecte du pontife (1). C'est ainsi que l'on mit dans l'école romaine un ferment nouveau, qui, s'il ne fit pas entièrement disparaître l'ancienne licence, la réprima du moins en grande partie. Le pontificat de Grégoire XV, Lodovisi, fut court ; mais ce pape, par un sentiment de patriotisme, fut favorable aux Bolonois, parmi lesquels on distinguait Guercino de

*Paul V.*

*Grégoire XV.*

(1) Il eut plus de mérite dans cette profession que dans la peinture ; mais il avait donné aussi des essais fort heureux de son talent en ce genre dans quelques sujets de la loge peinte sous Grégoire XIII.

Cento, quoique son style fût plutôt conforme à celui du Caravaggio qu'à celui d'Annibal : il fut employé plus que tous les autres à Saint-Pierre et dans la villa Lodovisi. Le pontificat d'Urbain VIII qui vint ensuite, fut également favorable aux poètes et aux peintres, mais plus heureux sous le rapport de la peinture que sous celui de la poésie; car il compta, outre les Carraches et leurs imitateurs, le Poussin, le Cortona, et les meilleurs paysagistes qu'il y eût alors au monde. Ni lui, ni le cardinal son neveu, ni les autres personnages de cette même famille, ne cessèrent d'employer les peintres les plus habiles, soit à Saint-Pierre, soit dans le palais pontifical, soit dans la nouvelle église des Capucines, où les tableaux d'autels furent distribués à Lanfranco, à Guido, au Sacchi, au Berettini, et à d'autres artistes en grande réputation. Alexandre VII, pontife distingué par son goût, et les papes qui lui succédèrent, suivirent la même route. Ce fut pendant la vie d'Alexandre, que Christine autrefois reine de Suède, vint établir sa résidence à Rome; son enthousiasme pour les arts du dessin, la porta naturellement à encourager et à récompenser un grand nombre des artistes que nous avons à citer. Il est vrai que nous sommes obligés de placer ailleurs qu'ici les plus habiles peintres de cette époque, qui appartiennent à tous égards à l'école bolonoise, et nous avons déja parlé de quelques-uns d'entre eux à propos de l'école florentine. Revenons à la nomenclature de ceux de Rome.

Federigo Barocci pourrait, à cause de son âge, être placé dans l'époque précédente, mais son mérite doit le faire ranger dans celle où j'ai renfermé les réformateurs de l'art. Il reçut ses premières leçons de *Battista Franco*, vénitien de naissance, mais dont le style fut celui de l'école florentine : celui-ci étant allé à Rome, jeune encore, pour y achever ses études, se passionna pour le grandiose du pinceau de Michel-Ange, et copia dans cette ville, ainsi qu'à Florence, tout ce qu'il vit de ses peintures, de ses dessins, et de ses statues. Il devint dessinateur habile, mais coloriste assez faible, et manquant de facilité, peut-être parce qu'il avait commencé tard à peindre : on le reconnaît à Rome, à la Minerve, dans quelques sujets évangéliques peints à fresque dans une chapelle, et que Vasari préfère à tout ce que fit le même auteur. Il orna encore de ses fresques le chœur de l'église métropolitaine d'Urbin, et il y laissa une Madone à l'huile, entre Saint-Pierre et Saint-Paul, peinture conforme au meilleur goût de l'école florentine, à l'exception que la figure du Saint-Paul est un peu forcée. La tribune de San Venanzio, à Fabriano, est décorée de l'un de ses grands tableaux à l'huile; il y représenta la Mère Divine avec le Saint titulaire, et deux autres Saints protecteurs. J'ai vu dans la sacristie de la cathédrale d'Osimo beaucoup de ses petits tableaux représentant des traits de la vie de J.-C. et peints en 1547, comme on le voit par les écritures des archives : ces tableaux sont fort rares; car Franco est presque inconnu dans les galeries. Pendant que Barocci résidait à Urbino, il apprit de cet artiste à dessiner et à faire de grandes études d'après les marbres antiques. Étant allé ensuite à Pesaro, il s'exerça à copier le Titien, et il fut initié à la géométrie, et à la perspective, par Barthelemi Genga, architecte, fils de Girolamo, et oncle de Ba-

Battista Franco.

Federigo Barocci.

rocci même; celui-ci étant enfin passé à Rome, il y acquit une plus grande correction de dessin, et y adopta le style de Raphaël. Ce fut en suivant ses traces qu'il peignit pour la cathédrale d'Urbin la Sainte-Cécile; et mieux encore, ainsi que d'une manière plus originale, le Saint-Sébastien : ouvrage que Mancini plaçait au-dessus de toutes les autres productions de Barocci, pour la solidité du goût; mais son caractère doux et liant le conduisit presque insensiblement à l'imitation de Correggio, sur l'exemple duquel il exécuta dans sa patrie le beau tableau des saints Simon et Judas aux Conventuels.

Cette manière, cependant, n'est pas celle qu'il adopta en général pour la sienne, qui fut une imitation plus libre de ce grand modèle : il s'approche visiblement de lui dans les têtes des enfants et des femmes, ainsi que dans le naturel des plis, dans la pureté des contours, dans la manière de raccourcir les figures; mais en tout, son dessin est moins large, son clair-obscur est moins idéal. Les teintes, si elles ont du brillant et si elles imitent, quant au choix, les nuances variées que Correggio semble avoir empruntées à l'iris, elles ont moins d'éclat et de vérité. C'est cependant une chose merveilleuse que ses couleurs, quelque opposition qu'il y ait entre elles, deviennent tellement unies sous son pinceau, qu'il n'est point de musique qui soit plus harmonieuse à l'oreille, que ses peintures ne le sont aux yeux : cet effet est dû en partie au clair-obscur, dont il atteignit la perfection au point, que l'on peut dire qu'il fut le premier dans toute la basse Italie, qui ramena cet art parmi les peintres. Pour s'assurer des effets du clair-obscur, il modelait de petites statues en argile ou en cire; art dans lequel il ne le cédait en rien aux statuaires les plus habiles. Pour la composition et pour l'expression de chaque figure, il consultait la vérité, il plaçait de plusieurs manières ses modèles, et leur demandait si dans leur attitude ils éprouvaient la moindre contrainte, jusqu'à ce qu'il fût parvenu à trouver ce qui était le plus conforme à la nature. C'est ainsi que dans chaque costume, dans chaque pli, il ne traçait point une seule ligne qu'il ne l'eût vue dans le modèle. Lorsqu'il avait fait le dessin, il préparait un carton aussi grand que le tableau, et le calquant sur l'impression de la toile, il en marquait les contours avec un poinçon : dans un autre carton plus petit, il étudiait la disposition des couleurs, et ensuite l'exécutait en grand; mais avant de colorier, il formait exactement son clair-obscur sur l'exemple des bons peintres anciens (*). Il laissa des traces de cette méthode dans un tableau représentant la Vierge au milieu de plusieurs saints, que j'ai vu à Rome chez les princes Albani; tableau que l'auteur atteint, je crois, de la maladie dont il mourut, n'acheva point de colorier.

L'illustre maison de Graziani, à Pérouse, possède un autre de ses tableaux très-imparfait, mais qui n'en est pas moins estimé parce qu'il est instructif, à l'égard des sujets d'observation qu'il présente. Dans tous ses tableaux, il eut toujours en vue la perfection; maxime qui suffit à un artiste favorisé par la nature, pour acquérir un vrai talent. Bellori, qui écrivit la vie du Barocci, nous a transmis le catalogue de ses

(*) V. T. I, page 149.

peintures : il s'en trouve peu qui n'offrent quelque sujet sacré; il fit plusieurs portraits, puis l'incendie de Troie, qu'il partagea sur deux toiles, dont l'une orne aujourd'hui la galerie Borghese. A l'exception de ces ouvrages, son pinceau fut consacré à la religion, pour laquelle il semblait formé, tant les sentiments qu'il exprime dans ses compositions, sont doux, recueillis, propres à exciter des mouvements de piété. La Minerve, à Rome, renferme l'institution du Saint-Sacrement, tableau que lui commanda Clément X. La *Vallicella* possède les deux tableaux de la Visitation et de la Présentation : dans la cathédrale de Gênes est un Crucifix avec la Vierge et les deux saints, Jean et Sébastien; dans celle de Pérouse, la Descente de croix; dans celle de Fermo, le Saint-Jean évangéliste; dans celle d'Urbin, la dernière *Cène* du Rédempteur. Une autre Descente de croix, avec un tableau du *Rosaire* entouré des mystères, est à Sinigaglia, et l'on voit dans la prochaine ville de Pesaro, la vocation de Saint-André, la Circoncision, et la Sainte-Micheline en extase sur le calvaire : cette figure unique remplit tout un tableau, et passe, d'après le jugement de *Simon Cantarini*, pour être le chef-d'œuvre de son auteur. Urbino, outre les peintures déja indiquées, et quelques autres encore, renferme chez les Capucins, le Saint-François en prières; et chez les Conventuels, le grand tableau du *Pardon*, auquel il employa sept années. La perspective, le bel effet de lumière, l'expression de toutes les physionomies, la couleur, l'harmonie de cet ensemble, ne sauraient être facilement imaginés par ceux qui ne l'ont point vu : l'auteur, qui avait une prédilection particulière pour cet ouvrage, y écrivit son nom, et le grava à l'eau-forte. Son Annonciation de Lorette est très-belle, ainsi que celle de Gubbio, quoique cette dernière ne soit point finie. On peut placer au même rang le martyre de San Vitale, dans l'église qui porte son nom, à Ravenne; puis le tableau de la Miséricorde, fait pour la cathédrale d'Arezzo, et transporté depuis dans la galerie royale de Florence. Il existe dans l'hôpital de Sinigaglia, une copie de ce tableau, qui y fut exécutée par l'école du Barocci, laquelle a répété les tableaux du maître; dans une quantité d'églises de l'état d'Urbin, de l'Ombrie, et dans quelques-unes du Picenum; plusieurs de ces copies sont si bien faites, qu'on les croirait retouchées par Barocci lui-même.

On peut en dire autant de quelques-uns de ses tableaux de cabinets, que l'on retrouve dans plusieurs galeries, tels que l'Adoration de la Vierge devant l'Enfant-Divin, que j'ai remarquée dans la bibliothèque ambroisienne de Milan, dans la maison Bolognetti à Rome, et dans une autre maison noble de Cortone; enfin, je vois le même tableau cité dans la galerie impériale de Vienne. On rencontre aussi beaucoup de copies d'une tête de l'*Ecce Homo*, et de plusieurs de ses Saintes-Familles, qu'il savait varier admirablement. J'ai vu le Saint-Joseph, qu'il peignit endormi, puis le même saint, dans la maison de Zacharie, occupé à élever une tente devant la porte; enfin, il le reproduisit encore dans le repos d'Égypte, où il s'occupe à cueillir quelques cerises pour l'Enfant-Jésus. Ce dernier tableau qu'il paraît avoir fait pour rivaliser avec le Corrège, fut transporté de la sacristie des Jésuites de Pérouse, dans les appartements du pape. Bellori remarque que ce tableau, ayant généralement plu, l'auteur le répéta plusieurs fois.

*École du Barocci.*

L'école du Barocci s'étendit dans le duché, et dans les environs, mais son meilleur imitateur fut Vanni, de Sienne, qui n'avait jamais étudié à Urbin. Les élèves de Federigo furent en très-grand nombre, mais étant presque tous restés dans leur pays, ils n'étendirent jamais leurs idées, et il n'y en eut que très-peu qui saisirent son véritable esprit : la plupart se bornèrent au matériel et à l'écorce, qui est le coloris; ils l'altérèrent même par une profusion de cinabre et d'azur, que leur maître avait employé avec plus de discrétion, ce qui leur attira souvent des critiques, ainsi que l'ont observé Bellori et l'Algarotti. Les chairs, sous leur pinceau, deviennent quelquefois trop livides, et les contours trop vagues. Il serait difficile de donner une liste exacte de tous les peintres de cette école; je prendrai pour me diriger, non-seulement les auteurs qui se sont occupés d'Urbin, mais encore les guides, et les traditions recueillies dans des pays différents; et je suis certain, que si quelques-uns d'entre eux ne furent pas instruits par la voix même du Barocci, leur patrie et leur âge auraient permis qu'ils le fussent, et que sans aucun doute, ils le furent par ses ouvrages.

*Francesco Baldelli.*

Il y a peu de chose à dire de *Francesco Baldelli*, qui fut à la fois le neveu et l'élève de Federigo : je ne trouve aucune mention de lui, à l'exception d'un tableau qu'il fit à Saint-Augustin de Pérouse, dans la chapelle Danzetta; le Crispolti, historiographe de la ville, a cité ce tableau (*).

Je n'ai vu de *Bertuzzi* et de *Porino*, que des copies de tableaux de Barocci, ou de très-faibles productions originales. Federigo eut un copiste très-habile dans *Alexandre Vitali* d'Urbin, ville dans laquelle il a laissé aux sœurs de la Tour, l'Annonciation de Lorette, copiée d'après le maître avec une telle perfection, que l'on croirait revoir l'original. Alexandre gagna par ce talent l'affection de Barocci qui se plaisait à retoucher ses tableaux; il lui rendit peut-être ce service dans la Sainte-Agnès et dans le Saint-Augustin, peints l'une dans la cathédrale, l'autre aux hermites : Vitali s'est en quelque sorte surpassé lui-même dans l'exécution de ses deux ouvrages. Antonio Viviani, surnommé le *Sourd* d'Urbin, fit aussi, d'après son maître, de copies très-exactes, que ses nobles héritiers conservent encore. Comme Alexandre, il fut toujours favorisé par Federigo, et l'on croit même dans sa patrie, qu'il était neveu de ce dernier; cependant, Baglione qui a recueilli toutes les particularités de sa vie, garde un silence absolu sur celle-ci.

Il laissa à Urbin des tableaux conformes au bon goût de Baroccio, et surtout un saint Donat, dans une église dont le saint est le patron, et qui est située dans un des faubourgs. On ne peut pas dire toutefois que le style de cette peinture soit celui qui est propre à l'auteur; car, ayant été à Rome à des époques différentes, et y ayant étudié sous les yeux du Mascherini, il se livra aussi pendant un certain

Bertuzzi et Porino.

Alexandre Vitali.

Le Sourd d'Urbin.

(*) Page 133.

temps à l'imitation de Cesari, et à la manière accélérée des peintres de pratique, que nous avons signalés ailleurs ; ce qui fait qu'il présente dans cette métropole, pour ainsi dire, plusieurs pinceaux différents, et malheureusement les plus faibles de tous ceux qu'il mit en usage. Il est incontestable que les peintures à fresque qui nous restent de lui dans divers endroits de Rome, ne donnent point de lui la même idée que l'on en conçoit à Fano, en voyant le vaste tableau qu'il exécuta dans l'église des Philippins. C'est là qu'il représenta sur la voûte et dans la grande chapelle plusieurs traits de l'histoire du prince des Apôtres, auquel le temple est dédié ; c'est là que son goût offre les plus belles imitations de Baroccio, et de Raphaël surtout. M. l'archiprêtre Lazzari veut que cet Antonio Viviani ait été à Gênes, et que le Soprani l'ait nommé par méprise *Antonio Antoniani;* mais il donne ainsi au Baroccio un élève qui n'exista jamais : nous discuterons cette opinion plus à propos, en parlant de l'école génoise. La tradition d'Urbin joint un second *Viviani* à celui-ci, et c'est *Lodovico*, frère ou cousin du précédent : celui-ci tient quelquefois beaucoup du Baroccio, comme dans le San Girolamo de la cathédrale ; et quelquefois il s'approche davantage de l'école vénitienne, comme dans l'Épiphanie du monastère de la Tour.

*Philippe Bellini* d'Urbin, peintre presque ignoré dans l'histoire, n'en eut pas moins un mérite transcendant; je n'ai point vu de ses ouvrages dans sa patrie, mais un grand nombre de ses peintures à l'huile et à fresque sont répandues dans plusieurs villes de la Marche d'Ancône. Il suit en général les traces de

Barocci, comme dans le tableau de la Circoncision que l'on voit à la basilique de Lorette; dans le Mariage de la Vierge qu'il peignit pour la cathédrale d'Ancône; enfin, dans l'image d'une Vierge qui appartient aux comtes Leopardi, d'Osimo. Il offre quelquefois lui-même le modèle d'un style hardi et animé, et se montre coloriste plein de force, et compositeur à grande machine. Il déploya surtout ce caractère dans quelques ouvrages qu'il fit à Fabriano, dans son temps le plus brillant (1), et principalement dans les *OEuvres de la Miséricorde*, qui consistent en quatorze sujets choisis de l'Écriture-Sainte, et exécutés dans l'église de la Charité. Les étrangers éclairés regardent ces peintures avec admiration, et l'on s'étonne qu'un peintre d'un si grand talent, qui méritait si bien que l'on écrivît son histoire, et que l'on fît le catalogue de ses peintures, n'ait jusqu'à présent trouvé sa place dans aucun dictionnaire de beaux-arts. J'ai entendu vanter aussi la chapelle qu'il orna de ses fresques aux Conventuels de Montalboddo, où il exprima le martyre de San Gaudenzio : on en lit la description dans le Guide de cette ville.

*Antonio Cimatori* est appelé aussi *Antonio Visacci*, non-seulement par la tradition populaire, mais aussi par Girolamo Benedetti, dans la relation qu'il composa pendant la vie de ce peintre, des fêtes qui furent célébrées à Urbino pour la réception de *Julie de Médicis* mariée au prince Frédéric : Cimatori y fut em-

*Le Visacci.*

---

(1) Dans la note (quelquefois inexacte) des peintures de Fabriano, outre les quatorze tableaux cités, on cite sept autres productions du même pinceau.

ployé à peindre les arcs de triomphes et les tableaux exposés publiquement; travail qu'il fit de concert avec le plus jeune des Viviani, Mazzi, et l'*Urbani*. Il paraît que son plus grand talent se montrait dans le clair-obscur, et dans les dessins à la plume, comme on l'observe dans quelques-uns de ses prophètes, exécutés d'un style grandiose, et qui furent transférés de la cathédrale au palais apostolique : il fait preuve d'un mérite assez distingué en peinture. Il ne laissa pas une grande quantité de ses ouvrages dans sa patrie; on y distingue toutefois à Saint-Augustin, le tableau de Sainte-Monique. On trouve dans plusieurs endroits, et principalement dans la cathédrale de Cagli, ses copies tirées des originaux du Barocci. Il vécut pendant long-temps à Pesaro, où il travailla beaucoup. Il y enseigna *Jules-César Begni*, peintre hardi, plein de feu, savant dans la perspective, et partisan du style des Vénitiens, chez lesquels il étudia, et composa des tableaux. Ce dernier en laissa beaucoup à Udine, beaucoup plus encore dans sa patrie. Il travaillait avec promptitude et se donnait rarement la peine de finir; mais l'ensemble de sa peinture est d'un très-bon effet. Dans la *Descrizione odeporica della Spagna* (\*), on lit le nom de Gio. et de *Francesco d'Urbino*, qui paraissent avoir été l'un et l'autre, vers l'an 1575, peintres de la cour et décorateurs de l'Escurial. Le second avait été en Espagne dès sa grande jeunesse; mais étant doué d'un grand génie, il devint bientôt un peintre d'un ordre supérieur : il a été loué avec enthousiasme par son con-

---

(\*) T. II, page 130.

temporain, P. Siguenza, et par tous ceux qui virent, dans un cloître de ce vaste édifice, son jugement de Salomon et ses autres peintures; malheureusement il mourut fort jeune. Il est probale que ces deux derniers peintres ont pu appartenir comme élèves à Barocci, si l'on considère leur âge, et l'usage adopté par cette cour, d'appeler de l'Italie, et d'attacher à son service, les maîtres les plus en réputation de ce pays, ou tout au moins leurs élèves; mais n'ayant sur ce point aucune assurance positive, et n'ayant sous les yeux aucune indication de leur style, je n'ose donner pour disciples à Barocci, les deux peintres dont il s'agit. Quoi qu'il en soit, je me plais à les réclamer pour leur patrie, glorieuse de leurs talents, et de laquelle ils s'étaient pour ainsi dire déracinés.

Après les concitoyens du Barocci, viennent ceux de ses élèves qui étaient nés dans d'autres pays de l'Italie; quelques écrivains comptent parmi ces derniers, Andrea Lilio d'Ancône : je crois qu'il adopta en effet son style, mais dans le coloris plutôt que dans le reste. Il participa aux travaux qui furent exécutés sous le pontificat de Sixte, et peignit en outre pour des églises, presque toujours à fresque. Souvent il travailla de concert avec le Sourd d'Urbin; étant allé fort jeune dans cette ville, il y vécut jusqu'au règne de Paul V. Il semble pourtant que son talent fut affaibli par des chagrins domestiques, genre d'affliction qui, en général, ne porte pas moins atteinte à la vigueur du corps, qu'à celle de l'ame. Ancône conserve plusieurs de ses peintures à fresque, d'un mérite inégal. On y trouve aussi quelques-uns de ses tableaux à l'huile aux Paolotti, puis à Saint-Augustin; et l'on

*Andrea Lilio.*

voit dans la sacristie de cette dernière église, divers sujets de l'histoire de Saint-Nicolas, qui sont fort estimés. On vante par-dessus tout, un martyre de Saint-Laurent que plusieurs attribuent au Barocci; on peut consulter à ce sujet le Guide de Montalboddo, et voir dans ce lieu l'église de Sainte-Catherine où il est placé. La cathédrale de Fano renferme un de ses plus grands ouvrages : c'est un tableau représentant tous les Saints, dont les figures, malgré leur grand nombre, sont d'une belle ordonnance, et à défaut du dessin, le coloris du moins est conforme au meilleur goût de Barocci.

J'ai parlé dans l'édition précédente de Giorgio Picchi de Castel Durante, en faisant l'énumération des élèves de Barocci qu'on lui donne pour maître, d'après l'opinion reçue à Pesaro et à Rimini; mais en consultant la chronique de Castel Durante, produite par M. Colucci, et dans laquelle il est parlé avec assez d'étendue de cet artiste, mort peu d'années auparavant, je n'ai rien trouvé qui confirmât ce fait. Ainsi je crois que l'on doit en juger comme de Lilio, avec lequel il dut se trouver à Rome au temps de Sixte V, si la chronique dit la vérité. Elle rapporte qu'il travailla dans la Bibliothèque vaticane, à la Scala santa, au palais de St-Jean; et il paraît étrange que toutes ces circonstances fussent ignorées de Baglione, qui écrivit la même chose de Lilio, ainsi que de plusieurs autres peintres, et qui n'a point nommé le Picchi. Quoi qu'il en soit, cet artiste eut assez de mérite pour être remarqué dans son temps ; et la manière de Barocci, qui était alors en vogue, dut certainement lui plaire, quoiqu'il la suivit, tantôt de loin, comme dans le grand tableau de la Ceinture à Sant' Agostino di Rimini, et tantôt en s'en approchant davantage, comme dans l'histoire de St-Marin qu'il peignit dans la même ville, à l'église qui porte le nom de ce saint. Il existe plusieurs autres de ses peintures à l'huile et à fresque, à Urbin, dans sa patrie, à Crémone et ailleurs, et quelque vastes que fussent ces ouvrages qui remplissaient des oratoires et des églises entières, ils durent lui coûter peu, après qu'il eut appris à Rome l'art de donner un vol rapide à son pinceau.

On croit aussi pouvoir placer dans l'école de Federigo, *Domenico Malpiedi* de Sant Ginesio, terre de la Marche d'Ancône. On conserve de lui, dans l'église collégiale, les martyres de San Ginesio et de Sant' Eleuterio, qui ont obtenu de grands éloges. Il reste en outre plusieurs autres de ses ouvrages, et si l'on en juge par les prix auxquels ils lui furent payés, on peut croire qu'il avait une certaine réputation de talent. Nous devons les notices qui le concernent à M. Colucci. Vers le même temps, c'est-à-dire en 1596, vivait un autre Malpiedi, qui peignit à St-François d'Osimo une Descente de croix, au bas de laquelle il écrivit : *Franciscus Malpedius de S. Ginesio*. Ce tableau, d'une extrême simplicité, a peu de relief, et l'on y retrouve à peine l'école de Barocci dans une imitation très-faible de son coloris.

Domenico Malpiedi.

Le guide de Pesaro range dans cette école et vante comme un très-bon peintre, *Terenzio Terenzi*, surnommé le *Rondolino*. L'on remarque, parmi les monuments publics de cette ville, quatre de ses tableaux, et quelques autres dans les environs (\*). On lit dans le

Terenzio Terenzj.

(\*) Page 80.

même ouvrage, qu'il fut employé à Rome par le cardinal de la Rovere et qu'il laissa un tableau à St-Silvestre. Un autre tableau de St$^e$-Silvestre *in capite*, qui représente la Vierge avec plusieurs saints, est attribué par Titi à un Terenzio d'Urbin, qui travailla, selon Baglione, pour le cardinal Montalto. Je ne doute point qu'il ne se soit glissé quelque erreur dans les mémoires sur Pesaro, relativement au nom du cardinal, et que l'on ne puisse, ou plutôt que l'on ne doive regarder ces deux peintres comme un seul. Terenzio Rondolino me paraît être le même que Terenzio d'Urbino, qui vraisemblablement emprunta ce surnom de la capitale de son pays. De quelque manière que l'on appelle ce peintre, nous apprenons de Baglione que ce fut un fourbe insigne, qui, après avoir vendu à des ignorants en peinture un grand nombre de ses ouvrages pour des bons tableaux anciens, voulut faire le même essai à l'égard du cardinal Peretti, neveu de Sixte V, et son mécène. Il lui offrit une de ses peintures, comme un Raphaël; mais la fraude ayant été découverte, Terence fut honteusement chassé de cette cour, ce qui lui causa tant de chagrin qu'il en mourut, quoiqu'il fût encore jeune.

<small>Felice et Vincenzio Pellegrini.</small> *Félix* et *Vincent Pellegrini*, nés du même père à Pérouse, où ils vécurent, sont cités par l'Orlandi, et par le Pascoli, comme élèves de Barocci. Le premier devint un parfait dessinateur, et fut appelé sous le pontificat de Clément VIII, à Rome, sans doute, pour y aider Cesari, puisque l'on ignore dans cette métropole, qu'il ait laissé aucun ouvrage en son propre nom. Il existe à Pérouse quelques-unes de ses copies faites d'après Barocci, et l'on sait que dans les

travaux de cette espèce, il gagna les suffrages de son maître. L'autre Pellegrini est nommé par Bottari dans les notes qu'il a jointes à la vie de Raphaël : je me rappelle avoir vu à Pérouse quelques peintures de sa main dans la sacristie de St-Philippe. Le style en est un peu sec, et l'on y reconnaîtrait difficilement l'école à laquelle on prétend qu'il se forma. Il est possible que Barocci ait d'abord cultivé les dispositions de l'un et de l'autre, et qu'ils aient ensuite adopté un autre style. *Ventura Marzi* nous offre un exemple semblable; il est nommé dans le dictionnaire des peintres d'Urbin, comme appartenant à l'école de Barocci, de laquelle son style diffère complétement. Je prononcerais même qu'il est mauvais, si tous ses tableaux ressemblaient au Sant' Uomobono que j'ai vu dans la sacristie de l'église métropolitaine. Mais il en fit de meilleurs et justifia l'ancien adage, qui dit, que l'on n'apprend point sans se tromper. *Benedetto Bandiera*, de Pérouse, fut du petit nombre de ceux dont le style s'approcha véritablement de celui de Barocci. Il passe pour avoir été parent de Vanni, duquel peut-être il emprunta ce même style, si l'on en croit Orlandi; mais Pascoli le contredit, et sur ce point et sur l'âge de cet artiste, qu'il soutient avoir été enseigné par Barocci à Urbin, pendant plusieurs années, et avoir ensuite étudié avec soin toutes les peintures qu'il retrouva de son maître en divers pays.

Tandis que la renommée de Barocci remplissait l'Italie, il reçut à Urbin dans sa maison, et y conserva pendant quelque temps, Claude Ridolfi, appelé aussi Claude Veronese, du nom de sa patrie, où il appartenait à une famille noble, et où il eut d'abord

*Ventura Marzi.*

*Benedetto Bandiera.*

*Claudio Veronese.*

pour maître *Dario Pozzo*, auteur d'un petit nombre de tableaux qui ont un grand mérite. Après avoir reçu de lui les premières notions de son art, il passa plusieurs années sans les cultiver, jusqu'à ce que, contraint par sa mauvaise fortune, il se remit à travailler, devint l'écolier de Paul, et se rendit même l'émule des Bassani. Dégoûté de sa patrie, déja remplie d'une foule de peintres, il alla d'abord à Rome, puis à Urbin. On dit qu'il apprit de Federigo à donner plus d'aménité à son style, et plus de noblesse à ses têtes. S'étant marié à Urbin, il fixa ensuite sa demeure dans la terre de Corinaldo, où il laissa, ainsi que dans les environs, une multitude de peintures qui le cèdent à peine pour les teintes aux plus grands coloristes de son école nationale; mais elles sont en outre dessinées avec un jugement et avec un fini capables d'exciter quelquefois l'envie de ses émules. Ridolfi qui a écrit sa vie d'une manière très-abrégée, n'a peut-être pas cité la moitié de ses ouvrages. On en voit à Fossombrone, à Cantiano, à Fabriano; et Rimini en possède une Descente de Croix, d'une beauté vraiment digne d'admiration. Plusieurs autres de ses productions sont nommées dans le Guide de Montalboddo, publié depuis plusieurs années. C'est à Urbin qu'elles se trouvent en plus grand nombre : on y distingue principalement la Naissance du Précurseur, à l'église de Ste-Lucie, et la Présentation de la Vierge, à celle du St-Esprit. Enfin l'on rencontre beaucoup de ses peintures dans le palais Albani, et dans la plupart de ceux des seigneurs d'Urbin. On sait qu'il eut une école dans cette ville, et l'on compte parmi les peintres qui en sortirent, *Cialdieri*, duquel il reste des tableaux, soit dans les édifices publics, soit dans les maisons particulières. On vante beaucoup le martyre de St-Jean qu'il figura dans l'église de St-Barthélemi. Ce peintre est plein de grâce et de vivacité; il fut habile à faire des paysages, et se plaisait à en introduire dans ses tableaux. Mais on estime ses perspectives plus qu'aucun de ses ouvrages d'un autre genre. L'*Urbinelli* d'Urbin, et *César Maggieri* de la même ville (1), vécurent à peu près vers ce temps; le premier fut un dessinateur hardi, et un coloriste excellent, dont le style tient du caractère de l'école vénitienne; le second, soigneux et correct, incline davantage à la manière de Barocci et de l'école romaine. L'histoir ene place ni l'un ni l'autre dans l'école de Ridolfi, auquel on pourrait donner le premier pour élève, avec plus de vraisemblance que le second; on ne sait pas précisément à quelle école appartient un peintre appelé *Patanazzi*, dont le style ressemble davantage à celui de Claude qu'à celui de Barocci, et dont il est fait mention dans la *galleria de' Pittori urbinati* (\*). On y loue avec une sorte d'emphase poétique son *pinceau plein de feu, et ses conceptions sublimes*. J'ai vu de lui, dans la cathédrale, un Mariage de la Vierge, dont les figures sont moyennes mais bien coloriées, et remarquables par la beauté de leurs formes, quoique quelques-unes d'elles aient une apparence plutôt mesquine que svelte. *Benedetto Marini* d'Urbin, l'un des élèves les plus distingués de Ridolfi, alla se fixer à Plaisance, où il a laissé des tableaux

L' Urbinelli.

Cesare Maggieri.

Patanazzi.

Benedetto Marini.

---

(1) On parle en outre d'un *Basilio Maggieri*, bon peintre de portraits.

(\*) Colucc., Tom. XVI.

fort estimés. Ils offrent toutefois un mélange du style de Barocci, et de celui des écoles vénitienne et lombarde; son ouvrage le plus saillant est le Miracle de la Multiplication des pains dans le désert, qu'il peignit pour le réfectoire des Conventuels, en 1625: c'est un des plus vastes tableaux à l'huile, que l'on ait jamais vus, et il est composé, varié et exécuté avec un art admirable (1). Je n'hésite point à préférer l'écolier au maître pour l'étendue et la vivacité du génie, quoiqu'il ne puisse lui être comparé pour la science approfondie de la peinture. Il eût mérité que l'on eût écrit sa vie, et que l'on eût fait la description de ses ouvrages, qui sont épars dans les environs de Plaisance, à Pavie, et ailleurs. Cependant il a été, comme Bellini, oublié dans les vocabulaires de peinture, et ce qui est plus étonnant encore, il est très-peu connu dans sa patrie, où il n'a laissé d'autre essai de son pinceau, qu'un tableau de St-Charles à la Trinité, avec quelques figures d'anges; ouvrage bien inférieur en mérite à ceux qu'il produisit en Lombardie (2).

On trouvera d'autres peintres de l'école de Claudio à Vérone, où il retourna, et ne s'arrêta que peu de temps; et nous ferons mention, en parcourant Bologne, de Cantarini parmi les maîtres duquel il a aussi été compté. Quittons cependant ces écoles provinciales, qui furent les premières à refleurir, et revenons à la métropole, où nous trouverons d'abord le Caravag-

(1) V. *le pitture pubbliche di Piacenza*, page 31.
(2) Dans une lettre *pittorica* de la correspondance *Oretti*, écrite par *Andrea Zanoni* au prince *Ercolani*, je trouve le *Marini* agrégé à l'école de Ferraù de Faenza. Il reste beaucoup de ses peintures conformes au style de ce maître.

gio, les Carraches, et les autres réformateurs de la peinture.

*Michelangiolo Amerighi*, ou Morigi de Caravaggio, eut une influence très-marquée sur cette époque, en ce qu'il ramena la peinture de l'afféterie à la vérité, tant dans les formes qu'il imitait toujours d'après la nature, que dans le coloris, d'où ayant presque entièrement banni le cinabre et l'azur, il les remplaça par des teintes naturelles comme celles de Giorgione. C'est ce qui fit dire à sa louange par Annibal, que cet artiste *broyait de la chair*. Le Guerchin et le Guide l'admirèrent et profitèrent de ses exemples. Ayant fait à Milan ses premiers essais dans son art, et étant allé de là à Venise pour étudier Giorgione, il eut, dès le principe, cette douceur d'ombres qu'il avait prise de ce grand artiste. Il reste de Caravaggio quelques peintures du même style, et ce sont ses plus estimées ; mais guidé ensuite par son naturel sombre et mélancolique, il se mit à représenter les objets très-peu éclairés et fortement chargés d'ombres. Il semble que ses figures habitent une prison, où elles ne reçoivent qu'une faible lumière par le haut. C'est ce qui fait que ses fonds sont toujours ténébreux, que ses personnages posent sur un seul plan, et qu'il n'observe aucune dégradation dans ses peintures, et cependant elles charment le spectateur par le grand effet qui résulte de ce contraste d'ombre et de lumière. Il ne faut chercher en lui, ni correction de dessin, ni choix de beauté. Il ne faisait aucun cas des études auxquelles s'arrêtaient les autres peintres pour ennoblir un expression de tête ou pour représenter une belle draperie, ou imiter une statue grecque. Le beau n'était pour lui que le vrai quel qu'il fût. Il existe dans le palais Spada, une Ste-Anne occupée à des travaux de femme, avec la Vierge auprès d'elle. L'une et l'autre ont les traits les plus vulgaires, et sont vêtues à la romaine. Ce sont certainement les portraits d'une femme et d'une jeune fille, telles que le hasard les offrit à sa vue; telle était la plupart du temps sa méthode. Il paraissait même aimer de préférence ce qui était un peu chargé. Des armures rouillées, des vases rompus, des habillements passés de mode, des formes du corps altérées ou difformes. On fut même obligé par cette raison de faire disparaître des autels quelques-uns de ses tableaux. Un entre autres, à la Scala, ayant pour sujet la mort de la Vierge, dont il avait figuré le corps ridiculement enflé.

On voit peu de ses tableaux à Rome. L'un de ceux-ci est la Ste-Marie de Lorette, dans l'église de St-Augustin; mais le meilleur est la Descente de croix de la Vallicella, qui, opposée à l'expression riante de Barocci, et à la douceur du Guide, produit un effet merveilleux. Il travailla principalement pour les galeries. A son arrivée à Rome, il peignit des fleurs et des fruits, puis des toiles oblongues, n'offrant que des demi-figures; usage qui devint en vogue depuis lors. Il y exécuta des sujets d'histoire sacrée ou profane, et retraça surtout les mœurs du bas peuple: des scènes d'ivresse, d'astrologie, des ventes de comestibles, etc. On admire, dans le palais Borghese, sa Cène d'Emmaus et le St-Sebastien au Capitole; dans la galerie Pamphili, l'histoire d'Agar et d'Ismaël mourant, et le tableau de la *fruitière* d'un naturel admirable, soit dans la figure, soit dans les accessoires; mais il réussit mieux encore à représenter des rixes, des meurtres, des trahisons nocturnes ; sujets auxquels il ne fut point étranger lui-même, et qui troublèrent sa vie dont ils déshonorent l'histoire. Obligé de quitter Rome pour un homicide, il alla à Naples où il resta quelque temps. De là étant passé à Malte, il y reçut la croix du grand maître de l'ordre, en récompense de son talent, dont il avait donné la preuve dans le beau tableau de la Décollation de St-Jean, que l'on voit dans l'oratoire de l'église conventuelle. S'étant un jour pris de querelle avec un chevalier de l'ordre, il fut jeté dans une prison, d'où il s'échappa au péril de sa vie, et s'enfuit en Sicile. Après y avoir passé quelque temps, il voulut retourner à Rome, mais il n'arriva point au delà de Porto Ercole, où il fut saisi d'une fièvre maligne dont il mourut en 1609. Il avait fait une grande quantité de tableaux dans les pays qu'il avait parcourus, comme on peut le voir dans sa vie dont Gio. Pietro Bellori a fait un récit fort étendu. Nous parlerons dans le livre suivant de quelques-uns de ses meilleurs disciples ; nous ne nous occuperons ici que de ceux qu'il eut à Rome et dans l'état ecclésiastique.

Son école, ou pour parler plus exactement, la foule de ses imitateurs s'étant prodigieusement accrue après sa mort, elle ne compta pas un mauvais coloriste ; cependant, on lui reproche sévèrement d'avoir négligé le dessin et les convenances. *Bartolommeo Manfredi* de Mantoue, d'abord élève de Roncalli, est presque un second Caravaggio, à l'exception qu'il se montra quelquefois plus sévère dans son choix. On le nomme peu dans les collections de cabinet pour lesquelles seulement il travailla, parce qu'il mourut jeune, et que l'on a quelquefois substitué à son nom

École du Caravaggio.

Bartolommeo Manfredi.

celui de son maître; ce qui est arrivé, je crois, à l'égard de quelques tableaux peints pour la maison de Médicis, et que Baglione a indiqués.

<small>Carlo Vénitien.</small> *Carlo Saracino*, ou *Saraceni*, appelé autrement *Carlo* Vénitien, voulant suivre les traces de Caravaggio, commença par le plus facile, c'est-à-dire par adopter ses bizarreries et par se procurer un chien barbet, auquel il donna le nom que Caravaggio avait donné au sien. Il travailla beaucoup à Rome, soit à l'huile, soit à fresque; il fut, comme son modèle, grand imitateur de la nature, mais son coloris est un peu plus clair. Il tient du goût vénitien par la manière riche dont il aimait à vêtir ses figures un peu à l'orientale, et il a cela de particulier qu'il se plaît souvent à introduire dans ses compositions des personnages d'un certain embonpoint, des eunuques et des têtes rasées. Ses meilleurs fresques sont dans l'une des salles du palais Quirinal; ses peintures à l'huile les plus estimées sont celles de Saint-Bonone et d'un saint évêque martyrisé, qui sont placées dans l'église de l'Anima; l'on connaît peu son nom dans les galeries, mais je l'ai reconnu plus d'une fois aux indices que je viens de décrire. Il revint à Venise où il mourut peu de temps après : c'est par cette raison qu'il a été oublié par Ridolfi, et remarqué à peine par Zanetti.

<small>Monsieur Valentino.</small> *Monsieur Valentino* (ainsi qu'on l'appelle en Italie) naquit en Brie, non loin de Paris, et devint à Rome l'un des plus judicieux imitateurs du Caravaggio qui ait jamais paru; il a laissé dans le palais Quirinal le Martyre des saints Processo et Martinien. Ce fut un jeune peintre d'une grande espérance, que la mort empêcha de réaliser complètement : ses ta-

bleaux de chevalet ne sont pas très-rares à Rome; on vante avec justice son Reniement de Saint-Pierre, que renferme le palais Corsini.

Ce fut sur les peintures de Caravaggio, et de Valentino, que *Simon Vouet*, le maître de Lebrun, et le restaurateur de l'école française, forma son style. Il reste de lui, à Rome, quelques productions remarquables, et dans les édifices publics, et dans quelques maisons particulières, surtout dans la galerie Barberina; je les ai entendu préférer à beaucoup d'autres qu'il fit en France, avec une grande promptitude.

Simon Vouet.

*Angiolo Caroselli*, dont les ouvrages ( si l'on en excepte le St-Venceslas du palais Quirinal, et quelque autre tableau semblable), furent presque tous ou des portraits, ou de petites figures, réduisit à une certaine grace et à une plus grande délicatesse la manière de Michel-Ange. Il eut cela d'extraordinaire, qu'il ne faisait point de dessins sur le papier, ni d'autres études préparatoires pour ses tableaux sur toile; mais il est plein de vivacité dans ses mouvements, de goût dans son coloris, et d'un fini parfait dans ses petits tableaux qui, en proportion de la durée de sa vie, sont très-peu nombreux et fort estimés. Outre le style de Caravaggio, dans lequel il trompa quelquefois les plus habiles connaisseurs, il eut un talent merveilleux pour contrefaire d'autres manières. Une Sainte-Hélène qu'il avait faite, fut attribuée au Titien, même par des peintres qui étaient ses rivaux, jusqu'à ce qu'il leur eût montré lui-même son chiffre habituel, A. C., écrit au bas de ce tableau. Il avait fait aussi deux copies de Raphaël, que le Poussin affirme qu'il aurait prises pour les originaux s'il n'eût point su qu'ils existaient ailleurs.

Angiolo Caroselli.

*Gherardo Hundhorst*, fut surnommé *Gherardo dalle Notti*, parce qu'il ne peignit presque autre chose que des sujets éclairés par des flambeaux, et qu'il réussit dans ce genre, d'une manière vraiment supérieure. Il imita le Caravaggio dans ce qu'il avait de meilleur, comme la carnation, la vivacité, les grandes masses d'ombres et de lumières; mais il voulut être exact dans les contours, sévère dans le choix de ses formes, gracieux dans ses mouvements, et digne de représenter d'une manière convenable les sujets sacrés. On connaît un grand nombre de ses tableaux; l'un des plus renommés est celui de J.-C., présenté pendant la nuit devant le tribunal du juge : c'est le prince Giustiniani (*a*) qui en est possesseur.

[Gherardo dalle Notti.]

Les imitateurs du Caravaggio se perpétuèrent long-temps; mais ayant beaucoup travaillé pour des personnages obscurs, la plupart sont demeurés ignorés. Baglione a fait une mention particulière de *Gio. Serodine* d'Ascona en Lombardie, et il en a cité plusieurs ouvrages de pratique, plutôt que d'étude; il ne reste aujourd'hui de ses productions dans aucun édifice public, à l'exception d'un Saint-Jean Décollé, à Saint-Laurent, en dehors des murs. Un des derniers peintres qui suivirent les traces de Caravaggio, fut *Thomas Luini*, romain, que son naturel chagrin et son style sombre, firent surnommer le Caravaggino : il travailla à Rome, et avec plus de succès, lorsqu'il se contenta de colorier les dessins du Sacchi, son maître, comme à Santa Maria in Via. Quand il peignit ses propres compositions, son dessin eut de la sécheresse, et son co-

[Gio. Serodine.]

[Tommaso Luini.]

---

(*a*) La galerie Giustiniani est passée depuis en d'autres mains.
(N. du T.)

loris prit une teinte forcée. Vers le même temps, *Gio. Campino* de Camerino, instruit d'abord en Flandres par Janson, résida pendant quelques années à Rome, et accrut le nombre des imitateurs de ce style : il mourut ensuite en Espagne, où il était devenu peintre de la cour. Je ne sais si Gio. Francesco de Fossombrone étudia jamais à Rome, mais je sais qu'ayant vu aux Philippins de Fano une chapelle dans laquelle il peignit Saint-Charles contemplant les mystères de la passion, avec deux tableaux latéraux, représentant des traits de l'histoire de ce saint ; puis une autre chapelle de la même église, où il figura le Songe de Saint-Joseph, je crus retrouver le style du Caravaggio tempéré dans ses teintes, et adouci dans ses formes : on voit encore un Saint-Joseph de sa main dans la cathédrale de Fabriano: Il a laissé dans sa patrie un plus grand nombre de peintures, qui, si elles étaient distribuées dans des lieux différents, lui assureraient la célébrité qu'il n'a point encore. J'y ai vu un Saint-Sébastien recevant les soins de Saint-Jérôme, à la lumière des flambeaux : ce tableau, placé dans une église, y fait un très-bel effet. J'y ai vu en outre une Judith, chez MM. Franceschèni ; d'autres peintures dans la famille des Passionei, et ailleurs, toutes parfaitement belles, et indiquant souvent qu'il avait aussi cherché à imiter le Guerchin : ses figures de femmes ont presque toutes la même expression, parce qu'il les fit d'après celle de ses maîtresses qu'il aima le plus.

Observons maintenant les *Carraches* et leur école. Annibal avant de venir à Rome avait déjà formé son style, qui ne laissait plus à désirer qu'un peu plus du

Gio. Campino.

Gio. Francesco Guerrieri.

École des Carraches.

goût de l'antique dans son dessin ; Annibal joignit cet avantage à toutes ses autres brillantes qualités lorsqu'il vint à Rome. Ceux de ses disciples qui l'y suivirent et qui, après sa mort, continuèrent à travailler dans cette ville, se distinguèrent principalement par ce caractère, de ceux qui étaient restés à Bologne sous la direction de Louis son cousin. Ils firent aussi des élèves à Rome ; aucun de ceux-ci, à l'exception du Sacchi, ne s'approcha autant du mérite de son maître, que les disciples d'Annibal s'étaient approchés de lui. Aucun ne fut créateur et chef d'un nouveau style, comme celui d'après qui ils avaient étudié ; mais ils furent tels, cependant, qu'ils mirent un frein aux manieristes, à ceux de l'école de Caravaggio, et qu'ils rappelèrent à une meilleure méthode les élèves de l'école romaine : voici un catalogue de leurs disciples, partagés en plusieurs classes.

*Élèves du Dominiquin.*

*Domenichino Zampieri* eut le talent de l'enseignement aussi bien que celui de la peinture. Outre

*Alexandre Fortuna.*

*Alexandre Fortuna* qui, dirigé par son maître, peignit dans la villa Aldobrandini à Frascati, quelques sujets fabuleux d'Apollon, et qui mourut fort jeune ; il forma à Rome deux élèves d'un grand mérite, les

*Antonio Barbalunga. Andrea Camassei.*

seuls que Bellori ait pris la peine d'observer ; *Antonio Barbalunga* de Messine, et *Andrea Camassei*, de Bevagna. Chacun d'eux honora sa patrie par sa réputation et par ses ouvrages, quoiqu'ils n'eussent vécu qu'un petit nombre d'années. Le premier fut un imitateur assez heureux de son maître, qui l'avait exercé pendant long-temps à copier ses tableaux. On voit à Monte Cavallo, dans l'église des PP. Théatins, le tableau dans lequel il représenta leur fondateur, et celui de Sant' Andrea Avellino, avec un groupe d'Anges : ces peintures semblent avoir été faites par la main même de Zampieri, qui sut, dans ce genre, choisir ses formes et donner à ses figures des attitudes pleines de grace. J'aurai occasion de parler de lui dans le quatrième livre. Le second de ces peintres, qui fréquenta aussi l'école de Sacchi, vécut à Rome plus long-temps; mais si l'on veut l'apprécier, il ne faut point juger de son talent d'après la chapelle qu'il peignit, jeune encore, dans sa patrie. C'est dans la métropole qu'il faut le chercher : c'est là qu'on voit dans Sant' Andrea della Valle, le Saint-Gaetan qui fut peint dans le même temps que le Sant' Andrea du Barbalunga, que nous avons loué plus haut, et en concurrence avec celui-ci: l'Assomption à la Rotonde, sa Piété aux Capucins, et plusieurs fresques très-estimées du Baptistère de Latran, et de la basilique de Saint-Pierre, le font regarder comme presque aussi digne que son condisciple, d'occuper un rang dans l'histoire. S'il parut un peu plus timide, et moins choisi que celui-ci, il eut toutefois du naturel et de la grace, et un goût dans ses teintes qui fait honneur à l'école romaine, à laquelle il donna, dans *Giovanni Carbone* de San Severino, un élève de quelque réputation. On aurait pu dire que son étoile était la même que celle du Dominiquin; car il fut, ainsi que lui, apprécié au-dessous de son mérite, persécuté par des parents qui se montrèrent ses ennemis, et il mourut avant le temps, abreuvé d'amertume.

*Giovanni Carbone.*

*Francesco Cozza*, calabrois de naissance, romain par sa résidence, et compagnon fidèle du Dominiquin pendant sa vie, termina après sa mort plusieurs ouvrages qu'il avait laissés imparfaits; il en produisit

*Francesco Cozza.*

aussi un grand nombre de son propre fonds, comme on peut le lire dans le Titi. Il sembla hériter des principes de son maître, plutôt que de son élégance : un de ses plus beaux tableaux est la Vierge de la Rançon à Santa Francesca Romana, à l'entrée de la ville. Ses ouvrages sont très-rares hors de Rome, soit dans les édifices publics ou dans les maisons des particuliers. Il eut un talent remarquable pour reconnaître la touche des divers artistes ; et dans les questions qui très-souvent s'élèvent à ce sujet dans les grandes villes, son sentiment était toujours reçu et adopté comme un jugement duquel on ne pouvait appeler. Nous parlerons plus à propos dans le quatrième livre, de *Pietro del Po*, autre disciple du Dominiquin, et des élèves qu'il produisit à son tour.

<small>Pietro del Po.</small>

<small>Gianangiolo Canini.</small>

*Gianangelo Canini* de Rome, guidé par le Dominiquin, puis par Barbalunga, serait parvenu à une grande célébrité par l'étendue de son génie, si, distrait par l'étude des Antiquités, il n'eût pris en peinture le chemin le plus court, celui de négliger les détails, et de se contenter que l'ensemble eût de l'unité et de l'harmonie. Il plaît par sa force et par son énergie dans les sujets qui exigent l'une et l'autre, comme son martyre de St-Etienne, à St-Martin des Monts. Les ouvrages qu'il fit avec le plus de soin, et qui lui donnèrent le plus de peine, furent quelques tableaux d'histoire profane et sacrée, dont la reine de Suède lui avait confié l'exécution. Mais du reste, quoiqu'il fût déclaré peintre de cette cour, et fort en faveur auprès de la reine elle-même, il n'exerça pas beaucoup son pinceau ni pour elle ni pour d'autres. Il paraît qu'il se plut davantage à dessiner l'antique ; il fit même des portraits d'hommes illustres, et de divinités payennes, tirées des pierres gravées et des marbres. Il les rassembla dans un grand livre, puis étant allé en France, avec le cardinal Chigi, il le présenta à Louis XIV, dont il reçut pour récompense un colier d'or. De retour à Rome il songeait à écrire en vers les louanges de la reine, et en prose la continuation des vies des peintres qu'il avait déja en grande partie rédigées, lorsque la mort le surprit : ses notices historiques furent peut-être d'un grand secours à Passeri ou à Bellori, qui tous deux avaient été ses amis.

Canini eut pour émule dans ses travaux ce même Passeri, romain, qui ne manquait point de connaissances littéraires, et qui finit par devenir prêtre séculier. Il raconte, que dans sa grande jeunesse, il vécut familièrement avec Dominichino à Frascati, et il paraît tout-à-fait initié dans son style. On voit de lui un Crucifix entre deux saints, à San Gio. della Malva, et il n'a rien laissé de plus dans les ornements publics ; la plupart de ses ouvrages sont dans les galeries. Le palais Mattei renferme quelques-uns de ses tableaux représentant du gibier, des pièces de viande, des animaux morts, assez bien peints : il y ajouta des demi-figures, et par allusion à son nom, des Passereaux. Il est aussi l'auteur du portrait du Dominiquin, fait à l'occasion de ses funérailles, et placé à l'académie de St-Luc. Là le Passeri (et non le Passerino, comme l'écrit Malvasia), récita l'oraison funèbre de ce peintre, et peut-être quelque poésie ; car, à l'exemple de Bellori, il se plaisait souvent à écrire, soit en vers, soit en prose ; et son silence sur les vies de Bellori, qui étaient déja publiées, et qu'il avait eu cent fois l'occasion de

*Giambattista Passeri.*

citer, vint peut-être d'un sentiment de rivalité. C'est un des historiens les plus accrédités de la peinture italienne; et si le Mariette n'en parut point satisfait (*), ce fut parce qu'il n'avait lu que la vie de Pierre de Cortone, à laquelle l'auteur ne donna jamais la dernière main. Du reste, il paraît profond dans son art, juste dans sa critique, vrai dans ses relations. Seulement, selon la remarque de l'un des auteurs des lettres *Pittoriche*, il déprécia un peu trop le Lanfranco en faveur de son ami Zampieri. Son ouvrage contient un grand nombre de Vies de peintres qui moururent de son temps, et il fut publié par un anonyme, que l'on croit être M. Bottari; celui-ci l'abrégea et le réforma en plusieurs endroits, il en corrigea d'abord le style, qui se ressentait du goût du dix-septième siècle, puis il en supprima les prologues qui sont inutiles, ainsi que certains traits de plume beaucoup trop mordants à l'égard de Bernino, et de quelques autres personnages : c'était même ce qui avait fait demeurer l'ouvrage inédit pendant près de cent ans.

Vincenzo Manenti. *Vincent Manenti*, né dans la Sabine, et élève d'abord de Cesari, puis de Zampieri, a beaucoup peint dans les pays voisins du sien. On conserve quelques tableaux de lui à Tivoli, tel que le St-Etienne de la cathédrale, et le Saint-Xavier de l'église de Jésus; ces peintures annoncent un artiste qui n'eut qu'un médiocre génie, mais qui fut intelligent et habile dans l'art de colorier. Nous parlerons ailleurs du Ruggieri de Bologne.

*Guido* contribua peu à l'avancement de l'école ro-

---

(*) V. *Lett. pitt.*, T. VI, page 10.

maine, si ce n'est qu'il laissa dans cette capitale un grand nombre d'ouvrages portant l'empreinte de cette douceur de style, et de cette beauté surhumaine, qui forme principalement son caractère. L'histoire fait mention de deux élèves qui lui vinrent ensemble de Pérouse, *Giandomenico Cerrini*, et *Louis*, fils de Jean-Antoine Scaramuccia. Cerrini, communément appelé le chevalier Perugino, passe quelquefois pour Guide dans les tableaux que son maître lui retouchait, et ils étaient dès ce temps fort recherchés : dans les autres il varie sa manière, parce qu'il suivit quelquefois celle du plus âgé des Scaramuccia. Son compagnon, plus que lui, a une manière qui lui est propre : il a de la grace dans toutes les parties de la peinture, et s'il ne s'élève pas à une grande hauteur, on ne peut pas dire non plus qu'il rase le terrein. Pérouse renferme beaucoup de ses tableaux, soit dans les édifices publics, soit dans d'autres ; et l'on distingue dans la foule une Présentation, chez les Philippins, qui rassemble tous les genres de beautés. Il travailla beaucoup à Milan, où il a laissé dans l'église de St-Marc, une Ste-Barbe, ouvrage composé d'un grand nombre de figures, et fort bien colorié. Il publia en 1654, à Pavie, un livre qu'il intitula *le finezze de' pennelli italiani*. Il est *plein*, dit M. l'abbé Bianconi, *d'excellentes intentions quant à la peinture*. La vérité est, qu'il contient des notices qui ne sont point dépourvues d'intérêt.

*Gio. Battista Michelini*, surnommé le Folignate, est presque oublié dans cette foule ; mais les habitants de Gubbio ont plusieurs de ses ouvrages, et surtout une *Piété* digne de l'école à laquelle il fut formé. Macerata eut aussi un brillant élève du Guido dans la personne du chevalier *Sforza Compagnoni*, qui a laissé à l'académie des Catenati (*a*), les armoiries de cette société, que l'on prendrait pour un ouvrage du Guido. Il donna un de ses tableaux à l'église de Saint-Georges, dans laquelle il existe encore, et il en fit présent d'un beaucoup plus beau, à l'église de St-Jean, où on le vit long-temps sur le maître-autel : il est aujourd'hui chez le comte chevalier Mario Compagnoni. Malvasia rappelle avec éloge la mémoire de ce peintre, dans sa vie du Viola ; mais il le fait élève de l'Albane. Les habitants de San Ginesio se font honneur de *Cesare Renzi*, comme d'un assez bon élève du Guide, et montrent dans l'église de St-Thomas, l'image de ce titulaire, peinte de sa main. Qu'il me soit permis de joindre aux élèves du Guide indiqués par l'histoire, un copiste de ses ouvrages, que son âge et son habileté dans le coloris, peuvent faire regarder comme sorti de la même école. Je lus la signature suivante : *Gio. Giuliani de* Civita Castellana, 161......; dans un grand tableau du martyre de St-André, dont l'original fut peint par Guido, pour les Camaldules de St-Grégoire à Rome, et dont cette copie fut faite par Giuliani, pour le célèbre monastère des Camaldules, à l'Avellana. Il est placé dans le réfectoire, où, malgré l'humidité du lieu, il conserve une fraîcheur de teintes fort rare dans des peintures aussi anciennes.

Le chevalier Gio. Lanfranc vint à Rome encore

---

(*a*) *Des enchaînés.* On sait que la plupart des anciennes académies de l'Italie, furent désignées par des noms encore plus bizarres. ( N. du T. )

jeune, et là, se forma ce style grandiose et facile, qui est d'un si bon effet dans les coupoles et dans les grands édifices; il réussit aussi dans les tableaux de chevalet, lorsqu'il y mit du soin et de l'application. *Giacinto Brandi* de Poli, ou selon d'autres, de Gaëte, est l'élève le plus connu qu'il ait formé à Rome. Il prit de son maître ce ton modéré dans son coloris, cette composition variée, ces contrastes bien ménagés, cette touche de pinceau facile. Mais pour remplir, comme il le fit, de ses peintures, Rome et l'État Romain, il s'appliqua peu à la correction du dessin, et ne parvint jamais à cette élévation de style, que l'on admire dans Lanfranco. Il est quelquefois sorti de la route commune, comme dans le St-Roch de Ripetta, et dans les Quarante martyrs des Stigmates à Rome. Mais sa trop grande avidité pour l'argent ne lui permit pas de faire beaucoup d'ouvrages d'une égale beauté. J'ai été assuré par un connaisseur, dont j'estime beaucoup le jugement, que les travaux les plus honorables de cet artiste sont à Gaëte, où il a laissé à l'Annonciation, le tableau de la Vierge avec l'Enfant-Jésus, et où il peignit dans le souterrain de la cathédrale, une voûte et trois enfoncements, avec dix figures d'anges. Le tableau d'autel, qui est aussi de sa main, représente le martyre de St-Erasme, évêque de la ville, qui fut enterré en ce lieu. Brandi ne propagea point le goût de son école, et ne laissa point d'élève remarquable, à l'exception de *Felice Ottini*, qui, jeune encore, peignit une chapelle aux PP. de Jésus et Marie; ouvrage auquel il ne survécut pas long-temps. L'Orlandi place auprès de lui un *Carlo Lamparelli*, de Spello, qui laissa à Rome un tableau au St-Esprit, et rien de plus. Alexandre Vaselli fit aussi un très-petit nombre de peintures dans d'autres églises de Rome.

On doit rappeler après Brandi, *Giacomo Giorgetti* d'Assise, qui est fort peu connu hors de sa patrie et des villes limitrophes. On dit qu'il avait déja étudié le dessin à Rome, lorsqu'il apprit du Lanfranc, l'art du coloris et qu'il devint ensuite bon peintre de fresques. Il y a dans une chapelle de la cathédrale d'Assise, une de ses peintures dans ce genre, avec un grand nombre de figures, et dans la sacristie des Conventuels plusieurs sujets tirés de l'histoire de la Vierge; ouvrages d'une bonne couleur, et beaucoup plus finis que le Lanfranc n'avait coutume de le faire : si on peut lui reprocher quelque défaut, c'est dans les proportions des figures qui, quelquefois, ont quelque chose de trop lourd. On lit son nom dans la description de l'église de Saint-François de Pérouse, avec celui de *Girolamo Marinelli*, son contémporain et son compatriote, dont je n'ai jamais rien lu ni entendu dire ailleurs.

Giovanni enseigna à Rome une dame noble, dont toutes les peintures sont dans l'église de Sainte-Lucie, dessinées par son maître, et coloriées par elle; son nom fut *Catherine Ginnasi*. Lanfranc eut encore à Rome parmi ses élèves, *Mengucci* de Pesaro, et d'autres qui vécurent ensuite hors de Rome et dont nous parlerons ailleurs. Quelques-uns ont voulu mettre de ce nombre Benaschi; mais celui-ci ne fut que son copiste, et l'imita d'une manière parfaite, comme nous le verrons dans le livre IV. En attendant, l'on peut affirmer ici qu'aucun de ceux qui suivirent les traces de Carrache, n'eut plus de succès, dans l'école romaine, que Lanfranco, duquel Pierre de Cortone, chef d'une famille innombrable de peintres, apprit beaucoup, ainsi que toute la classe des peintres de grandes machines qui l'ont pris et le prennent encore pour modèle.

L'Albane a aussi de très-grands droits à la reconnaissance de l'école romaine. Ce fut de lui que *Giambattista Speranza* reçut ses premiers principes; et ce dernier fut un des peintres de fresque du meilleur goût que cette métropole ait eus. Lorsqu'on l'observe à Saint-Augustin, à Saint-Laurent in Lucina, et dans d'autres lieux où il coloria des sujets d'histoire sacrée, on distingue au premier coup-d'œil que son temps n'est pas celui du Zuccaro ni de ses imitateurs; mais que c'est le temps où les peintres de fresque méritent à leur tour d'être considérés. *Pierfrancesco Mola*, de Come, emprunta de l'Albane et du Guerchin, ce beau style qui participe de tous les deux. Il renonça aux doctrines de Cesari qui l'avait enseigné pendant plusieurs années; et après avoir fait à Venise de grandes études sur le coloris, il s'approcha de deux Bolonois, mais de l'Albane surtout: il ne l'égala jamais pour la grace, mais il eut plus de vigueur dans ses teintes, plus de variété dans ses inventions, plus de hardiesse dans le choix de ses sujets. Rome, où il mourut dans la force de l'âge, lorsqu'il se préparait à passer à Paris pour y être peintre de la cour, Rome, dis-je, eut de sa main une grande quantité de peintures, surtout à fresque, dans plusieurs églises; et la Reconnaissance de Joseph, qu'il représenta dans le palais Quirinal, passe pour l'une des plus belles. Les galeries contiennent aussi une multitude de ses ta-

*Écoliers de l'Albane. Giambattista Speranza.*

*Pier Francesco Mola.*

bleaux, qui font douter, si, outre le paysage, dans lequel il excella, les figures sont de lui ou de l'Albane. Il y forma trois élèves, qui, aspirant à la gloire d'être grands coloristes, la cherchèrent aux sources auxquelles leur maître avait puisé, et voyagèrent dans toute l'Italie. Ce sont les trois suivants : *Antonio Gherardi* de Rieti, qui, à la mort du Mola, suivit l'école du Cortona, et parut plus facile qu'élégant dans les travaux qu'il fit à Rome, pour plusieurs églises (1). *Gio. Battista Buoncore*, né dans les Abruzzes, et peintre d'un grand effet, quoique souvent un peu pesant (2). *Giovanni Bonatti* de Ferrare, que nous reservons pour le moment où nous parcourrons son école nationale.

*Virgilio Ducci*, de Città di Castello, est fort peu connu parmi les élèves de l'Albano, et cependant il ne le cède point à la plupart des Bolonois pour l'imitation de son maître. Deux Histoires de Tobie, peintes dans sa patrie, pour une chapelle de la cathédrale,

(1) *Pascoli* a revendiqué pour lui le tableau de Ste-Rosalie à la Madelaine; ouvrage que *Titi* attribue à un peintre qui n'est pas sans talent, et dont le nom fut *Michele Rocca*, surnommé *Parmigianino*. Il mérite d'être indiqué à ceux qui, n'ayant point les secours de l'histoire et de la connaissance des styles, pourraient le confondre avec *Mazzuola* ou avec Scaglia; l'historien cite un peu plus loin le *Gracolini* dont le nom, étant mentionné avec honneur dans ce livre, doit avoir sa place dans le mien.

(2) Sa Visitation à l'église des Orphelins mérite davantage d'être vue que son tableau de plusieurs saints dans *Ara Cœli*. On peut observer des différences semblables à l'égard de tant d'autres peintres que nous rappelons en faisant l'éloge de ce qu'ils produisirent de bon.

sont des tableaux exécutés avec une grace et une finesse peu communes. Un *Antonio Catalani*, romain, que nous a fait connaître Malvasia, et avec lui, *Girolamo Bonini* d'Ancône, intime ami de l'Albane, résidèrent à Bologne où ils furent tous deux employés comme nous le verrons en parlant de cette école. L'histoire rapporte que le second vécut aussi à Rome et à Venise. L'Orlandi même applaudit à un tableau qu'il peignit dans la salle Farnèse, et qui maintenant, ou n'existe plus, ou n'est point indiqué dans le Guide de Titi.

Antonio Catalani. Girolamo Bonini.

Enfin, *Andrea Sacchi* sortit aussi de l'école de l'Albane; il fut l'un des meilleurs coloristes dont puisse s'honorer l'école romaine, après son chef suprême, et l'un de ses dessinateurs les plus habiles; exercice qu'il continua jusqu'à sa mort. Profond dans la théorie de l'art, il exécutait par cette raison même avec lenteur et avec difficulté. Il répétait souvent que le mérite d'un peintre ne consistait point à faire un grand nombre d'ouvrages médiocres, mais à en faire peu et qui fussent parfaits; aussi ses tableaux sont-ils fort rares. Ses compositions sont médiocrement riches de figures; mais chacunes d'elles paraît nécessaire au lieu qu'elle occupe, et leurs mouvements paraissent moins l'effet de son choix, que celui de la situation où elles sont supposées placées. Sacchi ne négligea point la grace, mais il paraît formé pour ce qui est grand; des physionomies imposantes, des attitudes majestueuses, des draperies naturelles et peu chargées de plis, des couleurs sérieuses, un ton général qui donne aux objets une harmonie et aux yeux une tranquillité délicieuse, sont les caractères auxquels il se fait reconnaître. Il semble dédaigner en tout ce qui est minutieux, et

Andrea Sacchi.

laisse, à l'exemple de beaucoup d'anciens statuaires, toujours quelques détails *indécis*, selon le langage des partisans de sa manière. Mais le chevalier Mengs s'exprime autrement, en disant que « le Sacchi enseigna « à laisser les peintures comme simplement indiquées, « et à présenter l'idée des choses naturelles, sans leur « donner aucune détermination. » C'est aux professeurs qu'il appartient de juger sur ce point. L'on compte pour un des quatre meilleurs tableaux de Rome, le Saint-Romuald, siégeant au milieu de ses moines : sujet difficile à traiter, parce que la grande quantité de blanc, dont se compose leur costume, ne peut produire un bon effet en peinture. Le discernement du Sacchi lui fit trouver un moyen qui sera toujours loué et admiré avec justice : il plaça près du lieu de la scène un grand arbre duquel l'ombre servit en se projétant sur quelques-unes des figures, à répandre une incroyable variété dans la monotonie de la couleur. On reconnaît aussi un grand mérite à sa Sainte-Anne expirante, dans San Carlo à Catinari; à son St-André du palais quirinal, et à son St-Joseph *de Capo alle Case*. Pérouse, Foligno, Camerino, possèdent aussi de ses tableaux d'autels qui font les ornements de ces villes. Il eut la réputation d'être pour ses élèves un instituteur plein de zèle et de douceur. On peut lire dans la vie de Francesco Lauri, une leçon adressée par Sacchi à cet élève, l'un des plus célèbres de son école. Cette vie est écrite par Pascoli, qui avait annoncé, peu de temps auparavant, qu'il avait recueilli en grande partie ses documents, des peintres de Rome, les plus âgés de ce temps : il y a peut-être introduit quelque sentiment qui lui était propre, ou même qui appartenait à quelqu'autre, comme il arrive assez souvent dans l'histoire, où les harangues directes attribuées aux personnages que l'on y fait figurer, sont plutôt conformes à la vraisemblance qu'à la réalité. Mais les maximes qui y sont insinuées par le Sacchi, sont dignes de lui, qui aima tant le vrai, la sévérité du choix, le grandiose, et il semble que pour donner de la dignité à l'action de ses figures, il eut toujours devant les yeux les préceptes que Quintilien dicta, et que le Sacchi répète, relativement à l'action de l'orateur. Il eut des élèves en grand nombre, et parmi eux, *Giuseppe Sacchi*, son fils, qui, s'étant fait religieux conventuel, peignit le tableau de la Sacristie dans l'église des Apôtres; mais son grand élève fut le Maratte, duquel nous parlerons à une autre époque, ainsi que de plusieurs de ses condisciples.

Giuseppe Sacchi.

Giambattista Salvi, appelé dans sa patrie le *Sassoferrato*, suivit aussi les traces de Carrache; mais on ne sait à quelle école il appartient (1) : nous en avons déja fait mention en parlant de Carlo Dolci et de ses images si religieuses. Le premier surpasse celui-ci dans la beauté de ses madones, mais il est vaincu par le Dolci, pour la finesse du pinceau : leur goût diffère entièrement, parce que Salvi forma le sien sur d'autres

Imitateurs de Carrache d'école incertaine. Le Sassoferrato.

(1) Les notices relatives à ce peintre ont été long-temps désirées, ainsi qu'on peut le voir dans le *Lett. pitt.*, T. V, page 257 : je les donne telles que je les ai recueillies dans sa patrie, aidé pour ma recherche dans les archives, par S. E. monseign. *Massajuoli*, évêque de Nocera. *Gio. Battista* naquit à Sassoferrato le 11 juillet 1605 : il mourut à Rome le 8 août 1685, et l'on doit rectifier la faute d'impression qui se trouve dans la première édition, où on lit 1635.

Tarquinio Salvi.

exemples. Il étudia d'abord sous Tarquinio Salvi son père, dans sa patrie (1); puis à Rome et enfin à Naples. On ne sait pas précisément sous quels maîtres; mais j'ai lu dans ses Mémoires manuscrits, le nom d'un Domenico. L'époque des études de Salvi coïncide à merveille avec le temps où le Dominiquin peignit à Naples, et sa manière de peindre le fait reconnaître comme disciple de ce maître, mais non pas de lui seul. Les héritiers du Sassoferrato conservent encore une quantité de copies qu'il fit d'après les plus habiles artistes et pour sa propre étude : j'en ai reconnu de l'Albane, du Guide, du Barocci, de Raphaël, réduites en petites proportions et faites d'un souffle, suivant l'expression adoptée. Il s'y trouve aussi quelques petits paysages de son invention, et beaucoup d'images sacrées ; telles que plusieurs figures de Saint-Jean-Baptiste et des madones plus que d'autres. S'il n'a point l'idéal des Grecs, il en a un autre analogue au caractère de la Vierge, dans l'expression de laquelle il fait surtout dominer l'humilité : la simplicité du costume correspond au caractère de la tête, ainsi que la modestie de sa parure qui, pourtant, ne déroge point à la dignité. Son coup de pinceau est plein, gracieux quant à la couleur, relevé par un beau clair-obscur, mais il est un peu trop dur dans les teintes locales. Il aimait à former de belles têtes seulement avec un peu de buste, et il en a laissé beaucoup de cette espèce dans les galeries ; ses toiles arrivent rarement à la juste mesure d'un portrait ordinaire. Telle est pourtant, ou même un peu plus

(1) Un tableau ayant pour sujet le *Rosaire*, existe dans l'église des *eremitani* avec son nom et la date de 1573. Les figures y sont en grand nombre.

grande, une de ses madones avec l'Enfant-Jésus, à Rome, dans le palais Casali; le tableau même du Rosaire qu'il fit à Sainte-Sabine, est des plus petits qui soient à Rome; mais cette peinture est bien composée, et exécutée avec cette expression habituelle qui lui donne tant de prix. Le plus grand tableau que l'on ait vu de lui, est sur un autel de la cathédrale de Montefiascone.

Parmi ceux qui prirent Carrache pour leur modèle, et dont on ne peut pas déterminer l'école avec certitude, on doit encore, je crois, placer *Giuseppino* de Macerata, auquel une tradition qui n'a rien d'authentique, donne pour maître Augustin Carrache. Il reste de ses ouvrages dans les deux églises collégiales de Fabriano, une Annonciation à l'huile; dans celle de Saint-Nicolas, et dans celle de San Venanzio, deux grandes chapelles peintes à fresques; dans l'une des deux, où il figura le Miracle des apôtres, il se surpassa lui-même pour la beauté des têtes et pour la composition. Dans tout le reste il paraît avoir travaillé avec trop de hâte et avec une certaine hésitation. On conserve dans sa patrie deux ouvrages qui lui appartiennent sans aucun doute; l'un placé aux Carmélites, représente la Vierge dans sa gloire, et sur le plan inférieur les saints Nicolas et Jérôme; l'autre, aux Capucins, a pour sujet Saint-Pierre recevant l'investiture des clefs : l'un et l'autre sont dans le style des Carraches; mais le second l'est trop, et ressemble parfaitement à une autre peinture sur le même sujet, que les Philippins de Fano ont dans leur église : l'auteur de cet ouvrage, reconnu par les preuves historiques, fut Guido Reni. Ce second tableau de Giuseppino ne doit

*Giuseppino de Macerata.*

toutefois être qu'une copie. Il y écrivit les mots *Joseph Ma. faciebat* 1630 ; mais le nombre des années ne s'y lit plus entièrement aujourd'hui. *Marcello Gobbi* et *Girolamo Boniforti* (1), assez bon imitateur du Titien, vécurent dans le même siècle à Macerata. Pérouse nous présente deux élèves, l'un d'Annibal à Rome, l'autre de Louis à Bologne : Pascoli raconte que ces deux jeunes gens, Cesare Angeli, et *Antonio Maria Fabrizzi*, attirés par la célébrité de ces deux maîtres, partirent secrètement de leur pays, à l'âge environ de douze ans, et obtinrent de passer quelque temps dans leur école. Fabrizzi, que l'on dit avoir aussi travaillé sous Annibal, montre peu de soin dans ses ouvrages, et l'on en rejette la faute sur sa trop grande ardeur, et sur le peu de temps pendant lequel son maître le dirigea ; car Annibal étant mort au bout de trois ans, Fabrizzi demeura élève et maître de lui-même : toutefois, il se soutient par le coloris, par la composition, par la franchise de son pinceau. L'Angeli inventa et colora mieux aussi qu'il ne dessina, et il brilla davantage dans les figures drapées, que dans la représentation du nud. Il y a dans l'oratoire de Saint-Augustin, à Pérouse, un grand ouvrage à fresque de sa main : on y voit un Limbe de saints Pères qui, certainement, ne sont point dessinés selon les instructions de Lodovico ; peut-être aussi cette peinture est-

---

(1) On a trouvé dans la correspondance *Oretti* une lettre d'un anonyme adressée au C. *Malvasia*, au sujet de ce peintre que l'on y nomme *Francesco*, et que l'on y affirme être un peintre de beaucoup de mérite. Il travaillait alors à Ancône, comme on le voit par d'autres lettres que ce peintre écrivait au même Malvasia, et dans lesquelles il signe toujours *Francesco*.

elle d'un autre main; mais c'est de quoi je doute. Cette branche de l'école bolonoise, quoiqu'elle s'éloignât toujours davantage de son origine (parce qu'à une si grande distance de Bologne, elle ne pouvait être alimentée et fécondée par les peintures des Carraches), dura cependant long-temps. L'Angeli forma Cesare Franchi, dont les tableaux à petites figures furent excellents, et fort recherchés pour les galeries; puis *Stefano Amadei*, qui emprunta davantage des Florentins de son temps, que des Bolonois. Stefano avait aussi étudié les belles lettres, et ouvert une école; il tenait de fréquentes assemblées, dans lesquelles il se plaisait à cultiver, par des entretiens savants, la jeunesse qui s'y réunissait. L'un des plus assidus fut *Fabio*, qui était frère du duc de la Cornia, et que la noblesse de sa naissance n'empêcha pas de figurer parmi les peintres. On trouve quelques-uns de ses ouvrages cités dans le Guide de Rome, où l'on convient qu'il s'était élevé au-dessus de la classe des amateurs.

Cesare Franchi.

Stefano Amadei.

Fabio della Cornia.

Outre les Bolonais, plusieurs Toscans contribuèrent à l'avancement de la peinture à Rome. Paul V les employa dans les deux basiliques, de St-Pierre et de Ste-Marie Majeure; et quelques autres qui ne furent point honorés de cette distinction, méritent cependant que leur mémoire soit conservée, à cause des élèves qu'ils formèrent. Nous avons indiqué, mais seulement en passant, dans le nombre des Toscans, *Cristoforo Roncalli*, chevalier delle Pomarance, né dans le diocèse de Volterra. Je le place dans cette école, parce qu'il devint peintre à Rome, où il enseigna long-temps. Et je le range dans cette époque, non pas à cause de

Cristoforo Roncalli.

tous ses ouvrages, mais par rapport aux meilleurs de ceux qu'il produisit. Il fut écolier de Niccolò delle Pomarance, avec lequel il travailla beaucoup pour peu de chose, et apprit par son exemple à se faire aider beaucoup par ses élèves, et à se contenter de produire un grand nombre d'ouvrages médiocres. Il y a cependant quelques peintures de sa main, qui ont un grand mérite, à l'exception qu'il se répète lui-même dans ses fonds, dans ses racourcis de têtes, dans ses visages pleins et rubiconds. Son dessin offre un mélange des manières florentine et romaine. Il aime, dans les fresques, un coloris vif et brillant; il fait au contraire usage dans les tableaux à l'huile, des teintes les plus sérieuses et les plus modérées; et il les accorde par un ton général de douceur et de tranquillité. Il se plaît à les orner de paysages, dans lesquels il est savant et gracieux à la fois. On compte à Rome, parmi ses meilleures productions, la mort d'Ananie et de Saphyre, que l'on voit à la Chartreuse, et qui a été reproduite en mosaïque à St-Pierre. D'autres mosaïques de la même basilique ont été faites aussi d'après ses cartons. Enfin, Roncalli peignit encore le Baptême de Constantin, grand tableau d'histoire, fort estimé, qui orne la basilique de Latran.

Un autre de ses plus beaux ouvrages est la coupole de Lorette, qui offre une grande richesse de figures, un peu altérées par le temps, à l'exception de quelques prophètes, qui sont encore d'une grande beauté. Il a fait une quantité de peintures dans le trésor de ce sanctuaire, où il a pris pour sujet des traits de l'histoire de la Vierge, qu'il n'a pas tous exécutés avec un égal bonheur, dans ce qui a rapport à la perspective surtout. Il fut chargé de cette grande entreprise au moyen de la protection du cardinal Crescenzio, de préférence à Caravaggio, qui, pour s'en venger, lui fit balafrer le visage par un assassin à ses gages; et à Guido Reni, qui usa d'une vengeance plus noble, c'est-à-dire, en faisant voir par ses ouvrages, qu'il n'avait point mérité d'être rejeté. Depuis cette époque Roncalli fut vivement desiré dans les villes du Picenum, dans lesquelles il a laissé une quantité innombrable de ses tableaux. On voit de sa main aux Eremitani de San Severino, un *Noli me tangere*; à St-Augustin d'Ancône, un St-François en prières; à Santa Palazia d'Osimo, une figure de cette sainte, l'un de ses ouvrages les plus achevés. Il peignit dans cette même ville, dans la maison des Galli, une perspective de bas en haut, représentant le jugement de Salomon. Ce dernier est peut-être le meilleur de ses ouvrages à fresque; il sut changer de style lorsqu'il le voulut. J'ai vu à Ancône chez les marquis Mancinforti, une Épiphanie de sa main, que l'on croirait de l'école vénitienne.

Le chevalier *Gasparo Celio*, de Rome, et Antoine, fils de Niccolò Circignani, s'approchèrent beaucoup du style de cet artiste. Celio, selon Baglione, fut écolier de Niccolò, et selon Titi, il le fut de Roncalli. Il dessina pour la gravure les marbres antiques, et peignit avec succès, soit en exécutant dans sa grande jeunesse les idées du P. *Gio. Battista Fiammeri*, à l'église du Jésus, soit en travaillant d'après ses propres conceptions, dans un âge plus avancé. Le St-François de l'autel de l'hospice, à Ponte Sisto, est son ouvrage. Quelques-uns de ses sujets de la Vie de St-Raimond sont

École de Roncalli. Gasparo Celio.

P. Gio. Battista Fiammeri.

à la Minerve; et son Moïse sortant de la mer Rouge, qui orne une voûte de la galerie Mattei, fut exécuté pour concourir avec d'autres artistes du premier ordre. Antonio n'est pas très-connu à Rome, où il peignit cependant de concert avec son père, et après la mort de celui-ci, orna seul une chapelle à la Traspontina, et une autre à la Consolation : il y travailla en outre pour des particuliers. Città di Castello, où il passa quelques années, conserve plusieurs de ses tableaux; de ce nombre est celui de la Conception, aux Conventuels, et l'on peut dire que c'est un mélange des styles de Baroccio, et de Roncalli, desquels on veut qu'il ait appris à perfectionner le style de son père.

*Antonio Circignani.*

Le chevalier delle Pomarance enseigna le marquis *Gio. Battista Crescenzi*, qui fut depuis un mécène déclaré des beaux-arts, auxquels il se connaissait si bien, que Paul V le créa surintendant des travaux qu'il avait ordonné à Rome, et que Philippe III, roi d'Espagne, se servit de lui pour ceux de l'Escurial. Il peignit fort peu, et il paraît que son plus grand talent fut celui de faire les fleurs. Sa maison était fréquentée par les gens de lettres, et entre autres par le Marini, qui y avait exposé sa galerie de peintures et de dessins, collection admirable, et de laquelle il écrivait lui-même : *Je ne crois pas qu'il y ait de prince qui ne me cède sur ce point, et je le soutiens avec assurance* (*). Sa maison n'était pas moins remplie d'artistes; l'un d'eux, qui était sa créature, fut appelé *Bartolommeo del Crescenzio*, mais son nom de famille était *de' Cavarozzi*, et sa patrie, Viterbe. Ce

*Gio. Battista Crescenzi.*

*Bartolommeo del Crescenzio.*

---

(*) *Lett. pitt.*, T. II, page 178.

jeune homme fut très-laborieux, et suivit d'abord les traces de Roncalli; mais il se forma ensuite un beau style qui lui fut propre en copiant la nature. Il reste de lui quelques peintures d'un grand prix dans les galeries, puis un tableau dans l'église de Ste-Anne, où il a représenté la sainte Titulaire, dit le Baglione, avec un goût remarquable et une touche pleine de vigueur.

L'on compte parmi les élèves de Cristoforo, *Giovanni Antonio*, père de *Scaramuccia* qui, par cette raison, avait vu et imité les Carraches. Ses ouvrages ne sont point rares à Pérouse, et l'on en loue plutôt l'esprit et la hardiesse du pinceau, que les teintes qui en sont trop obscures, et qui font aisément reconnaître l'auteur parmi tous les autres dans les églises où ils sont exposés. Il est très-croyable qu'il fit abus de *terre d'ombre*, à l'exemple de la plupart des peintres de cette époque. *Girolamo Buratti*, de la même école, fit le beau tableau de la Crêche, à la Charité d'Ascoli, et quelques sujets à fresques; ouvrages desquels M. Orsini a fait l'éloge. On a parlé, en examinant l'école siennoise, d'*Alexandre Casolani* qui appartient au même maître, et l'on a mentionné en même temps *Cristoforo*, son fils, que l'on range, ainsi que *Giuseppe Agellio* de Soriente, parmi les peintres médiocres.

*Francesco Morelli* de Florence ne serait point nommé dans l'histoire, s'il n'eût donné les rudiments de la peinture au chevalier *Gio. Baglione*, peintre romain. Celui-ci toutefois ne resta que peu de temps avec lui, et se forma par sa propre sagacité, sur les modèles de grands maîtres; ce qui le conduisit à être

*Gio. Antonio Scaramuccia.*

*Girolamo Buratti.*

*Casolani et Agellio.*

*Francesco Morelli.*

*Gio. Baglione.*

employé par Paul V, par le duc de Mantoue, et par d'autres personnages éminents. On trouve de ses tableaux non-seulement à Rome, où il peignit beaucoup, mais aussi dans plusieurs villes provinciales; de ce nombre sont, le St-Étienne de la cathédrale de Pérouse, et la Sainte-Catherine de la basilique de Lorette. Il s'approche beaucoup du *Cigoli* dans ses teintes, mais il lui est inférieur dans presque tout le reste. Un tableau qu'il peignit avec beaucoup de succès pour le Vatican, et c'est la résurrection de TABIDA, s'est ressenti des ravages du temps; mais il y reste, ainsi que dans la chapelle *Pauline* à Ste-Marie Majeure, qui fut ornée par les soins de Paul V, des travaux à fresque de Baglione, qui ne sont point indignes de cette époque. On ne le retrouve pas souvent dans les galeries : j'ai seulement vu dans celle de la Propagande un St-Roch qu'il y peignit avec une grande vigueur de coloris. Il vécut long-temps et laissa un abrégé des *Vies* de tous ceux qui avaient illustré les beaux-arts à Rome de son temps, c'est-à-dire, de 1572 à 1642. Il écrit sans ambition et sans esprit de parti, et penche généralement davantage à louer le bon qu'à blâmer le mauvais. Toutes les fois que je le lis, il me semble entendre parler un vieillard vénérable, qui insinue plutôt des préceptes de morale, que des règles de beaux-arts, dont il est peut-être par trop sobre ; ce qui fait supposer qu'il avait travaillé plutôt par une disposition naturelle au talent d'imiter, que d'après les principes d'un goût solide et d'une critique approfondie. C'est peut-être pour ne point s'engager trop avant dans les théories, et pour éviter d'écrire d'un ton scientifique, qu'il a distribué son ouvrage

Son livre.

en cinq dialogues, dans lesquels il ne fait intervenir aucun artiste, mais seulement un étranger, et un gentilhomme romain ; le premier pour apprendre, et le second pour instruire. Je ne crois pas que l'on ait jamais lu, ou même entendu de dialogues plus simples dans aucune langue du monde. Les deux interlocuteurs se rencontrent dans l'enceinte de la Minerve ; après s'être fait un compliment fort court, l'un raconte jusqu'à quatre-vingt-une Vies de professeurs, lesquelles commencent, procèdent et finissent par la marche la plus monotone, et presque avec les mêmes phrases. L'autre écoute cette longue narration sans interroger, sans répondre, sans jamais dire un mot ; et le dialogue, ou soliloque, quel qu'il soit, se termine sans que l'un remercie l'autre ou lui dise seulement adieu. Mais revenons aux élèves des toscans.

Passignano, qui était allé plusieurs fois à Rome, n'y forma point d'élèves, aucun du moins, dont le nom nous soit parvenu. Vanni, qui y vint à son tour, y laissa un Gio. Antonio et un Gio. Francesco del Vanni, qui sont cités dans le Guide de Rome. L'école du Cigoli produisit deux Romains d'une grande renommée ; Domenico Feti qui figura à Mantoue, et Gio. Antonio Lelli, qui ne quitta point sa patrie. Ils peignirent à l'huile, et pour les galeries des grands, plutôt qu'à fresque, et pour les temples. On ne voit rien du premier dans les édifices, excepté deux anges, à St-Laurent *in Damaso*. Le second a laissé quelques tableaux et quelques sujets sur muraille, parmi lesquels on vante la Visitation, dans le cloître de la Minerve.

*Gio. Antonio et Gio. Francesco del Vanni.*

Comodi et Ciarpi furent les maîtres de *Pietro* de

*Pietro de*

Cortone. Cortone, comme nous l'avons dit ; et en considérant à la fois cette circonstance, et le pays où il était né, plusieurs l'ont rangé dans l'école florentine, tandis que d'autres le placent dans celle de Rome ; mais ce que l'on ne peut contester, c'est qu'il vint à Rome, à l'âge de quatorze ans, n'apportant guères de la Toscane, que ses heureuses dispositions. Il y devint un des plus grands architectes, et l'introducteur de ce style facile et plein de goût, que nous avons déja décrit dans le premier livre. Ceux qui veulent connaître jusqu'à quel point il le porta dans les fresques, et dans les ouvrages à grandes machines, doivent l'examiner à Rome, dans la salle Barberina, quoique le palais royal de Pitti, à Florence, présente un ensemble plus gracieux, plus aimable, et des détails plus étudiés. Si l'on veut ensuite s'assurer jusqu'où il le conduisit dans les tableaux d'autel, il faut observer encore à Rome, la Conversion de Saint-Paul aux Capucins ; ouvrage qui, placé vis-à-vis du Saint-Michel de Guido, y est toutefois admiré par les professeurs qui admettent plusieurs genres dans le beau ; principe qu'il me paraît impossible de contester dans tout ce qui se rapporte aux beaux-arts, puisqu'il est reçu dans l'art oratoire, dans la poésie, et dans l'histoire ; arts dans lesquels l'admiration se partage également quoiqu'avec des caractères divers, sur Démosthènes et Isocrate, Sophocle et Euripide, Thucydide et Xénophon.

Les ouvrages de Pietro, à Rome et dans l'état ecclésiastique, ne sont point rares ; on en trouve même dans les autres parties de l'Italie, et ils attachent bien plus, là où il a pu travailler davantage en architecture. Le Saint-Yve que l'on voit à la *Sapience* de Rome, et le Patron de l'église de Saint-Charles aux Catinari, occupé à soulager les pestiférés, sont des tableaux immenses qui doivent effrayer les plus laborieux copistes. L'un des plus vastes est aussi la Prédication de Saint-Jacques, aux Dominicains d'Imola; le tableau de la Vierge, entre Saint-Étienne pape, et plusieurs autres saints, placé à Saint-Augustin de Cortone, est étudié avec soin, et passe pour l'un de ses meilleurs ouvrages. La naissance de la Vierge du palais Quirinal, est certainement l'un de ses plus gracieux; le martyre de Saint-Étienne, à Saint-Ambroise de Rome, est d'une beauté du premier ordre, ainsi que le Daniel dans la fosse aux lions, que l'on voit à Venise dans l'église de ce nom : ce dernier ouvrage, qui surpasse pour la composition la plupart de ceux des rivaux que Pietro eut dans cette école, ne leur est point inférieur pour le coloris. Les galeries des grands personnages de Rome ne manquent point de ses tableaux d'histoire. Dans celle du Capitole est le Combat entre les Romains et les Sabins; ouvrage plein de hardiesse pittoresque; et chez les ducs Mattei, l'Histoire de l'Adultère, représentée en demi-figures plus étudiées et plus finies que ce qu'il faisait d'ordinaire; mais c'est assez nous occuper de lui quant à présent, et l'époque suivante convient davantage aux élèves qu'il forma dans l'école romaine.

Ce fut dans cet espace de temps qu'étudièrent à Rome, *Ottini*, *Bassetti*, *Turchi*, tous trois vénitiens, et desquels nous parlerons d'une manière plus étendue lorsque nous serons parvenus à l'école vénitienne. Le premier retourna promptement dans sa patrie, et n'exposa rien à Rome à la vue du public. Le second laissa

Élèves des Vénitiens. Ottini, Bassetti, Turchi.

dans l'église de l'*Anima*, deux sujets d'histoire à fresque; la Naissance et la Circoncision de J.-C. Le troisième, connu sous le nom d'Orbetto, se fixa dans cette métropole et y mourut; mais je n'ai point connaissance qu'il y ait formé d'autres élèves de quelque mérite, que quelques-uns de ses compatriotes qui retournèrent dans leurs pays. Ce peintre aimable et gracieux qui, surtout dans ses teintes, a des beautés originales, travailla beaucoup moins à Rome que pour Vérone, où doivent l'observer ceux qui veulent l'apprécier d'une manière digne de lui. C'est peut-être par cette raison qu'il ne jouit pas d'une grande estime à Rome pour les tableaux de cabinet, tels que le Sisara du palais Colonna; non plus que pour les tableaux d'église, comme la Fuite d'Égypte qu'il fit pour St-Romuald, et le Saint-Félix, capucin, qu'il peignit à la Conception, où, comme nous l'avons dit, la famille Barberini employa les plus habiles peintres.

Élèves de maitres douteux.

Beaucoup d'autres Italiens dont on ne peut désigner avec précision, ni l'école, ni même la patrie, peignirent à Rome au temps où le style de Carrache y était en vogue: cette ville est assez remplie de peintures pour qu'il soit suffisant d'indiquer en passant les artistes qui n'y laissèrent point de souvenirs imposants. Il est fait mention une fois seulement, dans le Guide de Rome, de *Felice Santelli*, romain, à l'église des Moines Espagnols de la Rançon, carmes déchaussés; et il rivalise avec Baglione. Ce peintre, plein de vérité, a mis son nom à un tableau, dans l'église de Sainte-Rose à Viterbe. On lit dans l'abrégé de Baglione le nom d'*Horace Borgiami*, romain, compétiteur de Celio, et l'on voit de ses tableaux ainsi que de ses

Felice Santelli.

Orazio Borgiami.

portraits, dont on peut vanter le naturel. *Gio. Antonio Spadarino*, romain, dont le nom de famille était Galli, peignit dans Saint-Pierre une Ste-Valérie avec tant de talent, que l'Orlandi reproche aux historiens leur silence à l'égard d'un artiste si habile. Il eut pour compagnon un *Matteo Piccione*, né dans la Marche, et leur manière est signalée par Titi, pour son originalité. *Grappelli*, du nom propre duquel je n'ai pu m'assurer, non plus que de celui de sa patrie, eut aussi fort peu de célébrité; mais la Reconnaissance de Joseph qu'il a peinte dans la maison Mattei, lui donne des droits à l'estime des connaisseurs. Matteo Salvucci, qui eut des succès à Pérouse, vint à Rome, où, quoique bien accueilli par le pape, l'inconstance de son caractère ne lui permit pas de rester long-temps. Pascoli, qui est son compatriote et son historien, ne connaît de lui aucune production authentique. *Domenico Rainaldi*, neveu de l'architecte chevalier Carlo Rainaldi, qui travailla par les ordres d'Alexandre VII, est cité dans le Guide de Rome, ainsi que *Giuseppe Vasconio*, de qui l'Orlandi a aussi fait l'éloge. Le chevalier *Bernardino Gagliardi* est souvent nommé dans les mêmes écrits, et davantage encore dans ceux qui traitent des peintures de Pérouse pendant cette époque, parce que Bernardino s'était établi dans cette dernière ville, où il vécut long-temps, et qu'il préférait à celle de Città di Castello où il était né. Quoiqu'élève d'Avanzino Nucci, il suivit un autre sentier, après avoir vu dans un voyage pittoresque qu'il fit en Italie, tout ce que chaque école offrait de meilleur depuis Rome jusqu'à Turin. Les historiens s'accordent à dire qu'il suivit principalement les Carraches et Guido; mais ce que j'ai vu de lui dans sa première patrie et dans celle qu'il adopta ensuite, me paraît très-varié. L'illustre maison des Oddi à Pérouse, a de sa main, parmi quelques tableaux faibles, une Conversation de jeunes gens, composée de demi-figures, qui renferme de très-grandes beautés. On remarque dans la cathédrale de Castello, un martyre de San Crescenzio, dont il est l'auteur : cet ouvrage, qui est excellent, quant à l'effet, est médiocre dans tout le reste. Il paraît plus étudié, et d'un choix plus heureux dans deux sujets pris de l'histoire du jeune Tobie; tous deux sont dans cette même église et sont mis au nombre de ses meilleures productions. Celle qui l'emporte sur toutes les autres du même peintre, est peut-être le tableau de San Pellegrino avec ses deux pendants placés dans l'église de San Marcello à Rome; je ne rappellerai point ici d'autres peintres provinciaux que j'ai placés séparément dans les écoles de différents maîtres.

Étrangers. Tenter de rassembler dans les limites de cette époque tous les peintres étrangers, serait plus difficile encore que de recueillir ceux de l'Italie. Ce fut vers les commencements de ce siècle que Pierre-Paul Rubens, jeune encore, vint à Rome, et laissa à la Vallicella et à Sainte-Croix de Jérusalem, quelques peintures à l'huile. Peu d'années après, on y vit arriver Antonio Vandyck, dont le dessein était de s'y arrêter long-temps; mais les autres peintres ses compatriotes, qui étaient en grand nombre dans cette métropole, se déclarèrent contre lui parce qu'il refusait de vivre en commun avec eux dans leurs hôtelleries, et de partager des plaisirs moins nobles que ceux qui convenaient à ses goûts; ce qui le détermina à partir promptement. Beaucoup d'autres artistes de la même nation qui exercèrent la peinture de genre, demeurèrent long-temps parmi nous, et il en sera fait mention dans les classes auxquelles ils appartiennent : d'autres, qui travaillèrent pour les temples, ont laissé quelques souvenirs à Rome et dans l'état pontifical. On ne sait pas précisément quel est celui qui représenta à Saint-Pierre de Montorio la célèbre Descente de croix que l'on propose aux étudiants comme un modèle de coloris; quelques-uns le nomment *Angiolo Fiammingo*. *Vincenzio Fiammingo* est l'auteur du tableau de la Pentecôte que l'on voit à la Vallicella : *Luigi Gentile* de Bruxelles, peignit à Saint-Marc le tableau de Saint-Antoine; et travailla en outre dans quelques autres églises de Rome. Il fit aussi aux Capucins de Pesaro, une Nativité et un Saint-Étienne, peintures d'un beau relief, et d'une extrême finesse de pinceau; enfin, il en exécuta d'autres pour Ancône, avec le même goût que l'on admirait encore davantage dans ses tableaux de cabinet. *Dans ses figures de petites proportions*, dit Passeri, qui n'est point prodigue de louanges envers les artistes, *il était fort habile; car, outre qu'il les finissait avec soin, il les faisait agréables et de bon goût*; et il conclut par cet autre éloge, *que dans l'art de faire les portraits, il égalait* et peut-être surpassait tous les autres.

*Diego Velasquez*, principal ornement de la peinture espagnole, vint étudier à Rome, vers l'an 1630, et y demeura pendant un an. Il y revint ensuite sous le pontificat d'Innocent X, dont il fit le portrait, au-

*Angiolo et Vincenzo Fiammingo.*

*Luigi Gentile.*

*Diego Velasquez.*

quel il imprima ce caractère de style, que l'on dit être dérivé de Domenico Greco, que le Titien enseigna étant à la cour d'Espagne. Vélasquez renouvela dans ce portrait les prodiges que l'on raconte de celui de Léon X, peint par Raphaël, et de celui de Paul III, fait par le Titien, c'est-à-dire, que cette peinture faisait illusion au point que l'on croyait voir le pape même. Plusieurs Allemands habiles peignirent aussi à Rome pendant la même période ; comme, *Daniel Saiter*, dont je parlerai en décrivant le Piémont; puis les deux *Scor*, dont l'un fut *Gio. Paolo*, que Taja appelle autrement, *Gian Paolo Tedesco*, en donnant les plus grands éloges à la peinture qu'il fit de l'Arche de Noé dans le palais Quirinal. Egidio, frère du précédent, travailla beaucoup dans la galerie d'Alexandre VII. *Voüet* parut aussi à Rome, comme nous l'avons rapporté, ainsi que les deux *Mignard*, *Nicolas*, artiste d'un grand mérite, et *Pierre*, auquel on donna le surnom de Romain. On trouve de bons tableaux de sa main, à San Carlino et ailleurs. Enfin, on vit briller dans cette ancienne capitale du monde, un peintre qui doit nous arrêter plus long-temps ; ce fut *Nicolas Poussin*, le Raphaël des Français. Bellori, qui a écrit sa vie, l'introduit à Rome, déja peintre, en 1624; et raconte qu'il s'y était formé sur les estampes de Raphaël, plutôt que par les leçons de ses maîtres.

Ce fut là qu'il améliora sa manière, ou plutôt qu'il en acquit une toute différente, de laquelle il est, si j'ose ainsi parler, le législateur. Poussin a enseigné comment doivent se conduire ceux qui vont à Rome pour s'y appliquer à la peinture. Les débris de l'antiquité lui donnaient des leçons qu'il ne pouvait attendre d'aucun maître : il fit l'étude du beau sur les statues grecques, et sur le Méleagre Vatican (reconnu aujourd'hui pour Mercure), puis il établit les règles des proportions; les arcs de triomphe, les colonnes, les vases antiques lui fournirent tous les accessoires qui rendent ses tableaux si précieux pour les savants. Il fixa ses principes de composition sur l'antique peinture des Nôces Aldobrandines, et il acquit, par l'observation des bas-reliefs, le discernement des contrastes, la convenances de attitudes, et cette sobriété de personnages, à laquelle il ne manqua jamais de s'astreindre, disant qu'une demi-figure de plus qu'il ne fallait, suffisait pour gâter un tableau.

Léonard de Vinci, peintre judicieux et recherché, ne pouvait manquer de lui plaire; il orna de figures dessinées par lui-même, et avec son goût habituel, l'ouvrage de Léonard *sur la peinture* (\*). Il le suivit dans ses théories, et l'imita dans sa précision. Il prit le Titien pour modèle, par rapport au coloris; et cette Danse d'enfants, qui était autrefois à la Villa Lodovisi, et qui est aujourd'hui à Madrid, lui enseigna en même temps que le bon goût de ses teintes, l'art difficile de dessiner les enfants, genre dans lequel il est si aimable. On veut qu'il ait promptement négligé de s'appliquer au coloris, et que ses meilleurs tableaux, quant aux teintes, soient les premiers qu'il fit à Rome. Il craignit sans doute que ce genre d'application ne finît par le distraire de la partie philosophique de la peinture, pour laquelle il avait un penchant décidé : et ce fut là qu'il dirigea son attention la plus sérieuse et ses

---

(\*) *Lett. Pitt.*, T. II, page 178.

soins les plus assidus. Raphaël était le modèle qu'il consultait pour donner de l'ame à ses figures, pour exprimer les passions avec vérité, pour saisir le véritable moment de l'action, pour faire comprendre au-delà de ce qu'on voit, pour donner de nouvelles matières de réflexions à ceux qui reviennent une seconde et une troisième fois contempler ces compositions si bien conçues, et si profondes. Il porta encore plus loin que Raphaël, l'art de philosopher avec son pinceau, et se plut à faire des tableaux qui ne contiennent qu'une moralité exprimée par une image poétique. C'est ainsi que dans celui de Versailles, que l'on connaît sous le nom de *Souvenir de la Mort*, il représenta trois pasteurs avec une jeune fille, arrêtés devant la tombe d'un arcadien, sur laquelle on lit cette inscription : *et moi aussi je fus arcadien*.

Il ne suffisait point, pour avoir cette élévation de pensées, d'être doué d'un génie pénétrant, s'il n'y eût ajouté la lecture des bons auteurs, même latins, la conversation des gens de lettres, et les conseils des savants; il eut beaucoup de déférence pour le chevalier Marini, et il pouvait avoir à s'en applaudir dans tout ce qui ne regardait point le style poétique italien. Il s'exerçait avec le Fiammingo dans l'art de modeler, auquel il réussit parfaitement. Il consulta pour la perspective les écrits du P. Zaccolini, et suivit pour l'étude du nu, l'académie du Dominiquin et celle du Sacchi. Il se fortifia dans la science de l'anatomie, et imita, d'après nature, les plus beaux paysages; genre dans lequel en se formant à lui-même un goût exquis, il épura celui de Gaspard Duguet, son beau-frère, dont nous parlerons bientôt. Je ne crois point qu'il y ait d'exagération à dire que si les Carraches améliorèrent l'art de faire les paysages, le Poussin le perfectionna (1). Son génie se prononça moins pour les grandes figures que pour les moyennes. Il les a très-souvent faites d'un palme et demi, comme celles des célèbres *Sacrements* qui étaient dans la maison de Boccapaduli. Quelquefois de deux ou trois palmes, comme dans la *Contagion* de la galerie Colonna et ailleurs. On voit encore à Rome, parmi d'autres de ses peintures, la Mort de Germanicus, dans le palais Barberini; le Triomphe de Flore, au Capitole, puis, dans la galerie pontificale de Monte-Cavallo, le Martyre de St-Erasme, que l'on revoit réduit en mosaïque, à St-Pierre. Quoiqu'il fût établi à Rome, il revint travailler à Paris, où il fut revêtu de la charge de premier peintre de la cour. Enfin, étant encore retourné à Rome au bout de deux ans, ce titre avec le traitement qui y était attaché, lui furent confirmés, et il en jouit, quoiqu'absent, pendant le reste de sa vie. Il passa encore vingt-trois ans dans la ville pontificale, et y termina ses jours. Il n'y a pas fort long-temps que l'on plaça son buste avec une inscription à sa louange, dans l'église de la Rotonde. L'honneur d'avoir eu cette idée, ainsi que le don généreux qui a été fait de ce buste, appartiennent à M. le chevalier d'Agincourt.

(1) Passeri, *Vite de' pittori*, page 363. Il se montra neuf et original dans la manière de faire les paysages; car, dans l'imitation des troncs, dans celle des écorces, dans les interruptions des teintes, et dans d'autres vérités admirablement exprimées, il fut le premier qui eut le discernement de se frayer une route nouvelle; et il exprimait jusque dans les feuilles, les qualités de l'arbre qu'il voulait représenter.

Dans la classe des peintres de portraits, on vit fleurir au commencement du dix-septième siècle, Antiveduto Grammatica, puis Ottavio *Leoni* de Padoue, qui nous a laissé les portraits des peintres gravés sur cuivre. Après sa mort, Baldassare Galanino devint le premier en réputation et en talent. Il n'est pas inutile d'observer que ces artistes furent en même temps inventeurs ; et que les mêmes qui étaient considérés comme les plus grands maîtres dans la composition, furent employés à faire des portraits. Guido fit pour le cardinal Spada l'un des plus beaux portraits que l'on ait vus à Rome.

Nous n'avons parlé jusqu'ici que des peintres de figures ; passons maintenant aux paysages et aux autres genres inférieurs de la peinture, dont on peut dire que le *siècle d'or* fut le siècle du pape Urbain. L'art des paysagistes n'avait jamais fleuri avec tant d'éclat que pendant cette époque. Peu auparavant ce pontificat, on avait vu mourir, à Rome, *Adam Elzheimer*, ou *Adam de Francfort*, ou *l'Allemand* qui, sous le règne de Paul V, avait ouvert une école dans laquelle il avait formé *David Teniers*. Cet Adam fut doué d'une telle force d'imagination, qu'il dessinait exactement le soir les paysages qu'il avait vus le matin : ses petits tableaux, qui sont du goût le plus pur, représentent pour la plupart des scènes de nuit. Ils furent très-recherchés de son temps, et le sont encore aujourd'hui. Ce fut vers la même époque que Battista *Viola* mourut aussi à Rome ; il avait été l'un des premiers qui, guidés par Annibal Carrache, reformèrent l'ancienne sécheresse des Flamands, et introduisirent une manière plus moelleuse de toucher les vues champêtres. *Vincenzio Armanno* avait aussi répandu cet art en donnant à ses paysages un certain naturel qui, sans offrir un choix très-sévère de sites, d'arbres, et d'accessoires, plaît et attire par le seul charme de la vérité, ainsi que par une certaine tranquillité de couleur, mêlée à des accidents de lumière et d'ombre d'un effet assez piquant. Il eut en outre du mérite pour les figures, et une grande richesse d'invention ; mais les trois paysagistes que l'on recherche avec le plus d'empressement pour les galeries des princes, parurent sous le pontificat d'Urbain : ce sont, *Salvator Rosa*, napolitain, et poète satyrique doué d'autant de finesse que de facilité ; Claude Gellée, plus connu sous le nom de Claude Lorain, et *Gaspard Duguet*, appelé autrement Poussin, du nom de famille de Nicolas, qui était son beau-frère, comme je l'ai déja rapporté. La mode, qui trop souvent préside à l'opinion en matière de beaux-arts, a exalté successivement l'un ou l'autre de ces trois artistes, et par conséquent elle a conduit les peintres de Rome à faire des copies et à suivre le style tantôt de l'un, tantôt de l'autre.

Dans les commencements de ce siècle, Gaspard fut le plus applaudi. Élève du *Spagnoletto*, et enfant, pour ainsi dire, de Caravaggio, tant il aima dans les grands sujets d'histoire le naturel et les teintes mélancoliques de ce chef d'école, il sembla de même dans les paysages s'être fait une maxime de les représenter sans choix, ou plutôt de choisir ce qu'il y trouvait de moins riant. Les *forêts sauvages* décrites par Dante, les rochers, les précipices, les cavernes, des champs couverts de débris, sont les scènes qu'il se plaît le plus à présenter aux yeux. Les arbres, ou coupés, ou déracinés, ou difformes, sont ceux qu'il retrace le plus fréquemment; et loin de répandre dans l'espace aucun des effets de l'astre qui vivifie la terre, il est rare qu'il y introduise une certaine vivacité de couleur. Il conserve à proportion un goût semblable dans les marines; et cependant ce style nouveau plaît par sa sévérité même, ainsi que le vin flatte le palais par son âpreté. Il est vrai que les petites figures de bergers, de mariniers, et surtout celles de soldats, dont il a parsemé presque tous ses paysages, contribuèrent au succès de ses tableaux; car ses émules l'avaient déja critiqué en l'accusant de répéter toujours les mêmes idées, et de se copier lui-même continuellement.

On lui accorde plus de mérite dans ces petites figures que dans les grandes, parce qu'il s'y exerça davantage. Il avait coutume, comme nous venons de le dire, de les introduire dans ses paysages, et d'en composer des sujets d'histoire, tels que l'*Attilius Regulus*, regardé comme l'un des tableaux précieux de la galerie Colonna, ou des sujets de fantaisie, tels que les scènes de sorcellerie que l'on trouve au Capitole, et dans beaucoup de collections particulières : dans toutes ses compositions son style n'est jamais choisi, ni toujours correct, mais animé, facile, savant quant à l'emploi des couleurs, et régulier dans l'harmonie. Du reste, il a prouvé plus d'une fois que son talent n'était point limité aux petites proportions. On voit de lui plusieurs tableaux d'autel très-bien conçus, et d'un grand effet, surtout lorsqu'il a quelqu'objet d'horreur à exprimer, comme dans le martyre de plusieurs saints placé à San Giovanni des Florentins à Rome. Le Purgatoire que j'ai vu à *S. Gio. delle Case Rotte*, à Milan, et l'église du Suffragio à Matelica, offrent encore des exemples semblables. Nous avons aussi de sa main des tableaux sur des sujets profanes, exprimés en grandes figures qui sont fort belles; telle est la Conjuration de Catilina, que la famille Martelli possède à Florence. Bottari même l'a citée comme un des meilleurs ouvrages de l'auteur. Rosa, étant parti de Naples à l'âge de vingt ans, s'établit à Rome et y mourut presque sexagenaire. On voit à l'église des Anges son tombeau, ainsi que son portrait avec une inscription à sa louange. On remarque à Rome un autre de ses portraits dans la galerie Chigi, et dont Pascoli semble n'avoir pas bien compris le sujet. Le tableau représente une forêt solitaire, et un poète assis (ses traits sont ceux de Salvator Rosa), ayant un satyre vis-à-vis de lui; idée qui fait allusion à la poésie satyrique dans laquelle il se plut à s'exercer préférablement aux autres genres. Mais l'histoire que nous venons de nommer, en fait une description tout-à-fait différente; c'est, dit il, *Pindare* occupé à chanter ses vers au moment où le dieu *Pan* lui apparaît. *Bartolommeo Torregiani*, son élève, qui mourut jeune, réussit dans les paysages, mais il ne sut point y mêler de figures. *Giovanni Ghisolfi*, milanais, qui s'était appliqué à la perspective, fait reconnaître dans ses figures les principes de Salvatore.

Gaspard Duguet, ou le Poussin, romain, ne ressemble à Rosa que par sa célérité: l'un et l'autre étaient capables de commencer et de finir un paysage dans une seule journée, et même, de l'orner de figures. Du reste, le Poussin cherchait à représenter les plus belles superficies de la terre, et les vues les plus riantes. Les

*Gaspard Duguet.*

peupliers élancés, les élegants platanes, les fontaines limpides, les vastes prairies, les collines aisées à gravir, des maisons de plaisance construites pour échapper aux ardeurs de l'été et faire les délices des grands, tout ce que renferment de plus délicieux les territoires de Tusculum, de Tibur, et de Rome même, où, disait Martial, la nature rassembla tout ce qu'elle avait de beautés éparses en d'autres lieux, cet artiste copia tout. Il composa même des paysages d'idée, de la même manière qu'avait fait le Tasse, lorsqu'en décrivant les jardins d'Armide, il avait accumulé des images de sites qu'il avait vus çà et là dans des lieux divers.

Malgré sa passion principale pour tout ce qui avait de la gentillesse et de la grace, le sentiment d'une multitude de connaisseurs est, qu'il n'y eut point de plus grand peintre parmi les paysagistes. Il avait reçu de la nature une verve, et, pour ainsi dire, un langage à lui, qui exprimait plus qu'il ne disait. Pour en donner un exemple, dans certains paysages, de ses plus beaux, qui sont ceux du palais *Panfili*, on observe quelquefois un sentier dont la disposition est si adroitement ménagée, qu'une partie se découvre à l'œil, tandis que l'on doit chercher le reste par l'imagination. Dans ce qu'exprime Gaspard, tout est vrai. Il est aussi varié dans les feuillages que la nature même ; on l'accuse seulement de n'avoir pas beaucoup varié la touche, en se bornant trop au verd. Il parvint non-seulement à représenter les reflets éclatants de l'aube, du midi, ou du soir ; les teintes d'un ciel orageux ou serein, mais le zéphyr même qui agite doucement les feuilles, et les tourbillons qui déracinent et renversent les plantes. Enfin, il exprime quelquefois avec le plus rare bonheur et les tempêtes et les éclairs et la foudre. Nicolas, qui lui avait enseigné à choisir la belle nature dans le paysage, le dirigea pour les figures et pour les accessoires. Tout en Gaspard respire aussi l'élégance et l'érudition. Les fabriques dont il orne le fond de ses tableaux, ont un caractère qui tient de l'antique. Si la scène se passe dans les campagnes de la Grèce ou de Rome, il y place des arcs de triomphe ou des colonnes tronquées. Si c'est en Égypte, il l'enrichit par des obélisques, des pyramides, des idoles de la nation. Les figures qu'il y mêle, ne sont point d'ordinaire, des pasteurs, et des troupeaux, comme dans les peintures flamandes : ce sont des personnages appartenant à l'histoire ou aux fables de l'antiquité; des chasses à l'épervier, des poètes ceints de lauriers, et d'autres sujets moins communs, et travaillés avec un goût et une perfection tels qu'on les prendrait souvent pour des miniatures. Peu d'élèves sortirent de son école : quelques-uns ne regardent comme son véritable imitateur, que le seul *Crescenzio d'Onofrio*, duquel il reste peu d'ouvrages à Rome, et l'on n'en connaît pas beaucoup plus à Florence, quoiqu'il y ait passé un grand nombre d'années au service de la maison souveraine. On dit qu'il peignit beaucoup pour les maisons de plaisance royales, et l'on conjecture qu'il travailla aussi pour les collections particulières, d'après plusieurs paysages fort beaux que possède M. le chancelier *Scrilli*, avec le portrait de M. Angelo, son aïeul, au bas duquel le peintre a signé son nom, et l'année 1712, époque à laquelle il fit le travail.

Après lui, *Gio. Domenico Ferracuti* de Macerata,

Crescenzio d'Onofrio.

Giovanni

*Domenico Ferracuti.* mérite d'être nommé. Il a laissé dans cette ville, ainsi que dans plusieurs autres villes du Picénum, beaucoup de scènes champêtres, la plupart couvertes de neige; genre de paysage dans lequel il s'est singulièrement distingué.

*Claude Gelée.* Claude Lorain est regardé aujourd'hui comme le meilleur des paysagistes, et ses compositions sont en effet les plus riches et les plus savantes que l'on connaisse. Il faut peu de temps pour parcourir d'une extrémité à l'autre un paysage du Poussin, ou du Rosa, si on le compare avec un de ceux de Claude, quoique dans un espace plus resserré. Il offre aux yeux du spectateur cent variétés d'objets: il le promène dans tant de routes soit sur la terre ou sur l'eau, il lui indique une telle multiplicité d'aliments pour sa curiosité, qu'il l'oblige, comme s'il voyageait en effet, à s'arrêter pour respirer. Enfin, il fait apparaître à ses regards tant de lointains de montagnes, ou de marines, qu'on sent en quelque sorte la fatigue d'arriver à de si grandes distances. Les petits temples, qui donnent tant de relief à la composition, les lacs peuplés d'oiseaux aquatiques, les feuilles variées selon le genre des plantes (1), tout en lui est naturel, tout enchante un amateur, tout instruit un artiste, particulièrement dans les ouvrages qu'il a peints avec le plus de soin, comme les tableaux des palais *Altieri*, *Colonna*, et de plusieurs autres qu'on

(1) Il fit comme étude un paysage avec des vues diverses de *Villa Madama* où il figura une grande variété d'arbres et de feuillages, et il s'en servit ensuite comme d'un modèle pour d'autres tableaux. Il ne voulut pas même le vendre à Clément IX, pontife d'une extrême libéralité, qui lui proposa de couvrir son ouvrage de pistoles d'or.

voit à Rome. Il n'y a point d'effet de lumière qu'il n'ait imité, soit de la réverbération des eaux, soit du ciel même ; les changements successifs du jour ne se trouvent exprimés dans aucun paysagiste mieux que dans Claude Lorain. En un mot, il est bien véritablement ce peintre qui, en figurant les trois règnes de l'air, de la terre et de l'eau, a pu *analyser à fond tout l'univers*. Ses atmosphères ont presque toujours l'empreinte du ciel de Rome, dont l'horizon est, par sa situation, ardent, vaporeux et rougeâtre. Il n'eut point de talent pour les figures ; les siennes sont insipides, et pèchent par trop de longueur. Aussi avait-il coutume de dire aux acquéreurs de ses tableaux qu'il vendait les paysages, et faisait présent des figures. Plus d'une fois, il les fit exécuter par d'autres pinceaux, et principalement par le *Lauri*. Un certain *Angiolo*, qui mourut jeune, fut son élève, et mérite de n'être point oublié, non plus que le *Wandervert*. Enfin, Claudio contribua aussi aux études de ce même *Poussin* dont nous avons parlé il n'y a pas long-temps. {.sidenote: Angiolo. Wandervert.}

Je place auprès des précédents les peintres qui se distinguèrent principalement dans la représentation des marines et des flottes. M. *Henri Corneille Uroom* a été nommé *Henri* d'Espagne, parce qu'il arriva dans Rome venant de Séville, quoiqu'il fût né à Harlem en Hollande. Il avait appris de *Brilli*, et semble s'être appliqué plutôt à imiter l'art de construire les vaisseaux, art qui semblait appartenir à sa nation, que les changements et les grands effets de l'air et de la mer : aucun ne fut plus exact, plus minutieux même, dans l'art de pourvoir les navires de tous les agrès nécessaires pour mettre à la voile. Quelques-uns ont re- {.sidenote: Marines. Henri Uroom.}

cherché ses marines, seulement pour s'instruire des détails relatifs aux vaisseaux et aux moyens de les armer. *Sandrart* raconte qu'il retourna en Espagne, et qu'il y peignit des paysages, des villes, des poissons, des naumachies : il place sa naissance en 1566. Ainsi, le moment où il fleurit, doit être rapporté aux décades les plus voisines de 1600. Guarienti fait un article séparé de *Henri Uroom* d'Harlem, comme si c'était un peintre différent. Il consacre un troisième article à *Henri des Marines* ; il affirme, d'après l'autorité de *Palomino*, que ce peintre était né à Cadix, et qu'étant venu à Rome où il mérita ce surnom, et n'ayant jamais voulu retourner en Espagne, il s'exerça, dans la ville pontificale, à peindre des débarquements et d'autres scènes maritimes jusqu'à l'année 1680, dans laquelle il mourut âgé de soixante ans. J'ai nommé trois écrivains contre la négligence desquels je dois trop souvent prémunir le lecteur dans le cours de cet ouvrage, tant ils sont peu d'accord entre eux, et tant ils demandent d'examen, soit pour être conciliés, soit pour être réfutés.

Ce que j'ai écrit des marines d'Enrico, je l'ai observé moi-même dans plusieurs tableaux de la galerie Colonna, dans le catalogue de laquelle on en compte six, qui me paraissent tous d'un style qui tient de la sécheresse des anciens, et d'un ton généralement un peu rouge, tel qu'on l'observe assez fréquemment dans les paysages de Brilli. Je n'ai jamais vu dans aucune collection, ni d'autre Henri, soit d'Espagne, soit des marines, ni aucun autre enfin, dont le style puisse convenir à un peintre mort en 1680. Il ne se trouve pas indiqué non plus dans les livres de M. Conca, ainsi que

chacun peut s'en convaincre en parcourant les index.
Je ne reconnais donc jusqu'à présent que le Hollandais ; mais je n'en suis pas moins prêt à reconnaître
celui de Cadix, quand j'aurai des preuves certaines de
son existence, à une époque quelconque.

*Agostino Tassi*, de Perouse ( dont le vrai nom de *Agostino Tassi.*
famille était *Buonamici* ) fut un méchant homme,
mais un peintre excellent, que l'on doit ranger parmi
les élèves de *Paolo Brilli*, quoique par vanité il prétendît appartenir à l'école des *Carraches*. Pendant
qu'il occupait une des premières places parmi les paysagistes, il fut condamné, je ne sais pour quel crime,
à être mis aux galères de Livourne en qualité d'exilé,
l'indulgence du prince lui ayant épargné l'opprobre
d'être parmi les rameurs. Il parvint au premier talent
dans l'art de représenter des flottes, des bourrasques, des
pêches et d'autres scènes de mer, et se montra également
spirituel, fécond et original, même dans les figures,
et dans leurs costumes, soit nationaux, soit étrangers.
Il fut aussi très-bon peintre de perspective, et il a
déployé, dans le palais Quirinal du pape et dans celui
des *Lancellotti*, un goût exquis d'ornements, que ses
imitateurs ont, après lui, exagéré jusqu'à l'excès. Il
travailla beaucoup à Gênes, tantôt de concert avec le
*Salimbeni* et le *Gentileschi*, tantôt aidé de l'un de
ses élèves, né à Rome et domicilié à Gênes où il mourut. L'histoire de *Raffaello Soprani*, nomme Jean- *Gio. Battista Primi.*
Baptiste *Primi*, duquel on a fait l'éloge comme d'un
bon peintre de marine.

*Pietro Mulier*, ou de *Mulieribus*, ressembla au *Tassi* *Pietro de Mulieribus.*
par son talent, et se rendit encore plus odieux que lui
par ses crimes. Les bourrasques qu'il retraçait avec une

admirable vérité, lui firent donner le nom de *Tempesta*. Ses tableaux font véritablement frémir, lorsqu'on y voit un ciel couvert d'épaisses ténèbres, ouvrir au-dessus des vaisseaux un nuage formidable, lancer les éclairs et la foudre, allumer des incendies, tandis que la mer, s'élevant avec furie du fond de ses abîmes, les brise les uns contre les autres, ou les engloutit dans ses gouffres profonds. On le trouve plus souvent que le *Tassi* dans les galeries, parce qu'il fit presque toujours des tableaux à l'huile. Il était aidé à Rome, dans ce genre, par un jeune homme qui reçut par cette raison le surnom de *Tempestino*, quoiqu'il s'exerçât plus souvent à faire des paysages dans le genre du Poussin. Le Tempesta se maria même avec une sœur de ce jeune homme, et la fit assassiner ensuite. Il demeura cinq ans en prison à Gênes, et peu s'en fallut que son crime ne fût puni de mort. Les tempêtes qu'il peignit dans sa captivité, sont visiblement produites par une imagination frappée de l'horreur de ce lieu, tourmentée par l'idée d'un supplice mérité, et par les agitations d'une conscience troublée. Ces peintures sont en grand nombre et sont les plus belles qu'il ait faites. Il se distingua aussi dans le genre des animaux. Il en nourrissait un grand nombre dans sa maison pour les faire servir à ses études. Enfin, il ne manque point de mérite dans les paysages. J'en ai découvert dans quelques galeries, où il se montre bon imitateur de *Claude Lorain* dans l'invention : il les ornait, à son exemple, d'une grande variété de collines, de lacs, et de fabriques d'un bon goût; mais il resta au-dessous de son modèle dans l'effet du coloris et dans la finesse du travail. Il le surpassa toutefois dans les figures auxquelles il donna un caractère mêlé des styles flamand et italien : les traits sont pleins, riants et bien variés. J'ai vu des essais de tous ceux de ses talents que je viens de décrire, à Milan, plus que partout ailleurs, parce qu'il y passa les dernières années de sa vie ; puis dans les villes voisines : par exemple, à Bergame et surtout à Plaisance. On lit son épitaphe dans le Guide de Milan (*).

Le *Montagna*, autre hollandais de cette époque, fut aussi du nombre des peintres de marines, lesquelles sont pour ainsi dire les paysages de cette contrée. Il a laissé beaucoup de ses productions en Italie, et surtout à Florence et à Rome, où on le confond quelquefois avec le *Tempesta*, soit dans les galeries, soit dans les ventes ; mais Montagna, selon ce que j'ai pu juger, est plus spacieux dans les airs, plus sombre dans sa manière de reproduire les accidents de l'eau. Un grand tableau du Déluge universel, que l'on voit à Ste-Marie-Majeure de Bergame, où il fut placé en 1668, et dont les figures sont du chevalier *Liberi*, est indiqué comme ouvrage de Montagna, quant aux eaux; mais c'est une erreur. Le Montagna dont nous parlons, appelé par *Félibien* (**) *Montagna de Venise*, mourut incontestablement à Padoue ; et dans un manuscrit d'un auteur contemporain, où il est qualifié d'habile *peintre de marines*, on le dit mort en 1644. Je crois que c'est le même que Malvasia (***) nomme Mons. Rinaldo *della Montagna*, et soutient avoir été fort estimé du *Guide*, pour ses ouragans de mer. Je

<small>Le Montagna.</small>

(*) P. 129.
(**) T. III, page 139.
(***) T. II, page 78.

trouve encore un *Niccolò di Plate Montagna*, vanté par le Felibien aussi comme peintre de marines, et qui mourut vers 1665 ou environ. Dans d'autres temps, j'ai avancé que celui-ci pouvait être le même qui s'était signalé en Italie par un si grand nombre de peintures ; je dois aujourd'hui retracter cette opinion.

Batailles.

Michelangiolo Cerquozzi.

Le *Tempesti* avait introduit l'usage d'orner les paysages par des batailles. Un Flamand du nom de *Jacopo* lui succéda à Rome dans ce genre de tableaux, mais demeura obscur en comparaison du romain *Cerquozzi*, son élève, que son talent fit nommer le *Michel-Ange* des batailles. Il est supérieur au Tempesti pour le coloris ; mais il est au-dessous de lui pour l'art de dessiner les chevaux. Il est aussi moins correct et plus forcé dans les figures humaines ; conforme en cela au style de *Cesari*, son maître. On doit considérer toutefois qu'au temps où le Cerquozzi peignait des soldats, il n'était point dans la vigueur de son talent, et que sa supériorité se montra principalement dans un genre duquel nous parlerons bientôt.

Jacopo Cortese.

Le père *Jacopo Cortèse*, jésuite, surnommé le Borgognone, à cause de son pays natal, et duquel il a été fait mention ailleurs, porta cet art à un point où l'on n'est jamais parvenu, ni avant, ni depuis lui. Le Michel-Ange des batailles découvrit lui-même cette propension de son génie et le détourna de ses autres études de peinture pour le fixer à celle-ci. La bataille de Constantin, exécutée par Jules dans le Vatican, fut l'exemple d'après lequel il s'élança. Il avait autrefois porté les armes, et les images de la guerre ne cessèrent pas de l'occuper au milieu de l'oisiveté de Rome et du cloître. Il donna une telle expression de vérité à ses guerriers, que l'on croirait voir le courage même combattre pour l'honneur et pour une légitime défense. On s'imagine presque entendre, pour me servir des expressions d'un autre écrivain, le bruit des armes, les hennissements des chevaux, les cris des mourants. Il fut presque inimitable dans son genre; et ses élèves eux-mêmes disaient que leurs soldats combattaient en jouant, et ceux du Borgognone en réalité. Il peignait rapidement, ce qui fait que ses batailles ne sont point rares dans les galeries. Il fut rapide dans sa touche, plein d'ame dans sa couleur, et fait plus d'effet de loin que de près par cette raison; ce qu'il dut sans doute au temps qu'il avait passé à Venise en observant Paul, et à Bologne en vivant avec Guido. Quoi qu'il en soit, son coloris est bien différent de celui de *Guiglielmo Baur*, que l'on dit avoir été son maître, et dont on trouve quelques essais à Rome dans la galerie Colonne. On y voit aussi des productions de son école, sorties de la main du *Bruni*, du *Graziano* et du *Giannizzero*, qui ont pris du *Borgognone* la richesse des couleurs, et la manière de peindre pour un point de vue plutôt éloigné. On retrouvera plusieurs autres de ses élèves dans d'autres écoles.

Vers l'an 1626, toujours sous le pontificat d'Urbin, l'on commença de mettre à la mode à Rome, la peinture burlesque, que Ludio avait cultivée dès le temps d'Auguste, et qui ne fut point inconnue à nos anciens peintres; cependant aucun, que je sache, n'avait professé ce genre, ni fait des tableaux dans des proportions aussi réduites que celles qu'introduisit Pietro Laar. La difformité de son corps, et le goût de sa peinture, le firent surnommer le *Bamboccio*, et l'on

<small>Peintures appelées Bambochades.</small>

appela *Bambochades* par analogie, les sujets populaires, tels que ceux où il représentait sur de petites toiles, des vendanges, des joutes, des rixes, et des mascarades : ses figures ordinairement hautes d'un palme, sont si vives, si bien coloriées, si bien accompagnées par le paysage ou par les animaux, que l'on croirait plutôt, dit Passeri, voir d'une fenêtre ouverte, toutes ces scènes diverses, que représentées sur une toile. Il ne manqua pas de peintres sérieux qui, dès cette époque, recherchèrent quelqu'ouvrage de Pietro, pour y étudier la vérité de ses teintes, quoiqu'ils se plaignissent de ce que la peinture s'avilissait par ce genre de bouffonerie (1). Il demeura fort long-temps à Rome. Il retourna ensuite en Hollande où il mourut dans un âge déja avancé, et non pas dans sa jeunesse, comme Passeri semble le supposer.

*Michelangiolo Cerquozzi.* Son emploi et ses travaux à Rome furent bientôt remplacés par le *Cerquozzi*, qui avait déja depuis quelque temps changé son nom de *Michelangiolo* des batailles, en celui de Michelangiolo delle Bambocciate, des Bambochades. Quoique les scènes qu'il retrace soient bouffonnes comme dans le Laar, les sujets et les physionomies sont pour la plupart d'un genre tout opposé. Le premier a figuré des artisans qui paraissent ultramontains. Le second, des personnages qui appartiennent au peuple italien : tous les deux ont une grande douceur de teintes; mais le premier toucha mieux le paysage, le second donna plus d'esprit à ses

---

(1) V. Salvator Rosa, sat. III, page 79 et suiv., où il reprend, non-seulement les peintres, mais aussi les grands qui donnent place dans leurs galeries à des semblables images.

figures. Une de ses compositions les plus riches, est dans le palais Spada où il a représenté une troupe de Lazzeroni qui, dans leur bruyante joie, applaudissent à Maso Aniello.

Le Laar eut encore un habile imitateur, et ce fut *Gio. Miel* d'Anvers, qui, ayant appris de Vandyck à suivre un bon goût de coloris, vint à Rome et fréquenta l'école de Sacchi, qui le congédia bientôt. Le maître aurait voulu que Miel fût un peintre sérieux; mais il était porté vers le genre burlesque; et par goût et par intérêt : ses petits tableaux plaisaient par ces images remplies d'esprit, coloriées et ombrées avec tant d'art, et elles étaient payées fort cher par les curieux. Il se livra ensuite à des plus grandes choses; et outre quelques tableaux d'autel, qu'il laissa dans les églises de Rome, il travailla en grand maître dans le Piémont, où nous le retrouverons encore. *Théodore Hembreker* de Harlem, s'occupa de peintures burlesques, ou du moins de sujets populaires en général, quoique l'on montre de lui, à Rome, quelques images sacrées, dans l'église de la Paix, et quelques paysages dans les galeries. Ayant passé plusieurs années en Italie, dont il parcourut toutes les villes capitales, on le rencontre souvent, non-seulement à Rome où il s'était établi, mais à Florence, à Naples, à Venise, et ailleurs. Il plaît généralement par son style, dont le caractère offre un mélange des manières italienne et flamande.

On s'appliqua aussi beaucoup pendant cette période à faire des tableaux d'animaux. Le *Castiglione* s'y distingua, mais il vécut la plupart du temps sous un ciel étranger : *M. Gio. Rosa* est celui des flamands que l'on connaît le plus à Rome et dans l'état ecclésiastique, par le grand nombre de ses tableaux d'animaux, genre dans lequel il déploya le plus rare talent. On prétend qu'il renouvela les prodiges de *Zeuxis* tant vantés par *Pline*, en représentant des lièvres auxquels des chiens de chasse se méprirent. Il existe, dans la galerie *Bolognetti*, deux de ses tableaux les plus grands et les mieux peints, auxquels est joint un portrait; je ne sais si c'est celui du peintre, ou de quelqu'autre.

M. Rosa de Tivoli ou M. Roos.

On ne doit pas le confondre avec un autre *Monsieur Rosa*, surnommé de Tivoli, qui fut bon peintre d'animaux, mais qui n'eut point autant de célébrité en Italie où il fleurit plus tard. Son véritable nom est *Philippe Pierre Roos*. Il fut élève, à Rome, du *Brandi*, et son gendre en même temps; et il fut son émule en promptitude, ainsi que j'en ai pu juger par le grand nombre de tableaux que j'ai vus à Rome et dans l'état romain; mais ce n'est point d'après ceux-ci que l'on doit mesurer le mérite de cet artiste. Il faut voir les animaux qu'il peignit en y donnant le temps convenable, surtout ceux qu'il fit pour les galeries des souverains. Vienne, Dresde, Munich et d'autres villes capitales de l'Allemagne en possèdent, ainsi que Londres, un assez grand nombre que l'on regarde comme précieux dans leur genre (1).

(1) Il fut l'aïeul de M. *Joseph Rosa*, directeur de la galerie impériale de Vienne, qui nous a donné le catalogue de ses peintures italiennes et flamandes. Nous espérons avoir de même celui de ses peintures allemandes. On a depuis 1789 le portrait de cet habile artiste, gravé en cuivre; on y lit le nom de toutes les académies auxquelles il est associé, et qui sont les premières

## QUATRIÈME ÉPOQUE. 253

Après que le Caravage eut donné à la peinture les meilleurs modèles dans le genre des fleurs, le chevalier Tommaso *Salini*, peintre romain qui ne fut point dépourvu de mérite dans le genre de la figure (comme on peut le reconnaître dans un St-Nicolas, qu'il a laissé à l'église de St-Augustin), fut le premier qui imagina de figurer des vases de fleurs en les ornant, par une heureuse symétrie, de feuilles correspondantes, et d'embellissements de fantaisie. D'autres peintres encore s'appliquèrent à ce genre; et celui qui s'y distingua le plus, fut *Mario Nuzzi della Penna*, surnommé Mario *des Fleurs*. Tous les possesseurs de galeries voulurent avoir de ses ouvrages, qui se vendaient à un prix très-élevé même pendant sa vie. Mais très-peu d'années après, ils perdirent leur première fraîcheur, et le peu de solidité de leur coloris leur fit même prendre quelque chose de sombre et de terne, qui en diminua beaucoup la valeur. Il en arriva autant aux fleurs de *Laura Bernasconi*, qui l'imita mieux que tous les autres, et dont il reste encore des ouvrages dans les galeries.

Orsini a trouvé à Ascoli des petits tableaux de fleurs d'une autre femme, qui se distingua par ses talents, et dont l'académie de St-Luc a consacré la mémoire par un monument en marbre dans son église; honneur qui lui fut rendu moins à cause de ses talents en peinture, que parce qu'elle avait légué en héritage à cette académie, tous ses biens qui étaient considé-

*Fleurs.*

*Tommaso Salini.*

*Laura Bernasconi.*

*Giovanna Garzoni.*

de l'Europe. On lit aussi son nom parmi les professeurs dont M. *Mariette* acheta les dessins, et l'on en fait mention en outre dans le *Lessico universale delle belle arti*, publié à Zurich, en 1763.

rables. Son épitaphe la désigne seulement comme peintre en miniature, et c'est dans le même sens, que l'Orlandi a parlé d'elle. Il ajoute qu'elle habita fort long-temps Florence, où elle a dû laisser beaucoup de petits portraits en miniature, faits par elle d'après les princes de la maison de Médicis, et des grands de cette cour et de cette époque, c'est-à-dire, vers 1630. Elle se fit aussi connaître dans d'autres villes capitales de l'Italie, et mourut à Rome, en 1673, dans un âge voisin de la décrépitude.

<small>Fruits. Michelangiolo del Campidoglio.</small> Un Romain, que l'on appelait *Michel-Ange* du Capitole, fut le premier en célébrité dans l'art de représenter toutes espèces de fruits. Le grand nombre des années qui se sont écoulées depuis, l'a presque fait tomber dans l'oubli. Mais ses ouvrages ne sont point rares dans les galeries, même hors de Rome. La famille de Fossombroni, qui appartient à la noblesse d'Arezzo, possède l'un des plus beaux tableaux que j'aie vus de la main de ce peintre : on connaît davantage Pietro Paolo Bonzi, appelé par Baglione, le bossu de Cortone, parce qu'il était originaire de cette <small>Il Gobbo de' Caracci.</small> ville; par d'autres, le bossu des Carraches, parce qu'il servit de valet dans leur école; enfin, par le peuple, le bossu aux fruits, à cause du naturel avec lequel il les imita. Il fut très-faible dans l'exécution des figures, comme on peut le voir par le St-Thomas qu'il a peint dans la Rotonde, et ne s'élève pas au-dessus de la médiocrité dans le paysage; mais il peignit les fruits d'une manière admirable, soit qu'il en formât des festons comme il l'a fait sur un plafond du palais Mattei, soit qu'il en composât des assiettes ou des corbeilles, comme dans beaucoup de tableaux de chevalet, que

## QUATRIÈME ÉPOQUE. 255

j'ai vus de sa main, principalement à Cortone, dans la maison de Velutti, puis à Pesaro, dans la galerie Olivieri et ailleurs. Les marquis Venuti, à Cortone, ont le portrait de ce peintre, fait par un des Carraches, ou par quelqu'un de ceux de leur école; car, on sait que les portraits en caricatures, furent un des exercices favoris de cette académie.

Ce fut encore pendant cette belle époque que l'art de la perspective parvint au plus haut point, jusqu'à tromper les yeux du spectateur. Elle avait fait de grands progrès dès les commencements du XVII<sup>e</sup> siècle, graces au *P. Zaccolini de Césène*, théatin, pour la gloire duquel il suffit de dire que le Dominiquin et le Poussin l'apprirent de lui. San Silvestro de Montecavallo possède les plus beaux monuments de son talent dans l'art de faire illusion par des colonnes, des corniches et des consoles figurées. Ses traités originaux sur son art sont demeurés dans la bibliothèque *Barberina*. *Gianfrancesco Niceron* des PP. Minimes, répandit de nouvelles clartés sur cette matière dans le livre intitulé : *Thaumaturgus opticus*, 1643; et il a peint dans un corridor de son couvent, à la Trinité des Monts, quelques paysages qui, regardés d'un autre point de vue, paraissent être des figures. Mais l'Académie de Rome vit fleurir *Viviano Cadagora* qui contribua plus qu'aucun autre à l'embellissement des galeries dans ce genre de peinture. Il figura les ruines de l'ancienne Rome, et fit d'autres tableaux de perspective de pure invention. Le *Cerquozzi*, le *Miel* et d'autres peintres de Rome, lui en faisaient les figures. Mais celui qui les exécuta le plus à son gré, fut le *Gargiuoli* de Naples, que nous retrouverons dans cette école. Viviano est,

*Perspective.*

*P. Matteo Zaccolini.*

*P. Gianfrancesco Niceron.*

*Viviano Cadagora.*

pour ainsi dire, le *Vitruve* de cette classe de peintres. Il fut exact dans la perspective linéaire, et observateur du goût antique. Il donna aussi à ses marbres la couleur qu'ils prennent par l'effet d'une longue suite d'années : couleur qu'il accompagna d'un ton général de vigueur qui en complète l'harmonie.

Mais le mérite de ses tableaux est souvent diminué par un trop grand abus du noir, qui leur donne de la dureté. Ce défaut les fait remarquer au milieu de tous les autres, et à mesure que les années s'accumulent, ils deviennent ténébreux, et, pour ainsi dire, inutiles. Son véritable nom est ignoré de la plupart des amateurs, qui l'appellent généralement le Viviani, et paraissent le confondre avec un Ottavio Viviano, dont les nomenclatures alphabétiques font mention. Celui-ci s'appliqua aussi à la perspective mais dans un autre genre et en suivant un autre style, comme nous le verrons plus tard.

Ottavio Viviani.

## CINQUIÈME ÉPOQUE.

Les successeurs de Cortona, par une imitation imparfaite de *Pietro*, nuisent à la peinture. — Le Maratta et quelques autres la soutiennent.

Commencements de la décadence de l'art.

Les beaux-arts ainsi que les lettres ne se soutiennent jamais dans un état permanent. Quiconque parvient à la vieillesse, ne les laisse jamais en mourant tels qu'il les avait trouvés à sa naissance. Une multitude de causes concourent à ces changements. Les calamités publiques, telles que celles que j'ai indiquées après le temps de Raphaël, l'instabilité de l'esprit humain, qui applaudit toujours à la nouveauté dans les arts, comme dans les modes; l'autorité des artistes, le goût des grands, qui, en choisissant, ou en permettant que l'on choisisse pour les travaux qu'ils ordonnent, tel artiste de préférence à tel autre, indiquent tacitement quel est le sentier qu'il faut suivre pour parvenir à la fortune. Toutes ces combinaisons jointes à d'autres encore firent commencer à Rome le déclin de la peinture vers la fin du dix-septième siècle, quoique d'ailleurs les belles-lettres commençassent à revivre; ce qui prouve clairement qu'elles ne marchent pas toujours d'un pas égal avec les beaux-arts. Rien ne contribua davantage à la décadence rapide de ceux-ci, que les tristes événements qui, vers la moitié de ce siècle, troublèrent l'Église et l'État Romain. Les discordes des princes, la fuite des *Barberini*, d'autres circonstances désastreuses, qui se succédèrent sous le pontificat d'Innocent X, et, plus que toutes les autres, l'effroyable peste de 1655, furent, selon le rapport de *Passeri* (\*), autant d'obstacles qui empêchèrent les grands d'ordonner des travaux. Mais ce qui n'y eut pas moins de part, ce furent les passions des hommes, qui, dans toutes les révolutions imaginables, sont les ressorts les plus actifs, les plus puissants, et qui souvent, dans le meilleur état de choses, jettent les semences du désordre et des plus grandes calamités.

Le chevalier Bernini, grand architecte, mais sculpteur beaucoup moins habile, avait été, sous Urbain VIII, sous Innocent X, et depuis ce pontife jusqu'à l'année 1680, dans laquelle il mourut, l'arbitre presque unique

---

(\*) P. 321.

des travaux publics de Rome. Ennemi de Sacchi, et protecteur de Cortona, il favorisait son ami plutôt que le rival de celui-ci, et il était facile de le faire ; car, autant le Cortona était prompt et laborieux, autant Sacchi était lent et irrésolu ; défauts qui eloignèrent de lui jusqu'à ses mécènes. Plus tard, Bernino s'étant mis à favoriser Romanelli aux dépens de Pietro, et à frayer au premier, ainsi qu'à Baciccio et à d'autres, le chemin de la peinture, il fit ressentir à celle-ci l'influence de son propre style, lequel, quoiqu'il ne soit point sans mérite, tient du genre maniéré, surtout dans les plis des draperies. Ayant ainsi r'ouvert un champ libre au caprice, les sentiments vrais commencèrent à s'altérer et les expressions factices à les remplacer ; et il ne fallut qu'un très-petit nombre d'années pour que les principes les plus erronés prissent racine dans les ateliers des artistes, et surtout dans ceux qu'avait produits l'école de Cortona. Quelques-uns allèrent jusqu'à blâmer l'imitation de Raphaël, comme l'affirme Bellori dans la vie de Carlo Maratta (*), et d'autres à mettre en dérision, comme une chose inutile, l'étude de la nature, et à préférer l'imitation servile des figures de tel ou tel maître. On voit l'effet de ces étranges idées dans les tableaux d'une certaine époque.

Les têtes, quoique de plusieurs maîtres différents, ont, comme celle de Pietro, des traits d'une grandeur remarquable, les bouches et les nez surtout ; et les physionomies sont telles, qu'elles semblent appartenir à une seule famille, tant elles ont de conformité : défaut de Pietro, que M. Bottari signale comme l'unique,

(*) P. 102.

mais qui ne fut point unique chez les imitateurs de Cortone. Tous ne tendaient qu'à diminuer la fatigue de l'étude, et à augmenter la facilité, au mépris de la correction du dessin, dont on s'efforçait de déguiser les irrégularités dans les contours, par des transitions de teintes plutôt entassées que distribuées. On n'exigera pas sans doute, que je m'engage dans tous les détails, en parlant de faits encore si peu éloignés de nous. Quiconque n'a point la vue offusquée par les préjugés, peut en juger de soi-même; je reviens à ce qu'était la peinture des Romains, il y a environ cent vingt ans.

Après la mort de Sacchi, arrivée en 1661, et suivie de celle du Berettini en 1672, les meilleurs peintres de l'école des Carraches, ayant aussi disparu, les écoles les plus accréditées s'étaient réduites à deux : celle du Cortona était soutenue par Ciro ; celle de Sacchi, par le Maratta. La première visait à étendre les idées, mais favorisait la négligence; la seconde réprimait la négligence, mais rétrécissait les idées : chacune d'elles empruntait quelque chose de l'autre, et malheureusement ne choisissait pas le meilleur. L'affectation des contrastes plut à quelques-uns des prosélytes de Maratta, et les draperies du Maratta séduisirent quelques-uns de ceux de l'école du Ciro (1). L'école

*État de l'école vers l'an 1670.*

(1) Quant aux draperies, Winkelmann conjecture (*Storia delle arti del disegno*, T. I, page 450), que dans ce temps il régnait à Rome parmi les artistes l'opinion erronée, *que les anciens ne savaient pas bien vêtir leurs figures, et qu'ils étaient surpassés en cela par les modernes.* Cette opinion subsiste encore chez quelques statuaires qui désapprouvent surtout l'ancienne méthode de mouiller les étoffes pour qu'elles s'adaptent mieux sur le nu. L'antiquité, disent-ils, doit être respectée,

de Cortona prévalut dans les fresques et s'étendit davantage ; l'autre école l'emporta pour la peinture à l'huile, et fut plus restreinte. Elles luttèrent ensemble, chacune soutenue par son parti, et employée indifféremment par les pontifes, jusqu'à la mort de Ciro, c'est-à-dire, jusqu'en 1689. Dès ce moment le Maratta commença à donner la loi dans cet art, et il parvint, sous Clément XI, dont il avait été le maître de dessin, à diriger les travaux immenses que le pape ordonna dans Rome et dans Urbin. Quoiqu'il eût des compétiteurs habiles, ainsi que nous le verrons, il se soutint néanmoins, et prévalut toujours, et lorsqu'il eut cessé de vivre, son école continua de figurer jusqu'au pontificat de Benoît XIV. Enfin, elle vit naître les styles nouveaux de *Subleyras*, de *Batoni* et de *Mengs*. Telles furent en général ces deux écoles : observons en détail les peintres qui les suivirent.

<small>École du Cortona. Le Dandini, le Castellucci, le Palladino de Cortona.</small>

Outre les élèves que Pietro donne à la Toscane, tels que *Dandini* de Florence, *Castellucci* d'Arezzo, le *Palladino* de Cortona, sans parler de ceux qu'il forma pour diverses écoles, où nous les verrons maîtres à leur tour, il en forma pour l'État Romain d'autres dont il est temps de parler. Le nombre de ses élèves s'étend à un point qui passe toute croyance, et la nomenclature en avait été faite par M. le chanoine Luzj, patricien de Cortone, qui préparait une vie du *Berettini*, avec plus de soin qu'on ne l'avait fait à l'égard d'aucun autre; mais il mourut sans la publier. Pietro enseigna jusqu'à la fin de sa vie ; et le tableau de St-Yve, qu'il laissa

mais non pas idolâtrée. Perfectionner la nature, fut toujours permis ; la rendre maniérée, ne le sera jamais.

imparfait, fut terminé par *Gio. Ventura Borghesi* de Città di Castello. On voit de ce dernier, à St-Nicolas, deux tableaux, l'un représentant la Nativité, l'autre l'Assomption de la Vierge; et je ne crois pas qu'il y ait, dans aucun des monuments publics de Rome, d'autres ouvrages du même auteur : mais sa patrie en possède un grand nombre, et l'on range parmi les plus estimés, quatre tableaux ronds, ayant pour sujets des Actes de la vie de Ste-Catherine, vierge et martyre, dans l'église du même nom. Il a laissé beaucoup de ses peintures à Prague, et dans d'autres villes de l'Allemagne. Il suit assez fidèlement le dessin de *Pierre*, mais il n'a point autant de vigueur dans les teintes.

*Pio. Ventura Porghesi.*

*Carlo Sesi* de Rieti, ou plutôt d'Antrodoco, à quelque distance de cette ville, fut encore un élève digne de son maître. Il vécut à Rome, et laissa dans la galerie Quirinale, où travaillèrent les meilleurs peintres du temps, sous Alexandre VII, un tableau dont le sujet était le Jugement de Salomon : il peignit beaucoup en outre, dans divers lieux, et pour plusieurs cardinaux dont il était protégé. Il fut très-soigneux dans son travail, et combattit de la voix et de l'exemple, l'extrême négligence et les innovations pernicieuses introduites de son temps. Pascoli a rapporté quelques-unes des maximes dont il faisait sa règle; et celle entre autres, que le beau ne doit point être entassé dans les tableaux, mais y être distribué avec discernement, sans quoi ils ressemblent à certaines compositions littéraires, où les pointes d'esprit et les formes sentencieuses étant trop multipliées, elles finissent par fatiguer. *Francesco Bonifazio* de Viterbe,

*Charles Sesi.*

*Francesco*

mérite, par plusieurs de ses tableaux, que l'Orlandi a vus dans cette ville, d'être vanté parmi les émules les plus recommandables du style de Pietro. *Michelangiolo Ricciolini*, romain de naissance, quoiqu'il passât pour être de Todi, dont on lui donna le surnom, a son portrait dans la galerie de Médicis, où l'on voit aussi celui de *Niccolò Ricciolini*, dont l'Orlandi n'a point parlé. Tous les deux ornèrent les églises de Rome; le second eut plus que le premier, la réputation de bon dessinateur, et il rivalisa avec le chevalier Franceschini, dans les cartons faits pour quelques mosaïques du temple Vatican. *Paolo Gismondi*, appelé aussi Paolo Perugino, eut des succès comme peintre de fresques, et il reste de ses ouvrages à Sainte-Agathe sur la place Neuve, puis à Ste-Agnès, sur la place Navone. *Pietro Paolo Baldini*, dont j'ignore la patrie, fut, selon Titi, de l'école de Cortona. On compte de lui, dans les églises de Rome, environ dix tableaux; et dans quelques-uns particulièrement, comme dans le Crucifix de Saint-Eustache, on admire une précision qui annonce une toute autre école.

*Bartolommeo Palombo* n'a, dans la métropole, que deux tableaux, et dans celui de Santa Maria Maddalena de' Pazzi, qu'il plaça à Saint-Martin aux Monts, il peut marcher de pair avec ses meilleurs condisciples, tant est parfait l'empâtement de ce tableau, tant les figures en sont choisies et délicates. *Pietro Lucatelli*, Romain, se distingua dans les sujets d'histoire. Il est nommé dans le catalogue de la galerie Colonna, comme disciple de Ciro, et dans Titi, comme écolier du Cortona. Il est différent d'Andrea Lucatelli dont nous parlerons bientôt. *Gio Battista Lenardi*, que dans la précédente

CINQUIÈME ÉPOQUE. 263

édition j'ai ajouté, quoique d'une manière douteuse, au nombre des élèves de Pietro, ne me semble pas à présent devoir y être placé, quoiqu'il ait reçu aussi des leçons des Baldi. Il peignit, dans la chapelle de la Beata Rita, à Saint-Augustin, les deux tableaux latéraux, ainsi que la voûte. Il remplit encore d'autres églises de ses ouvrages, et principalement celle de' Buonfratelli à Trastevere, où il fit le tableau de Saint-Jean Calibita. Celui du maître-autel lui a été attribué, à cause probablement de la conformité du style; mais il est d'Andrea Genori, surnommé le Sabinais. Je ne sais si ce dernier fut formé par Pietro ou par ses élèves.

Lenardi.

Tous ceux qui précèdent sont les moins renommés de cette école : ses trois peintres les plus habiles et qui sont recherchés, même pour les galeries des souverains, sont, le Cortèse et les deux plus anciens de l'académie de Pietro, Romanelli et Ferri. Je ne suis point éloigné de croire que, s'étant préparé des rivaux dans quelques-uns de ses premiers élèves, il n'enseigna plus avec le même zèle ceux qui leur succédèrent : tant sont en petit nombre ces ames véritablement grandes, dans lesquelles le désir de servir la société soit plus puissant que la crainte d'élever un ingrat ou un rival!

*Guiglielmo Cortese*, frère du *P. Giacomo* et surnommé comme lui le *Borgognone*, fut un des meilleurs peintres de cette époque, et l'écolier plutôt que l'imitateur de *Pietro*. Il avait une haute estime pour Maratta auquel il se conforma dans le choix et dans la variété des têtes, ainsi que pour la sagesse de la composition, plutôt que pour l'arrangement des draperies, ou pour le coloris. Il donna au sien un éclat,

Guiglielmo Cortese.

qui tient des tableaux flamands : son frère, dont il fut l'aide, eut aussi de l'influence sur son style, aussi bien que l'étude des peintures du Carrache. Il parut quelquefois imiter le Guerchin dans la force du relief, et dans ses fonds azurés. Le Crucifiement de saint André, dans l'église de ce nom, à Monte Cavallo, la Bataille de Josué au palais Quirinal, une Madone entourée de plusieurs saints à la Trinité des Pélerins, sont autant de ses tableaux qui méritent d'être vus. On y trouve un heureux assemblage de plusieurs styles, et l'on ne devinerait jamais à quelle école ils appartiennent si l'histoire ne l'indiquait point.

*Francesco Romanelli.* *Francesco Romanelli* était de Viterbe, ainsi que *Testa*, et demeura, ainsi que lui, pendant quelque temps avec le Dominiquin. Étant passé à l'école de Pietro il imita sa manière avec beaucoup de bonheur, au point même, que Pietro étant allé voyager dans la Lombardie, il le laissa avec *Bottalla* ( Baldinucci écrit Bortelli ), pour peindre à sa place dans le palais Barberini. On prétend que ces deux jeunes gens, enorgueillis de leur talent, cherchèrent, en l'absence de leur maître, à se faire substituer à lui dans ce travail, et que cette bassesse les fit congédier. Ce fut alors que Romanelli, aidé des Bernini, changea sa manière, et se forma peu à peu un caractère plus gracieux dans les formes, et pour ainsi dire plus séduisant, quoique moins grand et moins savant que celui de Pietro. Il eut des proportions plus élégantes, des teintes moins ternes, un goût de draperies plus délicat. Sa Descente de croix à St-Ambroise, que l'on a vantée comme un prodige, excita Pietro à y peindre pour vis-à-vis ce St-Étienne si admirable que Bernino lui-même fut obligé de dire, dès le premier coup-d'œil, que l'on reconnaissait d'abord qui était l'élève et qui était le maître. Romanelli, protégé par le cardinal Barberini qui s'était réfugié à Paris, alla en France deux fois, et y prit assez de cet esprit dont la nation est remplie, pour animer ses figures mieux qu'il ne l'avait fait auparavant.

Tel est du moins le jugement de Pascoli. Francesco y peignit d'abord dans un portique, pour le cardinal *Mazarin*, quelques-unes des métamorphoses d'Ovide : puis, pour le roi, dans diverses salles, les fables de l'Énéide ; et au moment où il se préparait à y retourner avec toute sa famille, il fut surpris par la mort à Viterbe. Il y laissa, sur le maître-autel de la cathédrale, le tableau de St-Laurent ; puis à Rome et dans d'autres villes de l'Italie, on retrouve une grande quantité de peintures de Romanelli, soit dans les édifices publics, soit dans les collections particulières, quoiqu'il n'ait vécu que jusqu'à l'âge de quarante-cinq ans environ. Il eut la gloire de peindre dans le temple du Vatican : la Présentation qu'il y exécuta est aujourd'hui à l'église de la Chartreuse, et la mosaïque est à St-Pierre. Il ne fit point d'élèves dans son école qui fussent capables de succéder à son talent et à sa réputation : son fils *Urbain* même, fut instruit dans son art par Ciro, après la mort de son père. Il se fit connaître à Velletri et à Viterbe par des travaux qu'il fit dans les cathédrales de ces deux villes. Ceux de Viterbe sont des sujets tirés de la vie de St-Laurent, patron de cette église, et ils annoncent l'habileté de ce peintre qui, étant malheureusement mort jeune, ne put parvenir à la maturité de son talent.

Urbain Romanelli.

Ciro Ferri.

*Ciro Ferri*, romain, fut de tous les élèves du Cortona, celui qui s'attacha le plus à lui, et par son affection et par l'imitation constante de son style. Un grand nombre d'ouvrages, commencés par Pietro, lui furent même donnés à finir à Florence et à Rome. Il existe quelques-unes de ses peintures telles que les connaisseurs hésitent pour prononcer auquel des deux ils doivent les attribuer. Il montre généralement moins de grace de dessin, moins d'étendue de génie, et fuit plutôt ces amples draperies que son maître aimait. Il fit peu de chose de sa propre invention à Rome, en proportion de la durée de sa vie, parcequ'il aida beaucoup le Cortona : il a fait le St-Ambroise, de l'église du même nom, que nous avons déjà citée, et c'est une pierre de touche pour quiconque voudrait le comparer avec le meilleur de ses condisciples et avec son maître même. On a déjà noté ailleurs ce qu'il peignit dans le palais Pitti; et l'on ne doit point passer sous silence ici une autre partie de ses ouvrages très-considérable à Ste-Marie Majeure de Bergame. Ce sont divers sujets de l'Écriture sainte peints à fresque. Il en parle lui-même dans quelques lettres insérées parmi les *Pittoriche*. On y apprend aussi qu'il fut critiqué pour son coloris, et qu'il avait formé le dessein d'aller à Venise pour le corriger. Il ne laissa à Rome

École de Ciro.
Le Corbellini.

aucun élève d'une grande réputation. Ce *Corbellini*, qui termina la coupole de Ste-Agnès, dernière production du talent de Ciro, et depuis *gravée en cuivre*, n'aurait point été nommé par Titi ni par le Pascoli, si ces deux écrivains n'avaient point eu à déplorer

(*) T. I; page 38.

qu'un si bel ouvrage ait été gâté par celui qui en avait entrepris la continuation.

Mais pour soutenir le nom de Ciro et le crédit de son école, il survint une autre branche, pour ainsi dire, de la même famille, transplantée de Florence à Rome. Nous avons dit dans le premier livre que pendant qu'il était à Florence il y forma, pour la peinture, le *Gabbiani*, et que *Benedetto Luti* fut instruit par ce dernier. Ciro était à peine mort que Luti arriva à Rome; et ne pouvant suivre son école, ainsi qu'il avait eu dessein de le faire en s'éloignant de sa patrie; il étudia d'après ses peintures et d'après celles des grands maîtres, comme je l'ai rapporté ailleurs. Il se forma un style qui a de l'originalité, et il vécut à Rome avec la réputation d'un habile maître au temps de Clément XI, qui le distingua en le chargeant de plusieurs travaux, et le décora de la croix. Ce fut au préjudice de l'art qu'il s'attacha beaucoup aux ouvrages en pastel; et il en fit une si grande quantité qu'ils devinrent communs en Europe. Il était né pour de plus grandes choses. Il peignit à fresque, et avec plus de succès encore à l'huile. Son St-Antoine de l'église des Saints-Apôtres, et la Madelaine, aux sœurs de Magnanapoli, peinture que l'on a gravée, sont particulièrement estimés dans le nombre de ses ouvrages. On peut placer au même niveau deux autres de ses tableaux de la cathédrale de Plaisance, lesquels ne lui feraient pas moins d'honneur s'ils étaient gravés. L'un est le St-Corradin pénitent, l'autre est le St-Alexis reconnu après sa mort, et dans lequel, parmi beaucoup d'autres beautés, le pathétique de l'expression domine. Quant à ses peintures profanes, on doit considérer surtout

*Benedetto Luti.*

sa Psyché de la galerie Capitolini, où tout respire l'élégance et la finesse du goût. En observant l'école de Gabbiani nous avons parlé et de Luti et du petit nombre d'ouvrages qu'il a laissés dans la Toscane. Nous ferons mention ici de quelques-uns de ses élèves qui demeurèrent à Rome, et nous en nommerons d'autres dans diverses écoles.

*Placido Costanzi* est souvent indiqué dans les galeries des Romains pour les figures gracieuses qu'il fit aux paysages de l'Orizzonte, et il n'a pas moins bien réussi aux tableaux d'autel, où la délicatesse domina toujours dans sa manière. Le tableau de San Camillo, qu'il a fait à l'église de la Madelaine, offre des anges d'une si grande beauté, qu'on voit qu'il aspirait à imiter le Dominiquin. Il se distingua en outre dans les ouvrages à fresque, ainsi qu'on peut le voir à Ste-Marie du Champ de Mars, où la voûte de la tribune principale est l'ouvrage de Costanzi.

*Pietro Bianchi* se conforma au *Luti* mieux que tous les autres dans ce caractère gracieux, et il le surpasse dans les compositions à grande machine, auxquelles il s'était exercé sous les yeux de Baciccio, autre maître, dont il reçut aussi les leçons. La mort qui l'enleva au printemps de son âge, et le soin avec lequel il travaillait sans pouvoir presque jamais être content de lui, ne lui permirent de laisser qu'un très-petit nombre d'ouvrages; les galeries et les églises de Rome en possèdent fort peu. On voit à Gubbio une Ste-Claire, à laquelle apparaît un ange. Ce tableau produit le plus grand effet par la lumière qu'il y a répandue; l'ébauche en a été achetée à grand prix pour le roi de Sardaigne. Bianchi peignit en outre un tableau pour la basilique de St-Pierre, lequel fut réduit en mosaïque pour l'autel du chœur; l'original est à la Chartreuse, mais le chevalier Mancini eut beaucoup de part à ce dernier ouvrage, que Bianchi n'avait presque fait qu'ébaucher.

*Francesco Michelangeli*, dit l'Aquilano, est connu par une lettre qu'écrivait le Luti même(\*), et l'auteur des notes, déclare qu'il mourut jeune, et que son maître l'employa plus d'une fois à copier ses ouvrages les plus importants. Cette particularité n'est point inutile pour savoir d'où viennent quelques belles copies du Luti, que l'on retrouve en plusieurs lieux.

Francesco Michelangeli.

Enfin, il sortit de cette école un peintre médiocre, auquel on a cependant attribué de très-belles peintures: de ce nombre sont, les deux tableaux de Ste-Marguerite, dans Aracœli; puis, à San Gallicano, l'image du saint Titulaire, et enfin, à l'Enfant-Jésus, un autre tableau ayant pour sujet la Nativité. Son nom fut *Filippo Evangelisti*; c'était un valet de chambre du cardinal Corradini, dont l'autorité lui fit obtenir un grand nombre de commissions. Incapable de les bien exécuter (si l'on en croit une des lettres *Pittoriche*), il prit pour aide le *Bénéfial*, dont nous aurons bientôt occasion de parler. Le Bénéfial peignait comme son égal, et presque sans emprunter son secours; le payement était partagé par moitié, mais la gloire en était toute au principal, c'est-à-dire, à Filippo, qui était le plus connu; et même s'il venait à paraître au jour quelqu'ouvrage sous le nom de son auxiliaire, il était plutôt critiqué qu'applaudi. Ce dernier fatigué de se déguiser, et de jouer un rôle qui ne lui faisait point

Filippo Evangelisti.

(\*) *Lett. pitt.*, T. VI, page 278.

honneur, laissa son compagnon travailler de lui-même. Ce fut alors que l'Evangelisti, ayant peint seul le tableau de St-Grégoire, à l'église des saints Pierre et Marcellin, comparut sous ses véritables traits, et que Rome reconnut que le Bénéfial, en le secondant, avait suppléé non au temps, mais au talent qui lui manquait.

<small>École du Sacchi. Francesco Lauri.</small>
L'école du Sacchi eut la gloire de produire un des premiers génies du siècle, dans *Francesco Lauri*, romain, dans lequel son maître se flattait de former un autre Raphaël. Le jeune homme lui-même pour justifier les belles espérances que le public en avait conçues, voulut, avant d'ouvrir une école à Rome, voyager dans toute l'Italie; de là il passa en Allemagne, en Hollande, en Flandres, et s'arrêta une année entière à Paris. C'est ainsi qu'il ajouta une multitude immense de connaissances à celles qu'il avait déja acquises dans sa patrie. La mort l'enleva dans le moment le plus brillant de sa jeunesse. Il laissa toutefois dans la salle de Crescenzi, trois figures de déesses peintes à fresque sur la voûte; mais il ne reste de lui aucune autre production remarquable, que je sache.

<small>Filippo Lauri.</small>
On ne doit pas confondre ce peintre avec *Filippo*, son frère et son élève pendant les premières années, instruit depuis par Caroselli, dont il avait épousé une sœur. Il s'exerça peu dans les figures de grande proportion, et cet Adam et cette Eve, qu'on voit de sa main à l'église de la Paix, furent faites à dessein, d'une grandeur infiniment au-dessus de nature, afin que l'on ne crût point que son talent se bornait aux petits tableaux dont il s'occupait continuellement, par la raison qu'il y trouvait un plus grand avantage. Il a donné aux galeries des petites compositions à la flamande, tou-

chées avec beaucoup d'esprit, coloriées de bon goût, pleines d'images ou de caricatures originales, et quelquefois représentant des sujets sacrés. J'ai vu de lui un très-beau St-Xavier, chez feu M. de Goltz. C'est un véritable petit chef-d'œuvre, auquel le Mengs paya un juste tribut d'admiration. Il peignit à fresque, dans le palais Borghese, plusieurs beaux paysages; talent qui ne commençait pas seulement alors, dans sa famille. Le père de ce *Lauri*, nommé *Baldassare*, flamand et élève du Brilli, vécut à Rome, au temps de Sacchi, fut mis au nombre des bons paysagistes, et il est mentionné aussi dans l'histoire de Baldinucci. {Baldassare Lauri Fiammingo.}

La mort prématurée de Lauri fut compensée par la longue vie de *Luigi Garzi*, et de Carlo Maratti, {Luigi Garzi.} qui continuèrent à peindre jusqu'aux premières années du dix-huitième siècle : ennemis de la promptitude, solides dans leur style, et à peine atteints des préjugés qui depuis tinrent lieu de lois, le premier, que l'Orlandi appelle Romain, était de Pistoïe par sa naissance, mais il vint à Rome encore jeune, et quoiqu'il se fût appliqué pendant quinze ans sous le Boccali, pour devenir paysagiste, étant allé ensuite à l'école de Sacchi, il acquit un si grand mérite dans le genre de la figure, que ses ouvrages de toutes espèces eurent le plus grand succès à Naples et à Rome. Les productions les plus remarquables qu'il ait laissées dans la première de ces deux villes, sont les deux salles qu'il peignit dans le palais Royal; dans la seconde, où il orna plusieurs églises, il parut se surpasser lui-même dans le Prophète de Saint-Jean de Latran. On applaudit généralement ses formes, ses attitudes, la facilité de son invention et de son exécution. Il fut bon peintre de perspective et machiniste judicieux quoiqu'il parût rester en arrière du Maratta à l'égard du goût. D'ailleurs il ne se conforma pas si scrupuleusement à l'école du Sacchi, que l'on n'y trouve aussi quelque imitation de Cortona, dont quelques-uns ont voulu qu'il ait été le disciple, tant dans quelques tableaux qui sont restés à Rome, que dans quelques autres qui furent envoyés ailleurs : parmi ceux-ci se trouve le San Philippe Neri, dans l'église consacrée à ce saint, à Fano, ville de l'État ecclésiastique qui peut être considérée comme une galerie des plus rares peintures. Mais Luigi se montra particulièrement l'imitateur du Cortona, ou pour mieux dire de Lanfranco, dans l'Assomption de la cathédrale de Pescia; tableau d'une grandeur démesurée, lequel passe pour être son chef-d'œuvre. Il est nommé dans le *Catalogo delle migliori Pitture di Valdinievole*, composé par M. Innocenzio Ansaldi, et inséré dans la dernière histoire de Pescia. *Mario*, fils de *Luigi Garzi*, est rappelé deux fois dans le Guide de Rome. Il mourut encore jeune. Nous nous contentons de nommer ici Agostino Scilla de Messine, dont nous aurons à parler ailleurs.

Ilario Garzi.

Agostino Scilla.

Carlo Maratta.

Le chevalier *Carlo Maratta* naquit à Camurano d'Ancône et jouit dans son siècle de la réputation d'être l'un des premiers peintres de l'Europe. Dans une lettre de Mengs sur *l'origine, les progrès et la décadence des arts du dessin*, l'auteur donne au Maratta ce grand éloge, qu'*il soutint la peinture à Rome, et la préserva de tomber rapidement comme ailleurs*. Dans sa première jeunesse il s'était beaucoup occupé à dessiner Raphaël, pour lequel son enthousiasme était extrême; et il eut le mérite de restaurer habilement les peintures des salles vaticanes, puis celles de la Farnesina, et de les remettre en état de pouvoir être conservées long-temps à la postérité; entreprise dans laquelle il déploya autant de sagacité qu'il y essuya de fatigue, ainsi que Bellori nous l'a raconté. Son talent n'était point celui des grandes choses, aussi ni lui, ni ses élèves n'aimèrent la peinture à fresque, ou à grande machine. Cependant, il ne craignit point d'entreprendre des travaux de ce genre, et il consentit volontiers à se charger de peindre la coupole de la cathédrale d'Urbin, qu'il peupla de figures. Cet ouvrage périt avec la coupole, par la violence d'un tremblement de terre, en 1782; mais des fragments en ont été conservés en quatre tableaux dans le palais Albani. Quoi qu'il en soit, il aurait été par goût, peintre de galeries ou plutôt peintre d'autels; ses madones ont un caractère d'amabilité modeste et noble à la fois; ses anges sont gracieux, ses saints ont une belle expression de tête, et sont dans les attitudes les plus convenables à la dévotion : enfin, ils sont, pour ainsi dire, habillés en jours de fête lorsqu'ils ont le costume sacerdotal. Ses tableaux sont d'autant plus estimés à Rome, qu'ils sont plus conformes au style de Sacchi; tels que le Saint-Xavier à l'église du Jésus, une Madone au palais Pamphili, et beaucoup d'autres. Il en envoya aussi hors de l'État romain, et l'on reconnaît encore ce même style dans son martyre de St-Blaise, qui est à Gênes; tableau duquel on peut dire, sans rechercher l'époque à laquelle il a été fait, qu'il est digne du meilleur émule qu'ait eu le Sacchi. Il se fit ensuite une autre manière moins grande, telle cependant qu'on pourrait la proposer pour exemple quant au fini. Après avoir fait une simple esquisse de ses compositions, il en revoyait tous les détails d'après la nature, et non content de ce double travail, il étudiait en outre, même dans un âge avancé, les contours des figures de Raphaël, qu'il imita sans pourtant perdre de vue les Carraches et Guide; mais à force d'être soigneux, il tomba quelquefois dans la minutie, au jugement de quelques-uns, et il ôte à l'esprit tout ce qu'il donne à la régularité de l'exécution. Ce qu'on approuve le moins en lui, c'est l'agencement de ses draperies, dans lesquelles son zèle pour le naturel lui fit adopter un système qui rompt les masses, ne rend point suffisamment compte du nu, et fait quelquefois paraître les figures moins sveltes qu'elles ne devraient l'être. Il répandait même dans l'harmonie générale je ne sais quoi d'opaque; et c'est l'un des signes auxquels plusieurs s'imaginent reconnaître les ouvrages de l'école de Maratta : il est vrai que son art fut de réduire la lumière principale à un seul objet, tenant les clairs un peu trop faibles dans les autres parties; mais ses disciples, ainsi qu'il arrive toujours, poussèrent cette maxime trop avant, et finirent quelquefois par tomber dans une espèce de brouillard.

Il peignit aussi, quoique très-rarement, des tableaux d'une grandeur extraordinaire, comme le St-Charles dans l'église de ce nom, au Corso, et le Baptême de J.-C. à la Chartreuse, réduit en mosaïque pour la basilique de Saint-Pierre. Ses autres tableaux sont pour la plupart sur de petites toiles : on en voit beaucoup à Rome; et, parmi celles-ci, le St-Stanislas Kostka, dont la physionomie est si aimable, et qu'il représenta

## CINQUIÈME ÉPOQUE. 275

au-dessus de l'autel qui couvre ses cendres. Il s'en trouve aussi un grand nombre hors de cette métropole, comme le Sant'Andrea Corsini, dans la chapelle de cette illustre maison à Florence, et le St-François de Sales aux Philippins de Forlì. Ce dernier ouvrage est l'un de ses plus étudiés. Il s'occupa beaucoup à travailler pour les galeries tant des souverains que des particuliers. Il n'y a aucune galerie de princes, à Rome, qui ne possède quelqu'un de ses tableaux, et surtout celle de la maison d'Albani, par laquelle il fut souvent employé : il n'est pas rare d'en rencontrer dans l'État romain. Il fit une admirable copie de la Bataille de Constantin, que possèdent MM. Mancinforti à Ancône. On dit qu'ayant été prié de la faire copier, il proposa ce travail à l'un de ses élèves déja avancé en âge, et que celui-ci dédaigna cette commission. Il s'en chargea donc lui-même, et, l'ayant exposée après l'avoir finie, il en prit occasion d'avertir les jeunes gens, que copier de pareils maîtres est utile même aux professeurs consommés. Il dirigea dans la peinture une de ses filles, dont le portrait, fait par elle-même, et qui la représente occupée à peindre, est dans la galerie Corsini à Rome. *École du Maratta.*

Le *Maratta* est vanté par Bellori, son biographe (*), pour le talent avec lequel il sut enseigner : mais Pascoli l'accuse de jalousie, et va jusqu'à lui reprocher d'avoir employé à broyer les couleurs le plus habile des jeunes gens qu'il reçut dans son académie. Celui-ci, qui fut *Niccolò Berettoni* de Montefeltro, aidé des principes qu'il avait d'abord reçus du Cantarini, et y *M. Maratta.* *Niccolò Berettoni.*

(*) P. 208.

18.

joignant l'imitation du Guido et du Corrége, se composa un style mêlé de plusieurs; doux, facile, dégagé, et d'autant plus étudié qu'il le paraissait moins. Il mourut jeune, laissant à Rome, dans les édifices publics, un très-petit nombre d'ouvrages, qui sont tous gravés, tant il avait de réputation. Le Mariage de la Vierge, qu'il fit pour St-Laurent, à Borgo, fut gravé par Pier Santi Bartoli, graveur en grand crédit dans ce temps, copiste habile des peintures des autres, et compositeur qui ne fut point sans mérite (1). Son autre tableau, qui représente une Madonne entourée de plusieurs bienheureux à Santa Maria di Monte Santo, et les cintres de lunettes de la même chapelle furent gravés par Frezza. On parle de cet artiste dans les *Lettere Pittoriche* (*).

Giuseppe Chiari.

*Giuseppe Chiari*, Romain, qui termina quelques ouvrages de Berettoni et de Maratta, fut un des meil-

(1) Il avait été l'élève de Nicolas Poussin, et avait appris de lui à saisir le bon goût du dessin antique; il l'employa aux meilleurs bas-reliefs, et aux édifices les plus grandioses de l'ancienne Rome qui, gravés par lui, se répandirent ensuite dans toute l'Europe. Il copia en outre un très-grand nombre de peintures antiques trouvées dans les souterrains. Ces copies ne furent point publiées, mais elles passèrent dans des bibliothèques particulières. *Pascoli* cite encore plusieurs autres de ses travaux en gravure; genre d'étude qui l'éloigna peu à peu de la peinture. On ne connaît de son pinceau qu'un tableau dans l'église de Porto, et une très-petite quantité d'autres peintures de son invention. On sait qu'il réussit fort bien à faire des copies d'après des grands maîtres, dans lesquelles il savait contrefaire jusqu'à l'ancienneté du vernis, et qu'il fit des répétitions si exactes des tableaux du *Poussin*, que peu s'en fallut quelquefois que l'auteur lui-même n'y fût trompé.

(*) T. V, page 277.

leurs peintres de cette école pour les tableaux de chevalet. Il en envoya une grande quantité en Angleterre, et en fit aussi pour les églises de Rome. Celui qui peut-être surpasse tous les autres, est l'Adoration des Mages, placé au Suffrage, et dont on a fait la gravure. Il eut aussi des succès dans la peinture à fresque : celles surtout qu'il fit dans la galerie Barberini, en suivant quelques-uns des conseils de Bellori, savant littérateur, puis celles de la galerie Colonna, honoreront toujours son talent; car il s'y montra sage, exact, judicieux : qualités fort rares parmi les peintres à fresques. La nature ne l'avait point doué d'un génie transcendant; mais il réussit par son travail à devenir un des plus habiles peintres de son temps. *Tommaso Chiari*, dirigé aussi par Maratta, dont il exécuta quelquefois les dessins, ne fut qu'un artiste médiocre, ausi bien que *Sigismondo Rosa*, élève du premier Chiari.

A celui-ci, qui fut le confident du Maratta, nous devons en joindre deux, les seuls, au dire de Pascoli, qu'il ait instruits avec un véritable zèle; *Giuseppe Passeri*, neveu de Giambattista, et Giacinto Calandrucci, Palermitain. Tous les deux se sont distingués comme bons imitateurs de leur maître. Passeri travailla aussi pour l'État romain. L'on voit à Pesaro un St-Jérôme méditant sur le jugement dernier, et cet ouvrage peut être considéré comme l'un de ses meilleurs. Il fit pour la basilique Vaticane une des peintures latérales du Baptême de Maratta; c'était St-Pierre baptisant le Centurion. Cet ouvrage ayant été réduit en mosaïque, l'original en fut envoyé aux Conventuels d'Urbino. Passeri fut dirigé par Maratta dans l'exécution de ce tableau, qui est d'un beau coloris. Il se montre coloriste plus

*Marginalia:* Tommaso Chiari. Sigismondo Rosa. Giuseppe Passeri.

faible dans beaucoup d'autres ouvrages, tels que la Conception à St-Thomas in *Parione*, et dans d'autres édifices de Rome.

*Giacinto Calandrucci*, après avoir fait preuve de son talent à St-Antoine des Portugais, à San Paolino della Regola, et dans diverses églises de Rome, peignit pour plusieurs maisons illustres, et même pour deux pontifes, qui l'honorèrent de leur approbation; il repartit ensuite pour Palerme, où il fit dans l'église du Sauveur, le grand tableau de la Vierge-Marie, avec St-Basile et plusieurs autres saints : il survécut peu de temps à ce travail. Il laissa à Rome un neveu et un élève à la fois, nommé *Giambattista*, et il eut en outre un frère appelé *Domenico*, disciple du Maratta, et aussi le sien; mais ce n'est point ici le lieu de les rappeler.

*Andrea Procaccini* et *Pietro de' Pietri*, occupent aussi un rang éminent dans cette école, quoique leurs destinées aient été fort différentes. Le Procaccini, dont on voit à St-Jean de Latran, le Daniel, l'un des douze prophètes que Clément XI fit peindre pour mettre à l'épreuve les meilleurs artistes de ce temps, parvint à une grande célébrité, puis finit par être peintre de la cour d'Espagne, à laquelle il laissa de fort beaux tableaux, après y être demeuré pendant quatorze ans. Pietri continua de vivre à Rome, et y mourut avant de parvenir à la vieillesse. Il fut employé à la tribune de St-Clément, et dans quelques autres travaux, mais il ne jouit point pendant sa vie, de l'estime et de la fortune qu'il aurait méritées, soit à cause de la faiblesse de sa santé, soit par l'excès de sa modestie. Il fut un de ceux qui mêlèrent au style du Maratta, quelque nuance de celui du Cortona, mais avec circonspection. Sa véritable patrie fut Premia, terre du Novarais. *Paolo Albertoni*, et *Gio. Paolo Melchiorri*, tous les deux Romains, fleurirent à peu près vers le même temps; quoique moins renommés que les deux précédents, ils passèrent cependant pour de bons maîtres, surtout le second.

On commença un peu plus tard à nommer avec éloges *Agostino Masucci*, le dernier élève du Maratta. Ses ouvrages manquaient généralement d'esprit, mais les sujets doux et pieux qu'il traitait d'ordinaire, n'en exigeaient pas beaucoup. Dans ses petits tableaux de Vierges, il lutta contre son maître, que leur grand nombre fit nommer une fois, *Carlo des madones*, ainsi qu'il le rappela lui-même dans son épitaphe; et s'appliquant à suivre les traces de Maratta, qui donnait à ses Vierges une physionomie grave et sérieuse, plutôt que douce et tendre, Masucci imprima aux siennes le même caractère. Je sais que pour les petits tableaux de cabinet, il renonça quelquefois à cette méthode. Il fut bon peintre de fresque, et sut plaire à Benoît XIV, par l'enfoncement qu'il peignit dans une salle d'un pavillon du jardin Quirinal. Agostino composa aussi pour l'ornement des autels beaucoup de tableaux, dans lesquels il sut donner une grace inimitable à ses figures d'anges et de jeunes enfants; il les peignit toujours d'après la nature la mieux choisie, et ils ont quelque chose d'original et de neuf qui appartient exclusivement à l'auteur. La Ste-Anne, *du Saint Nom de Marie*, est une des meilleures peintures qu'il ait laissé à Rome. Il fit aussi un St-François, aux observantins de Macerata, une Conception à St-Benoît de Gubbio ; à Urbino, un St-Bonaventure, qui est peut-être la composition la plus vaste et la plus riche qu'il ait faite : elle est remplie de portraits (genre dans lequel il eut long-temps la plus grande réputation à Rome), et l'ensemble de cet ouvrage est exécuté avec le soin le plus parfait. Laurent, son fils et son élève, resta bien loin derrière lui.

Stefano e Giuseppe Pozzi. *Stefano Pozzi* fut dirigé dans la peinture, d'abord par Maratta, puis par Masucci : il eut un frère qui, à son exemple, cultiva les arts ; ce dernier, plus jeune que lui, le précéda dans la tombe, mais ne l'égala point dans sa gloire. Stefano vécut long-temps, et peignit à Rome, avec la réputation de l'un des plus habiles artistes de son temps. Il a plus de grandiose que Masucci dans son dessin, il est plus mâle, et si je ne me trompe, plus vrai dans le coloris. Il est facile de les comparer entre eux à Rome, dans l'église que nous avons nommée un peu plus haut, et dans laquelle, auprès de la Ste-Anne de Masucci, on voit de la main des Pozzi, la mort de St-Joseph. J'ai entendu dire que Chevalier Troppa. le chevalier *Girolamo Troppa* avait été disciple de Maratta, mais je ne l'ai lu nulle part. Il fut sans aucun doute son imitateur, et il le fut avec beaucoup de succès, quoiqu'il n'ait pas vécu long-temps. Il laissa des peintures à fresque et à l'huile dans la capitale, et rivalisa avec le Romanelli dans les peintures de l'église de San Giacomo des Pénitentes. J'en ai trouvé plusieurs dans l'État Romain, et entre autres, à San Séverino, un tableau d'église très-bien exécuté. *Giro-* Odam. *lamo Odam*, Romain, originaire de la Lorraine, est compté parmi les disciples du chevalier Carlo, et célébré par un long et pompeux article du P. Orlandi, ou plutôt d'un ami de l'Odam, qui l'adressa à l'Orlandi : il y est vanté comme peintre, sculpteur, architecte, graveur, philosophe, mathématicien, poète arcade; enfin, qualifié pour toutes les sciences, ainsi que pour tous les arts. Je pense qu'il effleura les uns et les autres; car, il ne reste de lui, outre quelques gravures, qu'une réputation très-médiocre, et fort inférieure à un pareil éloge.

Je ne pourrais écrire qu'avec hésitation, à l'égard de plusieurs autres qui sont peu connus à Rome, et dans l'État romain, tels que *Jacopo Fiammingo*, *Francesco Pavesi*, *Michele Semini*. *Conca* garde le silence sur le *Subissati*, qui doit cependant avoir laissé quelque souvenir à la cour de Madrid où il mourut : à Urbin même qui fut sa patrie, je ne trouve d'autre ouvrage de lui que le demi-buste d'une Sibylle. Antonio *Balestra* de Vérone et *Raffaellino Botalla* reparaîtront dans leurs écoles nationales. Je n'oublierai point ici un artiste de l'État pontifical, qui, sorti de cette école, retourna dans sa patrie, et y propagea la manière de Carlo si applaudie ailleurs. *L'Orlandi* a payé un tribut d'éloges mérités à *Gioseffo Laudati* de Pérouse, parce qu'il avait remis en honneur la peinture, qui, soutenue peu auparavant par le Bassotti et par d'autres, y était déjà retombée en décadence.

*Lodovico Trasi*, d'Ascoli, est digne d'une attention particulière. Condisciple de *Maratta*, pendant plusieurs années, dans l'école du Sacchi, il voulut ensuite devenir son élève, et ayant étudié aussi dans cette académie, il retourna dans sa ville natale, où il a fait une grande quantité de peintures, et dans les édifices publics et chez les particuliers. Il parut bon imitateur de Maratta, dans certains petits tableaux; mais dans les fresques et dans les tableaux d'autel, il n'est point assez fini, et il se conforme si bien au *Sacchi*, que l'on y trouve aussi de la manière de Cortona. Son tableau de St-Nicolas, que l'on voit à *St-Cristoforo*, est fort beau, et c'est un des ouvrages auxquels il donna le plus de soins. Il y exprima la délivrance d'un page affranchi de la servitude, au moment où le pieux jeune homme servait à la table de son maître. On distingue, parmi les productions les plus remarquables de cet artiste, quelques sujets d'histoire, peints à la détrempe, dans la cathédrale, et celle du martyre de Sant'Emidio l'emporte sur toutes les autres.

D. Tommaso Nardini.

D. *Tommaso Nardini* fut formé à la peinture par Trasi, et continua, même après la mort de ce dernier, à orner les temples de la ville. Il peignit mieux qu'ailleurs, peut-être, à St-Angelo Magno, église des Olivetains. La perspective fut l'ouvrage d'*Agostino Collaceroni*, bolonais, élève de *Pozzo*. Le Nardini y adapta les figures, en y représentant les mystères de l'Apocalypse et plusieurs traits de l'Écriture sainte. On voit briller dans l'ensemble de cet ouvrage, l'esprit, l'harmonie, le bon goût des teintes, et la facilité, qui sont les qualités habituelles de cet artiste, mais qu'il a peut-être mieux déployées ici que partout ailleurs.

Agostino Collaceroni.

Silvestre Mattei. Giuseppe Angelini. Biagio Miniera.

On peut joindre aux deux peintres précédents *Silvestre Mattei*, qui suivit assidument l'école de *Maratta*....., *Guiseppe Angelini*, élève du Trasi, et *Biagio Miniera*, tous d'Ascoli, et dont M. Orsini a indiqué les notices dans son *Guide*.

Natale et Ubaldo Ricci.

Deux peintres du nom de *Ricci*, et disciples de Maratta, vécurent vers le même temps dans la ville voisine, appelée *Fermo*. Peut-être furent-ils instruits, avant d'aller à Rome, par *Lorenzino* di Fermo, peintre fort habile, quoiqu'on ne sache pas précisément à quelle école il appartient. On dit que le tableau de Ste-Catherine aux Conventuels est une production de son pinceau, et il en a laissé d'autres dans les pays circonvoisins. Les deux peintres, dont il fut probablement le maître, se nommaient, l'un Noël, et l'autre Ubalde. Le second, supérieur au premier, a obtenu beaucoup d'éloges, à l'occasion d'un St-Félix qu'il fit dans sa patrie pour l'église des capucins. Il n'alla généralement point au-delà de la médiocrité, destinée assez ordinaire des peintres qui vivent loin des capitales, sans objets d'émulation, et sans le secours des grands modèles. Le même sort tomba, je crois, en partage à *Giuseppe Oddi* de Pesaro, autre élève de Maratta, duquel on voit un tableau dans l'église de la Charité de cette ville. Revenons à la métropole.

L'école de Bologne envoya de nouveaux renforts à Rome pour y maintenir le goût des Carraches, et de leur école. Je ne parlerai que de ceux qui s'y établirent. *Domenico* Muratori avait été le disciple du Pasinelli, et fut l'auteur du grand tableau des SS. Apôtres, qui est certainement le plus grand tableau d'autel qui soit dans la ville pontificale. Il représente le martyre de St-Jacques et St-Philippe. Avoir imaginé une si grande machine, l'avoir exécutée selon les plus justes proportions, et avec une si grande intelligence des effets de lumière, quoiqu'il n'ait point été également heureux dans le ton général de la couleur, fut un mérite qui lui valut bientôt une grande réputation. Elle le conduisit à faire beaucoup d'autres ouvrages moins considérables, mais dans lesquels il se montra toujours bon dessinateur, et répandit même de meilleures teintes. Il fut choisi pour peindre un des Prophètes à la basilique de Latran, et fut aussi appelé dans d'autres pays de l'Italie. Il fit pour la Primatiale de Pise un grand tableau de *San-Ranieri*, occupé à délivrer un possédé.

Ce dernier ouvrage est compté parmi les plus étudiés qu'il ait produits. *Francesco Mancini* de St-Angiolo *in Vado* et *Bonaventura Lamberti* de Carpi avaient eu en partage, à Bologne, un meilleur maître dans le chevalier *Carlo Cignani*. Mancini, venu à Rome, ne conserva pas entièrement la manière de son instituteur; il s'appliqua davantage à la facile dextérité du *Franceschini*, son condisciple, avec la manière duquel la sienne a quelque ressemblance. Il semble toutefois avoir eu moins de promptitude, et certainement peignit moins. Il fut estimé, quant à ses inventions, et fut même proposé comme exemple, sous ce rapport, par le *Lazzarini*. Il dessina bien, coloria d'une manière agréable, et fut mis, à Rome, au nombre des premiers peintres de son temps. Enfin, Mancini peignit le Miracle de St-Pierre à la porte du temple de Jérusalem; peinture que l'on conserve dans le palais de Monte Cavallo, et que l'on retrouve réduite en mosaïque, à St-Pierre. Ce tableau bien composé, orné d'une belle perspective et plein d'ame dans les figures, est son meilleur ouvrage; mais ceux qui sont mentionnés dans le Guide de Rome, ainsi que ceux qui sont répandus dans l'État ecclésiastique, ne sont point indignes du même auteur. On peut citer parmi ces derniers quelques tableaux représentant plusieurs saints, aux Conventuels d'Urbino, et aux Camaldules de Fabriano;

l'Apparition de Jésus-Christ à St-Pierre, chez les Philippins de *Città di Castello*, et les différents ouvrages à l'huile et à fresque, faits à Forlì et à Macerata. Il travailla beaucoup pour des galeries étrangères et fut spécialement applaudi dans les tableaux d'histoire. C'est de son atelier que sortit le chanoine *Lazzarini* que nous avons déjà nommé, qui, ayant été du nombre des peintres de l'école du Cignani, sera classé parmi eux vers la fin de l'histoire de l'école bolonaise. *Niccola Lapiccola* de Crotone, dans la Calabre ultérieure, resta dans Rome, et donna de ses modèles à des mosaïstes pour une chapelle du Vatican. On voit encore quelques peintures de lui dans d'autres églises, et les meilleures peut-être sont dans l'étendue de l'État ecclésiastique, principalement à Velletri. J'ai entendu dire de lui qu'il avait été disciple de *Mancini*, quoique dans son coloris, il se conformât plus généralement à son école nationale.

*Bonaventura Lamberti* est nommé par Mengs parmi les derniers bons imitateurs de l'école du Cignani, au goût duquel il demeura plus attaché qu'à celui du Mancini même. Il n'exposa pas beaucoup de ses ouvrages en public. Il eut cependant l'honneur que ses dessins fussent réduits en mosaïque à St-Pierre, par Giuseppe Ottaviani, et que l'un de ses tableaux fût gravé par Frey. Il est au St-Esprit des Napolitains, et représente un miracle de St-François de Paule. La maison de Gabrieli, qui le protégea singulièrement, conserve un grand nombre de ses tableaux d'histoire, qui suffiraient, seuls, pour occuper d'une manière agréable, pendant plusieurs heures, les yeux d'un connaisseur quel qu'il soit. Le Lamberti donna

Marco Bénéfial.

à l'école romaine le chevalier Marco Bénéfial, qui naquit et vécut à Rome; talent supérieur qui, s'il ne fut pas toujours égal à lui-même, ce fut, non pas faute de savoir, mais faute de vouloir.

M. le marquis Venuti (1) vante ce dernier au-dessus de tous ceux de son temps, pour la perfection du dessin, et pour son coloris, du genre de celui des Carraches. Sa mémoire est consignée dans le Panthéon, avec celle des peintres les plus célèbres, et l'on a joint à son buste, l'éloge qu'en a fait M. l'abbé *Giovenazzi*, et dans lequel il est surtout applaudi par rapport à l'expression. Il a donné lieu à deux partis, qui subsistent encore comme s'il était vivant. Ses partisans ne pouvant tout approuver, vantent sa Flagellation aux Stigmates, peinte en concurrence avec le *Muratori* (2), puis le *S. Secondino* aux *Pères de la Passion*; tableaux si savants qu'ils sont, pour ainsi dire, au-dessus de toute comparaison. On peut ajouter à ces compositions ses sujets de St-Laurent et de St-Étienne dans la cathédrale de Viterbe, et un petit nombre d'autres, d'un mérite égal, dans lesquels il imita le Dominiquin et son école. Ses adversaires indiquent plusieurs de ses ouvrages, ou médiocres, ou faibles, ou du moins non terminés. Les connaisseurs désintéressés estiment en lui un grand peintre, dont les productions sont, tantôt grandes, tantôt faibles,

(1) Dans la réponse aux réflexions critiques de M. d'Argens.

(2) Cet artiste avait peint un des deux côtés latéraux de la chapelle, en protestant que le pendant ne pouvait en être fait par aucun peintre vivant. Bénéfial le fit d'une manière très-supérieure, et il y figura un portefaix regardant en riant la peinture de Muratori.

tantôt médiocres; on a porté ce même jugement à l'égard de plus d'un poëte, et du Pétrarque lui-même.

Nous sommes redevables des notices relatives à ce grand homme, à l'estimable M. *Gio. Battista Ponfredi*, son élève, qui les adressa au comte *Niccolò Soderini*, bienfaiteur constant de Bénéfial, et par cette raison, plus riche de ses tableaux qu'aucun autre seigneur romain; sa lettre est dans le Tome V des *Pittoriche*, et c'est l'une des plus instructives de ce recueil, quoique l'éditeur l'ait altérée dans quelques détails. J'en transcris un passage qui peut servir à faire connaître quel était alors l'état de la peinture, et comment *Marco* en fut le soutien: « Son désir de
« voir renaître la peinture était si grand, et telle
« était la peine qu'il ressentait de la voir tomber en
« décadence, qu'il employait souvent quelque heure
« du jour, à déclamer contre les vices qui s'y intro-
« duisaient, et à dire combien il était nécessaire de
« fuir le style maniéré, de consulter le vrai, et de ne
« point imiter la multitude des peintres qui ne l'étu-
« diaient jamais, ou qui, s'ils l'étudiaient, ne voulaient
« point l'imiter dans sa simplicité, mais le réduisaient
« à leur manière. Il faisait surtout observer à ses dis-
« ciples la différence entre le tableau du *maniériste*
« et le tableau simple et savant produit d'après la na-
« ture: que l'un, s'il offre du moins une bonne com-
« position et un bon clair-obscur, fait au premier
« coup-d'œil un bon effet par la vivacité des couleurs,
« mais commence à baisser chaque fois qu'on revient
« à le regarder; tandis que l'autre paraît toujours
« plus parfait à mesure qu'on l'observe. » Il assaisonnait quelquefois ces préceptes et d'autres encore d'un

sel cynique et par trop piquant ; non-seulement en particulier, mais aussi dans l'école du nu au Capitole, pendant le temps où il la dirigea, ce qui fit que les maîtres sans talent, qui étaient en grand nombre à cette époque, irrités contre lui, le privèrent de cet emploi, et l'effacèrent du nombre des académiciens (1).

Francesco Caccianiga.

*Francesco Caccianiga* avait aussi été enseigné à Bologne par un élève du Cignani, et ce fut le Franceschini. Caccianiga vint ensuite à Rome où il se perfectionna et s'établit : rien ne manque à ce peintre, si l'on en excepte une certaine hardiesse, et un certain esprit qui ne s'acquièrent point. Il travailla pour des souverains et il grava lui-même à l'eau-forte deux sujets d'histoire qu'il avait peints pour le roi de Sardaigne : Ancône eut quatre de ses tableaux d'autels, parmi lesquels on préfère l'Institution de l'Eucharistie et le Mariage de la Vierge, dont le coloris frais, riant et harmonieux, le feraient distinguer entre mille autres. Rome renferme peu de ses ouvrages dans ses édifices. Le palais Gavotti contient une de ses fresques qui est fort belle; et l'on en voit plusieurs autres dans le palais et dans la maison de plaisance de M. le prince Borghese, à la libéralité duquel il dut une existence douce et assurée, après avoir été atteint dans sa vieillesse par des chagrins de l'espèce la plus grave (2).

On avait vu sortir de l'école du *Guerchin*, *Sebas-*

(1) On a publié quelques autres particularités sur le Bénéfial, dans la *Risposta alle lettere perugine*, page 48.

(2) V. les *Memorie per le belle arti*, T. II, page 135, où Giangherardo de' Rossi, donne les notices de cet artiste qui lui furent communiquées par le chevalier *Puccini*, cité dans le T. I, page 204 et ailleurs.

*tiano Ghezzi* della Comunanza, terre peu éloignée de la ville d'Ascoli : il dessina et peignit très-bien. L'on admire aux Augustins déchaussés de Monsammartino, un Saint-François de sa main, que l'on s'accorde à regarder comme un ouvrage d'une perfection achevée, auquel il ne manque que la dernière main de l'artiste. Il fut le père et le maître, à la fois, de Giuseppe Ghezzi qui se forma à Rome, où il se montra écrivain très-judicieux pour cette époque, et peintre plutôt attaché au style du Cortona, qu'à celui de toute autre école. On lit souvent son nom dans le Guide de Rome, et plus d'une fois aussi dans les *Antichità Picene*, où il est rapporté qu'il fut très-aimé de Clément XI, et qu'il mourut secrétaire de l'académie de Saint-Luc (*). Pascoli qui a écrit sa vie, applaudit aussi au talent qu'il eut de restaurer les tableaux, et raconte que la reine de Suède ne se servait jamais que de lui pour ce genre de travail.

*Pierleone*, son fils et son élève, eut un style qui différa peu de celui de son père; et s'il fut moins prompt, il fut du moins plus célèbre que lui. Il fut choisi avec le Lutti, avec le Trevisani et avec d'autres peintres du premier ordre, pour le grand ouvrage des Prophètes de Latran, et fut chargé, en outre, d'autres commissions moins importantes, mais il doit principalement sa réputation au talent extraordinaire qu'il eut pour faire les caricatures. Il en est resté à Rome; et il s'en est aussi répandu au-dehors : il se faisait un jeu de n'y épargner personne, pas même parmi la plus haute noblesse, ce qui lui valut de grands succès dans

---

(*) T. XXI, page 11.

un pays, où à la liberté du discours il semblait ajouter la liberté du pinceau.

*Élèves des Florentius, des Vénitiens et des Génois.*

D'autres écoles de l'Italie pourvurent l'école romaine de nouveaux artistes qui, cependant, n'y introduisirent point de styles nouveaux, si ce n'est que les unes imprimèrent une modification, les autres une différence aux deux manières qui étaient principalement en vogue, celle du Cortona, et celle du Maratta.

*Gio. Maria Morandi.*

*Gio. Maria Morandi* vint à Rome, jeune encore, et sembla bientôt abandonner la manière de Bilivert, qui avait été son premier maître, pour s'en former une autre : elle offre un mélange du dessin romain et du coloris vénitien (car en voyageant dans toute l'Italie, ce fut seulement à Venise qu'il s'arrêta, et qu'il fit beaucoup de copies). Il a ensuite un genre de composition qui rappelle un peu le Cortona, et il fut estimé à Rome : il se fixa dans cette ville, dans le Guide de laquelle il est nommé plusieurs fois. On le désigne aussi assez souvent dans les galeries : sa Visitation à la Madone del Popolo est un très-beau tableau; celui de la Mort de la Vierge, est encore plus savant, plus varié, et d'un plus grand effet : on peut dire que ce dernier est son chef-d'œuvre, et il en existe une gravure en cuivre, de Pierre d'Aquilée. Morandi eut aussi de la réputation pour les tableaux d'histoire, et il en envoya quelquefois dans les pays étrangers; mais ce fut surtout dans le genre des portraits qu'il acquit de la célébrité. Il fut continuellement occupé à des travaux de cette espèce par de grands personnages de Rome et de Florence, et fut même appelé à Vienne par l'empereur : outre les portraits de toute cette auguste famille, il fit ceux de plusieurs princes d'un

CINQUIÈME ÉPOQUE. 291

rang inférieur de l'Allemagne. *Odoardo Vicinelli*, peintre fort accrédité de ces derniers temps, est désigné dans le Tome VI des *Lettere Pittoriche*, comme élève de Morandi, et Pascoli ne balance point en affirmant qu'il fit plus d'honneur à son maître qu'aucun autre, à Rome je suppose, où le seul *Pietro Nelli* pouvait lui disputer la prééminence.

*Francesco Trevisani* fut instruit à Venise par Zanchi : Trévise etait le lieu de sa naissance : et différent d'Angiolo Trevisani, le premier est appelé à Venise le Trevisani de Rome, à cause du lieu où il fleurit. Ce fut à Rome qu'il abandonna ses premières instructions et qu'il se forma un goût analogue aux meilleurs styles qui fussent alors de mode; mais l'admirable talent qu'il eut pour contrefaire toutes sortes de manières le fit paraître imitateur, tantôt du Cignani, tantôt du Guide, et il réussit avec un égal bonheur à chacune de ces imitations. MM. Albiccini de Forlì, possèdent beaucoup de ses tableaux de divers styles, et parmi ceux-ci un Crucifiement en petites figures faites avec beaucoup d'esprit et d'un fini parfait. L'auteur le regardait presque comme son meilleur ouvrage, et il offrit même une somme considérable pour le racheter. Rome est riche de ses productions, dans lesquelles on trouve généralement un beau choix de têtes, un pinceau plein de finesse, et un ton général de couleur très-vigoureux. Son Saint-Joseph mourant, à l'église du Collége-Royal, est un ouvrage du premier ordre; on estime aussi beaucoup un tableau d'Histoire qu'il fit pour servir de pendant à un autre du Guide, dans le palais Spada. Il fut honoré de la bienveillance de Clément XI, par lequel non-seulement l'exécution de l'un des Prophètes de Latran lui fut confiée, mais il fut encore employé dans la coupole de la cathédrale d'Urbin, sur les parois de laquelle il figura les quatre parties du Monde : cet ouvrage est véritablement précieux par l'invention, par le dessin et par la couleur. J'ai vu dans d'autres villes de l'État romain, plusieurs autres de ses tableaux travaillés avec plus ou moins d'habileté, à Foligno, à Camerino, à Pérouse, a Forli; et entre autres un Saint-Antoine, à Saint-Roch de Venise, dont l'exécution a plus de grace que de vigueur.

Pasquale Rossi.

*Pasquale Rossi*, plus souvent désigné sous le nom du Pasquali, naquit à Vicenza, et en copiant pendant long-temps les bons tableaux vénitiens et romains, il apprit presque sans maître, non-seulement à colorier d'une manière naturelle, mais à dessiner avec correction et facilité. Il reste peu de ses ouvrages exposés publiquement à Rome, on y voit seulement la Prière du Sauveur dans le jardin, à l'église de Saint-Charles dans le Corso, et le Baptême aussi de J.-C. à la Madonna del Popolo. Les *Silvestrins* de Fabriano ont plusieurs de ses tableaux, et parmi ceux-ci, une madone véritablement belle. Le Saint-Grégoire de la cathédrale de Matelica, occupé à célébrer la messe et à délivrer des ames du purgatoire, est une peinture dans la manière du Guerchin, et l'une de ses meilleures. On voit dans les galeries, des Jeux, des Concerts, des Conversations, et des Caprices de la même espèce, qu'il exécuta en petites proportions, et qui, lorsqu'il les étudia soigneusement, le cèdent peu aux Flamands. J'en ai vu çà et là un grand nombre, mais nulle part je n'ai autant admiré cet artiste que dans le palais royal de Turin, qui contient de sa main des panneaux de portes, et des tableaux d'une grandeur remarquable. Les sujets en sont généralement tirés de l'écriture sainte, traités avec ce style riant et moelleux, et quelquefois offrant une imitation si marquée du style romain, qu'on les croiraient d'un tout autre auteur.

*Giambattista Gaulli*, appelé communément Bacciccio, n'apprit à Gênes que les principes du dessin. Il passa fort jeune à Rome, où, sous la direction d'un Français, mais plus encore avec l'aide de Bernino, il se forma un style qui brille dans le genre des grandes machines. La nature l'avait doué d'une telle promptitude dans l'esprit et dans la main, qu'il ne pouvait choisir un genre de peinture qui convînt davantage à son talent. La voûte de l'église de Jésus, est le plus frappant de ses ouvrages : l'intelligence de la perspective, l'unité, l'accord, la fuite des objets, l'éclat et la dégradation de la lumière, mettent cette peinture au rang des plus remarquables dont Rome soit ornée ; elle passe même pour la première de toutes, au jugement de quelques-uns. Il convient toutefois de l'observer plutôt dans son ensemble, que dans les teintes locales, ou dans les détails des figures qui ne sont pas toujours corrects. Ses défauts dans ses tableaux de chevalet, qui sont innombrables dans toute l'Italie et dans l'étranger, y sont encore moins apparents et sont grandement compensés par l'esprit, par la fraîcheur des teintes, par la grace des têtes ; il les varie plus qu'aucun autre ne le fit jamais, selon les sujets divers auxquels il sait conformer son style. Rien n'est plus riant et plus rempli de grace qu'une Vierge que l'on voit à Saint-François de Ripa, avec l'Enfant-Jésus entre les bras, et aux pieds de laquelle Ste-Anne est agenouillée avec de petits anges, les plus jolis qu'il ait faits. Il représenta au contraire dans un genre sérieux et pathétique le Saint-Xavier mourant dans l'île déserte de Sanciano ; tableau qu'il plaça sur un autel de Saint-André à Monte Cavallo : ses figures d'enfants sont charmantes et recherchées, quoiqu'il ait suivi l'exemple des Flamands en les faisant plus forts et moins sveltes que ceux du Titien ou des Grecs. Gaulli fit les portraits de sept pontifes et d'une quantité de personnages de son temps, durant lequel il était regardé comme l'un des meilleurs peintres de portraits que l'on eût à Rome. Il suivit, à cet égard, un conseil qui lui avait été donné par le Bernino, c'est-à-dire, de prier la personne qu'il avait à peindre, de se mouvoir et de parler, afin qu'il pût saisir le moment le plus riant, et le plus favorable au sujet qu'il devait exprimer.

*Élèves de Gaulli. Giovanni Odazzi.*

*Giovanni Odazzi*, son premier élève, en rivalisant avec lui dans la promptitude, sans avoir les qualités nécessaires, lui demeura inférieur en célébrité. Celui-ci est le plus faible, ou du moins le moins renommé parmi les peintres des prophètes de Latran, où l'on indique son Osée ; et dans quel quartier de Rome ne trouve-t-on point de ses peintures, puisqu'il ne refusa jamais aucun ouvrage à faire ? Pascoli dans les Vies des peintres de son pays, nous a conservé la mémoire d'un autre élève de Gaulli, né à Pérouse. Ce fut Francesco Civalli, instruit d'abord par Andrea Carlone, jeune homme doué des plus heureuses dispositions, mais qui ne se laissait pas diriger aussi docilement

*Francesco Civalli.*

## CINQUIÈME ÉPOQUE. 295

qu'il l'aurait dû. Il peignit à Rome et ailleurs, sans sortir de la foule des peintres médiocres. Le chevalier *Lodovico Mazzanti* fut encore un disciple du même maître et il imita sa manière autant qu'il put ; mais il faut convenir qu'il ne pouvait pas grand'chose, et que même il ne voulait pas toujours tout ce qu'il pouvait. *Gio. Battista Brughi*, plus mosaïste que peintre, a pourtant laissé quelques tableaux sur toiles, exposés à Rome. Il est nommé dans le Guide, tantôt Brughi, tantôt Giovanni Battista élève de Bacciccio, et l'on croirait qu'il s'agit de deux peintres différents. Je n'en connais point d'autres que Gaulli ait formé à l'école romaine.

Lodovico Mazzanti.

Gio. Battista Brughi.

L'école napolitaine qui, dans les commencements de ce siècle, était soutenue par *Solimene*, envoya plusieurs de ses élèves à Rome, où bientôt ils prirent goût au style romain. *Sebastien Conca* vint d'abord dans cette métropole, conduit seulement par un vif desir de la voir, mais il s'y établit ensuite avec Giovanni son frère, pour y réformer son style, principalement dans le dessin ; ce fut à l'âge de quarante ans que, laissant le pinceau, il revint au crayon, et il consacra cinq ans à dessiner tout ce qu'il put imaginer de meilleur, tant d'après l'antique que d'après le moderne. Sa main habituée depuis si long-temps au genre maniéré, qu'il avait pris à Naples, avait peine à obéir à sa tête, et il était dans une angoisse continuelle, parce que connaissant le mieux, il ne pouvait parvenir à l'exécuter. Le célèbre sculpteur *Legros*, lui conseilla de revenir à son premier exercice; il donna ainsi à Rome un peintre habile dans la manière du Cortona, et corrigé des défauts de sa première éducation pittoresque. Il

Élèves des Napolitains.

Sebastiano Conca.

avait une rare fécondité d'idées; son pinceau est rapide, et son coloris offre un charme qui séduit dès le premier coup d'œil, par le brillant, par l'opposition, par la délicatesse des carnations. Il est vrai qu'en l'examinant plus attentivement, on trouve qu'il n'est point un coloriste vrai, et que pour obtenir la vigueur des teintes, il employa dans les ombres un vert qui les rend peu naturelles. Il se distingua dans les fresques, ainsi que dans des tableaux d'églises, en les ornant de certaines gloires d'anges, heureusement disposés, où il offre une composition que l'on peut dire qui lui est propre, et qui a servi d'exemple à beaucoup de peintres à machines. Il peignit d'une manière infatigable, même pour les particuliers, et l'on trouve à peine dans tout l'État ecclésiastique, une galerie riche qui n'ait sa part des productions de Conca. Celui de tous ses ouvrages le plus étudié, le plus fini et le plus beau, est la Probatique de l'hôpital de Sienne. Son Assomption à Ste-Martine de Rome, est un tableau d'un grand mérite, aussi bien que le Jonas qui figure parmi les prophètes de St-Jean de Latran, que nous avons déja mentionnés. Ses tableaux furent très-recherchés dans tout l'État ecclésiastique. Son St-Nicolas de Lorette, son St-Xavier à Ancône, le St-Augustin à Folignano, le St-Philippe à Fabriano, le San Girolamo Emilien à Velletri, me paraissent au nombre de ses meilleurs ou-

Gio. Conca. vrages, du moins parmi ceux que j'ai vus. *Giovanni*, frère de *Sebastiano*, l'aida dans ses travaux, et en fit aussi pour son propre compte. Sa manière est facile ainsi que celle de son frère, avec le goût duquel il offre de l'analogie, quoique moins aimable dans ses têtes, et inférieur à lui quant à la finesse du pinceau.

Il fut fort habile à copier les tableaux des grands artistes. On voit aux Dominicains d'Urbin, les copies qu'il fit de quatre tableaux pour les réduire en mosaïque; ce sont ceux du Muziani, du Guerchin, du Lanfranc, et du Romanelli; l'éloge du Conca a été écrit par M. de Rossi, avec sa précision et sa sagacité ordinaires (*). Mengs la critique trop sévèrement, peut-être, en écrivant, *que ses préceptes plus faciles que justes, achèvent la ruine de la peinture.* Il eut un parti, mais non pas de telle sorte qu'il l'emportât sur toutes les autres écoles de l'Italie. Chaque école, ainsi que nous le verrons, eut ses épidémies intérieures, sans être obligée d'en chercher au dehors.

Élèves<br>du Conca.

Il est vrai que quelques-uns de ses élèves renchérirent sur sa facilité ainsi que sur ses teintes, et qu'en se répandant en Italie, ils laissèrent de dangereux exemples. Je ne me donnerai point la peine de faire le catalogue de ses disciples, je me contenterai de nommer quelques-uns de ceux qui sont les plus connus. *Gaetano Lapis* de Cagli, sortit de l'école du chevalier Conca, à laquelle il était venu toutefois avec de bons principes de dessin. Selon le rapport de M. Rossi, ce fut un peintre d'un goût original, qui eut peu de grace, mais beaucoup de correction : on voit beaucoup de ses ouvrages dans plusieurs des églises de sa ville natale, et l'on vante surtout dans la cathédrale, deux sujets d'histoire, placés latéralement à un autel ; ce sont, une Cène, et une Naissance de J.-C. Parmi les divers tableaux sur toile que j'ai vus de lui à St-Pierre, à St-Nicolas, à St-François, j'ai trouvé fréquemment

Gaetano<br>Lapis.

(*) T. II de ses Mémoires, page 81.

répétée la composition d'une madone d'une belle forme, avec plusieurs saints tournés vers elle et vers l'Enfant-Jésus, dans l'attitude de la prière. On trouve aussi des ouvrages de Gaetano à Pérouse et dans d'autres pays. Le prieur Borghèse a de lui, à Rome, une Naissance de Vénus, peinte sur une voûte, avec une correction de dessin, et une grace infiniment au-dessus de la réputation qu'il a laissée; personne ne l'appréciera autant qu'il le mérite, s'il n'a vu cet ouvrage. On veut qu'une extrême timidité jointe à une défiance de lui-même, poussée beaucoup trop loin, ait rompu le cours des succès brillants auxquels son talent pouvait le conduire.

*Salvator Monosilio.*

*Salvator Monosilio*, qui demeura long-temps à Rome, était de Messine, et suivit de très-près les traces de son maître. Il peignit à fresque la voûte d'une chapelle, de laquelle le Calandrucci fit le tableau d'autel à San Paolino della Regola. L'on voit d'autres de ses travaux à l'église des Polonais, ainsi qu'à celle des Quarante Saints dans le Picenum où le nom de Conca était très-considéré. Monosilio fut en honneur, et il fut chargé d'un grand nombre d'ouvrages pour des églises et pour des collections particulières. On voit à San Ginieso, à l'église de San Barnaba, une figure de ce saint qui est indiquée comme un excellent ouvrage dans les mémoires que nous citons si souvent. Conca forma encore un autre peintre sicilien, et ce fut

*Gasparo Serenari.*

l'abbé *Gaspero Serenari*, de Palerme, qui fut regardé à Rome comme un jeune homme plein de talent, et que l'on mit en concurrence dans l'église de Ste-Thérèse, avec l'abbé Peroni de Parme. De retour à Palerme, il devint un professeur renommé, duquel, outre les tableaux à l'huile, on cite des peintures à fresque et entre autres la coupole du *Jésus*, et la grande chapelle du monastère appelé de la Charité. *Gregorio Guiglielmi*, romain, n'est pas très-connu dans sa patrie, quoique ses peintures à fresques de l'hôpital du St-Esprit *in Sassia*, l'aient fait mettre au nombre des jeunes peintres les plus remarquables qui travaillèrent à Rome, sous le pontificat de Benoît XIV. Il en partit promptement, et alla à Turin, où, dans l'église de *San Solutore* avec ses compagnons, on voit un petit tableau des saints tutélaires de la ville. Il alla ensuite à Dresde, à Vienne, à Pétersbourg, et travailla pour les souverains de ces pays, avec beaucoup de succès dans les fresques. Ses compositions sont faciles, son coloris harmonieux, et il est fort attaché au style romain, qu'à l'exemple de *Lapis*, il dut apporter d'une autre école à celle du Conca. Parmi ses meilleurs ouvrages est un enfoncement peint dans l'université de Vienne, et un autre dans le palais impérial de Schœmbrunn, peu éloigné de la résidence de la cour. Il ne réussit pas aussi bien dans ses peintures à l'huile, dans lesquelles il est généralement faible, et cet indice prouve qu'il appartient à l'école de Conca, plutôt qu'à celle de Trevisani, de laquelle d'autres veulent qu'il soit sorti.

*Corrado Giaquinto* fut encore un élève de Solimene qui vint de Naples à Rome, où il s'attacha au Conca, pour étudier le coloris, dans lequel il a suivi presque les mêmes principes. C'est un peintre moins correct, plus maniéré, habitué à répéter souvent les mêmes formes, surtout dans les têtes jeunes, où il se plaisait à reproduire ses propres traits. Il eut toutefois

Corrado Giaquinto.

le mérite de la facilité et de la hardiesse, et il est connu dans l'État ecclésiastique par divers ouvrages exécutés à Rome, à Macerata, et ailleurs. Il alla ensuite en Piémont, comme nous le raconterons plus tard; puis en Espagne où il demeura au service de la cour et travailla pour la plupart des collections particulières. Le goût en Espagne, qui avait long-temps conservé l'impulsion donnée par le Titien, avait changé déja depuis plusieurs années. On admirait Giordano, son esprit, sa franchise, sa promptitude; qualités qu'on retrouvait dans Corrado. Cette vogue dura même après que le chevalier Raffaello Mengs eut fait connaître son style; et il arriva que celui-ci, aux yeux de la plupart des artistes et des amateurs, parut d'abord froid, et guindé, en comparaison du style de Giordano, jusqu'à ce que le préjugé, dans cette contrée comme en Italie, eût fait place à la vérité.

*Élèves de divers maîtres.*

Parmi les autres peintres qui vécurent à Rome depuis le commencement jusqu'au milieu du siècle, et au-delà, il en est quelques-uns qui ont des droits à occuper une place dans l'histoire. *Francesco Fernandi*,

*Francesco Fernandi.*

surnommé l'Imperiali, a laissé le Martyre de Saint-Eustache dans l'église de ce nom, ouvrage bien conçu, et d'un assez bon coloris. On reconnaît particulièrement *Antonio Bicchierai* peintre de fresque, à Saint-

*Antonio Bicchierai.*

Laurent de PANISPERNA, église dans laquelle il peignit un Enfoncement qui fait honneur à son pinceau. *Michelangiolo Cerutti* et *Biagio Puccini*, romains,

*Michelangiolo Cerutti. Biagio Puccini.*

furent regardés comme de bons peintres pratiques, vers le temps de Clément XI, et de Benoît XIII. Nous parlerons, dans diverses écoles, de quelques autres peintres qui se firent un nom sous les pontificats suivants, ou, si je les passe sous silence, on pourra les trouver dans le Guide de la ville.

Je passe de nos compatriotes aux étrangers, dont je ferai rapidement la revue, parce que le plan de cet ouvrage, augmenté de tant de noms italiens, qui sont le véritable objet de mon travail, ne me permet pas de longs épisodes sur ce qui est étranger à notre nation; on peut les lire, très-bien détaillés, dans les histoires étrangères. Un grand nombre d'ultramontains ont, pendant cette période, travaillé à Rome, où la plupart se sont fait connaître dans la peinture de genre, et nous les louerons nominativement. Quelques-uns d'eux travaillèrent même pour des églises, tels, par exemple, que *Jean-Baptiste Vanloo* d'Aix, élève du Luti, admiré par son maître même, et qui fit à Santa Maria in Monticelli, le tableau de la Flagellation: mais il ne s'arrêta point à Rome. Il passa en Piémont, et de là à Paris et à Londres, et jouit de la plus grande réputation dans la composition historique, ainsi que dans les portraits. Quelques années après Vanloo, *Pietro Subleyras* de Gilles, se fit connaître, et fixa sa résidence à Rome, où il rendit de grands services à l'école romaine. Tandis que celle-ci ne produisait plus que des sectaires des anciennes manières, et qu'elle vieillissait elle-même, il y parut fort à propos avec une manière toute nouvelle. L'académie avait déja été fondée à Rome par Louis XIV: cet établissement remonte à l'an 1666. On y avait vu briller Lebrun, le Jules de la France, et le plus célèbre des quatre Charles que l'on regardait alors comme les soutiens de la peinture; les autres étaient Cignani, Maratta et Loth. Cette même académie avait produit encore d'autres artistes renommés, tels que *Stefano Parocel*, *Gio. Troy*, *Carlo Natoire*, dont les peintures sont encore exposées publiquement dans plusieurs endroits de Rome. Cependant, il régnait dans l'école un style qui tenait du maniéré, ce qui fait qu'il est tombé depuis plusieurs années. Mengs l'appela *Ingénieux* et il consistait selon lui à *sortir des limites du bon et du beau, en outrepassant l'un et l'autre, en y en mettant trop partout, et en aspirant à plaire aux yeux, plutôt qu'à la raison* (\*). Subleyras formé dans cette école, corrigea ce faux goût en conservant le bon, en écartant le faible, et y ajoutant, de son imagination, tout ce qui suffisait pour en former une manière véritablement originale; elle est moelleuse, finie, d'une variété de têtes fort bien entendue, d'un grand mérite dans la distribution du clair-obscur, d'où il résulte que ces tableaux sont d'un très-bel effet dans leur ensemble. Il observait tout d'après nature; mais les figures et les vêtements prenaient sous son pinceau un certain grandiose qui paraît facile, parce qu'il lui est naturel, et il est unique, parce que, bien qu'il ait laissé quelques disciples, aucun ne parvint à la grandeur qui le caractérise.

Il était sorti de l'académie déja mûr, et le portrait qu'il fit de Benoît XIV, et pour lequel il obtint la préférence sur *Masucci*, lui assura la réputation de premier peintre de Rome. Peu de temps après il fut encore choisi pour peindre un tableau d'histoire de St-Basile, et pour le réduire en mosaïque au temple

---

(\*) T. II, page 123.

vatican. L'original est à l'église des Chartreux, et surprend par l'auguste représentation du sacrifice, célébré solennellement par le saint, en présence de l'empereur qui offre des pains à l'autel. Quel naturel dans ces têtes! quelle vérité dans le lieu de la scène, dans les draperies! La soie y semble de la soie, brillante, légère, et pliée comme dans la réalité. Ce travail, ainsi que d'autres tableaux moins grands, et en particulier le St-Benoît des Olivetains de Pérouse, qui peut-être est son chef-d'œuvre, lui méritèrent d'être recherché dans les galeries les plus choisies, où il est rare et estimé. On trouve d'autres détails sur cet artiste, rapportés dans le Tome II du Journal de Beaux-Arts.

*Egidio Alé* de Liège, étudia à Rome, suivit fidèlement les principes de cette école, et s'y montra spirituel, gracieux, élégant. Ses peintures à la sacristie de l'*Anima*, tant à fresque qu'à l'huile, et qu'il fit en concurrence avec *Morandi*, *Bonatti* et *Romanelli*, lui font infiniment d'honneur. *Ignazio Stern* fut un Bavarois qui, instruit par Cignani à Bologne, travailla pour la Lombardie. Il existe de sa main, à Plaisance, une Annonciation dans l'église de ce nom, et c'est un tableau où respire une certaine grâce, une certaine beauté, qui sont propres à cet auteur, ainsi que l'a remarqué l'écrivain qui a fait la description des peintures de cette ville. Le *Stern* s'établit à Rome, où il peignit à fresque la sacristie de St-Paulin, et laissa à Ste-Élisabeth, ainsi que dans d'autres églises, des tableaux à l'huile; mais il réussit beaucoup mieux aux sujets d'histoire profane, aux conversations et à d'autres sujets semblables, que l'on trouve dans les collections, même royales. L'Espagne eut un bon peintre de l'é-

*Sebastiano Magnoz.*

cole du *Maratta* dans *Sebastiano Magnoz*; mais elle n'a pu posséder un grand nombre de ses ouvrages, parce qu'il mourut au temps le plus brillant de sa jeunesse.

*Académie d'Espagne.*

C'est ici le lieu de rappeler un établissement destiné à faire *réfleurir les beaux-arts dans les régions d'où ils semblaient bannis*, dit M. D. Francesco Préziado, artiste espagnol, dans la lettre dont nous allons bientôt faire l'éloge: « L'académie royale de St-« Ferdinand ( à Madrid ), que Philippe V conçut et « fonda, et que son fils Ferdinand VI dota, envoya « à Rome, pour y étudier, plusieurs jeunes gens doués « de bonnes dispositions et pensionnés par lui ». Ces jeunes gens, dès leur arrivée, prenaient un maître à leur choix ; cependant ils avaient tous *un directeur chargé de recevoir et d'examiner leurs ouvrages*, comme me l'assure M. *Bonaventura Benucci*, peintre romain instruit dans cette académie. Bottari et Rome entière l'appelaient l'*académie d'Espagne*; c'est pourquoi, dans l'autre édition, je me conformai à la dénomination en usage, et j'indiquai les deux souverains nommés plus haut, comme fondateurs de cette académie; mais un écrivain m'en ayant fait un reproche, je dois rendre compte du motif qui m'a fait employer cette expression. Quoi qu'il en soit, on peut dire sans controverse, que la jeunesse espagnole a donné à Rome et dans ses concours, des preuves mémorables de génie et de goût. Elle a été dirigée, pendant plusieurs années, par D. Francesco *Preziado*, duquel on connaît une Ste-Famille à l'église des quarante Saints, conçue avec beaucoup de sagacité. Il écrivit aussi une très-belle lettre dans les *Pittoriche* (\*) sur les artistes de l'Espagne,

---

(\*) T. VI, page 308.

lettre fort utile à ceux qui veulent être au courant de cette école, beaucoup moins connue qu'elle ne mérite de l'être.

Une fondation presque semblable à celle de l'académie française a été faite à Rome il y a peu d'années, par le roi de Portugal, pour les jeunes peintres de ses états; et le mérite en appartient, après lui, à deux illustres Portuguais, M. le chevalier de *Manique*, intendant général de la Politique de Lisbonne, et M. le comte de *Souza*, ministre de cette cour à Rome. L'un en conçut le projet, et l'autre l'a conduit à son entière exécution depuis l'année 1791. La direction de cette académie fut confiée à M. Gio. Gherardo de' Rossi, connu par une foule de productions spirituelles auxquelles il a joint récemment l'ingénieux opuscule, qui a pour titre: *Badinages poétiques et pittoresques*, avec les gravures d'un habile académicien. Les établissements cités sont trop nouveaux pour que je puisse m'étendre sur leurs résultats.

Académie de Portugal.

On a indiqué séparément les peintres de la province, en parlant de leurs maîtres. En voici un supplément qui n'est point inutile pour rendre cette histoire complète. Foligno eut un *Frère Umile*, Franciscain, et bon peintre de fresque, employé à Rome par le cardinal Castaldi pour décorer la tribune de Ste-Marguerite; dont il confia les tableaux à Gaulli et à Garzi. L'abbé *Dondoli* vivait à Spello dans les commencements du siècle: il eut plus de mérite pour le coloris que pour le dessin. Le *Marini* a quelque réputation à San Severino, sa patrie, et fut l'élève de *Cipriano Divini* qu'il surpassa dans son art. Marco *Vanetti* de Lorette m'est connu par la vie du Cignani,

Peintres divers de l'État Romain.
F. Umile.
Ab. Dondoli.
Le Marini.
Marco Vanetti.

duquel il fut l'écolier, mais non par aucun de ses ouvrages. *Antonio Caldana* d'Ancône, fit à Rome, à St-Nicolas de Tolentino, un grand tableau, représentant une Action de ce saint, qui est dans la sacristie, et offre un grand nombre de figures. Je ne sais s'il est resté de ses ouvrages dans son pays, mais on y conserve beaucoup de peintures d'un *Magatta*, artiste estimable, dont le nom fut *Domenico Simonetti*, et qui peignit dans la galerie des marquis Trionfi. Il remplit en outre plusieurs églises de ses tableaux et se distingua surtout par celui de l'église du Suffrage, qui est le plus étudié que j'aie vu de sa main.

*L'Anastasi* de Sinigaglia fut un peintre moins choisi et moins fini, mais spirituel et facile : la ville ne manque point de ses tableaux, et l'on remarque parmi les meilleurs, les deux Sujets d'histoire sacrée placés à l'église de la Croix. On vante beaucoup aussi trois de ses tableaux à Ste-Lucie de Montalboddo, que l'auteur du *guide* de cette ville appelle les *chefs-d'œuvre* de l'Anastasi. Camillo Scacciani de Pesaro, surnommé *Carbone*, vivait au commencement de l'époque que nous décrivons ; son style est celui de l'école des Carraches, et penche vers le style moderne : le *Sant' Andrea Avellino* de la cathédrale de Pesaro est de lui. Le reste de ses ouvrages dans cette ville est répandu dans les galeries particulières. Le choix que j'ai fait des peintres précédents, me paraît devoir suffire, puisqu'il n'entre point dans mon but de parler des artistes vivants (1).

(1) *Francesco Appiani* d'Ancône, élève de *Magatta*, et mort dans ces derniers temps, n'a point été mentionné dans

Je crois devoir faire une mention à part et avec un peu plus d'étendue, de trois artistes morts successivement sous le pontificat de Pie VI, et conclure par eux la série des peintres de figures de la V<sup>e</sup> époque. Je commence par le chevalier *Raffaello Mengs*, duquel, peut-être, nos descendants feront dater une époque nouvelle et plus heureuse pour la peinture. Saxon de naissance, il vint à Rome encore enfant, conduit par son père, miniaturiste de quelque talent, et dessinateur exact et précis. Ayant habitué son fils à dessiner d'après ses principes, il l'exerçait à copier les figures de Raphaël, et il punissait les moindres fautes de son travail avec une sévérité ou plutôt une inhumanité incroyable, lui donnant des coups, et le condamnant à une rude abstinence. Conduit ainsi de force vers la perfection, et né avec un esprit assez péné-

*Peintres des dernières années.*

*Raphaël Mengs.*

l'autre édition, mais il mérite de l'être dans celle-ci. Il étudia long-temps à Rome à l'époque où *Bénéfial*, *Trevisani*, *Conca*, *Mancini* y fleurissaient; et il dut à leur amitié, surtout à celle du dernier, ce style doux et harmonieux qu'il s'était formé, et duquel il a laissé un essai dans cette métropole à *S. Sisto Vecchio*. C'est la mort de Saint Dominique, peinte à fresque par ordre de Benoît XIII, qui récompensa l'auteur par une médaille d'or. Étant allé ensuite à Pérouse, où il fut admis au droit de bourgeoisie, il continua de travailler avec une ardeur infatigable jusqu'à l'âge de 90 ans; phénomène presque inconnu à l'histoire, depuis le Titien. Pérouse est remplie de ses peintures de toutes espèces; on compte parmi ses meilleures, celles qui ornent l'église de St-Pierre du Montcassin, celle de St-Thomas, celle de Montecorona. Il décora d'autres peintures à grande machine, St-François et la voûte de la cathédrale, où il rivalisa avec la hardiesse de composition de Carloni. On trouve son éloge et celui d'une de ses peintures dans les *Antichità Picene*, T. XX, page 159. Il en fit beaucoup aussi pour l'Angleterre.

trant pour en sentir les principes, il se trouva peu à peu en état de donner à Winckelmann d'importantes lumières pour l'histoire des beaux-arts, et d'écrire lui-même plusieurs traités profonds *sur la peinture*, ouvrages qui ont beaucoup contribué aux progrès de ce siècle. Ils ont des titres divers, mais tous visent au même but, celui de faire apercevoir le plus haut degré (1) de la perfection dans cet art.

*Ses traités de peinture.*

L'artiste, tel que le Mengs l'a décrit dans ses livres, est comme l'*Orateur* idéal dépeint par Cicéron, et duquel ce grand homme écrivait, que jamais il ne s'était vu au monde; que peut-être même il ne se verrait jamais dans les âges futurs. Tel est, en effet, le devoir de quiconque donne des préceptes : proposer l'excellent, le parfait, afin que l'on arrive au moins à ce

(1) Voyez en le catalogue le plus complet dans les *Memorie delle belle arti* pour l'année 1788, quand ces écrits du Mengs furent réimprimés à Rome avec des annotations de M. l'avocat *Fea*, en un volume in-4°, et divisés en deux volumes in-8°. Celui qui eut le plus de succès, fut celui intitulé : *Réflexions sur les trois grands peintres, Raffaello, Tiziano et Coreggio, et sur les anciens.* Outre ce morceau, il écrivit encore un Mémoire à part sur le Coreggio et sur sa vie, ce qui donna lieu ensuite à des controverses, parce que les *Notices historiques sur le Coreggio*, écrites par le *Ratti*, ayant enfin paru en 1781, en même temps qu'une lettre du Mengs, écrite de Madrid dès l'année 1774, et dans laquelle il l'encourage à les recueillir et à les publier, le Ratti fut alors accusé de plagiat par plusieurs écrivains, comme si, au moyen du changement de style et de l'addition de plusieurs choses de peu d'importance, il eût eu l'intention d'usurper ce qui appartenait à Mengs. On vit paraître bientôt après, mais sans nom d'auteur ni de pays, une défense de Ratti, au sujet de laquelle, on peut consulter la note suivante.

qui est bon ou louable. C'est en vertu de ce principe que je défendrais certains traités de sa plume, dans lesquels d'autres ont cru voir qu'il voulait s'ériger en précepteur de la peinture, et qu'il avait critiqué dans cet esprit, non-seulement le Guido, mais encore le Dominiquin, et les Carraches, ce même triumvirat d'artistes qu'il propose pour exemple. Non, il n'était point assez insensé pour espérer de se placer au-dessus de ces grands hommes; mais comme il savait que personne ne fait jamais si bien, que l'on ne puisse faire encore mieux, il nota en quoi chacun d'eux avait atteint les plus hautes régions du génie, et en quoi il s'était moins élevé. Ainsi, le peintre, tel que l'imaginait Mengs, le peintre, à la perfection duquel lui-même aspira toujours, et voulut que chacun aspirât, doit réunir, à la fois, le dessin et la beauté des Grecs, l'expression et la composition de Raphaël, le clair-obscur et la grace du Corrège, et enfin, le coloris du Titien.

Mengs analyse cet assemblage de talents avec finesse et avec élégance en même temps qu'il enseigne les moyens de connaître, et ceux de produire le beau idéal si supérieur à tout autre exemple. S'il a montré en quelque point de l'embarras dans sa manière de s'exprimer, ou s'il a rencontré quelque difficulté, cela n'a rien qui doive surprendre; car il était étranger, et fort peu exercé à écrire. Ses idées auraient donc eu besoin de la plume d'un littérateur qui les rendît plus simples et plus intelligibles, ce qu'il n'aurait point négligé de chercher s'il avait eu l'intention de livrer ses écrits à l'impression; mais ses traités sont posthumes, et n'ont été publiés que par les soins de M. le chevalier Azara. De là vient encore que l'un de ses opuscules détruit ce que l'autre édifie, ainsi que l'a remarqué, à propos du Corrège, le Tiraboschi, dans ses *Notices sur les artistes modenois*, et il conclut que les réflexions du Mengs sur les trois grands peintres, ouvrage où il expose tout ce qu'il trouve à reprendre dans le Corrège, furent sans doute écrites avant d'avoir vu ses ouvrages; tandis que les *Mémoires* sur la vie du même, où partout le Corrège est élevé aux nues, et déclaré l'Apelles de la peinture moderne, furent écrits après qu'il l'eut vu et étudié (1). Mais malgré toutes ces contradictions il occupera toujours un rang distingué parmi les théoristes de l'art, et il l'oc-

(1) Dans la défense de *Ratti*, accusé d'avoir répété ce qu'avait dit un autre, on produit cette contradiction évidente comme une preuve que ces Mémoires appartiennent au Ratti. On assure qu'il les avait écrits du style le plus simple et le plus ordinaire, et les avait ainsi envoyés à Mengs, après la mort duquel cet écrit ayant été trouvé parmi les siens, fut publié sous son nom; mais on rapporte en même temps d'autres circonstances qui ne sont pas trop favorables à la cause du Ratti. Telle est celle où se trouvant à Parme avec Mengs, *il le consultait sur tout ce qu'il était possible de dire à l'égard des peintures de Coreggio*, et où, ne pouvant voir celles qui étaient à Dresde, *il en reçut de Mengs la description la plus détaillée*. On ajoute que *Mengs s'amusait à faire des notes aux manuscrits que ses amis lui communiquaient*. Si donc l'on convient que Mengs eut tant de part à ce manuscrit que l'on prétend qui fut rédigé par l'élève sous la direction du maître, quant aux jugements portés sur ce qui tient aux beaux-arts; et quant au catalogue des meilleurs tableaux, si l'on veut même que le maître y ait ajouté des notes; comment ne pas voir que le plus grand mérite de cet opuscule, et ce qui s'y trouve de meilleur à lire et à étudier, est dû au Mengs? Voyez un exemple tout semblable, page 234.

cupera même dans la pratique tant que ses peintures subsisteront.

Qu'il soit permis de le dire, Mengs, pour me servir de la comparaison d'Horace, n'est point cette pierre à aiguiser qui donne à l'acier un tranchant qu'elle-même n'acquiert jamais (*a*) : c'est l'acier même qui, plus il est exercé, plus il devient fin et plus il brille. Il fut peintre de la cour à Dresde, et chacun de ses ouvrages offrait un nouveau développement de ses progrès. Il passa ensuite à Madrid, où il figura dans plusieurs salles de la résidence royale, la Cour de l'Olympe, les Parties du jour, et les Saisons; toutes compositions pleines d'imaginations gracieuses, et analogues aux sujets. Étant revenu à Rome pour faire de nouvelles études, il retourna encore à Madrid, où il représenta dans une salle l'Apothéose de Trajan; puis dans un théâtre, le Temps qui enlève le Plaisir : ces peintures sont très-supérieures aux premières. Rome a de sa main trois peintures en grand : le tableau de la voûte de St-Eusèbe, le Parnasse, dans une salle de la Villa Albani, et qui est bien au-dessus du précédent (1); enfin, le dernier est le Cabinet des PAPIRUS au Vatican. La beauté céleste des anges, la majesté du Moïse et du Saint-Pierre, le charme du coloris, le relief et l'harmonie, font regarder ce lieu comme l'un des or-

*Peintures du Mengs.*

(*a*) Petrarque a employé la même comparaison à propos de Convennole, son instituteur. ( N. du T. )

(1) Cette peinture est l'une des plus savantes qui aient été produites depuis la renaissance des arts : chacune des muses y est représentée avec les attributs qui lui ont été donnés par l'antiquité; ce qui valut à l'artiste les éloges de l'abbé *Visconti*, dans l'immortel ouvrage du *Museo Pio Clementino*, T.I, p. 57.

nements les plus remarquables du Vatican et de Rome. Cette même ardeur de se surpasser toujours lui-même se manifesterait encore à nos yeux dans ses tableaux de chevalet, s'ils n'étaient point aussi rares à Rome, mais il en peignit la plus grande partie pour Londres et pour d'autres capitales de l'Europe. A Rome même, où il étudia dans son adolescence, où il revint plusieurs fois, où il s'établit, où il mourut enfin, l'on voit peu de ses ouvrages. Ce sont les portraits de Clément XIII et du cardinal Charles, son neveu, que l'on voit chez le prince Rezzonico ; celui du cardinal Zelada, secrétaire d'état, et un petit nombre d'autres qui sont entre les mains d'autres personnes, principalement chez M. le chevalier Azara. Florence possède plusieurs de ses tableaux les plus recommandables, dans le palais Pitti, et son portrait même dans le cabinet des peintres, outre la grande Descente de croix faite en clair-obscur pour M. le marquis Rinuccini, et qu'il ne coloria point ayant été surpris par la mort ; puis un beau Génie dans une salle de M. le comte sénateur Orlando Malevolti del Benino ; ce dernier ouvrage est à fresque.

En revenant des ouvrages à la personne de Mengs, je laisse à d'autres le soin de tracer les limites de son talent, et de déterminer jusqu'à quel point on doit l'imiter (1). Quant à moi je ne puis me lasser d'ad-

(1) Cet habile homme ne manqua point d'ennemis dont la malveillance fut irritée par les critiques qu'il avait faites des artistes du premier ordre, et plus encore de ceux qui étaient médiocres, et qui étaient vivants, ou morts depuis peu. Cumberland écrivit contre lui avec une passion qu'il ne sut point déguiser. L'anonyme, auteur de la défense du chevalier Ratti,

mirer en lui cette ardeur continuelle à s'avancer dans son art ; et tandis qu'il était regardé par tant de connaisseurs, comme un maître de premier ordre, il s'y prenait pour chacun de ses ouvrages, comme s'il eût commencé alors sa carrière. Il consultait la nature, revoyait les ouvrages des grands maîtres de l'art, en analysait les couleurs, les examinait dans chaque détail, afin d'entrer entièrement dans les vues et dans l'esprit de ces grands modèles. Pendant qu'il travailla dans la galerie royale de Florence, il ne touchait point un pinceau, qu'il ne se fût d'abord arrêté pour observer à loisir et étudier les meilleurs des morceaux qu'elle renferme; et principalement la Vénus du Titien, qui est dans la tribune. Dans d'autres moments plus libres, il revenait

en parla aussi avec humeur dans cet opuscule; ouvrage de Ratti lui-même, ou composé avec ses matériaux. On conteste surtout à Mengs le titre de littérateur et de philosophe, et l'on voudrait attribuer à Winkelmann, qui avait toute sa confiance, le plus grand mérite de ses écrits. Quant à l'art, on représente Mengs comme *un peintre excellent, mais qu'il n'est point impossible de surpasser*. Venant ensuite aux détails, l'auteur rassemble une quantité de critiques qui lui furent données sur des feuilles, ou de vive voix, par des professeurs, et il y en ajoute d'autres de son propre fonds. C'est aux connaisseurs qu'il appartient d'en juger, mais il n'est pas nécessaire d'être fort habile pour prononcer à l'égard de son coloris, que son émule *Batoni* blâmait à l'excès, surtout lorsqu'on voit ses carnations si fort altérées en si peu d'années, du moins dans quelques-uns de ses ouvrages. Dans cette *défense*, enfin, l'on fait remarquer plusieurs particularités relatives à la vie privée du Mengs, que le Ratti pour l'honneur de l'ami que la mort lui avait enlevé, avait omises dans l'histoire de sa vie imprimée en 1779, et que par la même raison il aurait mieux valu dissimuler entièrement dans cet autre opuscule.

pour examiner minutieusement les peintures à fresque des meilleurs maîtres de cette école, qui s'est particulièrement distinguée dans cette partie de l'art : il ne négligeait point d'en faire autant par rapport à chaque ouvrage remarquable qu'il voyait, soit moderne, soit antique; il profitait de tout, il faisait tout servir à se perfectionner. Esprit véritablement sublime, et que l'on peut comparer à celui de cet ancien, qui disait qu'il voulait mourir en apprenant : si une semblable maxime eût été adoptée généralement, combien la peinture se serait avancée! Mais la plus grande partie des artistes, en cherchant à se former un style pour gagner beaucoup, s'arrêtent à celui auquel on applaudit le plus, et lorsqu'ils veulent faire rechercher davantage leurs productions, ils s'occupent moins à les rendre supérieures en mérite, qu'à en renchérir le prix.

<small>Pompeo Batoni.</small> Mais l'éclat avec lequel Mengs a figuré de nos jours, a cependant laissé quelque chose à la gloire de *Pompeo Batoni* de Lucques. M. le chevalier Boni, qui l'a honoré d'un fort bel éloge, l'a comparé au Mengs, et s'est exprimé ainsi : « celui-ci fut fait peintre par « la philosophie, l'autre est celui de la nature. Le « Batoni avait un goût naturel qui le portait vers le « beau sans qu'il s'en aperçût; le Mengs y arriva par « l'étude, et par la réflexion. C'est ainsi que les faveurs « des graces tombèrent en partage au Batoni comme à « Apelles, et les prodiges de l'art, au Mengs comme « à Protogène. Le premier fut peut-être plus peintre « que philosophe, et le second plus philosophe que « peintre; celui-ci peut-être fut plus sublime dans son « art, mais plus étudié. Le Batoni fut moins profond

« mais plus naturel : cela ne veut pas dire, toutefois,
« que la nature ait été injuste envers le Mengs, ou
« que le Batoni ait manqué de la logique de la pein-
« ture, » etc. Il est incontestable que si jamais l'on a dit
d'un homme avec vérité qu'il était né peintre, cet
éloge ne peut être refusé au Batoni; il ne reçut tout
au plus dans sa patrie que les premières notions de
son art, et de deux correspondants qui m'en ont rendu
compte, l'un dit qu'il fut dirigé par le Brugieri, l'autre
par le Lombardi comme je l'ai déja rapporté (*). Peut-
être reçut-il les conseils de l'un et de l'autre. Venu à
Rome dans sa grande jeunesse, il ne fréquenta aucune
école, il étudia et copia avec une constance infatigable
Raphaël et les anciens, et apprit de cette manière le
secret de représenter la nature avec choix et avec
vérité.

La nature seule offre ce volume immense de dessins,
qui, ouvert aux yeux de tous, a servi à peu de peintres autant qu'au Batoni. C'est à elle qu'il emprunta
cette incroyable variété de têtes, de physionomies, de
beautés de toutes espèces, que les grands maîtres
mêmes laissent quelquefois à désirer, parce que l'enthousiasme du beau idéal les entraîne trop loin. Ce
fut d'elle encore qu'il prit les mouvements et les expressions les plus analogues à chaque sujet; persuadé
qu'une certaine ardeur de l'imagination ne suffit point
pour saisir des traits de délicatesse qui forment le sublime de l'art, il ne figurait aucune action qu'il ne
l'imitât du vrai. Il prit de la nature ses premières
idées du mouvement, il copiait aussi d'après elle

---

(*) T. I, page 287.

chaque partie des figures et les drapait toujours d'après les modèles. Se livrant ensuite à son goût naturel, il en embellissait l'ensemble et le perfectionnait, puis l'animait d'un coloris que l'on peut dire qui est tout à lui. Il est net, vif, brillant, et après même un grand nombre d'années, il conserve sa fraîcheur, comme dans son tableau représentant plusieurs Saints, à Saint-Grégoire. Il eut en cela moins un art, qu'un don naturel; il se jouait avec son pinceau, et tout chemin était sûr pour lui. Il peignit, tantôt par empâtement, tantôt par touches, et tantôt il terminait le tout par de simples traits : quelquefois il résumait l'ensemble de son travail, et lui donnait la vigueur nécessaire avec une seule ligne (1). Quoiqu'il ne fût point homme de lettres, il se montre poète dans le caractère grandiose, et plus encore dans le gracieux. Il suffira d'en rapporter un seul exemple. Voulant exprimer dans un tableau, qui est resté à ses héritiers, les soins qui occupent ordinairement une jeune fille, il la représenta assoupie par un léger sommeil, et auprès d'elle deux amours qui lui montrent des bijoux précieux et de riches vêtements, puis un troisième plus rapproché d'elle, avec quelque flèches : spectacle auquel elle paraît sourire et se plaire quoiqu'en songe. On trouve beaucoup de ces compositions poétiques de Batoni, et même des sujets d'histoire dans des collections particulières, ainsi que dans plusieurs cours de

---

(1) V. *Elogio di Pompeo Batoni*, page 66, où le savant auteur, qui à ses autres talents joint celui de la peinture, décrit en détail cette franchise de pinceau, et s'exprime en professeur.

l'Europe, pour lesquelles il eut continuellement des travaux à exécuter.

Il fut original dans sa manière de traiter les portraits, et trois fameux pontifes voulurent avoir les leurs faits par lui ; ce furent Benoît XIV, Clément XIII, et Pie VI, outre l'empereur Joseph II, Léopold II, son frère et son successeur, le grand duc et la grande duchesse de Moscovie, et beaucoup d'autres personnages de distinction. Il peignit en miniature pendant quelque temps, et il appliqua le soin et la précision qui sont nécessaires dans cet exercice, aux peintures d'une plus grande importance sans les affaiblir par de la sécheresse. Rien ne le prouve mieux que ses tableaux d'autels, répandus dans toute l'Italie, et que nous avons déja indiqués dans plusieurs villes, principalement à Lucques. Parmi ceux qui sont restés à Rome, Mengs donnait la prééminence au Saint-Celse, qui est sur le maître-autel de l'église qui porte son nom. On voit à la Chartreuse un autre de ses tableaux représentant la Chûte de Simon le magicien : on devait le réduire en mosaïque pour le Vatican, et le substituer à la peinture faite sur le même sujet par le Vanni, et la seule de ce temple qui fût en ardoise. La mosaïque, quelle qu'en fût la raison, ne fut point exécutée ; peut-être le sujet ne plut-il point, parce qu'il n'était pas évangélique. L'idée d'ôter de cette place le tableau du Vanni n'ayant point eu de suite, on changea le sujet, et l'on chargea Mengs de figurer St-Pierre recevant les clefs avec l'investiture de son pouvoir. Il en fit une ébauche très-étudiée en clair-obscur, elle est dans le palais Chigi : l'auteur ne put en exécuter le tableau, parce qu'il ne vécut pas assez de temps. La petite ébauche offre une invention et une composition supérieure à celles du Batoni; mais le sujet de ce dernier était bien plus difficile. Quoi qu'il en soit, Batoni doit être considéré aussi comme l'un des restaurateurs de l'école romaine, où étant demeuré jusqu'à la soixante-dix-neuvième année de sa vie, il forma une foule de jeunes gens à l'exercice de cet art.

*Antonio Cavallucci.* Les exemples des deux artistes dont nous venons de faire l'éloge, furent d'une grande utilité à *Antonio Cavallucci*, dont je ne croyais pas avoir à placer le nom ici, lorsque je livrai cette ouvrage à l'impression, parce qu'il vivait encore alors ; mais la mort l'ayant enlevé depuis peu de temps, je dois à ses talents cet honneur, quel qu'il soit, d'être nommé avec les plus habiles artistes de son temps ; car telle est l'idée qu'il a laissée de lui à Rome et chez l'étranger. La Primatiale de Pise, qui, dans le choix de ses peintres, ne consulta jamais d'autre recommandation que celle de l'opinion publique, lui confia et vit exécuter par lui un grand tableau d'histoire. Il représente St-Bona, né dans cette ville, et prenant l'habit religieux. Toute cette cérémonie sainte respire la piété, sentiment dont l'auteur très-pur dans ses mœurs était pénétré, et que par cette raison il exprimait toujours avec succès. Il montra, du reste, par le fait, que ces exemples d'humilité chrétienne, qui conduisent à ensevelir dans un cloître tous les dons de la nature et de la fortune, sont cependant susceptibles des ornements les plus brillants. C'est ce qu'il retraça en introduisant une multitude d'hommes et de femmes qui, selon l'usage, y assistent en *gala*. Dans ce tableau, qui est plus conforme à la manière de *Batoni* qu'à celle de *Mengs*, on peut voir combien ce peintre était observateur de la nature, et avec quel jugement et quelle facilité il en faisait l'imitation. Il envoya à Catane un autre grand tableau, représentant St-Placide et St-Maur, et en fit un de St-François de Paule pour la basilique de Lorette, où le même sujet était déjà en mosaïque. Enfin, il a laissé à Rome le St-Élia et le Purgatoire, deux tableaux placés à St-Martin du Mont, et beaucoup d'autres peintures, chez les seigneurs du nom de *Gaetani*, qui furent les premiers à encourager et à protéger son talent. Son dernier ouvrage fut la *Vénus* avec Ascagne, restée dans le palais *Cesarini*, et de laquelle il m'a été donné une description comme d'un très-beau morceau, par M. *Gio. Gherardo de Rossi*. Ce dernier se prépare à publier la vie du *Cavalluccio*; travail qui, selon l'habitude de l'auteur, sera fait de main de maître.

L'école romaine, pendant les années dont je rends compte, a apprécié et pleuré deux artistes très-habiles, *Domenico Corbi* de Viterbe, et *Joseph Cades* romain, qui, plus jeune que le premier, et son élève pendant quelque temps, quitta la vie avant lui. En écrivant sur ce sujet, nous devons commencer par le maître, auquel on a plus d'une fois donné des éloges dans l'estimable ouvrage qui a pour titre: des *Beaux-Arts*. L'on n'a pas moins applaudi son élève, et même plusieurs de ses élèves; car il n'y eut point à Rome, dans les derniers temps, une école plus fertile en bons écoliers. Domenico était véritablement un savant peintre, et il en est peu qui puissent lui être comparés pour l'anatomie, la perspective, le dessin. On observe que *Mancini* ayant été son instituteur, il a toujours conservé quelque trace du goût des Carraches. Enfin, ses dessins

*Domenico Corbi.*

académiques sont recherchés, j'ose le dire, plus encore que ses peintures, auxquelles il faut avouer qu'il manque ce charme de couleur et d'amabilité qui obtient également les suffrages des connaisseurs et ceux des ignorants. Il adopta un coloris pâle jusqu'à l'excès, et il défendait cette habitude par cette raison (je ne sais jusqu'à quel point elle est plausible), que les tableaux peints de cette manière ne noircissent pas aussi facilement. Ses ouvrages les plus estimés sont ceux qu'il peignit en supposant l'action pendant la nuit, tels que la Naissance du Rédempteur, qu'il fit pour l'église des Observantins, à Macérata; ce tableau est peut-être le chef-d'œuvre de son talent. Quelques amateurs allaient exprès le voir vers le déclin du jour. Une haute fenêtre qui se trouvait vis-à-vis, favorisait l'illusion devant et derrière le tableau. Le *Corvi* qui, dans d'autres peintures sur toile, demeure très-inférieur à *Gherardo delle Notti*, le surpassa dans celle-ci par une certaine nouveauté de dégradation, et par l'effet qu'elle produit lorsqu'elle est vue de cette manière. Il travailla beaucoup pour ses compatriotes et pour les étrangers, outre les tableaux que, sans avoir reçu de commande, il tenait tout prêts pour les occasions journalières, et dont la plupart qu'il a laissés à sa veuve, attendent encore des acheteurs.

Le Cades. Cades doit occuper un rang honorable dans l'histoire, surtout par un talent d'imitation qui eût été dangereux pour la société, s'il n'eût point été soutenu par la pureté de ses principes et la probité de son caractère. Il n'y eut jamais de falsificateur d'écritures plus habile à contrefaire les formes et les traits des vingt-quatre lettres, qu'il ne l'était à contrefaire, même sans y être préparé, les physionomies, le nu, les draperies, et le caractère exact de tous les dessinateurs les plus renommés. Faites-moi, lui disaient les plus habiles connaisseurs, un dessin du style de Michelange, de Raphaël, et ainsi des autres ; il l'exécutait aussitôt. On le mettait ensuite à côté d'un dessin reconnu pour un original de l'auteur désigné, on demandait quel était, par exemple, le véritable Buonarroti, et les connaisseurs, ou bien hésitaient, ou bien se trompaient et indiquaient le Cades. Il n'en fut pas moins honoré pendant toute sa vie. Il fit une fois un grand dessin à la manière du Sanzio, pour détromper le directeur d'une galerie souveraine qui se vantait d'être un connaisseur infaillible de la main de Raphaël ; et le lui ayant fait parvenir par une personne qu'il avait mise dans le secret, non sans y ajouter une petite fable sur la source de laquelle provenait ce dessin, notre connaisseur l'acheta pour 500 sequins. Le Cades voulant les lui restituer, l'autre refusa l'argent et retint le dessin. Toutes les protestations de Giuseppe, et les offres qu'il lui fit de lui rendre du moins une partie du prix, ne purent jamais le persuader. Il fut donc placé comme un original incontestable, et peut-être il se trouve encore comme tel dans une des plus célèbres collections de l'Europe.

Cades sentit en lui-même ce genre de talent dès ses premières années, et à l'occasion d'un concours, il fit de son invention un dessin sans vouloir le soumettre au conseil de *Corvi*, qui voulait qu'il fût autrement, ce qui le détermina à se retirer de cette école. Ce dessin néanmoins remporta le premier prix, et il est encore estimé et conservé dans l'académie de St-Luc.

Il en fut de même pour le coloris, dans lequel il dut peu aux leçons qu'il reçut, et beaucoup à son talent naturel pour l'imitation. J'ai vu exposé dans l'église des Saints Apôtres un de ses tableaux qui représente, dans la partie supérieure, la Vierge avec l'Enfant-Jésus, et dans le plan inférieur, Cinq Bienheureux ; peinture allégorique, comme je l'ai entendu dire, et faisant allusion à l'élection de Clément XIV. Ce pontife fut élu par les suffrages du cardinal *Carlo Rezzonico*, joints à ceux de son parti, et contre l'attente du *P. Innocenzio Buontempi*, qui avait ordonné l'exécution de ce tableau. Ce dernier, après cette élection, fut promu par le pape au grade éminent de *Maître* de l'ordre séraphique, et plus tard à celui de confesseur pontifical. On voit dans cette composition St-Clément au milieu lisant un livre sacré, à droite St-Charles qui en admire la doctrine et semble dire, *celui-ci est digne du pontificat;* en dernier lieu paraît le pape St-Innocent qui, étant figuré sous les traits du P. Buontempi, devait ici céder, par bienséance, la place d'honneur au cardinal *San Carlo*. St-François et St-Antoine, dont les figures ne sont point entières, se trouvent indiqués sur un plan plus reculé. Le Cades s'était proposé pour exemple le tableau du Titien qui est au palais Quirinal, et il l'imita également dans la composition et dans le coloris; partie dans laquelle il exagéra son modèle en y répandant cette teinte nébuleuse que le temps, et non le Titien, a donnée au tableau du palais Quirinal. *Giuseppe* s'excusait de ce défaut en disant que cet ouvrage ayant dû être placé à St-François de Fabriano à un jour très-éclatant, les couleurs, si on ne les avait pas tenues un peu vigoureuses, se seraient évaporées en quelque sorte au yeux du spectateur. Mais il ne put défendre avec la même apparence de raison, une erreur qu'il commit dans la perspective; et ce fut la figure symbolique du souverain pontife Innocent, qui, stupéfait de cette élection inattendue, se recule, paraît perdre l'équilibre et être sur le point de tomber à la renverse. On voit que s'il ne tombe point, c'est parce qu'il n'est présent qu'en peinture. D'autres erreurs, soit de coloris, soit de costumes, ou de formes trop vulgaires, ont été notées dans d'autres tableaux de sa main, par l'auteur des Mémoires, dans les Tomes I et III. La réflexion s'étant développée avec l'âge, et l'auteur ayant prêté l'oreille aux jugements du public, il se perfectionnait toujours. V. dans le Tome III, déjà cité, la description de l'une de ses peintures, faites pour la *Villa Pinciana*, et dont le sujet est pris de Boccace; c'est la Reconnaissance de Gualtieri, comte d'Anguersa, survenue à Londres. Que l'on examine attentivement le jugement que porte l'estimable écrivain qui rend compte de ce bel ouvrage, ou, si on l'aime mieux, que l'on compare cette peinture avec le St-Joseph de Copertino, qu'à l'âge de vingt-un ans il fit pour un autel des SS. Apôtres, on appréciera alors la rapidité du vol des grands génies. D'autres princes de Rome, l'employèrent, outre le prince Borghèse, pour orner leurs palais et leurs maisons de plaisance; tels que les princes Ruspoli et Chigi. Il peignit beaucoup aussi pour l'empereur de Russie. Il mourut enfin, âgé de moins de cinquante ans, et peu d'années après le temps, où il s'était dirigé vers une meilleure route. Selon quelques critiques, il lui restait encore à réduire son style à une plus grande unité; car, il offrait souvent dans un même tableau, autant d'imitations de maîtres divers, qu'il y avait de figures; défaut duquel il pouvait à la vérité s'excuser par l'exemple du Carrache, comme nous le raconterons lorsqu'il en sera temps.

*Paysages.* Passons maintenant aux autres classes de la peinture, et commençons par les paysages : c'est pendant cette époque que vécurent les élèves des trois fameux paysagistes, dont nous avons décrit ailleurs les ouvrages, outre le *Grimaldi*, que nous nommerons dans l'école bolonoise, bien qu'il ait vécu fort long-temps à Rome ; et *Paolo Anesi*, duquel nous avons fait mention en parlant de Zuccherelli. En même temps que l'Anesi, vécut Andrea Lucatelli, romain, l'un des peintres les plus applaudis dans toutes les branches de la peinture de genre. On voit à Milan, dans la galerie de l'archevêque, une infinité de ses petits tableaux, sujets de fantaisie, architecture et paysages. Il s'y montre souvent neuf dans les détails et dans la disposition des masses; il est varié dans ses feuillages, délicat dans son coloris, gracieux dans ses petites figures, que même, indépendamment du paysage, il a quelquefois composées et touchées de main de maître, dans ses petits tableaux à la flamande, ainsi que nous le dirons plus loin.

*Francesco Grimaldi*

*Paolo Anesi.*

On trouve moins de recherche dans *Franceso Vamblomen*, que ses atmosphères brûlantes et vaporeuses ont fait surnommer *l'Orizzonte*. Les palais romains du pape et des grands sont remplis de ses paysages à fresque, et plus encore de ceux à l'huile. Dans le caractère des arbres et dans la composition, il est presque toujours imitateur du Poussin. Dans l'harmonie

*L'Orizzonte.*

générale, il a une couleur verdâtre, mêlée de laque. Il n'est pas toujours assez étudié, mais il augmente toujours de mérite à mesure que les plus anciens tableaux vieillissent, ou qu'ils deviennent rares par les acquisitions des Ultramontains. A côté du *Vamblomen*, on place dans les galeries quelques-uns de ses élèves, de ceux qui l'ont imité le mieux, tels que le *Giacciuoli* et *Francesco Ignazio Bavarois*.

Le Giacciuoli.
Le Bavarois.

Ce fut dans la même période, que vécut à Rome *Francesco Wallint*, surnommé *M. Studio*, qui faisait de petits paysages et des marines, avec des figures exécutées avec beaucoup de soin. Il manque toutefois de ce sentiment qui est un don de la nature, et de cette *morbidesse* qui plaît tant dans les écoles d'Italie. Il suivit la manière de *Claudio*. Le jeune Wallint, son fils, suivit la même manière avec succès, mais il le cède à son père.

Les deux Wallint.

Au commencement de cette époque, ou à peu près, vivaient à Pérouse deux peintres fort accrédités dans ce genre de vues; *Ercolano Ercolanetti*, et *Pietro Montanini*, élèves de *Ciro Ferri* et de *Rosa*. Le second voulut siéger parmi les peintres de figures dans quelques églises, mais il y parut au-dessous de tous les autres. Son talent était limité aux paysages, et quand il y ajoutait des personnages, ils manquaient de correction, parce qu'il avait plus d'esprit que de connaissance du dessin. Il réussit à plaire cependant, et fut recherché même au-delà des Monts. Les maisons de Pérouse sont remplies de ses petits tableaux, et l'on en voit dans la sacristie des *Eremitani*, quelques-uns dont le goût semble annoncer un auteur flamand.

Ercolano Ercolanetti. Pietro Montanini.

*Alessio de' Marchi*, napolitain, n'est pas très-connu

Alessio

à Rome, quoique dans les palais *Ruspoli* et *Albani*, on en fasse voir de fort beaux morceaux. Il est connu davantage à Pérouse, à Urbino et dans les villes environnantes. On prétend que pour peindre des incendies plus au naturel, il mit le feu à un fénil. Puni de ce crime par plusieurs années de galères, il en sortit sous le pontificat de Clément XI, dans le palais duquel, à Urbin, il a laissé des vues d'architecture, des lointains, des marines très-belles et plus analogues aux productions du Rosa, qu'à celles d'aucun autre. Rien n'est plus singulier que son incendie de Troie, que l'on voit chez MM. *Pemproni*, et quelques paysages dans d'autres maisons d'Urbin, où il voulut déployer tout son talent qui s'étendait aussi aux figures; mais la plupart du temps on ne peut guère applaudir en lui que la verve, le bonheur de son pinceau, et la vérité de son coloris, principalement dans le feu, dans certaines teintes aériennes, sombres et jaunâtres, et dans l'accord du tout ensemble, les détails étant généralement négligés et imparfaits. Il laissa un fils paysagiste ainsi que lui, mais qui n'est point aussi digne d'occuper une place dans l'histoire.

Au commencement du siècle, *Bernardino Fergioni* montra à Rome une singulière habileté dans le genre des marines, et des ports, auxquels il ajoutait des compositions de figures diverses et bizarres. Il avait d'abord essayé son talent parmi les peintres d'animaux, puis il s'engagea dans cette nouvelle route, où il eut plus de succès; mais son nom fut obscurci peu d'années après par deux Français, *Adrien Manglard*, dont le goût était solide, naturel, harmonieux; et son élève *Joseph Vernet*, peintre d'un agrément et d'un esprit qui le rendent bien supérieur à son maître. On dirait qu'en peignant, le premier craint de se tromper, tandis que le second marche d'un pas assuré : l'un veut être vrai, l'autre veut être aimable. Manglard demeura à Rome pendant fort long-temps, et l'on y voit de ses ouvrages dans la Villa Albani, ainsi que dans une multitude de maisons. On trouve des marines de Vernet chez M. le marquis Rondanini, et dans un petit nombre d'autres galeries.

Cette époque n'eut guère d'autres peintres de ba- *Batailles* tailles que les élèves du Borgognone. *Cristiano Reder*, *Cristiano* appelé aussi M. *Leandro*, venu à Rome vers l'année *Reder.* 1686, qui fut celle de la prise de Bude, s'adonna aux tableaux de batailles, que la circonstance lui fit représenter, entre les Chrétiens et les Ottomans. Ces tableaux baissèrent promptement de prix, quoique bien touchés, parce qu'il les multiplia trop : le meilleur, au jugement de Pascoli, fut fait dans la galerie des Minimes, et il en laissa aussi dans plusieurs galeries de princes. Il réussit passablement aussi dans les paysages et dans d'autres peintures de genre, aidé par M. *Standando* M. *Wamblomen*, frère de l'*Orizzonte*; celui-ci ne manqua *Standando.* pas de talent non plus pour les batailles, mais il s'exerça davantage dans les Bambochades à la flamande : *Bambu-* il y introduisit souvent des animaux et surtout des che- *chades.* vaux, pour l'imitation desquels il fut fort habile, et presque original. Il répandit assez de brillant dans ses fonds, et donna aussi beaucoup de saillie et de netteté aux figures qu'il représenta.

On voit beaucoup à Rome et dans l'État ecclésiastique, de Bambochades de ce même *Lucatelli*, dont il *Lucatelli.* a été parlé parmi les paysagistes, et dont le style est tout italien. Les connaisseurs distinguent en lui deux manières; la première bonne; la seconde parfaite, et du goût le plus exquis, aussi bien pour les teintes que pour l'invention. On voit auprès de ses ouvrages, dans quelques galeries, ceux du *Monaldi* qui, bien que d'un goût analogue, lui cède cependant pour la correction du dessin, pour le coloris, et pour cette grace naturelle qui constitue pour ainsi dire le sel attique de cette poésie muette.

Le Monaldi.

Je ne sais quel avait été le premier maître de *Antonio Amorosi*, natif de la Comunanza, compatriote du Ghezzi, et de plus, même, son condisciple dans l'école du chevalier Giuseppe; je sais que dans son genre il est aussi plaisant, et quelquefois très-satyrique. Il peignit comme le Ghezzi des tableaux d'église, qui sont cités dans le Guide de Rome, mais il n'y fut point aussi remarquable que dans ces bambochades, où on le prendrait pour un Flamand, si sa couleur était plus brillante. Il est moins connu dans la métropole que dans le *Picenum* où on le revoit dans plusieurs galeries; et il en est fait mention dans le Guide d'Ascoli. Il réussit aussi au-delà des Monts, où il représentait selon son usage des divertissements populaires, des scènes de tavernes ou de villages, sujets qui lui donnaient occasion de déployer ses talents divers comme peintre d'architecture, de paysages, et d'animaux.

Antonio Amorosi.

*Arcangelo Resani*, romain, élève de Buoncuore, peignit des animaux et fit preuve d'un assez bon goût, en les accompagnant de figures ou de demi-figures; genre dans lequel il n'eut pas moins de mérite. Son portrait est dans la galerie de Médicis, et il y ajouta un essai de cette partie de l'art dans laquelle

Animaux. Arcangelo Resani.

son habileté était plus grande; c'est-à-dire quelques animaux morts. Le Nuzzi en suivant cet exemple, y ajouta des fleurs, et d'autres, des vues champêtres.

*Carlo Voglar*, ou *Carlo de' Fiori*, fut un peintre de fleurs plein de naturel, et il excella, en outre, à représenter des animaux morts. Il eut un rival dans ces deux genres d'habileté; rival qui se montra plus ingénieux que lui dans l'art de joindre des cristaux et des portraits à ses compositions, pour lesquelles il suivait la méthode d'un bon peintre de figures appelé *Francesco Varnetam*, et surnommé DEPRAIT, c'est-à-dire HABILE (*a*). Celui-ci, après s'être établi à Rome, et y avoir passé de longues années, fut nommé peintre de la cour de l'empereur, et mourut à Vienne après avoir rempli l'Allemagne de ses peintures, et du bruit de son nom : au temps des deux précédents, on vit aussi naître la réputation de *Cristino Bernetz* qui, après la mort du premier et le départ du second, resta à Rome, où il domina seul dans ce genre de peinture. Tous les trois furent connus au Maratta qui les employa dans les ornements de ses tableaux. Il orna les leurs à son tour en y ajoutant des figures d'enfants, et d'autres qui leur donnent infiniment de prix; le dernier fut aussi un grand ami de Garzi : ils firent de concert des tableaux sur toile, où chacun d'eux mit tout le talent dont il était capable. *Scipion Angelini*, pérugin, nommé mal à propos Angeli par Guarienti, a été vanté par Pascoli, pour un mérite du même genre : ses fleurs paraissaient humides de la rosée nouvelle. J'ai lu dans les *Mémoires* messinois

———

(*a*) L'abbé Lanzi ne nous dit point en quelle langue. (N. du T.)

*Agostino, Giacinto, Saverio, Scilla.*

qu'*Agostino Scilla* lorsqu'il fut exilé de la Sicile, se réfugia à Rome où il mourut par la suite, et que là, évitant la concurrence des peintres de figures, il s'occupait (mais avec de certaines précautions, afin de n'être pas nommé trop souvent) à peindre des animaux, et s'exerçait aussi dans les autres branches inférieures de la peinture. Il eut beaucoup de mérite dans ce genre, ainsi que Giacinto son frère, plus jeune que lui; Saverio, fils d'Agostino, continua de résider et de peindre à Rome après la mort de tous les deux, mais ne les égala point en réputation.

*Perspective*

*Andrea Pozzo.*

Une autre branche de la peinture s'avança beaucoup pendant cette époque de décadence, et ce fut la perspective, grace au P. *Andrea Pozzo*, jésuite, né à Trente. Il était devenu architecte et peintre par l'impulsion de son génie plus que par les leçons d'aucun maître. L'exercice de copier les meilleurs tableaux vénitiens et lombards lui avait donné un bon coloris et une connaissance suffisante du dessin, dans lequel il se perfectiona à Rome, où il resta pendant plusieurs années : il résida aussi à Gênes et à Turin, et l'on voit dans ces deux métropoles, ainsi que dans l'étendue des deux états auxquels elles appartiennent, plusieurs de ses peintures qui sont d'autant plus belles, qu'elles tiennent davantage du style de Rubens, auquel il paraît qu'il s'était attaché. Ses tableaux à l'huile sont assez rares en Italie, et dans le petit nombre, très-peu sont terminés : on peut en juger par son San Venanzio, à Ascoli, et par le San Borgia de San Remo. Le tableau même de Sant' Ignazio, au Jésus de Rome, n'est pas également étudié dans tous ses détails. Néanmoins tous ses ouvrages annoncent un peintre habile, judicieux dans ses compositions, pur dans ses formes, aimable et riant dans son coloris, ferme et rapide dans la touche de son pinceau. Ses tableaux même les moins parfaits, décèlent un homme de génie. J'ai même appris du P. Giulio Cordara, écrivain distingué en vers et en prose, une anecdote relative au dernier ouvrage que j'ai nommé ; elle mérite d'être rapportée : un peintre en réputation, ayant été appelé pour substituer un autre ouvrage à celui-ci, répondit que ni lui, ni aucun peintre vivant, n'était en état de faire une meilleure chose. La rapidité d'Andrea était si surprenante, qu'il termina en quatre heures le portrait d'un cardinal qui le lui avait demandé le jour même qu'il partait pour l'Allemagne.

Il occupe aussi un rang honorable parmi les peintres d'ornements. On peut dire toutefois, que ses compositions dans ce genre sembleraient plus parfaites en y diminuant plutôt qu'en y augmentant le nombre des vases, des festons, des enfants assis sur des entablements ; mais tel était le goût de son siècle. La voûte de l'église de St-Ignace est un des ouvrages les plus vastes qu'il ait faits, et il suffit pour donner une idée de son talent, lors même qu'il n'aurait rien fait de plus. Originalité d'imagination, harmonie de teintes, feu poétique, tout le fit admirer même par Maratte et par Ciro Ferri. Le second, s'étonnant qu'Andrea eût si habilement peuplé en si peu d'années ce qu'il appelait plaisamment, cette *place Navone* (a), en conclut que les chevaux des autres peintres allaient au pas, et que ceux du Pozzo couraient au galop. Il est le premier

(a) L'une des places publiques les plus remarquables de Rome. ( N. du T. )

des peintres de perspective, car il réussit, même dans des espaces concaves, à faire paraître convexes tous les membres de l'architecture. Témoin la tribune de Frascati, où il figura la Circoncision de J.-C., et un corridor du Jésus à Rome. Ce qui le rendit plus célèbre, fut d'être parvenu à tromper la vue par de feintes coupoles, dans plusieurs églises de son ordre; à Turin, à Mondovi, à Modène, à Arezzo, à Montepulciano, à Rome, au collège romain, et à Vienne, où il fut appelé par l'empereur Léopold I. Il peignit aussi des décorations pour des théâtres, et il y introduisit des colonnades, des habitations royales, avec une imitation si parfaite de la réalité, qu'il rendit croyable ce que Vitruve (*) et Pline (**) rapportent en ce genre sur l'habileté des anciens; quoique bien fondé dans toutes les théories de l'optique, ainsi que le prouvent les deux volumes qu'il a écrits sur la perspective, il eut pour habitude de ne point tirer une ligne, pour ainsi dire, sans avoir d'abord fait des modèles, et distribué ainsi les clairs et les ombres. Lorsqu'il avait à peindre sur toile, il y faisait étendre une légère couche de colle, et il évitait l'emploi du plâtre, parce qu'il lui semblait que, rafraîchi par les couleurs, il empêche d'adoucir la lumière et l'ombre autant qu'il le faudrait.

Une grande partie de ses élèves suivirent la route qu'il avait frayée. D'autres travaillèrent à fresque, d'autres firent des perspectives à l'huile, tantôt les imitant d'après des fabriques, tantôt les faisant de leur invention. Un de ces derniers fut *Alberto Carlieri*, romain, aussi peintre de figures, et dont l'Orlandi fait

Alberto Carlieri.

(*) L. VII, 5.
(**) L. XXXV, c. 4.

mention. *Antonio Colli*, un autre de ses élèves, peignit le maître-autel de St-Pantaleon, et l'orna de perspectives si belles, que plusieurs attribuèrent cet ouvrage à son maître. On a parlé, il n'y a pas long-temps, d'*Agostino Collaceroni*, bolonois, que l'on croit avoir appartenu à la même école.

D'autres peintres d'architectures sortirent des ateliers de différents maîtres. *Pier Francesco Garoli*, de Turin, peignait des vues intérieures de basilique, et le Garzi en faisait les figures. *Tiburzio Verzelli* de Recanati, est fort peu connu hors du Picenum, où il naquit. Les *Calamini*, famille noble de Recanati, possèdent peut-être son meilleur tableau, qui représente les Hauteurs de St-Pierre du Vatican. Cet ouvrage est l'un des plus beaux et des plus considérables que j'ai vus dans ce genre. L'auteur employa plusieurs années à l'exécuter. *Gaspari Vanvitelli* d'Utrecht, surnommé des *Besicles*, fut, on peut le dire, le peintre de Rome moderne. Ses tableaux répandus dans toute l'Europe, contiennent tous ses monuments les plus magnifiques, auxquels, suivant le sujet, il ajouta les paysages. Il a peint aussi les vues de plusieurs autres villes, des ports, des maisons de plaisance, des grands bâtiments. Il fut utile, à la fois, aux peintres et aux architectes par ses grands tableaux et par une plus grande quantité de petits. Il fut exact dans les hauteurs et dans les mesures, gai et brillant dans le coloris; il ne laisse à desirer qu'un peu plus d'esprit, et une plus grande variété dans ses fonds ou dans sa perspective aérienne, qui offre presque toujours des teintes d'un bleu pâle, ou qui est rompue par quelque petit nuage peu étudié. Il fut père de Louis Vanvitelli, peintre ainsi que lui, mais qui doit son grand nom à l'architecture. La même chose, ainsi que nous le verrons, arriva au célèbre Serlio.

Mais il n'est aucun peintre qui soit aussi recherché par les amateurs de *perspective*, que le chevalier *Gio. Paolo Pannini*, dont nous avons fait mention ailleurs; et ce fut moins pour l'exactitude de la perspective dans laquelle il a beaucoup d'égaux, que pour sa grace à toucher le paysage, et l'esprit qui brille dans ses figures. On ne peut se dissimuler que ces dernières ne soient trop hautes quelquefois en proportion des fabriques, et que pour éviter la dureté de Viviani, il n'ait maniéré ses ombres par certaines teintes rougeâtres. Le premier de ces défauts est sans remède; mais il paraît que le temps corrige l'autre en affaiblissant et en obscurcissant les couleurs qui manquent de vérité.

Enfin, c'est à cette époque que l'art de la mosaïque doit son plus haut point de perfection. Elle devint l'imitation de la peinture, non plus par le moyen de petites pierres de plusieurs couleurs, choisies et rapprochées entres elles, mais par l'emploi d'une composition qui peut soutenir toutes les couleurs, rivaliser toutes les demi-teintes, présenter toutes les gradations, toutes les transitions, presque aussi bien que le ferait le pinceau. Baglione fait honneur de l'amélioration de cet art à *Muziani*, qu'il appelle *l'inventeur de la manière de travailler les mosaïques à l'huile*. Et il vante celle qu'il exécuta pour la chapelle Grégorienne, comme la plus belle mosaïque qui ait été faite depuis les temps anciens. *Paolo Rossetti* de Cento, y travailla sous la direction de Muziani, et enseigna à son tour *Marcello Provenzale*, son compatriote. L'un et

l'autre laissèrent dans les édifices pubics de belles com- *Provenzale.*
positions en mosaïque, et le second, qui vécut an temps
de Paul V, fit de cette manière le portrait de ce pape,
et quelques tableaux de cabinet. Un ouvrage véritablement grandiose donna occasion, ainsi qu'il arrive
souvent, de perfectionner ces ouvrages. L'humidité de
la basilique de St-Pierre, ennemie des peintures à
l'huile, donna l'idée, dès l'époque d'Urbain VIII, de
leur substituer des mosaïques. Le premier tableau d'autel fut exécuté par un élève du Provenzale, déja mentionné : et ce fut *Giambattista Calandra*, né à Verceil. Giambat-
Cette mosaïque représente un St-Michel, et forme un tista
petit tableau, tiré d'un original du chevalier d'Arpino. Calandra.
L'auteur exécuta depuis d'autres figures sur les petites
coupoles, et près de quelques fenêtres de la basilique,
guidé par les cartons du Romanelli, du Lanfranc, du
Sacchi, du Pellegrini. Mais le salaire lui paraissant au-
dessous de son mérite, il travailla plus volontiers pour
des particuliers, tantôt faisant des portraits, et tantôt
des copies, d'après les anciens peintres fameux. Pascoli
vante beaucoup, parmi ces derniers ouvrages, une
madone prise d'une peinture de Raphaël, qui appartenait jadis à la reine de Suède : c'est d'après cette
mosaïque et d'autres semblables qu'il jugea que leur
poli et leur netteté les rendaient dignes d'être vues et
revues de près.

On avait donc fait alors de grands pas vers le style
moderne des mosaïstes. Mais cet art fut encore élevé
à un plus haut degré de perfection par les deux *Cris-* Les deux
*tofori*, *Fabio* et *Pier Paolo* son fils. Les principaux Cristofori.
ouvrages de celui-ci sont, la Ste-Pétronille, copiée
d'après le grand tableau de Guerchin. Le St-Jérôme

du Dominiquin, et le Baptême de J.-C., de Maratte. Quant à ses autres productions, je renvoie le lecteur à la description des peintures de Rome, citée déja plusieurs fois. J'ajouterai seulement ici que les travaux de cette grande basilique étant terminés, on a pourvu à ce que ce bel art ne tombât pas en désuétude, faute d'autres travaux à exécuter; et l'on a pris soin d'orner l'église de Lorette d'ouvrages semblables qui, faits d'abord à Rome, ont été transportés dans ce temple.

En terminant ce livre, j'y ajouterais volontiers l'éloge de la plupart des artistes vivants, qui travaillèrent ou qui travaillent encore à Rome; mais il serait difficile de les nommer tous, et en omettre un seul, serait une injustice. On peut bien dire toutefois, que si la peinture se perfectionne chaque jour, ses progrès ont commencé à Rome. Cette ville n'a jamais perdu entièrement le sentiment du bon; et même, dans les temps de l'académie, elle ne manqua jamais tout-à-fait, ni de grands connaisseurs, ni de grands artistes. Possédant les meilleures sources du goût, dans tant de statues grecques et dans tant de chefs-d'œuvre de Raphaël, il lui est facile de juger ceux qui s'en écartent et ceux qui s'en approchent. Ce genre de discernement y est devenu encore plus rafiné pendant ce siècle, dont l'esprit consiste à être moins esclave des préjugés, et à consulter davantage la raison. Heureuse notre génération, si l'on n'avait pas fait un autre abus de ce principe utile. Les livres de *Winckelmann* et de *Mengs*, qui sont aujourd'hui entre les mains de tout le monde, ont concouru à perfectionner le goût; et si l'on ne peut tout y approuver indistinctement, on y trouve du moins un art de penser, qui développe le génie, et le rend plus capable de faire des découvertes. Mais ce qui n'a pas moins d'influence, ce sont les peintures antiques d'Herculanum, des grottes de Titus, de la *Villa Adriana*, et des beaux vases *de Nola*, avec d'autres semblables qui ont été livrées à la curiosité publique : elles ont attiré tous les regards vers l'antiquité. Si Mengs, si Vinckelmann avaient admiré et décrit avec une sorte d'extase, l'art antique des sculpteurs, on a pu connaître, apprécier, analyser beaucoup mieux celui des peintres, par les gravures tirées de ces précieux monuments. C'est ainsi que les ressources s'étant accrues, que la culture s'étant étendue dans toutes les classes de la société, après avoir été trop long-temps restreinte, l'art prend un nouvel essor, encouragé par l'honneur national et par l'intérêt même. L'usage d'exposer publiquement les peintures à la vue d'un peuple qui sait rendre justice aux bons ouvrages, et contraint souvent, à force de sifflets, à faire retirer les mauvais; les prix décernés publiquement aux plus dignes, de quelque nation qu'ils soient; ces mêmes prix, accompagnés des éloges des gens de lettres, et d'une fête publique dans le Capitole; la magnificence des temples, telle qu'elle doit être dans la métropole de la chrétienté, qui se soutient par les arts et leur sert d'appui à son tour; les travaux commandés pour tous les pays; ceux qui se multiplient dans les villes par la générosité de Pie VI, protecteur éclairé des beaux-arts, et par celle d'un grand nombre de personnages illustres qui les favorisent ainsi que lui (1); l'exemple

(1) Les peintures de *Villa-Pinciana*, où S. E. le prince Borghese a voulu employer tant de pinceaux habiles, est une entreprise qui mérite d'être éternisée dans l'histoire des arts.

continuel des souverains qui cherchent à cette source, des peintres pour leur service et des chefs d'académie: toutes ces circonstances réunies maintiennent dans un mouvement continuel et dans une louable émulation, et les artistes et leurs écoles. Elles rappellent peu à peu cet art à ses véritables principes, à l'imitation de la nature, aux exemples des grands artistes anciens. Il n'est point de genre, non-seulement dans la peinture, mais aussi dans les arts qui en dépendent, qui ne s'y exerce avec succès; comme la miniature, la mosaïque, la contexture des tapisseries, l'encaustique (1). Ceux qui veulent avoir une idée de l'école romaine actuelle, et des artistes même étrangers qui travaillent à Rome, peuvent lire les quatre volumes intitulés : Mémoires pour les Beaux-Arts. Cet ouvrage périodique, commencé dans l'année 1785, fut continué jusqu'en 1788, et méritait de faire partie de toute bibliothèque de beaux-arts. Il est à regretter qu'il ait été interrompu.

(1) Voyez ce que nous rapportons à l'égard de l'encaustique dans l'école de Ferrare : on peut dire que cette ville a vu reproduire ce genre de préparation par les soins de l'abbé *Requeno*; mais il a été perfectionné dans l'école romaine, où, dès l'année 1788, on a peint à l'encaustique un cabinet entier pour S. M. l'impératrice de Russie. La description en a été donnée au public dans le journal de Rome, au mois de juin. M. le conseiller Gio. Renfestein, eut la commission de cet ouvrage, qui fut exécuté sur les dessins de M. Hunter Berger, par MM. Gio. et Vincenzio *Angeloni*. Tous deux avaient été dirigés dans les préparations de l'encaustique, par M. l'abbé *Garcia della Huerta*, qui a répandu l'invention de *Requeno*, et par ses expériences, et par le livre qui a pour titre : *Commentarj della pittura encaustica del pennello*, publié à Madrid. Cet ouvrage plein d'érudition, a valu à son estimable auteur, un témoignage de la munificence du roi Charles IV, qui lui a assuré une pension pour sa vie.

# LIVRE IV.

## ÉCOLE NAPOLITAINE.

### PREMIÈRE ÉPOQUE.

#### Les Anciens.

Nous allons parcourir une école de peinture dont les monuments qui subsistent encore aujourd'hui, proclament hautement qu'il y eut une époque pendant laquelle elle domina en Italie : on ne trouve point ailleurs de vases peints avec autant de goût, de mosaïques exécutés avec autant de perfection (1), ni d'édifices souterrains, ornés de sujets d'histoires et de grotesques, avec autant d'art. L'origine de cette école, qui remonte aux Grecs; l'antique histoire du dessin, dans laquelle on lit les noms d'une foule d'artistes célèbres qu'elle produisit; enfin son ancienneté qui surpasse celle de toutes les autres dans notre Italie, font déplorer en elle plus que dans toutes les autres, la barbarie dans laquelle elle tomba, au milieu de la

(1) Dans le musée du savant *D. Franc. Daniele* on voit quelques oiseaux qui ne sont point inférieurs aux colombes du Furietti.

décadence universelle. On peut exprimer les mêmes regrets à l'égard de la Sicile, de laquelle, à cause de la proximité du lieu et de l'identité du gouvernement, je ferai quelquefois mention dans ce quatrième livre; mais plus particulièrement dans les notes (1). Cette île eut aussi d'innombrables colonies grecques, desquelles il reste encore, et des vases peints, et des médailles d'une exécution si fine et si merveilleuse, que plusieurs savants croient que le dessin s'était perfectionné en Sicile, aussi bien qu'à Naples, avant de l'être à Athènes même; mais c'est par l'histoire de la peinture, à Naples en particulier, que je me propose de commencer ici. Le de' Dominici, et les autres historiens nationaux, que je me réserve de faire connaître ailleurs, affirment que cette ville ne manqua jamais de peintres, non-seulement dans les temps anciens, que Philostrate a célébrés par tant d'éloges, principalement dans le prologue de ses *Images*, mais encore dans les siècles de la barbarie. Ils en donnent pour preuves des peintures sacrées, dont les auteurs ano-

(1) Je donne la préférence à cette méthode parce que l'école sicilienne n'est pas encore bien connue jusqu'à présent, ainsi que l'a remarqué M. Hackert dans les *Memorie de' pittori messinesi*. Cet opuscule n'était point parvenu à ma connaissance lorsque je m'occupai de l'édition précédente de cet ouvrage; ce qui me faisait désirer que les notices relatives aux peintres siciliens fussent recueillies et publiées. J'ai vu avec plaisir qu'on l'a fait à l'égard de ceux de Messine et je désire que l'on en fasse autant des Syracusains et des autres ainsi que nous le fait espérer un savant professeur dans la préface des *Memorie* que nous venons de citer. Cet écrit, fort bien rédigé par un anonyme, a été publié par M. Hackert, avec quelques réflexions qu'il y a joint.

nymes sont antérieurs à l'an 1200. La plupart sont des Madones d'un style qui dépose de leur ancienneté. On en retrouve encore dans plusieurs églises. Ces historiens ont fait, en outre, un catalogue de leurs artistes anciens, et le font précéder par leurs plaintes contre Vasari, qui les a omis dans son histoire.

Le premier peintre que l'on nomme dans le siècle de la restauration, est *Tommaso de' Stefani*, qui vivait au temps de Cimabue, sous le règne de Charles d'Anjou (1). Ce prince, selon Vasari, fut conduit, lors de son passage à Florence, dans l'atelier de Cimabue, pour voir le tableau qu'il avait fait pour la chapelle des Rucellai, et dans laquelle on voit une figure de la Sainte-Vierge, la plus grande qui eût été faite jusqu'alors. Il ajoute que cette nouveauté attira toute la

Siècles XIII et XIV. Tommaso de' Stefani.

---

(1) L'histoire de Messine fait commencer la série de ses peintures existantes à l'année 1267, époque à laquelle appartient le *St-Placide* de la cathédrale peint par un *Antoine d'Antonio*. On veut que sa famille ait produit une succession de peintres, qui portait le nom de famille des Antonj; qu'une multitude de peintures qui sont à St-François, à Ste-Anne et ailleurs, soient autant de productions de plusieurs Antonj jusqu'à Salvatore di Antonio, père du célèbre Antonello de Messine, et peintre lui-même, puisqu'il fit des tableaux et qu'il reste encore de lui un St-François au moment de recevoir les stigmates dans l'église qui porte son nom. C'est ainsi que l'on fait remonter l'origine de cet Antonello jusqu'au premier Antonio di Antonio que nous venons de nommer, et encore au-delà, s'il faut en croire un écrivain appelé le *Minacciato*. (Hack., page 11.) Cependant Antonello, que je sache, ne signait jamais le nom des Antonj; car, dans tous les tableaux que j'ai vus de lui dans des lieux divers, il avait indiqué, au lieu de son nom de famille, celui de sa patrie, *Messinensis, Messineus; Messinæ*.

ville, et donna lieu à une fête si animée, que ce lieu prit depuis ce jour le nom de *Borgo Allegri*, qu'il porte encore. Le Dominici n'a point manqué de profiter de ce récit pour faire ressortir le mérite de Tommaso. Il remarque que Cimabue aurait été invité à venir à Naples, si le roi Charles l'eût considéré comme un peintre d'un génie transcendant; mais le roi Charles n'en jugea point ainsi, et se servit même de Thomas, pour peindre dans des églises qu'il avait fondées : il lui avait donc paru supérieur à Cimabue. Ce raisonnement, comme on voit, ne prouve rien à l'égard du mérite réel de ces deux peintres. Les ouvrages qui sont restés doivent seuls en décider; et c'est d'après ceux-ci, que Marc de Sienne, qui est le père de l'histoire de la peinture napolitaine, a jugé que *la manière large de Cimabue* l'emportait sur celle de son compétiteur. Thomas conserva néanmoins son crédit, même sous Charles II, qui se servit de son pinceau, ainsi que les grands de sa cour : la chapelle des *Minutoli* dans la cathédrale, chapelle que le Boccace a nommée, fut ornée par cet artiste de plusieurs tableaux où il retraça la Passion du Sauveur.

Philippe Tesauro.

Thomas eut pour élève *Filippo Tesauro*, qui peignit dans l'église de Sainte-Restitute, la vie du bienheureux Nicolas, hermite, la seule de ses fresques qui se soit conservée jusqu'à notre siècle.

Giotto à Naples.

Vers l'an 1325, le roi Robert invita *Giotto* à venir à Naples pour peindre l'église de Sainte-Claire; ce qu'il exécuta en y figurant des sujets évangéliques, et les mystères de l'Apocalypse, dans lesquels il introduisit des épisodes qui avaient été suggérés dans un autre temps par Dante, selon l'opinion répandue parmi les contemporains de Vasari. On a couvert de blanc toutes ces peintures, au commencement de ce siècle, parce qu'elles rendaient l'église trop obscure. Il y reste pourtant en entier, outre quelqu'image plus estimée, une Madone surnommée de la *Grace*, que la piété des religieuses de Sainte-Claire a conservée à la vénération des fidèles. Giotto fit d'autres peintures dans l'église de Sainte-Marie Couronnée, et d'autres encore dans le château de l'OEuf; mais elles n'existent plus. Il eut pour compagnon dans ses travaux, un *Maître Simon*; auquel son estime valut un grand crédit à Naples, et qui, selon les uns, était de Crémone, selon d'autres, de Naples, ce qui semble s'approcher davantage de la vérité. Il participe dans son style, et du Tesauro, et de Giotto; c'est par cette raison que les uns veulent qu'il ait été l'élève du premier, et les autres du second : il est possible qu'il l'ait été de tous les deux. Quoi qu'il en soit, ce peintre, après le départ de Giotto, fut employé dans plusieurs travaux que le roi Robert et la reine Sanche ordonnèrent dans diverses églises, et principalement à Saint-Laurent. Là il représenta Robert au moment d'être couronné roi par Louis évêque, son frère, auquel, après sa mort et sa canonisation qui eut lieu peu de temps après, on dédia, dans son évêché, une chapelle que Simon fut chargé de peindre; mais il ne vécut point assez de temps pour finir cet ouvrage. Le Dominici vante, parmi ses autres productions, une Descente de croix, faite sur bois pour le grand autel de la *Vierge Couronnée*; peinture qu'il compare à celles de Giotto. Dans tout le reste, il avoue que jamais ce dernier ne fut égalé par Simon, ni pour

Maître Simon.

l'invention, ni pour la beauté des airs de têtes, ni pour la douceur du coloris.

*École de Simon. François de Simon.* — Il enseigna son art à son fils, nommé *Francesco di Simone*, duquel on vante beaucoup une Vierge en clair-obscur, dans l'église de Sainte-Claire : cette image fut aussi épargnée, lorsque l'église fut blanchie, ainsi que nous l'avons rapporté. Parmi ses autres élèves,

*Gennaro de Cola et Stefanone.* — on remarque *Gennaro di Cola* et *Stefanone*, qui eurent une grande ressemblance dans leur manière de peindre, et qui, par cette raison, furent employés ensemble dans quelques ouvrages à grande machine. Tels furent les tableaux de la Vie de St-Louis, évêque de Toulouse, que Simon avait seulement commencés, et plusieurs autres sujets empruntés de l'histoire de la Vierge, à Saint-Jean de Carbonara ; ces peintures subsistèrent long-temps. Malgré la ressemblance du style, on remarque une nuance très-prononcée entre le génie des deux artistes. Le premier paraît savant pour son temps, exact, ardent à vaincre les difficultés de l'art, ce qui le fait quelquefois paraître un peu contraint. Le second déploya plus d'imagination, plus de hardiesse et de fermeté de pinceau ; il communiquait à ses figures un esprit, qui aurait pu le faire distinguer entre beaucoup d'autres artistes, si même il eût vécu à une époque plus rapprochée de nous.

XV$^e$ siècle. — Avant que le Zingaro, duquel nous parlerons bientôt, apportât à Naples une manière qu'il avait puisée dans d'autres écoles, l'art était languissant dans cette métropole, et dans l'étendue du Royaume. Ce qui le prouve le mieux, c'est que le Dominici, en parlant

*Colantonio del Fiore.* — de *Colantonio del Fiore*, élève de Francesco, qui vécut jusques en 1444, cite quelques-unes de ces peintures, mais en paraissant mettre en doute, si ce ne furent pas plutôt des productions de Simon. C'est à peu près un aveu tacite, que, pendant le cours d'un siècle, c'est art n'avait point fait de progrès notables. Toutefois, il paraît que Colantonio en travaillant toujours s'était perfectionné. Il avait peint d'un style plus moderne d'autres sujets, et surtout dans l'église de Saint-Laurent, où il représenta un Saint-Girolamo tirant une épine de la patte d'un lion : cette peinture pleine de vérité, porte la date de 1436; elle fut ensuite transportée par les PP. Conventuels, dans la sacristie de la même église, à cause de son mérite, et elle y a été long-temps admirée par les étrangers. Il eut un élève nommé Angiolo Franco, qui réussit mieux que tous les autres Napolitains à imiter la manière de Giotto, à laquelle il joignit un clair-obscur plus vigoureux, qu'il avait emprunté de son maître.

L'art reçut une impulsion plus marquée d'Antonio Solario, d'abord forgeron, et vulgairement appelé le *Zingaro*. Son histoire a un caractère romanesque, aussi bien que celle de Quintino Messis, que sa première profession avait fait nommer le Forgeron, et qui s'était fait peintre, par amour pour une jeune fille qui lui avait promis de l'épouser lorsqu'il serait devenu habile dans la peinture. Ce fut de la même manière que le Solario étant devenu épris d'une fille de Colantonio, et ayant reçu de lui la promesse qu'il la lui donnerait au bout de dix ans, s'il méritait alors d'être placé au rang des bons peintres, il changea sa forge en une académie, et quitta sa lime pour prendre un pinceau. Les historiens ajoutent, qu'une reine de Naples, sur le nom de laquelle ils ne sont point d'accord, s'était

*Zingaro.*

rendue médiatrice de cette alliance; et je veux bien m'en rapporter à la bonne foi des auteurs de ce récit. Ce qui intéresse davantage une histoire des arts, c'est qu'il passa de Naples à Bologne, où il devint écolier de Lippo Dalmasio, appelé aussi Lippo des Madones, à cause du nombre prodigieux, et de la grace de celles qu'il peignit. En quittant Bologne, il voyagea par toute l'Italie, afin d'observer la manière de peindre des meilleurs artistes des autres écoles; tels que Vivarini à Venise, Bicci à Florence, Galasso à Ferrare, Pisanello et Gentile de Fabriano à Rome. On croit qu'il servit d'auxiliaire à ces deux derniers; car Luca Giordano a soutenu que parmi leurs peintures du Latran, il avait remarqué certaines têtes qui étaient indubitablement du Solario. Il excella dans cette partie de la peinture, et excita l'admiration de Marc de Sienne même, qui s'écria qu'elles lui *semblaient vivantes*. Il alla en outre assez loin, pour ce temps, dans la connaissance de la perspective, et composa des sujets d'histoire avec intelligence. Il réussit même mieux que les autres à les varier par des paysages, et les fit distinguer par la vérité avec laquelle il imita les costumes de ce temps. Antonio fut moins heureux dans le dessin des pieds et des mains; il parut même quelquefois outré dans les mouvements, et crud dans le coloris. Revenu à Naples, où il donna des preuves de son talent, on dit que, reconnu et admiré par Colantonio, il devint son gendre neuf ans après qu'il avait eu quitté cette ville, puis qu'il y peignit et y enseigna sous le règne du roi Alphonse, jusqu'à l'année 1455, époque à laquelle il termina ses jours. L'ouvrage le plus renommé de cet artiste, fut exécuté dans le cloître de Saint-Séverin, où il représenta en plusieurs divisions la Vie de Saint-Benoît : peinture à fresque, pleine d'une incroyable variété dans les figures, et dans tous les détails. Il laissa en outre une immense quantité de tableaux avec des portraits et des madones, dont les formes sont très-belles, et beaucoup d'autres compositions pour plusieurs églises de Naples. Dans celle, par exemple, de San Domenico Maggiore, où il figura un Christ mort; et dans celle de St-Pierre martyr où il représenta un Saint-Vincent, avec quelques traits de sa vie; on dit qu'il se surpassa lui-même. Cependant, une époque nouvelle prit naissance à Naples, et en mémoire de son modèle le plus original et le plus célèbre, elle est nommée par le chevalier Massimo, l'école du Zingari. L'on appelle même communément à Naples, peintures *Zingaresques*, toutes celles qui furent faites depuis lui, jusqu'au Tesauro, ou un peu plus tard; ainsi que l'on a partout appelé *Cortonesques*, toutes celles qui furent produites sur l'imitation du Berettini.

Ce fut vers ce temps que l'on vit fleurir deux artistes très-remarquables, desquels je crois devoir rappeler la mémoire, avant que de rapporter la succession des maîtres de l'école napolitaine; l'un est Matteo de Sienne, et l'autre Antonello de Messine. Nous avons fait mention du premier parmi les peintres siennois, et nous avons décrit un tableau qu'il produisit à Naples, ayant pour sujet, le Massacre des Innocents. Cet ouvrage existe dans l'église de Ste-Catherine, à Formello, et l'on en voit la gravure dans le troisième volume des lettres siennoises : on y lit l'année MCCCCXVIII, mais on ne doit point croire sans examen, à l'exactitude de cette date. Le P. della Valle, dans le volume déjà cité (\*), fait l'observation que Matteo, lorsqu'il peignait à Pienza, en 1462, avec son père, était fort jeune, et qu'il ne paraît point encore avancé en âge dans le portrait qu'il fit de lui-même, en 1491. Il ne pouvait donc avoir travaillé à Naples en 1418. D'après cette remarque je ne suis point éloigné de croire que par inadvertance on ait omis un L, et que la véritable leçon soit MCCCCXLVIII. Telle est aussi la conjecture de l'écrivain que nous venons de nommer; et elle a d'autant plus d'apparence de raison, qu'il en trouve des preuves dans la forme des caractères, et dans l'absence du peintre qui alors était loin de sa patrie. Quiconque serait curieux de remettre sous ses yeux des exemples semblables, pourrait revenir à la page 172 du Tome I, et verrait que l'on a commis plus d'une fois des erreurs, même dans les dates des livres. C'est ce qui doit aider à rectifier ce qu'on lit dans le Dominici, que le style de Matteo de Sienne avait influé sur celui du Solario. En convenant que l'un ressemble à l'autre, et dans les airs de tête, et dans le style en général, cette ressemblance doit s'expliquer d'une autre manière, et l'on est plus fondé à croire, ou que Matteo l'avait empruntée du Solario, ou que tous les deux, ainsi qu'il arrive souvent, avaient imité un même modèle.

Antonello de Messine. *Antonello*, de la famille des *Antoni*, et connu généralement sous le nom d'*Antonio* de Messine, est un personnage qui a tellement illustré la peinture, qu'il ne suffit point de l'avoir nommé dans le premier livre

(\*) P. 56.

et de le rappeler ici de nouveau. Nous le ferons reparaître encore dans l'histoire de l'école vénitienne, et nous chercherons à applanir partout les difficultés historiques, et à recueillir des lumières sur la chronologie de sa vie, ainsi que sur la question s'il fut le premier qui peignit à l'huile en Italie, ou si d'autres avaient su le faire avant lui. Le Vasari raconte que ce jeune homme, après s'être appliqué pendant plusieurs années au dessin à Rome (1), et en avoir passé beaucoup d'autres à Palerme, où il acquit par ses travaux la réputation d'un bon peintre; se retira d'abord à Messine, puis de là s'embarqua pour Naples, où il vit un tableau à l'huile, offrant un grand nombre de personnages, qu'avait peint Jean de Bruges, et qui avait été présenté au roi Alphonse par quelques marchands florentins. Le Messinois enthousiasmé de cette méthode passa en Flandres, et par ses témoignages d'admiration, ainsi que par le présent qu'il fit à Jean de Bruges, de quelques dessins exécutés à la manière italienne, il gagna son amitié au point que le peintre flamand, se sentant déjà vieux, lui communiqua son secret. Il mourut peu de temps après, et le laissa déjà habile dans cet art nouveau. Ces faits durent se passer vers l'année 1440, puisque cette date confirme que Jean,

---

(1) Les *Memorie de' pittori messinesi* rapportent qu'il fut attiré à Rome par la renommée des peintures de Masaccio, et qu'il y dessina *toutes* les statues antiques: il est dit en outre dans le même opuscule, qu'il parvint à un tel degré de talent, que ses ouvrages *se confondent avec ceux des meilleurs maîtres de son temps*. Je pense que cela doit s'entendre de ceux qui précédèrent *Pietro Perugino, Francia, Gio. Bellini, Montagna*, à la hauteur desquels je ne vois pas qu'il se soit jamais élevé.

né vers l'an 1370, mourut dans un âge avancé, comme le disent les historiens anciens, et précisément dans l'année 1441, ainsi que l'assure le savant écrivain qui décrit la galerie impériale. Antonello quitta aussitôt la Flandre, et alla dans sa patrie, où il demeura pendant plusieurs mois. Il se rendit ensuite à Venise, où il enseigna son secret à Domenico Vénitien; il y mourut enfin, après avoir fait une grande quantité de peintures; il n'était âgé que de quarante-neuf ans. Tout ce récit qu'on lit dans le Vasari, coïncide parfaitement avec ce qu'il rapporte dans la vie de Domenico, où il raconte que celui-ci, après avoir appris d'Antonello, à Venise, cette nouvelle méthode, peignit à Lorette, avec Pietro della Francesca, quelques années auparavant que celui-ci eût perdu l'usage de la vue, ce qui arriva en 1458 : ainsi le voyage d'Antonello à Venise devrait avoir eu lieu, à peu près, vers 1450, ou peu d'années auparavant, supposition que l'histoire de Venise semble toutefois démentir.

Les documents qui nous restent à l'égard d'Antonello, c'est-à-dire les dates qu'il mit à Venise à ses peintures, commencent en 1474, et finissent, selon *Ridolfi*, en 1490. Il ne paraît pas croyable qu'il ne se soit avisé qu'au bout de vingt-quatre ans de séjour à Venise, de marquer les époques de ses tableaux. Et comment peut-il se faire en outre, qu'*Antonello* ayant passé un grand nombre d'années à Rome comme étudiant, un nombre non moins considérable à Palerme comme professeur, et plusieurs autres encore à Messine et en Flandre, puis, se trouvant à Venise la quaranteneuvième année après la mort de *Jean de Bruges*, ne fût lui-même âgé que de quarante-neuf ans? M. Hackert cite l'opinion du *Gallo*, qui, dans les annales de Messine, place la naissance d'Antonello en 1447, et sa mort quarante-neuf ans après, c'est-à-dire en 1496. Mais, s'il en est ainsi, comment put-il connaître Jean de Bruges? et comment, si l'on nie ce dernier fait, démentirons-nous une tradition sur laquelle toutes les écoles sont d'accord? Je croirais plutôt que l'on s'est trompé sur le nombre de ses années, et qu'il mourut dans un âge avancé; opinion qui, du reste, ne peut faire aucun tort au Vasari, car d'autres ont déjà observé ce que nous aurons occasion de prouver ici, qu'à l'égard des faits qui concernent Venise, il se trompe presque à chaque page, faute d'avoir eu des correspondants assez bien informés. Je crois, en outre, qu'il a manqué d'exactitude relativement à la durée du séjour d'Antonello à Venise. Que ce dernier s'y trouvât vers l'an 1450, et qu'il y ait communiqué son secret à *Domenico*, c'est ce qu'il n'est pas possible de mettre en doute; car, après tant de procès intentés à Florence, à l'occasion de la mort de *Domenico*, et dans le cours desquels il fut tant de fois question d'*Antonio* de Messine, ce fait dut être parfaitement connu et constaté. Enfin ce ne fut pas un simple hazard qui le fit consigner dans les mémoires des peintres, par le *Grillandajo*, et par d'autres contemporains, et dans les écrits desquels Vasari a puisé. Or, ceci une fois admis, on peut conclure qu'Antonello ne resta point continuellement à Venise, depuis l'année 1450, jusqu'à sa mort, ainsi que Vasari l'insinue. Il paraît même qu'il alla successivement dans plusieurs pays, et qu'il résida pendant long-temps à Milan, puisqu'il eut le temps d'y acquérir *une grande célébrité*, après quoi il revint encore à Venise, où il vécut aux frais de l'état. Nous appuyons toutes ces assertions sur l'autorité du *Maurolico*, cité par Hackert : *Ob mirum hic ingenium Venetiis aliquot annos publice conductus vixit : Mediolani quoque fuit percelebris* (\*); et si cet auteur ne fut point contemporain, il fut du moins très-rapproché de l'époque du peintre messinois. Telle est l'hypothèse que je supposerais, pour concilier entre elles, les assertions diverses qui ont été faites à l'égard de cet homme célèbre, et qu'on lit dans Vasari, dans Ridolfi, dans Zanetti; lorsque nous en serons à l'histoire de l'école vénitienne, je ne négligerai point d'y chercher de nouvelles preuves pour l'affermir. Peut-être quelqu'autre réussira-t-il mieux que moi dans cette entreprise : et en supposant que cela soit, j'applaudis dès à présent à ses succès; car je ne puis avoir dans mes recherches d'autre but que la vérité, et je suis satisfait également, soit que je la découvre de moi-même, ou qu'un autre veuille bien me l'indiquer.

Qu'Antoine ait véritablement été le premier en Italie qui ait mis en usage la peinture à l'huile avec une méthode déjà perfectionnée, c'est ce qui me paraît pouvoir se soutenir, ou du moins il me semble que l'on ne peut pas encore dire que le contraire soit démontré. Et cependant on lui a disputé ce mérite dans l'histoire des Deux-Siciles plus que dans toutes les autres. On y lit la description d'une chapelle de la cathédrale de Messine, appelée de la *Madone de la Lettre* : là, on vénère une image grecque et très-ancienne de la Ste-Vierge, que l'on prétend être peinte à l'huile.

---

(\*) *Hist. Sican.*, fol. 186, prim. édit.

mais lors même que cette prétention pourrait être admise, le mérite d'*Antonello* n'en serait pas moins grand, puisque c'est à lui qu'appartient d'avoir fait la recherche d'une si belle méthode, tombée depuis long-temps dans l'oubli, et de l'avoir retrouvée pour nous la transmettre : mais souvent dans ces images grecques, on a pris la cire pour de l'huile, ainsi que nous l'avons déja observé (\*): Marc de Sienne, dans un fragment du *Discorso*, que le Dominici en a conservé, assure que les peintres napolitains de l'année 1300, *s'avançaient par degré dans les deux manières de peindre à fresque et à l'huile*. On peut revoir ce qui a été écrit ailleurs (\*\*); j'ai bien pu admettre quelque tentative de coloris à l'huile, antérieur à Antonello, mais qu'il me soit permis de ne pas m'en rapporter à la seule parole de Pino. Il existe à Naples, beaucoup de peintures de 1300; pourquoi, à l'occasion de cette controverse, ne les a-t-on jamais ni examinées, ni citées; et ne s'est-on seulement efforcé de produire que des ouvrages de *Colantonio* ? Quelques nationaux, et depuis peu de temps, *Signorelli*, dans la *Cultura delle Due Sicilie* (\*\*\*), ont prétendu que Colantonio avait précisément été le premier à peindre à l'huile; ils en citent en témoignage le tableau même de San Girolamo, que nous avons nommé, il n'y a pas long-temps, puis un autre à Santa Maria Nuova. M. Piacenza, après les avoir observés, assure « qu'il ne lui avait pas « été possible de distinguer si les tableaux de celui-ci,

---

(\*) V. T. I, page 90.
(\*\*) T. I, page 91.
(\*\*\*) T. III, page 171.

avaient été réellement coloriés à l'huile. Qu'il soit en effet très-difficile de donner un jugement certain sur de pareils tableaux, c'est ce que Zanetti a aussi remarqué (\*); et j'en ai produit des preuves telles, en parlant de *Van-Eyck*, que tout lecteur, j'ose le croire, en sera convaincu, s'il veut bien prendre la peine de me relire dans le premier volume, page 123. Et sans cela, comment le nom de Van-Eyck, aurait-il retenti en peu d'années dans toute l'Europe ; comment arriva-t-il que tous les peintres s'empressèrent de l'imiter, que tous les princes recherchèrent ses ouvrages, que ceux qui ne purent l'avoir près d'eux, accueillirent du moins ses disciples, ou les imitateurs de ceux-ci, comme Ausse, Hugues d'Anvers, Antonello, Ruggieri, surtout, dont le nom justement célèbre en Italie, nous arrêtera ailleurs (1) ? et au contraire, qui connaissait alors Colantonio, hors de Naples et du royaume ? qui rechercha avec autant d'empressement les ouvrages de Solario ? et si ce dernier fut l'écolier et le gendre d'un artiste qui peignait si bien à l'huile, pourquoi n'apprit-il pas cette méthode, ou pourquoi ne figura-t-il point parmi les premiers qui en firent usage ? pourquoi lui, pourquoi ses élèves ne peignirent-ils qu'à la détrempe ? pourquoi les Siciliens, ainsi que nous le verrons plus tard, naviguèrent-ils, pour s'instruire, jusqu'à Venise, où était Antonello, et ne s'arrêtèrent-ils point à Naples ? pourquoi toute l'école de Venise, entrepôt de l'Europe, et en état de démentir tous les bruits fabuleux, attesta-t-elle à la mort du Messinois, qu'il avait été le *premier en Italie qui avait peint à l'huile*, et

(\*) P. V., page 20.
(1) Dans l'école vénitienne, à la première époque.

que personne alors ne lui opposa ni Solarj, ni Colantonj (1)? ceux-ci donc, ou ignoraient cet art, ou ne l'avaient point possédé à un dégré assez éminent pour donner lieu à démentir le Vasari, et l'opinion la plus généralement répandue à l'égard d'Antonello. Le Dominici s'est avancé plus que tous les autres, en soutenant que cette pratique existait à Naples, et en la faisant passer de là en Flandres, jusqu'à Van-Eyck, lui-même; mais d'après les réflexions qui viennent d'être faites, je crois superflu de pousser plus loin cette discussion (2).

Revenons cependant aux élèves du Solario, qui fu-

(1) L'inscription faite au nom des peintres vénitiens est rapportée par le Ridolfi, page 49. *Antonius Pictor præcipuum Messanæ suæ et totius Siciliæ ornamentum hac humo contegitur: non solum suis picturis in quibus singulare artificium et venustus fuit; sed et quod coloribus oleo miscendis splendorem et perpetuitatem Primus Italiæ Picturæ contulit, summo semper artificum studio celebratus.*

(2) Une lettre de *Summonzio* écrite le 20 mars 1524 m'a été communiquée par M. le chevalier de *Lazara*, qui l'a extraite du Tome 60 des Manuscrits historiques rassemblés à Venise par M. le professeur abbé Daniele Francesconi. Elle est adressée à M. *A. Michele*, qui lui avait demandé des détails sur les artistes anciens et modernes de Naples, et il s'exprime ainsi à propos de la question dont il s'agit. *Depuis ce temps* (le temps du Roi Ladislas), *nous n'avions pas eu jusqu'à M. Colantonio, notre compatriote, un homme doué de tant de talent pour la peinture : s'il ne fût pas mort jeune, il aurait certainement fait de grandes choses. Ce fut donc faute de temps s'il ne parvint pas à la perfection du dessin des choses antiques, ainsi qu'y parvint après lui son disciple Antonello de Messine, homme qui certainement vous est bien connu. La profession de Colantonio était de peindre, selon l'usage de ce temps, à la manière de Flandres, et en imitant le coloris de ce pays pour lequel il avait*

*Zingaresques.*

rent en grand nombre : on remarque parmi eux un *Nicolas* de Vito, que l'on peut appeler le *Buffalmacco* de cette école, à cause de la singularité de son humeur et des tours malicieux qu'il imaginait ; du reste, comme il ne passa jamais les bornes de la médiocrité, il n'offre rien qui puisse intéresser une his-

*tant de prédilection, qu'il fut sur le point d'y aller; mais le Roi Raniero le retint ici, en lui montrant lui-même la pratique et la trempe de ce coloris*, etc.

Je trouve, si je ne me trompe, dans cette lettre, qui semble contraire à mes assertions, tout ce qu'il faut pour les confirmer. D'abord elle détruit la prétention des écrivains qui veulent que l'art de colorier à l'huile soit venu de Naples, tandis que, comme on voit, ce fut Colantonio qui le reçut de la Flandre par le moyen du Roi. 2° On ne nomme pas ici Van-Eyck, mais en général le coloris de la Flandre ; et ce pays, ainsi que nous l'avons remarqué, avait commencé avant l'Italie à trouver des nouvelles méthodes imparfaites et moins sures, à la vérité, mais cependant meilleures que celle de peindre à la détrempe; et, qui sait si ce ne fut pas la méthode employée par Colantonio ? 3° On dit qu'il mourut jeune ; circonstance qui rend croyable la difficulté qu'il eut de communiquer son secret. En effet, l'on ne sait point qu'il l'ait enseigné à son gendre : quelle vraisemblance qu'il l'ait appris à un étranger ! 4° Il en résulta donc pour Antonello la nécessité d'entreprendre son voyage en Flandres pour apprendre le secret de Van-Eyck qui, étant déja vieux, le lui communiqua, mais non pas sans quelque difficulté. 5° Si l'on admet ce que Ridolfi, témoin oculaire, selon l'apparence, nous a transmis, qu'Antonello peignait à Trévise en 1490; puis le témoignage du Vasari, qu'il ne vécut point au-delà de l'âge de 49 ans, comment aurait-il pu être l'écolier de Colantonio, mort, selon Dominici, en 1444 ? C'est en hésitant que je propose mes doutes concernant la vie d'un artiste, à l'égard duquel j'ai déja manifesté quelques incertitudes. J'ai dû laisser quelques époques indécises, ou déterminées d'une manière conforme à l'opinion des autres plûtôt qu'a la mienne.

toire de l'art. *Simone Papa* ne fit aucun ouvrage assez considérable pour mériter d'être comparé à son maître; il se borna à quelques tableaux d'autels d'un petit nombre de figures bien agencées entre elles, et coloriées avec une exquise délicatesse; genre dans lequel il égala parfois le Zingaro; témoin un St-Michel qu'il peignit pour la Santa Maria Nuova. *Angiolillo di Roccadirame* paraît devoir être placé dans la même sphère, et figura dans l'église de Sainte-Brigite, cette sainte contemplant, dans une vision, la Nativité de J.-C.; cette peinture est jugée par les connaisseurs peu différente du style habituel du chef de l'école. Deux peintres plus connus, et plus dignes de l'être, se présentent ensuite: ce furent Pietro et Polito, c'est-à-dire Hippolyte del Donzello, beaux-fils d'Angiolo Franco, et parents du célèbre architecte Giuliano de Majano, duquel ils apprirent l'art de l'architecture. Ce sont les premiers peintres de l'école napolitaine que Vasari mentionne, sans rendre compte, cependant, ni de leur maître, ni de leur pays; il s'exprime même de manière à faire supposer au lecteur que ce sont des peintres toscans. Il dit que Giuliano ayant terminé le palais de Poggio pour le roi Robert, celui-ci le fit orner de peintures par les deux frères Pietro et Polito; que Giuliano étant mort d'abord, puis après lui le roi Robert, Polito retourna à Florence (1). Bottari remarque qu'il n'a trouvé aucune particularité sur les

---

(1) La galerie royale de Florence renferme une Descente de croix dont le style est tout-à-fait celui de l'école de *Zingaro*: on ne sait si l'on doit l'attribuer à ce *Polito* qui, sans aucun doute, vécut à Florence; ou à quelqu'autre peintre de l'école de Naples.

deux Donzelli, ni dans le P. Orlandi, ni dans d'autres auteurs, indice très-clair que lui-même ne les crut point natifs de Naples, et par cette raison ne fit point de recherches relativement à eux, dans l'ouvrage de Bernardo Dominici, qui en avait traité fort au long, en se plaignant de ce qu'il appelait dans Giorgio, ou un artifice, ou une inadvertance.

Les peintures des deux frères sont placées par le Vasari vers l'année 1447; mais comme il dit que Polito ne partit point de Naples avant la mort du roi Alphonse, on doit étendre cette époque jusqu'à l'année 1463 et au-delà; car, Donzello y demeura encore quelque temps sous le règne de Ferdinand fils et successeur d'Alphonse. Il fit pour lui, dans le réfectoire de Santa Maria Nuova, de grandes compositions historiques, en partie secondé par son frère, et en partie seul; tous deux ornèrent aussi pour ce prince un côté du palais de Poggio Reale. On ne doit point passer sous silence, à ce propos, l'Histoire de la conjuration contre le même Ferdinand, qu'ils peignirent dans l'une des salles; le Sannazaro ayant vu cet ouvrage, y puisa le sujet d'un sonnet, qui est le quarante-unième de la seconde partie de ses *Rimes*. Leur style tient de celui de leur maître, à l'exception qu'il est plus doux. Ils se distinguèrent, en outre, dans des productions d'architecture, et dans l'art de figurer des guirlandes, des trophées, des ornements divers en clair-obscur et en manière de bas-relief; art qui, je le crois, n'avait pas encore été cultivé avec autant de succès par d'autres qui les avaient précédés. Le plus jeune des deux frères étant parti, mourut peu de temps après; Pierre continua l'exercice de ses talents à Naples, où il brilla, et par sa réputation et par ses élèves. Il fut aussi très-bon peintre de portraits et il n'y a pas fort long-temps que dans le palais des ducs de Matalona, quelques-unes de ses peintures sur murailles ayant été gâtées, on en tira avec la plus grande précaution plusieurs têtes qui furent conservées pour LL. EE.

*Silvestro de Buoni* fut conduit par son père à l'école de *Zingaro*, et celui-ci étant mort peu de temps après, Silvestro s'attacha à Donzelli. *Buono*, son père, était un peintre médiocre, et qui a donné lieu à une méprise de quelques écrivains qui ont attribué au fils plusieurs des ouvrages du père, dont le style beaucoup plus ancien, est fort au-dessous de la réputation de *Silvestre*. Ce dernier, au jugement du chevalier Massimo, eut *des teintes plus belles, et un ensemble plus parfait que celui des Donzelli*. Enfin, dans la vigueur du clair-obscur et dans la morbidesse des contours, il laissa loin derrière lui tous les peintres nationaux qui avaient existé jusqu'alors. Le *Dominici* indique plusieurs de ses tableaux, dispersés dans les églises de Naples. L'un des plus estimés est celui de *San Giovanni a mare*, dans lequel il comprit trois saints du même nom, c'est-à-dire St-Jean-Baptiste, St-Jean l'évangéliste et St-Jean-Chrisostôme.

On range parmi les élèves de Silvestre le *Tesauro*, dont le nom n'est pas parvenu avec certitude à la connaissance de la postérité; la plupart le nomment *Bernard*. On le croit d'une famille de peintres, descendante de ce *Philippe* que l'on a cité comme le second de cette école, et qui fut le père ou l'oncle de *Raimo* dont nous allons bientôt parler. Ce Bernard, quel qu'ait

Silvestro Buoni.

Bernardo Tesauro.

été son nom, est plus rapproché de la manière moderne qu'aucun des précédents. Il montra plus de sagacité dans ses inventions, plus de naturel dans le figures et dans les draperies. Le choix des formes, l'expression, l'accord, l'intelligence des dégradations et du relief, sont fort au-delà de ce qu'on pourrait attendre d'un peintre que l'on sait n'avoir vu d'autres écoles ni d'autres peintures que celles de sa patrie. Le *Giordano*, dans un temps où il était regardé comme le coryphée de la peinture, en observant la soffite peinte par le *Tesauro* à St-Jean de *Pappacodi*, en fut frappé d'admiration, et n'hésita point à assurer qu'il y avait des choses que lui-même, dans un siècle si fécond en beaux modèles, n'aurait pas été en état de faire mieux. On y voit la représentation des sept sacrements. La description minutieuse qu'en donne l'historien, fait voir jusqu'à quel point les compositions de cet artiste étaient sages et bien entendues ; et les portraits de ses souverains, Alphonse II et Hippolyte Sforce, qu'il a fait figurer dans le sacrement du mariage, au moment où ils reçoivent la bénédiction nuptiale, donnent quelque lumière pour fixer l'époque de cette peinture. *Raimo Tesauro* fut fréquemment employé dans les travaux à fresque. On cite aussi quelques-uns de ses tableaux à *Santa Maria Nuova* et à *Monte Vergine ; peintures*, dit le chevalier Massimo, *bien étudiées et presque parfaites par rapport aux dernières écoles de notre Zingaro, lesquelles penchaient vers leur déclin.*

*Raimo Tesauro.*

Ce fut à ces mêmes écoles que *Gio. Antonio* d'Amato dût ses premières instructions; mais on dit qu'en voyant le tableau que Pierre Perugin avait fait pour la cathédrale de Naples, cette manière nouvelle

*Gio. Antonio d'Amato.*

excita toute son émulation, et il parvint, pour ainsi
dire, aux bornes les plus reculées du style moderne,
avec une rapidité dans laquelle il ne fut égalé par
aucun autre. Il mourut à une époque déja avancée du
seizième siècle. On vante beaucoup sa *Dispute* du
sacrement, faite pour l'église métropolitaine, et deux
tableaux placés à Borgo di Chiaga, l'un au Carmine,
l'autre à Saint-Léonard. Telle est l'histoire, assez restreinte en elle-même, des peintres les plus anciens,
mais assez riche cependant, pour une ville qui,
pendant cette période, fut presque toujours en
guerre (1).

(1) Vers le déclin du quinzième siècle ou dans les premières
décades du seizième, il y avait à Messine des professeurs dont
le style national n'avait point encore été perfectionné par les
exemples de l'Italie : tels furent un *Alphonse Franco*, élève de
Jacopello d'Antonio, et un Pietro Oliva d'une école que l'on
ne peut déterminer d'une manière certaine. On vante dans l'un
et dans l'autre le naturel, genre de mérite particulier à cette
époque, mais on admire dans le premier un dessin correct, et
une expression pleine de vivacité ; c'est ce qui fait que les
étrangers ont recherché à l'envi ses ouvrages, et n'ont laissé
qu'une Descente de croix à St-François de Paule, avec une
dispute de Jésus enfant à St-Augustin. Il reste encore moins
de ceux d'Antonello Rosaliba, peintre toujours gracieux, duquel on n'a plus qu'une Vierge avec l'Enfant-Divin, dans le
village de Postunina.

## SECONDE ÉPOQUE.

L'École de Raphaël et celle de Michelange deviennent pour Naples le type du goût moderne.

*Caractère de l'école napolitaine.* On a déja remarqué qu'après les premières années du seizième siècle, l'art avait acquis un grand développement, et avait commencé de toutes parts à prendre le caractère qui distingue une école d'une autre école. Celle de Naples n'eut point des formes aussi originales que d'autres en Italie, mais elle produisit plus d'une bonne manière, selon que les jeunes gens sortis de leur patrie, y rapportèrent le style de tel ou tel autre maître, et selon que les souverains et les grands du royaume, eurent appelé, ou du moins fait travailler, les meilleurs artistes étrangers : circonstances dans lesquelles Naples ne le cède peut-être à aucune ville de l'Italie, à l'exception de Rome. C'est ainsi que les plus brillants pinceaux n'ont cessé de contribuer à orner les édifices immenses de cette métropole, également riche en temples et en palais. Elle n'a jamais pu manquer non plus de grands génies; car cette nation semble née pour briller dans toutes les études auxquelles elle se livre, mais dans celles surtout qui exigent une imagination ardente, et animée d'un feu créateur. C'est ce qui a fait dire à un savant littérateur, habile peintre en même temps, qu'aucun autre pays de l'Italie ne pouvait se vanter d'avoir un nombre aussi grand de peintres *nés*; expression qui décrit d'un seul trait la verve, l'esprit, l'énergie avec lesquels les productions de ces artistes sont conçues pour la plupart. Cette heureuse disposition est aussi l'effet de la vivacité, que les anciens (1) et les modernes regardent comme une qualité, lorsqu'elle n'est point isolée des autres dons naturels; mais elle exclut souvent la pureté du dessin que l'on ne rencontre, en effet, que rarement dans cette école. On y a négligé l'étude du beau idéal. La plupart de ses peintres, à l'exemple de ceux qui se livrèrent à la seule imitation de la nature, ont pris parmi le peuple l'expression des physionomies, et les mouvements des figures, les uns avec plus, les autres avec moins de choix. Quant au coloris, l'école napolitaine a changé ses principes selon les temps divers : elle est généralement riche d'invention et de composition, mais n'est pas toujours assez étudiée. Ses vicissitudes seront marquées dans le cours de ce quatrième livre.

L'époque de la peinture moderne ne pouvait commencer sous de plus heureux auspices, que ceux qui présidèrent à sa naissance. Pierre Pérugin avait peint une Assomption de la Vierge, qui, dit-on, existe encore aujourd'hui dans la cathédrale, ou plutôt à Sainte-Réparade, ancienne église métropolitaine contiguë à la cathédrale moderne. Cet ouvrage avait frayé au goût une route nouvelle; Raphaël et son école étant devenus célèbres, Naples fut des premières parmi les villes étrangères à en profiter, grace à quelques-uns de ses disciples, auxquels vinrent se joindre, vers la moitié du siècle, plusieurs des imitateurs de Michel-

*Raphaëlesques à Naples.*

___

(1) Plin., *Hist. nat.*, L. XXXV, cap. 11. *Nec ullius velocior in pictura manus fuit.*

Ange. C'est ainsi que, presque jusqu'à l'année 1600, cette école ne fixa son attention que sur ces deux inimitables modèles, et sur ceux qui avaient suivi leurs traces : quelques-uns, cependant, prirent aussi le Titien pour exemple.

André de Salerne.

La série nouvelle des peintres napolitains commence à *Andrea Sabbatini* de Salerne. Celui-ci qui s'était enthousiasmé du style du Pérugin aussitôt qu'il avait vu son tableau de la cathédrale, prit, dès qu'il le put, le chemin de Pérouse, pour aller étudier à l'école de Pierre. Ayant entendu, je ne sais dans quelle auberge, quelques peintres qui avaient vu les peintures faites par Raphaël pour Jules II, il changea de dessein, et marcha vers Rome, où il se fit l'écolier de ce grand maître. Il resta peu de temps auprès de lui, ayant été obligé, contre sa volonté, de revenir dans sa patrie, en 1513, à l'occasion de la mort de son père. Il y parut, toutefois, un homme nouveau : on raconte qu'il pégnit à la Paix et au Vatican avec Raphaël, et qu'il devint un fort bon copiste de ses tableaux ; il est certain qu'il réussit fort bien à imiter sa manière. Comparé à ses condisciples, il ne s'éleva point aussi haut que Jules, mais il surpassa Raffaello del Colle, et ceux du même rang. Son dessin est généralement pur, et il est très-remarquable par le choix de ses formes et de ses attitudes; il est en même temps un peu chargé d'ombres; les muscles de ses figures sont quelquefois trop prononcés; les plis de ses draperies sont largement faits, et son coloris conserve encore sa fraîcheur après tant d'années. Il travailla beaucoup à Naples, à en juger par le catalogue de ses peintures. On compte parmi les meilleures, quelques tableaux à Santa Maria delle Grazie, outre les fresques qu'il y exécuta, ainsi que dans d'autres lieux : tous ces ouvrages qui ont été vantés par les historiens, comme autant de prodiges de l'art, sont presque tous détruits. Il travailla aussi beaucoup pour son pays, pour Gaëte, et pour tout le Royaume, à l'ornement des églises, et des collections particulières, où l'on voit de ses madones qui sont réellement d'une beauté frappante (1).

(1) Le style de Raphaël eut aussi des imitateurs en Sicile, et le premier qui le prit pour modèle, fut *Salvo di Antonio*, neveu d'Antonello. Il existe de lui dans la sacristie de la cathédrale, une Mort de la Vierge du style le plus pur de l'école *Raphaëlesque*, dit l'historien. Ce Salvo n'est pourtant pas celui qui, par antonomase, est appelé le *Raphaël* de Messine; c'est *Girolamo Alibrandi*. Nous apprenons aujourd'hui des prodiges de ce peintre, dont le nom même nous avait été inconnu jusqu'alors: né dans une famille recommandable, dans laquelle il fut élevé avec soin, au lieu de l'étude des loix, vers laquelle ses parens voulaient le diriger, il cultiva celle de la peinture, et après en avoir puisé les premiers principes dans l'école messinaise des *Antonj*, il alla se perfectionner à Venise où il devint le disciple d'Antonello, l'ami de *Giorgione*, et l'imitateur de tout ce qu'il pouvait trouver de plus parfait dans les ouvrages des maîtres les plus célèbres. Après plusieurs années de séjour à Venise, il se dirigea vers Milan pour étudier à l'école de *Vinci*, où il corrigea une sorte de dureté de style qu'il avait contractée. Jusqu'ici la narration ne présente aucune difficulté, mais l'historien ajoute que, rappelé dans sa patrie, il voulut voir d'abord Coreggio et Raphaël, et reprit le chemin de Messine en 1514 ; ce qui ne s'accorde nullement avec l'ordre des temps, car, Léonard partit de Milan en 1499, lorsque Raphaël n'était encore qu'un jeune homme qui donnait de grandes espérances, et que le Coreggio n'était absolument qu'un enfant. Mais j'ai remarqué ailleurs que l'histoire de la peinture est remplie de ces faux raisonnemens : tel peintre ressemble

*École de Sabbatini.*

Andrea enseigna beaucoup de jeunes peintres dont quelques-uns, qui avaient, en outre, étudié sous d'autres maîtres, ne s'attachèrent point exclusivement à son style. Tel fut un *Cesare Turco*, qui tint davantage du Pérugin : il fut bon peintre à l'huile, mais eut très-peu de succès dans les fresques. Andrea eut entièrement pour élève *Francesco Santafede*, père et maître de Fabrizio; peintres qui, pour le coloris, eurent peu de rivaux dans cette école, et furent tellement semblables entre eux, qu'on pourrait attribuer leurs ouvrages à un seul homme. Cependant les connaisseurs trouvent que le père a plus de vigueur, et que ses ombres sont plus harmonieuses. On vante les

*Cesare Turco.*

*Francesco et Fabrizio Santafede.*

à tel autre, donc il est son élève, ou du moins, a dû le connaître.

Je reviens sur ce sujet dans l'école milanaise, à propos de *Luini* (2ᵉ époque), et j'y explique comment un imitateur de Léonard devait avoir nécessairement quelque conformité avec le style de Raphaël. C'est ce qui arriva à l'*Alibrandi*, qui eut aussi de la ressemblance avec plusieurs autres, au point que ses peintures ont été dispersées sous des noms divers, parce qu'elles tenaient du style de tel ou tel autre artiste célèbre. Il reste dans sa patrie, à l'église de la Chandeleure, une Purification de la Vierge-Marie, dans un cadre de 24 palmes siciliens. C'est le chef-d'œuvre de la peinture messinoise pour la grace, le coloris, la perspective, et tout ce qui peut plaire aux yeux. Polydore en fut charmé au point, que pour la couvrir afin de la mieux conserver, il peignit à gouache une toile sur laquelle il figura une Descente de croix, et cachant l'ouvrage d'Alibrandi sous ce voile précieux, il le transmit ainsi à la postérité. *Girolamo* mourut pendant la peste de 1524, et il fut suivi dans la tombe par d'autres maîtres habiles de cette école, qui languit pendant plusieurs années, jusqu'à ce que Polydore vint lui rendre un nouvel éclat.

peintures dont il a enrichi le soffite de l'Annonciation, puis une Descente de croix qui est chez le prince de Somma. Un certain *Paolillo* eut plus de conformité avec Andrea qu'aucun de ses autres élèves; presque tous ses ouvrages attribués à son maître ont été réclamés par le Dominici en faveur de leur véritable auteur, qui aurait été l'ornement de cette école, s'il ne fût pas mort dans les plus beaux jours de sa jeunesse.

*Polydore Caldara*, ou de Caravaggio, vint à Naples en 1527, lorsque Rome fut saccagée. Il ne fut point réduit à mourir de faim à Naples, ainsi qu'on l'avait fait accroire au Vasari. *Andrea* de Salerne, qui avait été jadis son compagnon d'études, le recueillit dans sa maison, et le fit connaître dans cette ville où on lui donna beaucoup d'occupation et où il forma quelques élèves avant de passer en Sicile. Il s'était déja fait un nom à Rome pour ses clair-obscurs, ainsi que nous l'avons dit, et il essaya le mélange des couleurs à Naples et à Messine. Ses teintes dans les tableaux à l'huile furent pâles et sombres, du moins pendant quelque temps. J'ai même vu à Rome, dans ce goût, quelques peintures sur des sujets tirés de l'histoire de la Passion, chez M. *Gavino Hamilton*, qui les avait fait venir de Sicile; du reste, elles ont du mérite pour le dessin et pour l'invention. Le Vasari, qui parle de ce divin génie avec une sorte d'enthousiasme, a élevé jusqu'aux nues un tableau qu'il fit à Messine, peu de temps auparavant de mourir : c'était un Christ conduit au Calvaire au milieu d'une grande affluence de peuple. *Giorgio* assure que le coloris de cet ouvrage était d'une perfection achevée.

<small>Paolillo.</small>

<small>Polydore de Caravaggio.</small>

*Giambernardo Lama*, élève d'abord de l'*Amato*, s'attacha ensuite à *Polydore*. Il fit sur le même style une Piété à *San Giacomo* des Espagnols, laquelle fut attribuée à son maître, du moins quant à la pensée. Il y mit une égale correction et une égale vigueur de dessin. Il y sut imiter la variété des attitudes, ainsi que le goût de la composition. Toutefois, il préféra la plupart du temps un style plus doux, tel que celui que la nature l'avait disposé à choisir, et il suivait toujours les traces du Palermitain. Cette préférence éloignait de son estime *Marco di Pino*, imitateur de Michel-Ange, mais sage et judicieux comme nous l'avons dit. On lit dans le *Secrétaire* du Capece une très-belle lettre au Lama, dans laquelle il lui dit entre autres choses : « Je « sais que vous avez de l'antipathie pour M. *Marco* de « Sienne, parce que votre peinture a plus de charme, et « qu'il s'attache à représenter des corps robustes, sans « donner de transparence à ses teintes ; mais que vou- « lez-vous y faire ? laissez-le travailler à sa manière, et « travaillez à la vôtre… »

On nomme encore à Naples un Francesco Ruviale, espagnol, surnommé *Polidorino* à cause des heureuses imitations qu'il fit de son maître, avec lequel il peignit, pour les *Orsini*, quelques traits de l'histoire de cette illustre famille, après le départ de Polydore. Il exécuta seul une grande quantité d'ouvrages à Monte Oliveto et ailleurs. Ils ont péri en grande partie ainsi qu'il est arrivé à Rome à ceux de Polydore qui étaient bien plus nombreux. Ce *Ruviale* me paraît différent d'un autre peintre espagnol du même nom, que l'on a rangé parmi les élèves du *Salviati*, et les aides du Vasari dans les peintures de la chancellerie ; circonstance dans laquelle, dit le Vasari lui-même, il acquit beaucoup de pratique. Cela se passait en 1544, sous Paul VII, époque à laquelle *Polidorino* devait déja être maître. Le *Palomino* n'a parlé d'aucun peintre de sa nation qui eût le nom de *Ruviale*, ce qui prouve que les deux, dont il est question, ne retournèrent jamais en Espagne.

Quelques-uns comptent au nombre des élèves de Polidore, une excellent peintre pratique, et bon coloriste, appelé *Marco*, Calabrois, et dont le nom de famille était *Cardisco*. Vasari le place au-dessus de tous les peintres nationaux de son époque, et l'admire comme un fruit né hors de son sol. Mais l'observation manquera toujours de justesse aux yeux de ceux qui n'ignorent point que la Calabre des modernes, est la terre de la grande Grèce antique; où, dans les temps anciens, les arts s'élevèrent à leur plus haut période de gloire. Le Cardisco travailla beaucoup à Naples, et dans le royaume de Naples; et l'on vante surtout la dispute de St-Augustin, dans l'église du même nom, à Aversa. On cite comme son élève, *Gio. Battista Crescione*, qui peignait de concert avec *Lionardo Castellani*, dans le temps même où Vasari écrivait; ce qui fit qu'il se dispensa de faire mention d'eux, autrement qu'en passant. Du reste, Polydore fut le fondateur d'une brillante école à Messine; et c'est là que l'on doit chercher ses élèves les plus célèbres (1).

<small>Marco Calabrese.</small>

<small>Battista Crescione. Lionardo Castellani.</small>

(1) En voici la nomenclature : *Deodato Guinaccia* est presque le Jules de ce nouveau Raphaël, après la mort duquel il acheta tout ce qui avait fait partie de son atelier de peinture, et continua de soutenir son école; il acheva même, à l'exemple de Jules, quelques peintures commencées par Polydore ; comme,

Le Fattore. **Gio. Francesco Penni**, ou le Fattore, vint à Naples quelque temps après Polydore; mais succombant à la

la Nativité dans l'église de l'*Alto-Basso*, tableau qui passe pour le meilleur de tous ceux de Polydore. En travaillant ensuite de lui-même, Deodato imita habilement le style de son maître, principalement dans la Trinité, à l'église des Pélerins; dans la Transfiguration, à celle du Sauveur des Grecs. Il transmit son goût à ses élèves; les plus renommés parmi eux, et ceux qui sont le plus connus aujourd'hui par les ouvrages qui leur ont survécu, sont, *Cesare* de Naples et *Francesco Comandè*, qui suivirent fidèlement les traces indiquées par Polydore. Il existe cependant plusieurs jugements contradictoires à l'égard du dernier, par la raison qu'ayant plusieurs fois travaillé en commun avec *Gio. Simone Comandè*, son frère, lequel annonce d'une manière non équivoque qu'il avait étudié dans l'école vénitienne, il arrive assez souvent qu'en entendant nommer les *peintures de Comandè*, on les attribue à *Gio. Simone* comme au plus habile: mais un connaisseur ne peut les confondre, pas même dans les ouvrages auxquels ils travaillèrent ensemble, tels que le Martyre de St-Barthelemy dans l'église de ce nom, et les Mages, au monastère de Basicò. Dans ces tableaux et dans d'autres semblables, quiconque sait discerner Polydore d'avec les Vénitiens, est en état de reconnaître les figures des deux frères, et de rendre à chacun ce qui lui appartient.

Polydore eut dans son académie *Mariano* et *Antonello Riccio*, le premier, père du second; l'un y travailla à changer la manière qu'il tenait de Franco, lequel avait autrefois été son maître, et à prendre celle de Polydore. Le fils commença dès ses plus tendres années à suivre celle-ci; tous les deux réussirent dans leur entreprise, mais le père fut un imitateur si heureux de son nouveau maître, que plusieurs de ses ouvrages ont passé pour être de Polydore: c'est du moins ce que rapporte l'histoire, mais je crois que ce fait n'eut réellement lieu que dans quelques ventes, où des amateurs sans expérience s'y laissèrent tromper, car s'il est un peintre difficile à contrefaire parfaitement c'est, sans aucun doute, Polydore de Caravaggio. Du reste on peut faire la comparaison de ces deux

faiblesse de sa constitution, il y mourut bientôt après, en 1528. Il contribua cependant de deux manières à l'avancement de l'école napolitaine: d'abord, il y laissa la grande copie de la Transfiguration de Raphaël, qu'il avait faite à Rome, aidé par Perino, et laquelle étant ensuite placée au St-Esprit des Incurables, y servit d'étude au Lama, ainsi qu'à tous les meilleurs peintres, jusqu'à ce qu'elle eut été achetée, avec d'autres peintures et d'autres sculptures choisies de Naples, et enlevée par le vice-roi don Pèdre Antonio d'Aragon. En second lieu, le Fattore laissa après lui un élève nommé *Léonard*, appelé vulgairement le *Pistoja*, du lieu de sa naissance; coloriste excellent, mais moins habile dans l'art du dessin. Nous en avons fait mention parmi les aides de Raphaël, et plus au long encore parmi les artistes de l'État Florentin, lequel renferme dans son

École du Fattore et du Vaga. Le Pistoja.

peintres, à Messine même, dans quelque église, telle que celle des Coupables repenties, où la *Piété*, par Polydore, et la Madone de la Charité, par Mariano, sont placées à peu de distance l'une de l'autre.

*Stefano Giordano* fut encore un de ceux qui suivirent avec succès la route tracée par le Caravaggio. On lit que sa grande toile de la Cène de Jésus-Christ, placée dans le monastère de St-Grégoire et peinte en 1541, est un ouvrage admirable. On peut placer au même rang, *Jacopo Vignerio*, duquel on vante beaucoup un tableau représentant le Rédempteur portant sa croix; cette peinture est dans l'église de *Santa Maria della Scala*, et porte la date de 1552.

Cette liste des peintres de l'école de Polydore se termine par le nom odieux de Tonno, calabrois, qui ôta la vie au chef de l'école, pour s'emparer de son argent; crime atroce qu'il expia par la potence. Il avait reçu de la nature un talent fort au-dessus de la médiocrité, ainsi qu'on peut le voir par l'Épiphanie qu'il peignit pour l'église de St-André; il retraça dans

24.

étendue quelques tableaux de sa main à Volterra et ailleurs. Après que Naples eut perdu son Penni, Léonard s'y fixa, et y poursuivit le reste de sa carrière, en retirant un produit considérable de ses travaux pour les grands de l'état. Il fut peu employé en général dans les travaux publics, et beaucoup dans ceux des particuliers. Son plus grand talent était celui des portraits.

*Francesco Curia.*

Le Pistoja fut, dit-on, l'un des maîtres de *Francesco Curia*. Ce peintre, quoiqu'un peu maniéré, dans le genre du Vasari, et des Zuccheri, a été universellement applaudi pour la noblesse et la grace de ses compositions, ainsi que pour le naturel de son coloris. Il fit surtout briller ces qualités dans une Circoncision exécutée pour l'église de la Piété: cet ouvrage est regardé par Ribera, par Giordano, par Solimène, comme l'un des plus beaux tableaux de Naples. Curia laissa

l'un de ses personnages, les traits de son infortuné maître. Quelques biographes voudront peut-être rattacher aussi à l'école de Polydore, *Antonio Catalano* parce qu'il avait été l'élève de *Deodato*. Mais cet Antonio étant passé à Rome, l'histoire ajoute, qu'il entra dans l'école de Barocci, et comme Barocci n'enseigna jamais à Rome, nous dirons plutôt qu'en étudiant les peintures de ce grand maître, le Catalano en emprunte cette couleur fleurie, et cette transparence qu'il sut unir à un certain goût qui s'approche de Raphaël, autre modèle qu'il se plut à étudier. Ses ouvrages son précieux à cause de l'heureux mélange des deux styles; et l'on vante singulièrement la grande toile de la Nativité, aux Capucins *del Gesso*. L'on ne doit point confondre ce peintre studieux avec *Antonio Catalano le jeune*, élève de *Gio. Simone Comandè*. Cet autre Antonio se forma d'après son maître, et d'après d'autres peintres, une manière spirituelle, mais incorrecte et remarquable par une telle rapidité, que ses peintures, qui sont fort nombreuses, ont en général peu de prix.

dans Hippolyte Borghèse, un habile imitateur de sa manière. Ce dernier vécut presque toujours loin de sa patrie, où il ne laissa que très-peu de ses peintures, mais elles sont fort estimées. Il était à Pérouse en 1620, selon le récit du Morelli, dans la description des peintures de la ville, et il peignait alors une Assomption de la Vierge, qui fut placée à St-Laurent.

*Perino del Vaga* eut à Rome, parmi ses élèves et ses auxiliaires, deux Napolitains; *Gio. Corso* initié dans son art par l'*Amato*, ou selon quelques-uns par Polydore, et *Gianfilippo Criscuolo*, long-temps dirigé par le Salerno. Il reste très-peu des ouvrages de Corso, qui n'aient point été retouchés; et aucun de ces morceaux n'a été plus applaudi qu'un Christ avec sa croix sur les épaules, fait pour l'église de St-Laurent. Criscuolo, pendant le peu de temps qu'il fut a Rome, copia beaucoup Raphaël, et fut un zélé partisan de cette école, quoiqu'il conservât toujours quelque chose de son naturel réservé, même un peu timide. Il se forma aussi une manière un peu sèche, mais elle lui fait en quelque sorte honneur dans un temps où l'on exagerait les contours, et où l'on s'éloignait tous les jours davantage de la précision de Raphaël. Du reste, il est un de ceux qui se distinguèrent le plus dans l'art d'enseigner.

Son école produisit *Francesco Imparato*, celui qui, dirigé un peu plus tard par le Titien, devint un émule si remarquable de son style, et qui, ayant peint un St-Pierre martyr dans l'église de ce nom, à Naples, fut déclaré par Carracciolo, l'auteur du meilleur tableau qui eût été fait jusqu'alors dans cette ville. On ne doit pas confondre ce Francesco avec *Girolamo Imparato* son fils, qui fleurit après le seizième siècle. Ce dernier eut une très-grande réputation, supérieure peut-être à son mérite. Il suivit aussi le style vénitien, et quelquefois le lombard, car il avait aussi voyagé pour former son coloris, et il en montra le fruit dans son tableau du Rosaire, à St-Thomas d'Aquin, et dans plusieurs autres de ses ouvrages. Le chevalier Stanzioni qui le connut, et fut son concurrent, le croit d'un talent inférieur à celui de son père; il le dépeint d'ailleurs comme rempli d'ostentation dans son savoir.

Après les imitateurs de Raphaël dont nous venons de décrire la succession, l'école napolitaine vit paraître deux de ceux de Michel-Ange, dont il a été question ailleurs. Le premier, est le Vasari, qui fut appelé, en 1544, pour peindre le réfectoire des PP. Olivetains, et fut chargé ensuite de beaucoup d'autres travaux qu'il exécuta en partie à Naples, et en partie à Rome. Avec l'aide de l'architecture pour laquelle il eut plus de talent que pour la peinture, il rendit ce lieu, qui était du goût vulgairement appelé gothique, à des formes plus pures. Il changea la voûte, orna le travail de stucs, à la Madone, lesquels furent les premiers que l'on vit à Naples; et il y joignit une innombrable quantité de figures, avec cette promptitude, et cette médiocrité, qui forment le caractère principal de presque tous ses travaux. Il y passa un an, et quant à la manière dont il se rendit utile à cette métropole, écoutons-le lui-même dans l'histoire de sa vie. «C'est une chose étonnante, dit-
« il, que depuis Giotto l'on n'eût point vu dans une ville
« si noble et si grande, de maîtres qui eussent fait
« aucun ouvrage important, quoique l'on y eût apporté du dehors, quelques peintures de la main du

« Pérugin et de Raphaël. C'est ce qui m'inspira l'idée
« de faire en sorte, autant que cela dépendait de mon
« faible savoir, d'exciter les hommes de génie de ce
« pays, à faire de grandes compositions, capables de
« leur faire honneur, et soit que mes efforts, ou toute
« autre chose y ait donné lieu, on y a fait depuis ce
« temps en stuc et en peinture, de très-beaux ouvrages
« outre les peintures que j'ai indiquées plus haut. » Il
n'est point facile de deviner pourquoi les peintures de
plusieurs artistes habiles, et d'Andrea de Salerne même,
ne parurent point de grandes productions aux yeux
du Vasari, ni même pourquoi il ne nomme point un
peintre si habile, qui aurait fait plus d'honneur à son
histoire, que cette histoire ne pouvait en faire à Andrea. Fut-ce un trait de son amour-propre, que cette
injustice qui l'empêcha de faire mention ni de lui, ni
presque d'aucun autre de cette nation, parce qu'il
voulait être considéré comme le seul restaurateur du
goût à Naples ? ou fut-ce l'effet de la continuelle mé-
sintelligence qui subsista entre les peintres de Naples
et lui ? fut-ce, enfin, parce que dans les ouvrages de
peinture, ainsi que je l'ai marqué dans ma préface,
ce qui plaît aux uns, déplaît quelquefois aux autres ?
Chacun peut en juger à son gré ; quant à moi, quelque
disposé que je sois à l'excuser à l'égard de beaucoup
d'omissions qui étaient inévitables dans un ouvrage
tel que le sien, je serais embarrassé à le défendre d'un
silence si absolu sur ce point. Les historiens de cette
ville n'ont jamais cessé de s'en plaindre, et quelques-
uns même, de déclamer contre lui et de l'accuser
d'être l'un des dépravateurs de la peinture : tant il
est vrai que celui qui, en écrivant, blesse toute une

nation, s'expose inévitablement à l'animosité de ses écrivains.

L'autre peintre, imitateur et protégé de Michel-Ange, mais non pas son élève ainsi que d'autres l'ont écrit, et qui travailla à Naples, fut Marc di Pino, ou *Marc de Sienne*, que nous avons déja vu figurer plusieurs fois. Il paraît qu'il y vint après l'année 1560 : il y fut bien accueilli, et on lui accorda même le droit de cité. Sa qualité d'étranger ne lui attira même aucune malveillance de la part des citoyens de ce pays, dont le caractère est naturellement cordial envers les étrangers d'une humeur sociable telle qu'était la sienne; car chacun s'accorde à le dépeindre comme un homme sincère, affable, plein d'urbanité. Il y jouit de la réputation du premier talent, et fut employé fréquemment à des travaux dans les principales églises de la métropole, ainsi que dans plusieurs villes du Royaume. Il répéta dans divers lieux la Descente de croix qu'il avait déja faite à Rome, mais avec des changements plus ou moins grands; on admire plus que toutes les autres, celle qu'il mit à Saint-Jean des Florentins, en 1577. La Circoncision du Gesù Vecchio, où le Parino veut voir le portrait de l'auteur et celui de sa femme (1) : l'Adoration des mages, à San Severino, et quelques autres de ses peintures ont des perspectives et des édifices dignes de lui, qui était grand architecte et judicieux écrivain sur cette matière. Je ne

(1) Ces particularités ne sont souvent que des opinions populaires auxquelles on ne doit point ajouter foi lorsqu'elles ne sont point appuyées par l'autorité de l'histoire. Il est arrivé plus d'une fois que ces prétendus portraits se sont trouvés appartenir aux patrons de l'autel.

crois pas me tromper à l'égard de son mérite en peinture, en disant que parmi les imitateurs de Michel-Ange, on n'a point vu de dessinateur moins outré, ni de coloriste plus recommandable par sa vigueur. Il n'est cependant pas toujours égal à lui-même. Dans l'église de San Severino, où il peignit quatre tableaux, on voit celui de la Nativité de la Sainte-Vierge, qui n'a pas le mérite des autres. L'usage de peindre de pratique était tellement commun aux artistes de cette époque, qu'il y en eut peu qui en fussent exempts. Marco forma à Naples plusieurs élèves, mais aucun qui allât assez loin pour égaler *Gio. Angelo Criscuolo.* Celui-ci était le frère de ce Gianfilippo que nous avons déja nommé, et il exerçait la profession de notaire, sans abandonner entièrement l'art de peindre en miniature, qu'il avait appris dès sa plus tendre jeunesse. L'exemple de son frère éveilla en lui l'émulation de devenir peintre de plus grandes figures, et dirigé par Marco, il parvint à être bon imitateur de sa manière.

Angiolo Criscuolo.

Ces deux artistes jetèrent les fondements de l'histoire de la peinture napolitaine. On avait vu sortir des presses des Giunti, à Florence, dans l'année 1568, la nouvelle édition de l'ouvrage de Vasari, où l'auteur parle très-succintement de Marc de Sienne, dans la vie de Daniel de Volterra. Il dit seulement qu'il avait recueilli beaucoup de fruit des instructions d'un tel maître; que depuis, il avait adopté Naples pour sa patrie, et qu'il continuait toujours à y exercer son art. Soit que Marco ne se contentât point d'un tel éloge, ou qu'il fût irrité du silence de Vasari à

Histoire de la peinture à Naples.

l'égard de plusieurs peintres siennois, et de presque tous les Napolitains, il conçut l'idée d'opposer un écrit à cet ouvrage. Il avait parmi ses disciples, le notaire dont nous avons parlé un peu plus haut, qui lui procura des notices sur les professeurs napolitains, tirées des archives et de la tradition. Ce fut avec ces matériaux que Marco rédigea un discours : il paraît qu'il le composa en 1569, c'est-à-dire, un an après l'édition de Vasari, et ce fut le premier essai de l'histoire des arts à Naples, mais il ne parut point au jour à cette époque. Il fut seulement publié en 1747, et d'une manière incomplète, par le Dominici, avec les notices écrites par le Criscuolo, en langue napolitaine, avec l'addition de quelques autres particularités sur les artistes subséquents, recueillies et rédigées par deux habiles peintres; Massimo Stanzioni, et Paolo de Mattei. Dominici lui-même en ajouta d'autres, soit qu'il les eût recueillies dans ses recherches ou qu'elles lui eussent été communiquées par quelques littérateurs dont il était l'ami, et parmi lesquels se trouvait le fameux antiquaire Matteo Egizio. L'auteur du nouveau *Guide*, ou du livre intitulé : *Courte description de Naples*, aurait désiré dans ce volumineux ouvrage, *plus de choses, moins de mots, et une meilleure méthode*. On pourrait ajouter, une critique encore plus juste relativement à quelques faits plus anciens, et moins de condescendance à l'égard de quelques autres plus modernes. Naples lui doit, du reste, une histoire de la peinture tout à fait précieuse pour les jugements qu'elle offre envers les artistes; jugement dictés pour la plupart, par d'autres artistes dont le nom doit inspirer de la confiance aux lecteurs. Si l'architecture et la sculpture y sont moins bien traitées, ce n'est point ici le lieu d'agiter cette question.

Le lecteur pourra trouver dans l'histoire, dont il vient d'être fait mention, d'autres artistes de Naples qui appartiennent au déclin de cette époque, tels qu'un *Silvestro Bruno*, qui jouit dans la ville de la réputation d'un bon maître. Un second, *Simon Papa* ou *del Papa*, habile peintre de fresque, et de même un autre *Gio. Antonio Amato*, que pour le distinguer du premier, on appelle le jeune. Il avait d'abord été instruit dans la peinture par son oncle, puis par le Lama, et il en imita tour à tour les manières : il eut beaucoup de renommée parmi ses compatriotes. Le Jésus enfant, qu'il peignit au *Banco des Pauvres*, est vanté par l'historien comme un ouvrage admirable. On peut ajouter aux précédents ceux qui vécurent hors de leur patrie, tels que *Pirro Ligorio*, honoré par Pie IV, à Rome, comme nous l'avons dit, et mort depuis, à Ferrare, où il exerçait l'emploi d'ingénieur d'Alphonse II ; enfin, *Gio. Bernardino Azzolini*, ou *Mazzolini*, sur les louanges duquel s'accordent Soprani et Rotti. Il arriva vers l'an 1510 à Gênes, où il fit des peintures dignes du *siècle d'or*. Il possédait aussi l'art de modeler des ouvrages en cire, et il en formait des têtes d'une expression telle, qu'elles semblaient avoir le sentiment. Il imprima la même énergie à ses peintures à l'huile, et plus qu'à aucune autre, à la Ste-Agathe martyre, que l'on voit à St-Joseph.

Les villes du second ordre eurent aussi leurs écoles ou du moins leurs peintres pendant ce siècle ; les uns demeurèrent dans leur patrie, les autres vécurent au-

*Derniers peintres de cette époque.*

*Silvestro Bruno. Simone Papa.*

*Gio. Antonio Amato.*

*Pirro Ligorio.*

*Bernardino Azzolini.*

*Peintres du royaume de Naples.*

*Cola dell' Amatrice.* dehors. *Cola dell' Amatrice*, qui fut aussi connu du Vasari, lequel en a parlé dans la vie du Calabrois, fixa sa résidence à Ascoli dans le Picenum. Il fut en possession dans toute cette province, de la renommée de grand artiste en architecture et en peinture. Il a cependant encore un peu de sécheresse dans plusieurs tableaux qui, peut-être, furent ses premiers essais; car, dans les autres, il a un dessin arrondi, et tout ce qui peut plaire dans un bon peintre moderne. Le Guide d'Ascoli, vante beaucoup le tableau de l'Oratoire, du *Corpus Domini*, qui représente le Rédempteur dispensant l'eucharistie aux apôtres.

*Pompeo dell' Aquila.* Pompeo dell' Aquila fut un peintre fini, dont les teintes sont douces et harmonieuses, s'il en faut croire la relation du *P. Orlandi*, qui vit beaucoup de ses peintures à Aquila, et surtout des fresques qu'il avait exécutées en grand maître. On voit à Rome à San Spirito *in Sassia* une belle Descente de croix, peinte par cet artiste. *Baglione* a gardé le silence sur son compte, et tous les historiens de son temps l'ont imité. *Giuseppe Va-*

*Giuseppe Valeriani.* *leriani*, autre peintre d'*Aquila*, est cité dans plusieurs livres. Il travailla dans le même siècle et dans la même église de *San Spirito*, où il a laissé une Transfiguration de sa main. On y reconnaît facilement l'intention qu'il eut d'imiter F. Sebastiano; mais il est pesant dans sa manière de dessiner, et il est trop sombre dans son coloris. Étant ensuite entré dans la compagnie de Jésus, il mitigea ce premier style. Le meilleur ouvrage que l'on indique de lui, est une Annonciation dans une chapelle de Jésus, avec d'autres sujets tirés de la vie de la Ste-Vierge, dans lesquels on voit de très-beaux

*Scipion* costumes qu'y ajouta *Scipion de Gaëte*. Ce dernier ap-

partient encore par sa naissance au royaume de Na- *de Gaëte.*
ples; cependant, comme il avait, ainsi que le chevalier *Le chevalier*
d'Arpino, enseigné à Rome, on les a nommés tous les *d'Arpino.*
deux parmi les maîtres de cette école.

*Marco Mazzaroppi* de San Germano vécut peu de *Marco*
temps; mais on le voit avec plaisir dans les collections *Mazzaroppi.*
à cause de son style naturel et animé, qui a quelque
ressemblance avec celui des Flamands. On recherche
à Capoue les tableaux d'autel et les autres peintures de
*Gio Pietro Russo*, qui, après avoir étudié dans plu- *Gio. Pietro*
sieurs écoles, revint dans cette ville où il travailla *Russo.*
beaucoup et avec succès. *Matteo de Lecce*, quelle *Matteo*
que soit l'école dans laquelle il fut formé, déploya à *de Lecce.*
Rome un caractère imitateur de Michel-Ange, ou,
comme d'autres le prétendent, de *Salviati*. Il est certain qu'il réussit à produire des formes mâles et à bien
indiquer les muscles. Il peignit davantage à fresque.
On fait l'éloge d'un Prophète peint par ce Matteo à
la Congrégation del Gonfalone : cette figure a tant de
relief qu'elle semble, dit Baglione, sortir de la muraille. Bien qu'il y eût alors beaucoup de Florentins à
Rome, il fut considéré comme le seul qui fût capable
de figurer la chûte des Anges rebelles, vis-à-vis du
Jugement dernier de Michel-Ange, lequel avait conçu
l'idée du premier de ces deux sujets, mais ne l'avait
point mise à exécution. On crut convenable d'y joindre
en outre le débat entre le prince des anges et Lucifer,
sur le corps de Moïse; sujet tiré de la lettre de St-Ju-
das et analogue aux sujets précédents. *Matteo* entreprit cet ouvrage avec la plus grande ardeur, mais
quelle énorme distance ! Il travailla aussi à Malthe;
puis étant passé en Espagne et dans les Indes, il se

livra au commerce dont il retira de grands avantages, jusqu'à ce qu'ayant pris la passion d'amasser des trésors, il y perdit toutes ses richesses, et mourut dans le besoin. L'histoire parle, en outre, de deux Calabrois, sans indiquer précisément le lieu de leur naissance. Nous mentionnerons, parmi les élèves de *Lorenzo Costa*, un *Niccoluccio* de Calabre, mais seulement en passant; car je ne sais rien de ce peintre, si ce n'est qu'il se rendit presque parricide en voulant tuer son maître. *Pietro Negrone*, aussi calabrois, a été mis par le *Dominici* au nombre des peintres studieux et recherchés. Quant à l'île de Sicile, je ne doute pas qu'il n'y ait fleuri beaucoup de peintres qui pourraient se rapporter à cette époque, outre *Gio de Borghese* de Messine, élève aussi de Costa, ainsi que le *Laureti* que j'ai occasion de rappeler en parlant de Rome et de Bologne; puis quelques autres qui me sont passés sous les yeux dans mes lectures, mais sans m'arrêter par aucune production remarquable. L'époque où nous allons passer, est beaucoup plus abondante en notices sur la Sicile.

<small>Niccoluccio Calabrese.</small>

<small>Pietro Negrone.</small>

<small>Gio. Borghese. Le Laureti.</small>

## TROISIÈME ÉPOQUE.

*Corenzio, Ribera, Caracciolo*, dominent à Naples. — Étrangers en concurrence avec eux.

Dans la seconde moitié du seizième siècle, le Tintoret commençait à être compté à Venise au nombre des plus grands artistes, et vers le déclin du même siècle, on vit aussi s'élever la renommée du Caravaggio, à Rome, puis celle des Carraches à Bologne.

Ces trois manières se propagèrent bientôt dans tout le reste de l'Italie, et devinrent dominantes à Naples, où elles furent adoptées par les trois peintres les plus accrédités; *Corenzio*, *Ribera* et *Caracciolo*. Ceux-ci se firent un nom l'un après l'autre, mais ils s'unirent ensuite dans leurs travaux et se soutinrent réciproquement. Pendant qu'ils florissaient, Guido, Dominiquin, le Lanfranc, Artemisia Gentileschi, vinrent à Naples, et là, ou ailleurs, formèrent quelques élèves à l'école napolitaine: ainsi, le temps qui s'écoula depuis Bellisario Corenzio, jusqu'au Giordano, est l'époque la plus interessante de cette histoire, par rapport au nombre des artistes habiles et aux productions de goût. Cependant, elle est la plus funeste, non-seulement de l'école napolitaine, mais encore de la peinture en général, si l'on considère les intrigues méprisables et les actions répréhensibles qui la signalèrent. Je les ensevelirais volontiers dans le silence, si elles ne tenaient point essentiellement à l'histoire de la peinture; mais elles y sont tellement liées, que l'on doit du moins les indiquer. J'en parlerai lorsqu'il en sera temps, en m'appuyant des relations de Malvasia, de Passeri, de Bellori, et surtout de Dominici.

*Bellisario Corenzio*, Grec de nation, après avoir passé cinq années dans l'école du Tintoret, se fixa à Naples, vers l'an 1590. Il avait reçu de la nature une fécondité d'idées, avec une promptitude dans la main, telles, qu'il fut peut-être en état d'égaler son maître par le nombre prodigieux de ses peintures même à grande machine. Quatre peintres laborieux seraient à peine parvenus à peindre autant qu'il le fit à lui seul. On ne peut le comparer au Tintoret qui, lorsqu'il voulut

Bellisario Corenzio.

mettre un frein à son enthousiasme, eut peu d'égaux dans le dessin, et conçut des idées, des mouvements, des airs de tête, que les Vénitiens même, qui l'avaient sans cesse devant les yeux, n'ont jamais pu atteindre. Corenzio fut cependant un bon imitateur de ce grand maître, lorsqu'il se donna la peine de travailler avec application, comme dans le grand tableau peint pour le réfectoire des PP. Benedictins, où il retraça tout un peuple nourri miraculeusement par le Rédempteur; travail exécuté en quarante jours. Mais il eut plus fréquemment une manière conforme dans beaucoup de détails, à celle du chevalier d'Arpino (1). Elle participa dans d'autres occasions de l'école vénitienne, en conservant toujours, cependant, un caractère qui lui était propre, surtout dans les gloires, qu'il encombre de nuages opaques, et pour ainsi dire, gonflés de pluie. Le chevalier Massimo juge qu'il fut *fécond en inventions, mais pas toujours choisi*. Il peignit

(1) Dans le Tom. III des *Lettere Pittoriche* on en lit une du *P. Sebastiano Resta* de l'Oratoire, et dans laquelle il dit, qu'il lui paraît probable que le chevalier d'Arpino *l'imita dès sa grande jeunesse*. Mais, c'est ce qu'il n'est pas possible d'admettre; car, on sait que *Cesari* se forma à Rome et qu'il ne put demeurer à Naples que lorsqu'il eut atteint un âge déja mûr. Du reste, cette circonstance de se ressembler plus ou moins, n'est pas seulement particulière à ces deux artistes, mais encore à beaucoup d'autres. Dans cette même lettre le *Corenzio* est appelé le chevalier Bélisaire, et l'on y rapporte quelques anecdotes relatives à lui; entre autres, celle qu'il vécut 120 ans. La notice qui contient ces fables, est regardée comme digne de foi par le *P. Sebastiano*. On peut voir d'autres preuves de la crédulité de cet écrivain dans la Vie d' *Antonio Allegri*, par le chevalier Tiraboschi.

très-peu à l'huile, quoiqu'il eût beaucoup de mérite quant à l'union et à la force des couleurs; l'avidité du gain le portait vers les grands ouvrages à fresque, dans lesquels il était heureux pour les distributions, riche, varié, hardi, et d'un bel effet dans l'ensemble, étudié même jusques dans les détails, et correct quand le voisinage de quelque rival habile l'y contraignait. C'est ce qui eut lieu à la Chartreuse, dans la chapelle de St-Janvier. C'est là qu'il mit en œuvre toute son industrie, parce qu'il était stimulé par la proximité du Caracciolo, lequel avait mis en ce lieu un tableau, qui long-temps y fut admiré comme un de ses plus beaux ouvrages, et fut ensuite porté dans l'intérieur du monastère. On voit dans d'autres églises divers sujets d'histoire sacrée, que Corenzio peignit en petites proportions, et que le Dominici vante beaucoup, en ajoutant qu'il aida M. Desiderio, peintre célèbre pour les perspectives qu'il accompagnait de petites figures coloriées et agencées d'une manière admirable.

M. Desiderio.

On n'a point été d'accord sur la véritable patrie de Giuseppe Ribera; Palomino, et avant lui Sandrart et Orlandi prétendent qu'il était né en Espagne, et ils en donnent pour preuve un tableau de San Matteo, avec cette inscription : « Jusepe de Ribera Español dela « ciudad de Xativa, reyno de Valencia, academico Ro- « mano, año 1630. » Les Napolitains soutiennent qu'il naquit dans les environs de Lecce, mais d'un père espagnol; et que pour s'attirer la bienveillance du gouvernement, qui était espagnol, il fit toujours valoir cette origine, qu'il eut soin d'exprimer dans ses inscriptions, ce qui le fit appeler lo Spagnoletto. C'est ainsi qu'en ont parlé Dominici, Signorelli, Galanti:

Giuseppe Ribera.

mais de nos jours la dispute est terminée. On sait par son extrait de baptême, pris à Sativa, qu'il était né dans cette ville ( aujourd'hui San Filippo ). On peut consulter sur ce fait l'anthologie de Rome, année 1795. On y lit qu'il apprit aussi en Espagne les principes de la peinture de *Francesco Ribalta*, de Valence, que l'on croit élève d'Annibal Carrache; mais l'histoire de Naples, qui aujourd'hui m'est devenue suspecte à l'égard des notices recueillies sur cet artiste, affirme qu'il étudia à Naples encore très-jeune, ou plutôt enfant, sous la direction de Michelangiolo de Caravaggio, quand celui-ci, chassé de Rome pour un homicide, vint à Naples vers 1606. Giuseppe travailla beaucoup pour les églises de cette ville, ainsi que pour les grands (1). Quoi qu'il en soit de sa première instruction et de sa première jeunesse, il paraît que le modèle, auquel il donna de préférence son attention en commençant, fut le Caravage; mais ensuite le Ribera ayant vu à Rome Raphaël et Annibal, puis le

---

(1) Caravaggio eut encore un autre élève très-remarquable dans *Mario Minuti*, syracusain, qui passa une grande partie de sa vie à Messine. Après avoir travaillé pendant quelque temps à Rome avec Caravaggio, il avait saisi sa manière, avec cette différence cependant que, ne l'égalant point en vigueur, il eut plus de morbidesse et de grace dans ses contours. Il reste de ses tableaux dans toute la Sicile; car, outre qu'il peignit beaucoup lui-même, il avait sous ses ordres douze jeunes gens dont il vendait les ouvrages sous son nom, après les avoir corrigés et retouchés, c'est ce qui fait que ses peintures ne répondent pas toutes également à sa réputation. Messine en renferme plusieurs dans ses édifices, entre autres, le Trépassé de Naïm, qu'on voit aux Capucins; puis, aux *Verginelle*, la Bienheureuse vierge tutélaire.

Corrège à Modène et à Parme, se mit à suivre leurs traces, en prenant une manière plus gaie et plus riante; il s'y attacha pendant quelque temps, mais avec peu de succès, car il y avait à Naples d'autres peintres qui battaient ce même sentier, dans lequel il était difficile de s'avancer. Il revient donc au goût du Caravagge, dont la vérité, la force, les grands effets de lumière et d'ombre attirent davantage la multitude, que le style gracieux : il fut bientôt fait peintre de la cour, dont il devint ensuite l'arbitre en matière de goût.

Les études qu'il avait faites le conduisirent à inventer, à choisir, à dessiner mieux que ne l'avait fait le Caravagge, et ce fut pour rivaliser avec lui qu'il fit a la Chartreuse cette belle Descente de Croix, qui seule, disait Giordano, suffirait pour caractériser un habile peintre, et le mettre au niveau des premiers maîtres de l'art. Le Martyre de San Gennaro, peint à la chapelle royale, est un de ses plus beaux ouvrages, et rappelle le style du Titien, aussi bien que le San Girolamo de la Trinité : ce saint était un de ses sujets favoris. On voit dans les galeries une multitude de ses images répétées par le Spagnoletto, soit avec la figure entière, soit en demi-figure : on en trouve jusqu'à cinq dans la galerie Pamphilienne à Rome, et toutes sont différentes. Il fit aussi des tableaux d'un caractère semblable, comme des anachorètes, des prophètes, des apôtres, dans lesquels il fait ressortir les os, les muscles, et cette gravité de physionomie dont il chercha toujours les modèles dans la nature. Ses tableaux profanes sont généralement dans le même goût; il se plaît à y représenter des philosophes et des vieillards : de ce genre sont le Democrite et l'Héraclite, si conformes au style du Caravagge, et que M. le marquis Girolamo Durazzo a dans l'une des salles qu'occupe sa collection. Lorsqu'il avait à choisir des sujets d'histoire, les plus terribles étaient toujours ceux auxquels il donnait la préférence ; des tourments, des supplices, d'horribles tortures, telles sont les scènes qu'il se plaisait à retracer. Il choisit entre autres sujets de cette espèce, Ixion sur la roue, qu'il peignit à Madrid, dans le palais de *Buon Ritiro*. Les productions de Ribera sont très-multipliées, en Italie surtout, et en Espagne. La plupart de ses élèves ne se distinguèrent que dans la peinture de genre, et nous en ferons l'examen vers la fin de cette époque. Nous placerons parmi eux le petit nombre de ceux qui suivirent ses traces avec succès, en faisant des figures et des demi-figures. Nous ne devons pas oublier à ce propos d'avertir le lecteur, qu'au milieu de tous ces tableaux du Spagnoletto, que l'on conserve dans les galeries, il doit non-seulement présumer, mais être assuré même que la plupart démentent le nom de l'auteur auquel on les attribue, et ne sont que des productions de son école.

Giambattista Caracciolo.

*Jean-Baptiste Caracciolo*, qui suivit d'abord les traces de l'Imparato, puis celles du Caravaggio, parvint à l'âge mûr sans avoir produit aucun ouvrage qui méritât de lui faire un nom. Excité ensuite par la renommée d'Annibal, et par l'admiration qu'une de ses peintures avait fait naître en lui, il passa à Rome, où, par une étude assidue dans la galerie Farnesienne qu'il copia exactement, il devint bon dessinateur, et se forma un style analogue à celui de Carrache (1).

(1) Parmi les disciples d'*Annibal*, je lis le nom de *Carlo*

Il fit usage de ce talent à son retour à Naples, pour y acquérir du crédit, et pour le maintenir dans plusieurs occasions où il fut en concurrence avec d'autres. C'est ainsi qu'il produisit une Madone à Sainte-Anne des Lombards, un Saint-Charles à l'église de Sant' Agnello, et un Christ sur la croix, aux Incurables; peintures que les connaisseurs regardent comme de très-heureuses imitations d'Annibal : du reste, il fait souvent reconnaître dans ses ombres et ses lumières un peu exagérées, l'école de Caravaggio. Ce fut un peintre étudié, qui ne se hâta jamais. Il y a cependant de ses ouvrages qui sont tellement faibles, que le Dominici croit qu'il les fit exprès pour donner une leçon à quelque amateur qui n'avait pas voulu les lui payer assez cher, ou qu'il les avait fait faire par Mercurio d'Aversa, qui n'était pas le meilleur de ses élèves.

Les trois peintres que j'ai successivement nommés, furent les chefs des persécutions continuelles qu'essuyèrent pendant plusieurs années une multitude d'artistes étrangers, appelés ou venus volontairement à Naples. Bélisaire s'était acquis un empire, ou plutôt une tyrannie inconcevable, sur les peintres napolitains, en partie par sa réputation, en partie par la perfidie ou par la violence ; il réservait pour lui les commissions importantes en peinture ; il faisait faire les autres par les artistes qui étaient sous sa dépendance, et qui, pour la plupart, étaient médiocres. Le chevalier Mas-

*Factions de peintres à Naples.*

---

*Sellito*, à qui le Guarienti a aussi donné une place dans son Abécédaire ; et je le trouve encore rappelé avec éloge dans des notices manuscrites sur les bons peintres de cette école.

simo Santafede, et les autres professeurs d'un grand talent qui ne dépendaient point de lui, n'y prenaient point de part, le craignant comme un homme vindicatif, artificieux, et capable des actions les plus noires, jusqu'à préparer du poison par envie, à Luigi Roderigo, le plus habile et le plus intéressant de ses élèves.

Pour se maintenir au premier rang, Bélisaire avait besoin d'écarter tous les peintres étrangers, moins ceux à l'huile que ceux à fresque. *Annibal Carrache* y arriva en 1609, et ce fut pour peindre l'église du Saint-Esprit et celle de Gesù Nuovo, où, comme pour donner un essai de son style, il fit un petit tableau. Le Grec et ses créatures appelés à juger de cette admirable production, dirent tous de concert qu'elle était froide, et que l'auteur ne pouvait avoir de génie pour de grands ouvrages. Alors ce célèbre artiste retourna à Rome pendant l'ardeur de la canicule, et mourut peu de temps après. Mais l'ouvrage le plus disputé aux peintres étrangers, fut la chapelle royale de St-Janvier, que les préposés avaient résolu de confier au chevalier d'Arpino, puisqu'il devait peindre le chœur de cette chartreuse. Bellisario s'étant ligué avec l'Espagnolet (homme aussi féroce et aussi despotique que lui), et avec Caracciolo, qui aspirait aussi à être chargé de cet ouvrage, lui fit une telle guerre, que l'Arpino, avant de terminer son chœur, s'enfuit au Mont Cassin, et de là retourna à Rome. L'ouvrage fut donné à *Guido ;* mais peu de temps après, deux inconnus accablèrent de coups son valet, et lui firent dire par ce malheureux, qu'il devait se préparer à mourir, ou à partir sur-le-champ, ce qu'il se hâta de faire. *Gessi*, élève de Guido, ne s'effraya point de cet exemple;

ayant demandé et obtenu cette importante commission, il partit pour Naples avec deux aides, *Gio. Battista Ruggieri* et *Lorenzo Menini*. On fit entrer ceux-ci par trahison dans une galère, sous prétexte de la voir, et l'ancre ayant été levée aussitôt, ils furent enlevés au très-grand regret de leur maître, qui n'en put jamais avoir de nouvelles malgré toutes les perquisitions qu'il fit à Rome et à Naples.

Gessi s'étant à son tour éloigné, et les directeurs de cette entreprise perdant l'espoir de voir leur mission achevée, ils avaient commencé à céder à la cabale du monopole, en chargeant Corenzio et Caracciolo du travail à fresque, et en donnant au Spagnoletto l'espérance de faire les tableaux, lorsque tout à coup, se repentant de cette résolution, ils firent effacer tout ce qu'avaient fait les deux peintres de fresque, et confièrent la peinture de toute la chapelle au Dominiquin. *Dominiquin.*
On ne doit point passer sous silence, à l'honneur de ces généreux directeurs, qu'ils convinrent de lui payer pour chaque figure entière 100 ducats, 50 ducats pour chaque demi-figure, et 25 pour chaque tête. Ils pourvurent en outre à la tranquillité de cet artiste en obtenant du vice-roi que ces factieux fussent sévèrement menacés; mais ce fut en vain. Ce n'était point assez pour eux de faire passer Dominiquin pour un peintre froid, et de le décréditer auprès de ceux qui *voient avec leurs oreilles*, et forment partout le plus grand nombre. Ils le persécutèrent par des calomnies, par des lettres anonymes, par la destruction de ses peintures, par le mélange des cendres avec la chaux, pour que le crépi se fendît et tombât; enfin, avec la malignité la plus subtile, ils lui firent commander

par le vice-roi quelques tableaux pour la cour de Madrid. Ces tableaux à peine ébauchés, étaient enlevés de l'atelier du peintre, et portés à la cour, où le Spagnoletto lui ordonnait de le retoucher à tel ou tel endroit, et sans lui donner le temps de les terminer, les envoyait à leur destination. La tyrannie de son rival, les plaintes des directeurs qui voyaient l'ouvrage toujours retarder, la crainte enfin de quelque malheur, déterminèrent le Dominiquin à partir secrètement pour Rome, espérant que de là il pourrait se justifier avec moins de danger. Cependant le bruit de cette fuite ayant été assoupi, et de nouvelles mesures ayant été prises pour sa sûreté, il revint poursuivre ses travaux dans la chapelle, où il peignit les ornements de toute la circonférence, les bases de la coupole, et parvint à avancer beaucoup les tableaux à l'huile qui devaient l'orner.

Avant de les terminer il fut surpris par la mort; peut-être fut-elle hâtée par le poison, ou au moins par les dégoûts qu'il eut à essuyer de ses parents et de ses rivaux, dont la foule s'était accrue par l'arrivée de *Lanfranco*, son ancien adversaire. Le dernier succèda au Zampieri pour la peinture du *Bassin* de la chapelle; pour l'un des tableaux, ce fut le Spagnoletto; pour un autre, le chevalier Stanzioni, et chacun d'eux, stimulé par le désir de la gloire, parvint à rivaliser avec le Dominiquin, mais non pas à le surpasser. Caracciolo était mort; Bellisario, qui était devenu vieux, n'eut point de part à ce travail; et peu de temps après, s'étant placé sur un échafaudage pour retoucher quelqu'une de ses fresques, il en tomba de la manière la plus malheureuse et mourut. Le Spagnoletto n'eut pas une fin plus heureuse : une de ses filles ayant été déshonorée, il en conçut un noir chagrin qui, joint aux remords de toutes les persécutions injustes dont il s'était rendu coupable, lui fit prendre la résolution de se soustraire aux regards du public; il se mit en mer, et l'on ne sait où il dirigea sa fuite, ni dans quel lieu il termina sa vie, si l'on doit en croire l'histoire écrite à Naples. Celle que Palomino écrivit en espagnol le fait mourir à Naples même, en 1656, âgé de quatre-vingt-sept ans. Elle lui attribue cependant aussi la plupart des malheurs que nous venons de décrire. C'est ainsi que trois hommes ambitieux, qui, tantôt par la violence et tantôt par la ruse, avaient éludé la générosité et le goût de tant de nobles personnages, et avaient formé contre tant de professeurs le nœud d'une tragédie aussi déplorable que compliquée, ne recueillirent, lorsqu'ils en furent au dernier acte, qu'un fruit amer de leur basse perfidie; et l'équitable postérité qui voit préférer le Dominiquin à ses persécuteurs doit en tirer cette conclusion, que, qui fonde sa réputation et sa fortune sur l'abaissement d'autrui, ne fait que bâtir sur le sable.

Les bons exemples s'étant multipliés à Naples, le nombre des artistes qui se distinguèrent par leur bon goût, s'accrut soit par l'enseignement des maîtres dont nous venons de parler, soit par leurs ouvrages, car il y a quelque chose de très-vrai dans cette observation de *Passeri*, « qu'à celui qui a les dispositions « suffisantes pour apprendre, les leçons des ouvrages « muets servent aussi bien que celles reçues de vive « voix. » Rien ne fait plus d'honneur au génie napolitain que d'avoir su, au milieu de cette diversité de

*Différents styles à Naples.*

style, choisir les meilleurs. Cesari n'y fut point suivi, si l'on en excepte Luigi Roderigo (1), qui, en passant de l'école de Bellisario à la sienne, ne cessa point d'être maniériste, mais acquit une certaine grace, et un choix, qu'il n'avait point auparavant. Il communiqua les mêmes qualités à un *Giambernardino*, fils de l'un de ses frères, qui, s'étant approché du style du Cesari, fut choisi par les Chartreux pour terminer le travail que celui-ci avait laissé imparfait.

Ce fut donc sur les traces des Carraches que presque tous entreprirent de marcher; et celui qui le tenta avec plus de succès, fut le chevalier *Massimo Stanzioni*, regardé par quelques-uns comme le meilleur modèle de l'école napolitaine, sur laquelle, ainsi que nous l'avons dit, il avait compilé une grande quantité de notices. Élève du Caracciolo, avec le goût duquel il a de l'analogie, il profita aussi des conseils de Lanfranco, que dans

*Marginalia:* École des maniéristes. Giambernardino Roderigo. École du Caracciolo. Massimo Stanzioni.

---

(1) On en parle d'une manière différente dans les *Memorie de' pittori messinesi*, où l'on rapporte que son véritable nom de famille fût *Rodriguez*. On dit qu'il étudia à Rome, et alla ensuite travailler à Naples, dont les *guides* le nomment à plusieurs reprises. On ajoute que son goût, qu'il tenait de l'école romaine, le faisait appeler par son frère *Alonso*, *l'esclave de l'antique*; et qu'il rendait la pareille à son frère qui s'était formé à Venise, en l'appelant *l'esclave de la nature*. Du reste, Alonso, qui passa sa vie en Sicile, l'emporta en crédit sur son frère; et il eut le mérite très-rare de peindre beaucoup et bien. Il représenta surtout avec un grand talent la Probatique à S. Côme *dei Medici*, et Deux fondateurs de Messine, dans le palais sénatorial; ouvrage qui lui fut payé mille écus. Il déclina, et ses travaux commandés commencèrent à diminuer à l'arrivée du *Barbalunga*. Celui-ci eut toutefois pour lui une haute estime, et l'appelait ordinairement le *Carrache* de la Sicile.

certains manuscrits il nomme son maître; et de ceux de
Corenzio même, qui le cédait à très-peu d'autres pour
la pratique de la fresque. Il suivit pour les portraits,
les directions de Santafede, et devint un excellent imitateur du style du Titien. Étant allé ensuite à Rome
où il vit les ouvrages d'Annibal, et où, selon quelques-
uns, il connut le Guide, il rivalisa pour le dessin avec
le premier, et pour le coloris avec le second, jusqu'à
mériter le surnom du *Guido Reni* de Naples, ainsi
que nous l'apprend M. Galanti. Son talent, qui devint
très-éminent, le mit bientôt en état de le disputer
aux meilleurs peintres. Il fit dans la Chartreuse un
Christ mort entre les deux Maries, ouvrage peint en
concurrence avec Ribera. Ce tableau s'étant un peu
noirci, Ribera parvint à persuader à ces religieux de
le faire nettoyer; et au moyen d'une eau corrosive, il
l'altéra de telle sorte, que Stanzioni ne voulut plus y
mettre le pinceau, disant qu'une si noire perfidie
devait rester dévoilée aux yeux du monde. Mais dans
cette église, qui est un véritable musée, et où chaque
artiste, pour ne pas le céder à ses rivaux, semblait
s'élever au-dessus de lui-même, Massimo laissa d'autres
ouvrages admirables, et surtout une magnifique peinture de Saint-Bruno, donnant sa règle à ses moines.
Ses tableaux ne sont point rares dans les collections
que son pays renferme, et ils sont singulièrement estimés au-dehors. Les voûtes du Gesù Nuovo, et de
Saint-Paul, lui font tenir un rang distingué aussi
parmi les peintres à fresque. Il fut très-studieux, très-
passionné pour le beau tant qu'il vécut dans le célibat;
mais s'étant marié avec une femme qui avait de la
naissance, il voulut, pour soutenir son luxe, multiplier

ses ouvrages, et il en fit de très-défectueux. Il semble que Cocchi, dans son *Raisonnement sur le mariage*, ait eu raison d'en détourner les artistes qui excellaient dans les arts du dessin (\*).

Élèves du Stauzioni.

L'école de Massimo fut très-féconde en élèves qui devinrent célèbres à leur tour : effet de la méthode et aussi de la réputation de cet habile homme. Ce qui vérifie cette maxime d'un ancien, laquelle a passé en proverbe : *Primus discendi ardor nobilitas est ma-*

Muzio Rossi. *gistri. Muzio Rossi*, passé de son école à celle du Guide, fut digne, à l'âge de dix-huit ans, de peindre à la Chartreuse de Bologne, à côté des peintres consommés, et il soutint le parallèle. Mais ce précieux germe de talent fut trop promptement arraché par la mort, et sa patrie même ne conserva dans ses édifices publics aucun de ses ouvrages ; car la tribune de *San Pietro in Majella*, qu'il y coloria peu de temps avant de mourir, fut remise à neuf, et les fatigues de Rossi furent perdues. C'est ce qui fait que les peintures qu'il laissa dans cette Chartreuse, et dont Crespi fait l'énumération, sont regardées comme très-précieuses. Un autre grand génie de cette école disparut encore trop

Antonio de Bellis.
tôt. Ce fut *Antonio de Bellis*, auteur de plusieurs tableaux de la vie de Saint Charles dans l'église de ce nom : ils demeurèrent toutefois imparfaits par la mort de cet artiste. Sa manière tient de celle de Guerchin. Mais il n'oublie point le modèle de tous les élèves de Massimo, *Guido Reni*.

Francesco di Rosa.
*Francesco di Rosa*, appelé aussi *Pacicco*, ne connut point le Guide ; mais, dirigé par Massimo, il s'exerça

(\*) P. 40.

long-temps à le copier. Il est du petit nombre des artistes que Paolo de' Mattei a cités dans un de ses manuscrits, où il n'admet aucun peintre médiocre. Cet écrivain regarde le style de Rosa comme presque inimitable, non-seulement quant à la correction du dessin, mais pour la rare beauté des extrémités, et surtout pour la noblesse et la grace des traits. Il eut, dans trois de ses nièces, des modèles d'une beauté achevée, et, dans son imagination, de ces idées sublimes qui conduisent à élever la nature au-dessus de l'imperfection humaine. Son coloris, fondu avec une exquise douceur, fut toutefois d'un empâtement solide et plein de vigueur, qui s'est maintenu dans sa fraîcheur et dans sa vivacité. Les palais des grands ne manquent point de ses peintures, sa vie ayant été fort longue. Il fit aussi de très-beaux tableaux dans quelques églises, comme à la Sanità, le St-Thomas d'Aquin; à Saint-Pierre d'Aram, le Baptême de Ste-Candide, et quelques autres.

Une nièce de Francesco, appelée *Aniella di Rosa*, pourrait être nommée la *Sirani* de l'école napolitaine par la conformité qu'elle eut en talent, en beauté, et jusque dans sa fin tragique, avec cette célèbre Bolonaise. La mort de cette dernière avait été causée par le poison que la malignité des étrangers lui avait préparé; tandis qu'Aniella mourut par le fer, immolée à l'aveugle jalousie de son mari. Celui-ci se nommait *Augustin Beltrano*, et avait été son condisciple dans l'école de Massimo, d'où il sortit bon peintre de fresque et coloriste à l'huile, d'un mérite peu commun, comme on le voit par quelques-uns de ses tableaux de cabinet et par quelque peinture d'autel. Sa femme, dont le style était conforme au sien et à celui de leur maître commun, fut aussi

<small>Aniella di Rosa.</small>

<small>Beltrano.</small>

compagne de ses travaux, et tous les deux ébauchaient souvent des ouvrages que Massimo terminait d'une manière telle qu'ils étaient vendus comme étant de lui. Elle en fit aussi en son nom, et l'on vante singulièrement la Naissance et la Mort de la Sainte Vierge, qu'elle a laissées à la *Piété*. On soupçonne néanmoins que Massimo eut une grande part à ses productions, ainsi que Guido en eut dans plusieurs des ouvrages de la *Gentileschi*. Quoi que l'on en doive croire, ses dessins originaux prouvent qu'elle eut une grande intelligence de l'art; et les peintres et les historiens qui furent ses compatriotes, n'ont cessé de la vanter comme l'une des femmes qui se sont le plus distinguées dans la peinture. C'est même à ce titre que Paolo de' Mattei ne l'a point oubliée dans son catalogue.

*Paolo Domenico Finoglia. Giacinto de' Popoli. Giuseppe Marullo.*

Trois jeunes gens d'Orta devinrent également habiles dans cette académie: ce furent *Paolo Domenico Finoglia*, *Giacinto de Popoli* et *Giuseppe Marullo*. On a de la main du premier, à la Chartreuse de Naples, la voûte de la chapelle de St-Janvier, et plusieurs tableaux dans le chapitre. Ce peintre se distingua par le charme de ses productions, par l'expression, la fécondité, la correction, l'harmonie, qui en forment le caractère. Le second peignit dans plusieurs églises, et son historien l'admira davantage, quant à l'ensemble de ses compositions, que pour les détails de ses figures. Le troisième enfin s'approche tellement de la manière de son maître, que les peintres attribuèrent quelquefois ses ouvrages à Massimo; et sans contredit il en fit de très-beaux à St-Severin et ailleurs. Il se mit ensuite à colorier d'une manière trop forte, surtout dans ses contours, qui, par cette raison, devinrent cruds et tranchants. Il perdit peu à peu la faveur du public; exemple qu'il est bon de ne pas perdre de vue, pour se souvenir que chacun doit mesurer ses forces, et que si l'on n'a point un génie naturel, il faut se garder de chercher à l'affecter.

Un autre de ses élèves les plus renommés, fut *Andrea Malinconico*, napolitain. Il n'existe de lui aucune fresque, mais beaucoup de peintures à l'huile, spécialement dans l'église des miracles qu'il orna presque seul. Les évangélistes et les docteurs dont il décora les pilastres, sont, au dire de son panégyriste, les plus belles peintures de cet auteur. Les poses en sont nobles, les idées originales : tout est peint avec verve et en habile maître, avec une merveilleuse fraîcheur de coloris. On voit encore beaucoup d'autres beaux ouvrages de ce peintre, mais quelques-uns aussi qui sont très-faibles et qui manquent d'esprit ; ce qui a fait dire à un amateur, qu'elles étaient conformes au nom de leur auteur. Andrea Malinconico.

Aucun des précédents, néanmoins, ne parut plus formé par la nature pour être peintre, que Bernard, contre lequel *Massimo* lui-même prit d'abord de la jalousie ; mais, comme on s'aperçut bientôt que son talent était plutôt propre aux petites figures qu'aux grandes, il fut dirigé dans cet exercice et devint célèbre dans son école, hors de laquelle il n'est point connu comme il mériterait de l'être. On voit dans les galeries des grands du royaume de Naples, soit sur toile, soit sur cuivre, ses sujets d'histoire tantôt sacrée tantôt profane, de la composition la plus judicieuse. Ses petites figures dans le genre de celles du Poussin, sont remplies d'esprit, d'expression, et embellies d'une grace simple et naïve qui est toute à lui. Quant au co- Bernardo Cavallino.

loris, outre son maître et la *Gentileschi*, lesquels suivaient tous les deux la route tracée par le *Guide*, il imita encore Rubens. Rien ne lui manqua pour être original dans son genre; car il était capable d'endurer la pauvreté plutôt que de précipiter ses travaux, qu'il avait coutume de retoucher plusieurs fois avant d'en être satisfait. Il ne lui manqua qu'une vie plus longue, qu'il abrégea lui-même par d'imprudents désordres (1).

Andrea Vaccaro.

*Andrea Vaccaro*, homme né pour l'imitation, fut le contemporain et le rival, mais en même temps l'admirateur et l'ami de Massimo. Il suivit d'abord la manière du Caravaggio, et c'est conformément à ce style que l'on voit à Naples quelques-uns de ses tableaux d'autel et de cabinet, qui ont trompé des connaisseurs, au point d'être achetés par eux comme des originaux de *Michel-Ange*. Au bout de quelque temps, le chevalier *Massimo* lui donna le goût de la manière du *Guide*, dans laquelle il réussit assez bien, quoiqu'il n'y égalât point son ami. C'est suivant ce style qu'il exécuta ses ouvrages les plus estimés, à la Chartreuse, aux Théatins, au *Rosario*, sans parler de ceux que

---

(1) Je trouve à Messine un *Gio. Fulio* qui, après avoir reçu dans sa patrie les premières notions de l'art, se forma sous le chevalier *Massimo*, dessinateur plein de force, d'une grace et d'une vivacité remarquables dans les figures d'enfants, quoique des formes un peu trop matérielles, et quelque chose de maniéré, en diminuent le mérite. Sa patrie posséda un assez grand nombre de ses productions, qui périrent dans un tremblement de terre; parmi celles qui échappèrent à ce désastre, on indique plusieurs de ses fresques dans la chapelle du Crucifix, à l'Annonciation des Théatins, et en outre un tableau à l'huile, ayant pour sujet la Nativité de la Vierge.

l'on rencontre fréquemment dans les galeries. *Massimo* étant mort, Andrea occupa le premier rang dans la peinture, parmi ses compatriotes. Le *seul Giordano* le lui disputa, quoiqu'il fût fort jeune, lorsque revenant de Rome, il en rapporta un style nouveau qu'il avait emprunté du *Cortona* : tous deux concoururent au grand tableau de Ste-Marie *del Pianto*. Cette église avait été nouvellement érigée en l'honneur de la Vierge, qui avait délivré la ville de la peste; et ce fut aussi le sujet du tableau. L'un et l'autre en firent l'ébauche, et ayant choisi pour juge Pierre de Cortone, celui-ci prononça contre son propre élève, en faveur du Varca, en disant que, comme il l'emportait pour l'âge, il l'emportait de même pour le dessin et pour l'imitation de la nature. Andrea ne fit point d'études dans la peinture à fresque pendant sa jeunesse; il s'y essaya déjà avancé en âge, pour ne point le céder au *Giordano*; mais ce fut au préjudice de sa gloire qu'il vérifia la sentence: que *ad omnem disciplinam, tardior est senectus*.

Parmi les élèves de Varca, celui qui l'imita le mieux, fut *Giacomo Farelli*, qui, avec des forces plus actives et avec l'aide de son maître, sembla produire quelque opposition avec le *Giordano*. L'église de Ste-Brigite a du *Farelli* un beau tableau de la Titulaire; et l'auteur considéré avec justice comme un homme de beaucoup de mérite, ne fut point négligé par de *Matteis*. Il déchut toutefois de l'estime publique, lorsqu'il voulut, dans un âge avancé, changer sa manière, en peignant dans la sacristie du Trésor. Là, il se flatta de pouvoir se montrer en état de suivre les traces du *Dominiquin*; mais il n'y réussit point, et ne fit plus depuis lors aucun ouvrage de bon goût.

<small>Élèves de Vaccari. Giacomo Farelli.</small>

**Imitateurs du Dominiquin.**

Cependant le *Dominiquin* ne laissa pas d'avoir parmi les peintres de Naples et de l'État napolitain, des imitateurs d'un grand talent (1), au nombre desquels fut

**Le Cozza.**

le *Cozza*, calabrois, qui vécut à Rome et duquel j'ai parlé, en faisant la revue de l'école romaine. Je n'ai point oublié non plus Antonio *Ricci*, surnommé le

**Antonio Barbalunga.**

*Barbalunga*, messinois fort connu à Rome. On doit ajouter ici, que ce dernier étant retourné à Messine, sa patrie, il l'enrichit de ses ouvrages, et fit entre autres, à St-Grégoire, l'Image de ce saint dans l'attitude d'écrire; puis, à San Michele, l'Ascension; à St-Nicolas et à l'hôpital, deux figures de la Piété d'inventions diverses. Il est regardé comme l'un des meilleurs peintres de cette île, qui en eut une plus grande abondance qu'on ne le croit communément. Il y tint une école, et s'y prépara un grand nombre de successeurs (2).

(1) *Gio. Battista Durand Borgognone*, qui s'établit à Messine, fut un élève de Dominiquin, et demeura toujours attaché à sa manière. On ne cite de lui toutefois qu'une Ste-Cécile dans le couvent de ce nom, parce qu'il s'attacha principalement à faire des portraits. Il transmit le même talent à l'une de ses filles nommée *Flavia*, mariée à *Filippo Giannetti*. Elle fut habile à faire des portraits, ainsi que des copies très-exactes de quelque original que ce fût.

(2) *Domenico Maroli*, *Onofrio Gabrielli*, *Agostino Scilla*, furent les trois messinois qui lui firent le plus d'honneur. Malheureusement ils furent enveloppés dans les révolutions de 1674 et 1676 : le premier y perdit la vie, et les deux autres furent réduits à errer long-temps hors de leur pays. Maroli ne suivit pas constamment le style de Barbalunga ; mais, étant allé à Venise, où il étudia les peintures des plus célèbres vénitiens, et surtout celles de Paolo, il rapporta chez lui une partie des qualités brillantes de ce grand maître : carnations vives, beaux airs de têtes, figures de femmes remarquables par la

On doit rappeler, après lui, un autre Sicilien, *Pie-* *tro del Po* de Palerme, bon graveur, et plus connu

*Pietro del Po.*

grande beauté de leurs formes; talent dangereux dont il abusa quelquefois autant que le *Liberi*, et peut-être davantage. A ce vice de morale, il voulut joindre un vice de l'art même, ce fut de peindre souvent par-dessus les impressions et généralement avec peu de couleur; ce qui fait que ses ouvrages qui, dans leur nouveauté, étaient applaudis et recherchés avec empressement, sont aujourd'hui négligés comme ceux des Vénitiens qui tombèrent dans l'excès des teintes sombres, ainsi que nous le rapportons ailleurs. Messine conserve encore des peintures de Maroli; telles sont, le Martyre de Saint Placide aux Sœurs de St-Paul, la Nativité du Sauveur à l'église de la Grotte, et quelques autres. Venise doit avoir aussi dans des maisons particulières plusieurs restes de figures d'animaux qu'il peignit à la manière du Bassano. Onofrio Gabriello passa six ans avec le Barbalunga, quelques autres années avec le Poussin, puis avec le Cortona à Rome, jusqu'à ce qu'étant passé à Venise, où il demeura pendant neuf ans encore avec le Maroli, il y prit sa mauvaise méthode de colorier, qu'il rapporta ensuite à Messine; mais il n'emprunta rien de son style. Il voulut être original dans ce genre, et eut en effet une suavité, une grace, une nouveauté d'accessoires qui est toute à lui. Il eut surtout un talent particulier pour figurer des rubans, des dentelles, des pierres précieuses, et d'autres détails semblables de la parure. Il a laissé beaucoup de ses productions à Messine dans l'église de St-François de Paule; beaucoup aussi à Padoue, dont le guide nomme plusieurs de ses peintures. Il fit en outre des tableaux de cabinet, et une quantité de portraits: j'en ai vu plusieurs dans la maison du savant et illustre comte *Antonio Maria Borromeo*; entre autres un tableau de famille, dans lequel le peintre a introduit sa propre image.

*Agostino Scilla*, ou *Silla*, comme l'écrit Orlandi, fut le même qui ouvrit à Messine une école, très-fréquentée pendant tout le temps qu'elle dura, et dispersée ensuite par le choc des révolutions, non sans qu'il en résultât un grand préjudice pour

dans ce genre à Rome, que dans la peinture. Il existe cependant de sa main un St-Léon, à la Madonna

les séditieux et pour l'art même. La nature l'avait doué d'un génie élevé qu'il cultiva toujours par l'étude de la poésie, de l'histoire naturelle, et des antiquités. Ce furent les espérances que faisait concevoir un si heureux naturel, qui déterminèrent le Barbalunga a lui faire obtenir une pension du sénat pour résider à Rome sous la direction d'*Andrea Sacchi*. Quatre ans après il retourna à Messine riche des études qu'il avait faites d'après l'antique et d'après Raphaël; et s'il en rapporta une manière un peu sèche de peindre, il la rendit bientôt plus moelleuse et plus agréable. Il se distingua, lorsqu'il le voulut, par le dessin des figures, et principalement par ses têtes de vieillards : il eut en outre un talent particulier pour les paysages, les animaux et les fruits. On peut revoir ce que nous en avons dit dans l'école romaine, où nous l'avons rappelé en même temps que son frère et son fils. Il reste peu de productions de son pinceau à Rome; mais Messine en conserve une grande quantité. Ses fresques sont pour la plupart à St-Dominique et à l'Annonciation des Théatins : la plus remarquable est le St-Hilarion mourant, à l'église de Ste-Ursule, et jamais aucune de ses peintures n'obtint plus d'applaudissements du public.

Les élèves de *Scilla*, restés à Messine après le départ de leur maître, ne s'avancèrent que très-peu; nous parlerons ailleurs de *F. Emmanuel* de Côme. *Giuseppe Balestriero*, copiste intelligent des ouvrages d'Agostino, et bon dessinateur, se fit prêtre après avoir fait quelques tableaux, et abandonna son art. *Antonio la Falce* devint habile dans le genre des ornements à gouache, et à l'huile. Il essaya ensuite la fresque, mais il n'y parut qu'un *peintre de taverne*. *Placido Celi*, doué d'un talent naturel, gâté par ses mauvaises habitudes, suivit son maître à Rome; il y changea de manière pour s'attacher à celles de Maratta et de Morandi: ce fut en suivant leurs traces, qu'il travailla à Rome dans les églises de l'Anima et de la Transpontina, et davantage dans d'autres églises de son pays natal; mais il ne s'éleva jamais au-dessus de la médiocrité. *Antonio*

appelée de *Constantinople* ; tableau qui ne lui fait pas autant d'honneur que les toiles d'une petite dimension qu'il peignit pour orner les galeries, et dont il envoya aussi quelques-unes en Espagne. On distingue surtout parmi ses ouvrages de cette espèce, certains petits tableaux, exécutés avec autant de soin et de délicatesse, que de véritables miniatures. J'en ai vu deux à Plaisance, chez les pères de la Mission, un St-Jean décollé, puis un St-Pierre crucifié; peintures, dans lesquelles il déploya son style le plus élégant. Ce peintre, après avoir travaillé à Rome, s'établit à Naples avec un de ses fils, nommé *Giacomo*, qui avait été dirigé dans son art en partie par lui et en partie par le Poussin.

Giacomo del Po.

Il y conduisit aussi sa fille Thérèse, qui ne se dis-

Teresa del Po.

*Madiona* de Syracuse a laissé un nom plus estimé : étant à Rome il se sépara de Scilla pour suivre Preti jusqu'à Malte ; mais il ne cessa point, pour cela, d'être appliqué à l'étude de son art. Il réussit à plaire et dans cette île et en Sicile, par un style énergique et hardi. Nous croyons pouvoir terminer ici l'esquisse de cette école malheureuse.

Nous ajouterons cependant encore, pour compléter la liste des meilleurs élèves de Barbalunga, le nom de *Bartolommeo Tricomi*, qui borna ses travaux à faire des portraits, et qui, dans cet art que l'on peut regarder comme un *héritage* légué par l'école du Dominiquin, eut un très-grand succès. Il eut toutefois dans *Andrea Suppa* un élève qui le surpassa. Ce dernier appartient aussi au *Casembrot*, en ce qu'il apprit de lui la perspective et l'architecture ; mais il fut redevable aux anciens plus qu'à tout le reste. Car, en étudiant sans cesse dans Raphaël, dans les Carraches, et dans d'autres modèles semblables, soit leurs peintures, soit leurs dessins, il se forma un style plein d'imagination dans les têtes, et d'une délicatesse extrême dans les moindres détails. Ses ouvrages paraissent autant de minia-

tingua pas moins par les productions de son pinceau. Le père et le fils étaient très-instruits dans la théorie de la peinture qu'ils avaient enseignée à l'académie de Rome. Mais le premier peignit fort peu à Naples, tandis que le second y fut très-occupé à décorer les salles et les galeries des grands; il avait cultivé les lettres, et imaginait, pour ainsi dire, des poëmes en peinture. Il se fait remarquer, en outre, par une incroyable variété, même une sorte de magie de coloris qui enchante la vue, dans tout l'ensemble de ses ouvrages. Il a quelque chose de neuf et d'original qui tient aux accidents de lumière qu'il retrace, aux reflets, à la projection des ombres; mais dans les figures et dans les vêtements, il devint, comme tous les peintres des grandes machines, maniéré, et moins correct.

tures, et si elles laissent quelque prise à la critique, c'est parce qu'elles sont peut-être finies avec trop de soin. Les sujets auxquels il donnait la préférence, étaient analogues à son naturel, c'est-à-dire, tristes, mélancoliques, et traités d'une manière toujours pathétique. Il eut du mérite pour les fresques, et il a peint dans ce genre les voûtes des Sœurs de St-Paul.

Il eut aussi du talent pour les tableaux à l'huile, et le même lieu en offre un exemple dans la peinture d'autel de Ste-Scholastique. Beaucoup d'autres morceaux dignes d'occuper une place dans l'histoire, ou existent encore, ou bien ont péri dans des tremblements de terre. Son style fut imité avec beaucoup de bonheur par *Antonio Bova*, son élève, et l'on peut faire le parallèle de leurs productions à l'Annonciation des Théatins, où il est facile de juger le caractère de l'un et de l'autre. Antonio peignit beaucoup aussi, soit à l'huile, soit à fresque. Son naturel tranquille et les principes qu'il avait reçus l'ayant éloigné de prendre part aux révolutions de Messine, il resta dans sa patrie, où il finit paisiblement ses jours; et avec lui, disparut l'école de Barbalunga.

Il ne conserva même rien du Dominiquin, à l'exception d'une légère trace des premières instructions qui lui furent transmises par son père. Rome eut deux tableaux de lui, l'un à Sant' Angiolo in Pescheria, l'autre à Ste-Marthe. Naples en eut davantage, mais son talent brilla surtout par les fresques de la galerie du marquis de Genzano, dans une salle du duc de Mattalona, et bien plus encore dans sept chambres du palais du prince d'Avellino.

Un autre élève de Zampieri, plus attentif à suivre sa manière, que ne l'avaient été les deux précédents, fut celui que l'on nommait Francesco di Maria; et qui ne fut auteur que d'un petit nombre d'ouvrages, parce qu'il eut le défaut d'être lent et irrésolu; défaut qui accompagna Dominiquin, lui-même, jusqu'à sa mort; mais ce petit nombre est fort estimé, surtout les sujets tirés de l'histoire de St-Laurent, aux conventuels; et plusieurs de ses portraits. Un de ces derniers, exposé à Rome, auprès d'un de ceux de Vandych, et d'un autre de Rubens, le fit préférer par le Poüssin, par le Cortona et par Sacchi à ces deux flamands. D'autres tableaux de sa main furent vendus à un prix très-élevé, et pris pour des ouvrages du Dominiquin, par des amateurs qui peut-être manquaient d'expérience. En tout il s'approcha de lui, excepté par la grace, pour laquelle il faut convenir que la nature ne fut point libérale envers lui. Le Giordano disait de ce peintre, qu'en s'épuisant à faire des os et des muscles, il parvenait à produire des figures belles et vraies, mais insipides. Il n'épargnait pas le Giordano à son tour, « Appelant son école hérétique, ne pouvant supporter « qu'il peignît d'après une seule manière, qui consistait

Francesco di Maria.

« dans un beau coloris et des effets de lumière bien « entendus. » C'est ainsi que s'exprime de Matteis, qui avait une partialité extrême pour la mémoire de Francesco di Maria.

<small>Élèves et imitateurs du Lanfranc.</small>

Lanfranc fut à Naples de quelque utilité à Massimo, ainsi que nous l'avons dit ; mais celui-ci renonça à lui pour le Guide. Il plut davantage à Pietro et à Giacomo del Po, qui en le consultant, perfectionnèrent leur coloris. Pascoli met, en hésitant, Preti au nombre de ses élèves, erreur que nous ferons bientôt disparaître. Dominici compte parmi ses compatriotes, Brandi autre élève de Lanfranc, s'autorisant d'une de ses lettres, dans laquelle il reconnaissait Gaëte pour sa patrie. Peut-être en était-il originaire, mais né à Poli (1). J'en ai parlé en même temps que des peintres de Rome, où il étudia et travailla long-temps; et j'ai nommé avec lui le chevalier Jean-Baptiste Benaschi, comme il est nommé dans quelques livres, ou Beinaschi, ainsi qu'il est écrit dans d'autres : ce qui a donné lieu à distinguer en lui deux peintres différents; l'on aurait pu même en supposer un troisième, parce qu'il se trouve écrit dans quelques livres, Bernaschi. Quelque contradiction entre ses deux historiens a contribué à faire naître cette équivoque ; mais la nature de cet ouvrage ne nous permet pas de nous y arrêter. Je remarquerai seulement qu'il ne fut point élève du Lanfranco, étant né avant l'année 1636, mais de M. Spirito, dans le Piémont, et de Pietro del Po a Rome. C'est ce que nous apprenons de l'Orlandi, qui devait connaître ces détails beaucoup mieux

<small>Giambattista Benaschi.</small>

---

(1) Pascoli, *Vite*, T. I, page 129.

que Pascoli et Dominici, puisqu'il les tenait d'Angela, fille du chevalier Berneschi, qui vivait de son temps à Rome, où elle faisait des portraits pleins de vérité. De plus, quoiqu'il fût considéré par Pascoli et par l'Orlandi, comme un peintre de Rome, il n'y travailla que très-peu pour les édifices publics, ainsi qu'on peut en juger en lisant le Titi. Son théâtre fut Naples, où il eut une école nombreuse, où il peignit des coupoles, des voûtes et d'autres architectures propres aux grandes compositions. Il était doué d'une telle variété d'idées, que jamais on ne voit aucune attitude répétée deux fois parmi ses figures. La grace des formes et le charme du coloris ne lui manquèrent pas lorsqu'il voulut se contenter de suivre les traces de Lanfranc, comme il le fit à la Ste-Vierge de Lorette, et dans d'autres églises. Car dans certaines autres peintures, en aspirant à un style plus élevé, il devint froid et pesant. Il eut beaucoup de talent pour la perspective, et fut très-ingénieux dans l'art de représenter les raccourcis. Les peintres de Naples, dit le Dominici, ont souvent comparé entre elles deux images de St-Michel, peintes l'une par Lanfranc, l'autre par Benaschi, dans l'église des SS. Apôtres, sans pouvoir décider auquel de ces deux artistes la préférence était due.

*Angela Berneschi.*

Le Guerchin n'alla jamais à Naples; mais le chevalier *Mattia Preti*, appelé généralement le chevalier Calabrois, attiré par la nouveauté de son style, se rendit à *Cento*, ville de la Romagne, où il l'eut pour instituteur. Nous tenons ces détails du Dominici, qui lui avait entendu dire que son maître, quant à l'école, était le Guerchin, mais que, quant à ses études, tous les grands hommes étaient ses maîtres. Il est vrai qu'il

*Mathias Preti, élève du Guerchin.*

avait parcouru une grande étendue de pays, qu'il avait vu et étudié les plus grands chefs-d'œuvre des écoles de l'Italie et du dehors. Il lui arrivait donc dans la peinture ce qui arrive aux grands voyageurs dans leur conversation. C'est qu'ils ne s'étendent jamais sur un sujet, sans qu'ils n'y ajoutent quelque nouvelle chose. Aussi les costumes, les ornements, les usages, que le Preti représente, ont quelque chose de neuf et d'original. Il n'avait rien colorié jusqu'à l'âge de vingt-six ans, s'étant contenté d'étudier profondément le dessin. Il eut beaucoup de mérite dans ce genre; mais il réussit moins dans le caractère délicat que dans le caractère robuste et prononcé : ce fut au point même que sa force dégénéra quelquefois en pesanteur. Il manqua aussi d'agrément dans son coloris, mais se distingua par un empâtement plein de force, par un clair-obscur qui se détache avec art, et par un ton général, pour ainsi dire, cendré, qui semble fait pour les sujets douloureux et tragiques. Comme il connaissait le genre de talent auquel il était le plus propre, il se plaisait surtout à peindre des martyrs, des meurtres, des pestiférés, des pénitents en pleurs : ces sortes de sujets étaient ceux qui lui étaient le plus familiers. Il avait l'habitude, dit Pascoli, surtout dans ses tableaux les plus importants, de peindre d'abord d'après nature, quoique ensuite il ne se mît pas trop en peine de la correction, et de l'expression des sentiments.

Il fit de grands ouvrages à fresque à Modène, à Naples, à Malte. Il eut moins de succès à Rome, à Sant' Andrea della Valle, en peignant trois sujets de la vie du Titulaire, au-dessous de la tribune du Dominiquin. Son ouvrage pâlit dans ce voisinage, outre que les figures ne sont point en proportion avec le lieu, et y paraissent trop lourdes. Ses tableaux à l'huile sont innombrables en Italie ; car il eut en partage une très-longue vie, et fut très-prompt au travail, habitué à laisser partout où il arrivait des traces de son talent, quelquefois dans les églises, et plus communément dans les galeries. Ce sont, pour la plupart, des sujets en demi-figures, dans le genre de ceux du Guerchin et du Caravaggio. Naples, Rome et Florence en ont une grande quantité, et Bologne plus encore que toutes les autres villes. On voit dans le palais *Marulli*, son Bélisaire mendiant; dans celui des *Ratti*, un Saint Pénitent, portant une chaîne qui le contraint à être dans une posture fort gênante; dans un autre palais des *Malvezzi*, un *Tommaso Moro* en prison; dans celui des *Ercolani*, une Peste ; puis, d'autres peintures et dans ces mêmes galeries et dans celles de plusieurs autres grands seigneurs. Parmi ses tableaux d'autels, un des plus étudiés orne la cathédrale de Sienne, et représente San Bernardino, occupé à prêcher et à convertir. Il peignit beaucoup à Naples, outre le Soffite de l'église des Célestins, mais moins cependant qu'il ne l'aurait desiré lui-même, aussi bien que les peintres du meilleur goût, qui s'étaient ligués avec lui pour combattre les innovations du Giordano. Mais ce dernier eut un ascendant supérieur à celui de tous les autres; ce qui, malgré ses imperfections, le fit triompher de tout. Preti lui-même dut lui céder le champ de bataille, et alla terminer ses jours à Malte, où son mérite en peinture l'avait fait recevoir dans l'ordre, avec le titre de commandeur. Il laissa à Naples quelques imitateurs de son style, tels que *Domenico Viola* : ni celui-ci, toutefois, ni aucun de ses autres

Domenico Viola.

disciples ne s'élevèrent au-dessus de la médiocrité. On peut en dire autant de *Gregorio Preti*, son frère, qui a laissé à Rome, à St-Charles *de' Catinari*, un sujet d'histoire à fresque.

*Gregorio Preti.*

Après avoir jeté un coup d'œil sur les écoles étrangères, il est temps de revenir à la peinture nationale, et de faire mention des élèves du *Ribera*. C'est le propre des maîtres qui peignent presque toujours dans un certain genre, que d'avoir des élèves qui, en bornant leur génie à ce seul caractère, parviennent à faire des imitations qui trompent les plus habiles, et que l'on croirait, surtout dans les pays étrangers, peints par le chef de l'école. Ce fut ce genre de talent que *Giovanni Do* et *Bartolommeo Passante* acquirent auprès de l'Espagnolet. Avec cette différence que le premier, par la suite du temps, adoucit son style et donna plus de charme à ses carnations; tandis que le second n'ajouta rien à la manière habituelle de l'Espagnolet, si ce n'est quelque étude de plus à l'égard du dessin et de l'expression : et encore ne le fit-il pas toujours. *Francesco Fracanzani* eut une certaine manière de faire qui avait du grandiose, et un coloris fort beau. Le St-Joseph mourant, qu'il plaça aux Pélerins, est un des meilleurs tableaux de la ville. Cependant, accablé par la pauvreté, qui souvent conseille mal les plus sages, il se mit à peindre grossièrement pour la classe du peuple, et finit par se rendre coupable de plusieurs mauvaises actions, dont l'une lui valut d'être condamné à mort. Il devait la recevoir sur la place publique et à la potence; mais, par respect pour sa profession, on lui donna du poison dans sa prison (1).

*Élèves de Ribera.*

*Giovanni Do. Bartolommeo Passante.*

*Francesco Fracanzani.*

(1) Je rattache à la fin de cette époque quelques peintres

*Aniello Falcone* et *Salvator Rosa* sont les deux plus grands peintres dont cette académie puisse se glorifier, quoique Rosa l'ait suivie peu de temps, et qu'il se soit avancé ensuite par les instructions du Falcone. Celui-ci eut un talent singulier pour figurer les batailles. Il en peignit en petites et en grandes dimensions, en empruntant ses sujets, tantôt des livres saints, tantôt de l'histoire profane, tantôt de quelque poëme. Varié dans les costumes, dans les armes, dans les physionomies, selon les différences qui devaient caractériser les combattants, animé dans ses expressions diverses, naturel et choisi dans ses figures et dans les mouve-

[marginal note: Batailles, Paysages. Aniello Falcone. Salvator Rosa.]

siciliens qui fleurirent pendant sa durée, ou dans les commencements de l'époque suivante, et qui furent formés par des maîtres divers : ils m'ont été indiqués par M. *Ansaldo*, duquel on a vu ailleurs l'éloge, et qui tenait lui-même ces détails d'un peintre de cette île. *Philippe Tancredi* naquit à Messine, mais on ne le regarde comme élève d'aucun des maîtres cités précédemment, parce qu'il étudia sous *Maratta* à Naples et à Rome. Ce fut un peintre doué d'une grande facilité, bon coloriste et compositeur habile. Son nom est fort connu à Messine, et célèbre même à Palerme, où il vécut pendant un grand nombre d'années. Il peignit dans la première la voûte de l'église des Théatins, ainsi que celle du *Gesù Nuovo*. Le chevalier *Pietro Novelli* (j'ai lu aussi *Morelli*, mais je crois que c'est une erreur), eut aussi la réputation d'un bon peintre et d'un habile architecte. On l'avait surnommé le *Monrealese*, du nom de sa patrie. Il a laissé beaucoup de peintures à l'huile et à fresque ; et l'on vante principalement le grand tableau des Noces de Cana dans le réfectoire des PP. Bénédictins. Il resta long-temps à Palerme, et l'ouvrage le plus considérable qu'il y ait produit, est celui de l'église des PP. Conventuels, dont la voûte partagée en plusieurs tableaux, fut peinte en entier par lui seul. On peut lire l'éloge de son style dans le *Guarienti*, qui vante son exactitude

ments des chevaux; plein d'intelligence, enfin, dans tout ce qui concerne la discipline militaire, quoiqu'il n'eût jamais été ni acteur ni spectateur dans aucune action guerrière. Il fut fort habile dans le dessin, consulta en tout la nature, coloria avec soin et avec un bon empâtement. Il est difficile de croire, ainsi que quelques-uns l'ont prétendu, qu'il avait enseigné le Borgognone. Baldinucci, qui reçut de ce religieux même toutes les notices qu'il en a publiées, ne parle pas du tout de cette circonstance : il est vrai, cependant, qu'ils se connurent, et eurent de l'estime l'un pour l'autre ; que si les batailles du Borgognone ont trouvé place

dans l'imitation des formes de la nature, sa science dans le dessin, aussi bien que le charme de son coloris, pour lequel il paraît avoir cherché à imiter l'Espagnolet. Les Palermitains lui donnent encore plus d'éloges, et lorsqu'il arrive quelque étranger homme de goût, ils ne lui indiquent guère d'autres ouvrages dans la ville que ceux de cet habile peintre. *Pietro Aquila* de Marsalla, autrefois Lilybée, célèbre graveur sur cuivre, dont le burin reproduisit la galerie Farnésienne, n'a rien laissé à Rome, que je sache ; mais il reste à Palerme deux tableaux de sa main, à l'église de la Piété : ils ont pour sujet, la Parabole de l'Enfant prodigue. Le *Zoppo* de Gangi est connu à Castro Giovanni plus qu'ailleurs à cause de plusieurs tableaux qu'il a peints dans la cathédrale. Je trouve l'éloge d'un tableau placé à St-Joseph de Casteltermini ; il représente la Sainte-Vierge avec le Saint titulaire, et il est l'ouvrage du chevalier *Giuseppe Paladini*, Sicilien. On compte encore, parmi les artistes recommandables de cette île, un *Carega* qui, je crois, peignit principalement pour les particuliers. D'autres encore, dont j'ignore le degré de mérite, se trouvent rangés dans l'académie de St-Luc, des registres de laquelle j'ai extrait quelques notices pour les Tom. III et IV ; elles m'ont été communiquées par M. Maron, secrétaire de cette académie.

dans les galeries des grands, et que si elles se vendent à un prix élevé, celles d'Aniello ont eu le même bonheur. Il eut une multitude d'élèves, et il s'en servit, ainsi que de plusieurs peintres de ses amis, pour venger la mort d'un de ses parents et d'un de ses disciples que les soldats de la garnison espagnole avaient tués. Il y eut donc une espèce de révolte provoquée par *Maso Aniello*. Il se réunit avec les siens en une espèce de corps, qu'ils appelèrent la compagnie de la mort; et protégés par l'Espagnolet, qui les excusait auprès du vice-roi, ils firent un horrible massacre, jusqu'à ce que, l'émeute étant calmée et le peuple rentré dans l'ordre, cette association meurtrière, craignant pour elle-même, se dispersa et se mit en sûreté. Falcone passa en France, où il resta pendant plusieurs années : c'est ce qui fait qu'il y a laissé beaucoup de ses ouvrages. Les autres s'enfuirent à Rome, ou se retirèrent dans quelques lieux privilégiés. Les plus habiles de l'école étaient alors Salvator Rosa, duquel nous avons parlé ailleurs, qui commença par faire des batailles et finit par obtenir de très-grands succès dans les paysages. *Domenico Gargiuoli*, appelé aussi *Micco Spadaro*, paysagiste d'un grand mérite, habile pour la figure, même en grand, ainsi qu'il l'a prouvé à la Chartreuse et ailleurs, mais d'un talent extraordinaire pour les petites figures; genre dans lequel, pour tout dire en peu de mots, il est le *Cerquozzi* de son école. C'est pourquoi *Viviani Codagora*, grand peintre de perspective, ne voulut plus, après l'avoir connu, qu'aucun autre que lui fît de figures ou de sujets historiques à ses vues d'architecture; tant il y mettait un heureux accord. Cette liaison fut si étroite, qu'ils coururent ensemble s'exposer à la mort

*École de Falcone.*

*Domenico Gargiuoli.*

*Viviano Codagora.*

dans l'émeute dont nous venons de faire le récit, et qu'ils vécurent jusqu'au dernier moment dans l'union la plus parfaite. Les galeries de Naples ont une prodigieuse quantité de leurs tableaux; elles contiennent un plus grand nombre encore de *caprices* ou de peintures burlesques, toutes de la main du Spadaro. Celui-ci n'avait point de pareil dans l'art de représenter des scènes populaires de son pays, de celles surtout où le sujet exige une grande multitude de figures. Ses personnages, dans quelques-unes de ses peintures, passent le nombre de mille. Il se servit beaucoup des estampes de Stefano della Bella et de Callot, qui avaient l'art de placer une grande foule dans un petit espace. Mais ce fut en habile imitateur et sans la moindre apparence de plagiat. Quant à ses figures les plus importantes et les plus grandes (dans lesquelles on ne peut dissimuler les contours défectueux), il en observait les mouvements d'après nature, et les retouchait avec soin.

Carlo Coppola. On prendrait quelquefois *Carlo Coppola* pour Falcone, à la ressemblance de leur manière, à l'exception que l'on distingue le premier par une certaine vigueur plus grande, avec laquelle il peint les chevaux de bataille. Andrea di Lione. Andrea di Lione lui ressemble; mais on reconnait dans ses batailles l'effort de l'imitation.

Marzio Masturzo. *Marzio Masturzo* resta peu avec Falcone, mais beaucoup avec Rosa même à Rome. Il suivit habilement ses traces, mais il est un peu crud dans ses petites figures ainsi que dans les rochers et les troncs d'arbres. Sa perspective aërienne est aussi moins éclatante; cependant ses carnations ne sont point pâles comme celles de Rosa, qui les imitait d'après Ribera.

Animaux. Je termine ce catalogue par *Paolo Porpora*, en

passant sous silence d'autres peintres moins célèbres. Celui-ci, guidé par son génie, quitta les batailles pour peindre les quadrupèdes, et mieux que tout le reste, les poissons, les coquillages, et autres semblables productions de la mer. Il fut moins exercé dans les fleurs et dans les fruits ; mais ce genre fut cultivé avec un grand succès par *Abramo Brughel*, qui s'établit à Naples de son temps et y termina ses jours. C'est des artistes précédents que date l'époque la plus brillante de certaines peintures d'un ordre secondaire qui, toutefois, décorent très-bien les galeries et font honneur à leurs auteurs. On nomme après les deux premiers, *Giambattista Ruoppoli* et *Onuphre Loth*, élèves de Porpora, supérieurs à lui pour les fruits, principalement pour les raisins, et presque ses égaux dans le reste.

*Giuseppe*, chevalier *Recco*, sorti de la même école, est un des premiers de l'Italie pour les gibiers, pour les oiseaux, les poissons, et les autres représentations de la même espèce. Un des plus beaux morceaux que j'en aie vus, est dans la maison des comtes Simonetti d'Osimo, et l'auteur y a écrit son nom. Il eut aussi du succès dans les galeries, à cause du beau coloris qu'il avait acquis dans la Lombardie. Il demeura pendant plusieurs années à la cour d'Espagne, dans le temps même où le Giordano y était. On y vit aussi un élève du Ruoppoli, appelé *Andrea Belvedere*, habile dans le même genre et plus encore dans les fruits et les fleurs. Il y eut entre lui et le Giordano, une contestation sur ce qu'Andrea soutenait que les peintres de figures ne pouvaient pas réussir parfaitement dans ce genre plus minutieux, tandis que le Giordano prétendait que celui qui sait le plus, n'a aucune peine à faire le moins. Il prouva en faveur de son assertion en composant un tableau d'oiseaux, de fleurs, de fruits, si bien ordonné, qu'il ôta la primauté à Andrea ; celui-ci dans son dépit se rangea au nombre des gens des lettres, parmi lesquels il ne fut certainement pas le dernier.

*École de Belvedere.*

Cependant ses peintures ne diminuèrent ni de mérite, ni de valeur; et ceux de son école continuèrent après lui à embellir les galeries des grands. Le plus célèbre de ses élèves fut Tommaso Realfonso, qui joignit au talent de son maître, celui de représenter au naturel toutes sortes de feuillages, de comestibles et de sucreries. Il eut d'habiles imitateurs dans Giacomo Nani et Baldassar Caro, employés à orner la cour du roi Charles de Bourbon, puis dans Gasparo Lopez, élève d'abord de Dubisson, puis de Belvedere; celui-ci étant devenu aussi bon paysagiste, il suivit le grand duc de Toscane, et demeura long-temps à Venise. Selon le Dominici, il mourut à Florence; selon Algarotti, l'auteur du catalogue, ce fut à Venise, et vers 1732. C'est ici que finit la succession des peintres de genre (1)

(1) On vit fleurir à Messine, pendant cette époque, un hollandais nommé *Abraham Casembrot*. Il passe pour avoir été l'un des premiers de son temps pour les paysages, et plus encore pour les marines, les ports, les tempêtes. Il exerça aussi l'architecture, et il eut beaucoup de mérite pour les figures de petites dimensions ; son travail était toujours d'un fini, dont on ne peut se faire l'idée qu'en en voyant des exemples. L'église de San Giovacchino a de lui quatre petits tableaux de la Passion : les habitants de Messine possèdent aussi d'autres peintures charmantes du même pinceau, mais en très-petit nombre, parce que l'auteur les vendait à un prix très-élevé, et les en-

qui sortirent de l'école d'Aniello. Revenons aux peintres de figures, mais à ceux d'une époque nouvelle.

## QUATRIÈME ÉPOQUE.

#### Giordano, Solimene, et leurs élèves.

Ce fut dans la seconde moitié du dix-septième siècle, que *Luca Giordano* commença de figurer à Naples, et quoiqu'il ne l'emportât sur aucun de ses contemporains par le mérite réel de son style, il fit toutefois plus de fortune qu'aucun d'eux; effet d'un génie vaste, hardi, créateur, et que Maratte regardait comme unique et sans exemple. Ce don si rare de la nature se développa en lui dès son enfance : Antonio, son père, confia d'abord son instruction en peinture, au Ribera à Na-

Luca Giordano.

voyait pour la plupart en Hollande. Les Messinois donnèrent ensuite la vogue à *Socino*, rival de *Casembrot*. Ce peintre était plein d'imagination, exécutait avec promptitude, et ne se montrait point difficile sur le prix de ses travaux : on conserve encore ses paysages et ses perspectives qui n'ont point cessé d'être estimés. Je ne vois point que Casembrot ait formé entièrement aucun peintre à Messine. Il y donna seulement des élements d'architecture, de perspective, et même de peinture à quelques étudiants. C'est à ce titre que l'on met au nombre de ses élèves le capucin P. Feliciano de Messine ( autrefois *Domenico Guargena* ), qui, étudiant ensuite Guido dans son couvent de Bologne, suivit le style de ce grand maître avec beaucoup de succès. Hackert accorde de grands éloges à une Madone avec l'Enfant-Jésus, et à un St-François avec ses religieux; ouvrages du P. Feliciano, qui lui ont fait donner la palme parmi les peintres de son ordre, lequel en a produit un grand nombre.

ples, puis au Cortona (1) à Rome; et après lui avoir fait parcourir les meilleures écoles de l'Italie, il le ramena dans sa patrie, riche de dessins et d'idées. Antonio était un peintre très-médiocre, qui, réduit à vivre à Rome du travail de son fils, dont les dessins étaient dès-lors fort recherchés (2), n'était capable de lui donner d'autre précepte sur son art, que celui que la nécessité lui enseignait, c'est-à-dire *de faire vite*. Un écrivain rapporte (chose inouïe) que Luca étant convalescent à la suite d'une grave maladie, n'inter-

(1) Le *Cortona* a formé à la Sicile un bon élève dans *Giovan Quagliata*, qui, dans les *Memorie messinesi*, est signalé comme ayant été favorisé et distingué d'une manière particulière par son maître : on ajoute qu'il retourna ensuite dans sa patrie pour rivaliser avec Rodriguez, et ce qui me paraît plus extraordinaire, avec Barbalunga. On peut juger, d'après ce qui reste à Rome de l'un et de l'autre, que Barbalunga dans St-Silvestre à Monte Cavallo déploya l'art d'un grand maître ; et que *Quagliata* dans sa madone de Constantinople n'annonce qu'un bon écolier. Le premier est célèbre et connu de tous les peintres de Rome ; le second n'a pas un seul admirateur. Il est possible qu'il ait mieux peint à Messine; l'historien le loue comme un peintre doux et modéré dans le caractère de ses ouvrages tant que vécurent ses rivaux : mais on ajoute qu'après leur mort, il entreprit de peindre des fresques dans lesquelles on reconnaît la hardiesse de son imagination à l'expression des figures, et aux superfluités de son architecture et de ses autres ornements. *Andrea*, son frère, n'alla point à Rome : on le regarde néanmoins comme un bon peintre à Messine.

(2) *Giordano* racontait qu'il avait dessiné douze fois à cette époque les salles et la loge de Raphaël ; près de vingt fois la bataille de Constantin peinte par Jules, outre les ouvrages de Michelange, de Polydore, et d'autres artistes de premier ordre. Voy. *le Vite* de Bellori publiées à Rome en 1728, avec l'addition de la vie de Giordano, page 307.

rompait point son travail, mais qu'il ouvrait la bouche *ainsi qu'aurait fait un merle ou un passereau* dans son nid, et que son père y introduisait ses aliments, lui criant toujours dans les oreilles ces même mots: *Luca fa presto*, Lucas fais vite, et depuis lors les étudiants de Rome ne l'appelaient plus autrement que *Luca fa presto;* surnom qui lui a tenu lieu de nom de famille dans plusieurs ouvrages. Au moyen de cette singulière éducation Antonio l'habitua à la plus étonnante promptitude, ce qui l'a fait appeler par plusieurs, le foudre de la peinture. Il est vrai que cette grande célérité venait moins de l'agilité de sa main, que de la vivacité de son imagination surtout, ainsi que Solimene l'a remarqué. Elle lui faisait concevoir dès le commencement ce que le tableau devait être, et il ne s'arrêtait point en chemin, à chercher les détails en hésitant, en essayant, en choisissant, comme le font presque tous les autres. On l'appela aussi le *Protée* de la peinture, à cause du talent particulier qu'il eut de contrefaire toutes sortes de manières; autre effet d'une mémoire vivement frappée de ce qu'il avait une fois vu. Il n'est point rare de trouver des exemples de tableaux qu'il peignit d'un style conforme à celui d'Albert Duro, de Bassano, de Titien, de Rubens, et avec lesquels il en imposa aux connaisseurs, ou même à ses rivaux qui devaient être encore plus en garde contre une pareille erreur. Ces sortes de tableaux ont été depuis évalués dans des ventes, le double, et le triple d'un tableau ordinaire de Giordano. On en voit aussi des essais dans les églises de Naples, tels que les deux tableaux dans le style du Guide, qui sont placés à Sainte-Therèse, et spécialement celui de la Nativité de J.-C. La Cour d'Espagne en a aussi une Sainte-Famille, tellement semblable au style de Raphaël, que *quiconque ne connaît point la beauté essentielle de cet auteur, est trompé par l'imitation du Giordano*, dit Mengs dans l'une de ses lettres (*).

Quoi qu'il en soit, il n'adopta exclusivement aucune des manières précédemment indiquées. Il suivit d'abord ouvertement les traces de l'Espagnolet; ensuite il s'attacha beaucoup à celles de *Paul* Véronèse, comme dans le tableau de la *Passion* à Ste-Thérèse, ouvrage que nous avons déjà cité. Il conserva toujours la maxime favorite de ce grand maître, qui était de surprendre par quelque ornement capable de frapper les yeux. Il paraît avoir emprunté du *Cortona* les contrastes de la composition, les grandes masses de lumière, et la fréquente répétition des mêmes têtes, surtout celles de femmes qu'il copiait toujours d'après la sienne. Du reste, il chercha constamment à se distinguer de tous les autres peintres par une manière de colorier tout-à-fait nouvelle. Il fut peu soigneux de se conformer aux meilleurs principes de l'art : son coloris n'est pas d'un ton assez vrai dans les teintes, et beaucoup moins encore dans le clair-obscur, où il se fit une manière idéale et arbitraire. Giordano plaît cependant par une certaine grace, et pour une certaine illusion adroitement ménagée, que peu d'observateurs ont remarquée, et que nul peintre n'a pu imiter. Du reste, il ne se proposait jamais en exemple à ses disciples, et les réprimandait même s'ils cherchaient à suivre la même route, en leur disant qu'il n'appartenait point à des

(*) T. II, page 67.

jeunes gens de pénétrer dans des vues telles que les siennes. Il connaissait bien les principes du dessin, mais ne se mettait point assez en peine de les observer; et *Dominici* pense que, s'il avait voulu s'y astreindre rigoureusement, ce feu extraordinaire qui fait son principal mérite, se serait éteint ; excuse qui n'est pas de nature à satisfaire toutes sortes de lecteurs. On pourrait accorder plus de poids à cette autre raison ; que, comme il était insatiable de gain, et que par cette raison il ne refusait jamais aucun ouvrage à faire, même pour les dernières classes du peuple : il abusait de sa grande facilité, même aux dépens de sa gloire. On l'accuse ensuite d'avoir peint trop superficiellement, sans empâtement, et avec une si excessive abondance d'huile, que les images disparaissaient bientôt de ses toiles.

Naples abonde des peintures de *Giordano*, et dans les lieux publics, et dans les collections particulières. Il n'y a pour ainsi dire point d'église dans cette grande ville, qui n'offre aux regards quelqu'un de ses ouvrages. On admire beaucoup son tableau des Marchands chassés du temple, que l'on voit aux pères *Girolami*, dont il voulut que l'architecture fût faite par le *Moscatiello*, peintre de perspectives. On place au-dessus de tous ses autres ouvrages, ceux du trésor de la Chartreuse. Il les exécuta dans la maturité de l'âge, et on croit y voir la réunion de toutes les qualités qu'il avait acquises. On contemple avec étonnement sa peinture historique de l'Exaltation du serpent dans le désert. Il y a représenté la foule des Israélites qui, déchirés cruellement par les reptiles, se tournent vers le signe libérateur, pour trouver du soulagement à leurs maux.

<sub>Moscatiello.</sub>

Les autres sujets d'histoire, peints sur les parois et sur la voûte, et tous tirés de l'écriture sainte, ne sont pas moins beaux. On vante beaucoup encore la coupole de Ste-Brigite, laquelle, peinte en concurrence avec *Francesco de Maria*, en fort peu de temps et avec des teintes plus agréables, le fit, aux yeux du vulgaire, prévaloir sur ce grand artiste, et donna de la vogue à un goût moins pur parmi les jeunes gens. On indique comme une merveille le tableau de St-Xavier, fait pour l'église du même nom en un jour et demi, et aussi riche en figures qu'aucun de ceux qu'il ait coloriés. Luca alla à Florence pour peindre la chapelle *Corsini* et la galerie Riccardi, outre d'autres travaux qu'il fit pour d'autres églises et d'autres collections, principalement pour celles de l'illustre maison *Rosso*. Les Bacchanales qu'il avait peintes pour cette dernière, furent ensuite transférées dans le palais de M. le marquis *Gino Capponi*. Il travailla aussi pour le prince régnant ; et Côme III, sous les yeux duquel il composa et coloria une grande toile en moins de temps qu'on ne peut le dire, applaudit à son mérite en disant qu'il était digne d'être employé par des souverains. Il reçut le même éloge de Charles II, roi d'Espagne, à la cour duquel il demeura pendant treize ans; et à en juger par le nombre de ses ouvrages, on pourrait croire qu'il y consomma une longue vie. Il continua les peintures commencées par *Cambiasi* de Gênes, dans l'église de l'Escurial et il l'orna, sur la voûte, dans les coupoles et sur les murs, d'une innombrable quantité de sujets tirés, pour la plupart, de l'histoire de Salomon. Il fit d'autres vastes compositions à fresque dans une église dédiée à St-Antoine, dans le palais de *Buonritiro*, dans la salle des ambassadeurs; puis il peignit avec un goût exquis, pour la reine mère, une Nativité de Jésus-Christ, que l'on dit être un tableau admirable et supérieur à ce que d'autres peintres ont jamais fait. S'il eût toujours travaillé ainsi, l'on n'aurait point dit que ses exemples avaient été pernicieux pour l'école espagnole (1). Étant enfin devenu vieux, il revint dans sa patrie, comblé de richesses et d'honneurs, et il y mourut peu de temps après, regretté comme le plus grand peintre de son temps.

Il ne sortit de son école qu'un très-petit nombre d'artistes de mérite. La plupart abusaient de cette maxime de leur maître, que celui qui plaît au public est toujours bon peintre, et que le public est plus facilement séduit par le coloris que par le dessin. Ils firent donc fort peu de cas de la correction, et travaillèrent presque tous de pratique. Ceux qu'il favorisa

École de Giordano.

(1) On doit remarquer que s'il eut des imitateurs, il eut aussi de bons juges, par exemple, *Palomino* qui, malgré qu'il fût l'ami de *Giordano*, et qu'il eût abandonné les lettres pour la peinture, au moment où *Luca* était le plus en vogue, ne se borna point à l'imiter, mais étudia aussi tous les autres peintres de son siècle. Ce Palomino, qui fut un artiste d'un grand mérite, et que Charles II nomma peintre de la chambre, est le même qu'on nomme avec justice le *Vasari de l'Espagne*, et que je cite souvent dans le cours de cet ouvrage. Ceux qui sont versés dans la langue espagnole, vantent beaucoup la diction de Palomino; raison pour laquelle, sans doute, les exemplaires de sa *Teorica e pratica della pittura* (2 vol. in-folio), sont très-rares hors de l'Espagne. Mais, en fait de critique, il dut se tromper quelquefois, à l'exemple du Vasari. Je soupçonne qu'il suivit presque toujours la tradition sans examen, et j'en juge par des élèves, attribués à tel ou tel maître, contre le témoignage de la chronologie.

le plus, furent *Aniello Rossi* napolitain, et *Matteo Pacelli* de la Basilicate, qu'il emmena en qualité d'aides en Espagne, d'où ils revinrent avec de bonnes pensions, et vécurent ensuite commodément, presque dans l'oisiveté. *Niccolò Rossi* devint bon compositeur, et coloriste dans le goût de son maître, quoique ses teintes tirent davantage sur le rougeâtre. Dans quelques ouvrages importants, tels que le Soffite de la chapelle royale, *Giordano* l'aida de ses dessins. Il peignit beaucoup pour les collections particulières, et fut, après *Recco*, le plus recherché des peintres d'animaux. Le Guide de Naples vante beaucoup le talent qu'il déploya, aussi-bien que *Tommaso Fasano*, en peignant à gouache de très-grandes compositions, pour orner des saints-sépulcres et des expositions du saint-sacrement. *Giuseppe Simonelli*, d'abord laquais du *Giordano*, devint un copiste fort exact de ses ouvrages, et un imitateur très-intelligent de son coloris. Il fut médiocre quant au dessin ; cependant on accorde du mérite à un Saint-Nicolas de Tolentino, à l'église de Montesanto, comme pouvant être comparé aux productions les plus correctes et les plus étudiées de *Giordano*. *Andrea Miglionico* eut plus de facilité à imaginer et autant de goût dans son coloris, mais moins de grace que *Simonelli*. Andrea peignit aussi dans plusieurs églises de Naples ; et le tableau de la *Pentecôte* qu'il fit pour la Ste-Annonciation, y est en grande réputation. *Franceschitto*, qui était espagnol, donnait de si belles espérances, que *Luca* disait souvent que ce jeune homme était né pour surpasser son maître. Il mourut de très-bonne heure, laissant à Naples un monument de son heureux génie, dans le St-Pascal qu'il peignit à Ste-Marie du Mont. Le paysage en est très-beau, ainsi qu'une gloire d'anges dont il l'a embelli.

Mais le meilleur de ses élèves fut *Paolo* de Matteis, que Pascoli range aussi parmi les disciples les plus habiles de Morandi : c'est un peintre que l'on peut compter parmi les plus habiles de son temps. Il fut appelé en France, et en trois années qu'il y passa, il se fit un nom à la cour, et dans le royaume. Il fut invité sous Benoît XIII à venir à Rome, où il peignit à la Minerve et à Ara-Cœli. Il orna encore de ses peintures plusieurs autres villes, entre autres Gênes, qui possède à San Girolamo deux de ses tableaux les plus estimés : l'un est l'Image du Titulaire qui apparaît en songe à Saint-Xavier et lui parle; l'autre, a pour sujet la Conception immaculée de la Vierge-Marie, avec un cortége d'anges pleins de grace et de vivacité. Cependant, comme c'est à Naples qu'il fit sa principale résidence, c'est Naples qui doit être considéré comme le théâtre de ses succès. C'est là, qu'il remplit de ses ouvrages à fresque, et les églises, et les galeries, et les salles, et les voûtes, et qu'il rivalisa souvent avec la rapidité de son maître sans égaler son talent; mais il eut le mérite, sans exemple, d'avoir peint en soixante-six jours une immense coupole, celle de Gesù Nuovo, démolie depuis plusieurs années parce qu'elle menaçait ruine. Ce tour de force ayant été raconté à Solimene, il répondit froidement que l'ouvrage le disait assez, sans qu'on en prît le soin ; cependant il s'y trouvait des choses si belles, et si bien imitées de Lanfranco, que cette étonnante promptitude excita l'admiration générale.

<small>Paolo de Matteis.</small>

Lorsqu'il travailla, en faisant une étude préalable, et en y apportant tous ses soins, comme dans l'église des *Pii Operaj*, dans la galerie Matalona, et dans beaucoup de tableaux qu'il fit pour des collections particulières, il ne laissa rien à desirer; ni composition, ni grace de contours, ni beauté des traits, quoique peu variés, ni aucune des qualités que l'on exige d'un peintre. Son coloris fut d'abord imité de celui de Giordano; il donna ensuite plus de vigueur au clair-obscur, mais en conservant une certaine délicatesse, une certaine morbidesse de teintes, surtout dans les madones et les enfants, parmi lesquels on trouve une suavité digne de l'Albane, et quelque réminiscence de l'école romaine, où il avait aussi étudié. Il ne fut pas très-heureux en élèves, quoiqu'il en comptât un grand nombre. Celui qui se fit le plus remarquer, fut *Giuseppe Mastroleo* dont on vante beaucoup le Saint-Érasme qui est à Santa Maria Nuova. *Giambattista Lama* fut d'abord condisciple du Matteis dans l'école du Giordano; il devint ensuite son beau-frère et reçut de lui quelques conseils dans ses études. Il parvint, à l'exemple de Paolo, à la suavité des couleurs et du clair-obscur; et exécuta d'une manière remarquable d'importants ouvrages, tels que la Galerie du duc de San Nicola Gaeta, et avec plus de succès encore, des tableaux à petites figures pour les galeries. Il se plut à prendre pour sujets des traits de la mythologie, et ces ouvrages ne sont rares ni dans la ville de Naples, ni dans l'étendue du royaume.

*Francesco Solimene*, appelé aussi l'abbé Ciccio, naquit à Nocera de' Pagani, d'Angelo, écolier du chevalier Massimo : entraîné par son inclination pour la peinture, il laissa ses études, apprit de son père les éléments de cet art et passa à Naples. Il se présenta d'abord à l'école de Francesco di Maria, qui, selon lui, s'occupait trop du dessin, et cessant bientôt d'y aller, il se mit à suivre l'académie de Po, où, prenant conseil de sa jeunesse, il entreprit à la fois de dessiner le nu et de le colorier. Aussi peut-on à peine dire qu'il ait eu d'autres maîtres que les tableaux des grands peintres qu'il copia et étudia sans relâche. Il suivit d'abord en tout le style du Cortona; puis, s'étant fait une manière à lui, il le prit toujours pour l'un de ses modèles, jusqu'à en copier des figures entières, que cependant il modifiait par le nouveau caractère de son style, qui s'approche de celui de Preti, plutôt que d'aucun autre. Le dessin en est moins exact, le coloris moins vrai, mais les visages ont plus de beauté. Il imitait pour ceux-ci, tantôt le Guido, tantôt le Maratte, et souvent les choisissait dans la nature même, ce qui le fit quelquefois appeler le chevalier Calabrois embelli. Il ajouta ensuite à l'imitation du Preti celle du Lanfranc, qu'il surnommait *le Maître*, et auquel il emprunta cette complication de composition qu'il porta peut-être jusqu'à l'exagération. Il prit de l'un et de l'autre ce clair-obscur dont il augmenta la vigueur lorsqu'il fut parvenu a l'âge mur; mais il la diminua à mesure que ses années s'accumulaient, et lui donna un caractère plus facile et plus doux. Il dessinait l'ensemble de ses compositions et en revoyait tous les détails d'après nature, avant de colorier; aussi on peut le mettre au nombre de ceux qui mirent le plus de soin à préparer leurs ouvrages, du moins dans le temps où son talent brillait de tout son éclat: car, il déclina ensuite, sa facilité dégénéra en négligence, et il fraya la route à l'afféterie. Il déploya dans ses inventions ce talent naturel, élégant et facile, qui lui fait tenir un rang honorable parmi les poètes de son temps. On peut encore louer en lui une certaine universalité de génie, à laquelle il se livra en s'exerçant à tous les genres divers que comprend la peinture. Les portraits, l'histoire, le paysage, les animaux, les fruits, l'architecture, les métiers, à quelque genre qu'il s'appliquât, il paraissait né exclusivement pour s'y distinguer ; doué d'une étonnante rapidité de pinceau, et ayant vécu jusques à quatre-vingt-dix ans, il répandit ses ouvrages dans toute l'Europe, presqu'à l'égal du Giordano. Il fut à la fois le rival et l'ami de ce dernier, moins original peut-être quant au génie, mais plus correct dans son exécution. Quand Giordano fut mort et que Solimène eut vu qu'il tenait le premier rang en Italie, quoi que pussent dire ses rivaux du peu de naturel de son coloris, il commença à mettre un prix très-élevé à ses peintures, ce qui ne l'empêcha point d'être chargé d'une multitude de travaux.

Un de ceux qui le distinguent le plus, est la sacristie des PP. Théatins de Saint-Paul Majeur. Ses peintures, dans les arceaux des chapelles de l'église des Apôtres, méritent aussi d'être rappelées. Ce travail avait d'abord été fait par Giacomo del Po, et devait être analogue à la tribune et à tout ce que le Lanfranc y avait peint ; mais Po ne satisfit point le public : tout ce qu'il avait fait fut effacé. Solimene lui fut substitué pour l'exécution de ce travail, et il prouva qu'il en était effectivement plus digne. La chapelle de Saint-Philippe à l'église de l'Oratoire, offre un exemple de la perfection de son fini; chaque figure y est terminée avec le soin d'un peintre en miniature. Parmi les collections particulières pour lesquelles il travailla, il se signala surtout dans celle de la maison de Sanfelice, en l'honneur de Ferdinand son élève, qui appartenait à cette noble famille. Il lui fit une galerie qui par la suite devint comme une école ouverte à tous les jeunes gens. On vante encore beaucoup parmi ses tableaux, celui du maître-autel des religieuses de San Gaudioso, sans compter tous les autres qu'il dispersa dans plusieurs églises, et dans toute l'étendue du royaume. On doit faire une mention à part de celle de Montcassin, pour laquelle il coloria les quatre grands sujets historiques que l'on voit dans le chœur; ils sont indiqués dans la *description historique de Monte Cassino*, publiée à Naples en 1751. Ses ouvrages sont assez rares dans les galeries particulières de l'Italie, hors du royaume de Naples. Les princes Albani et Colonna ont à Rome quelques-unes de ses compositions historiques. Les comtes Buonaccorsi ont un plus grand nombre de ses sujets fabuleux, dans la galerie de Macerata. On remarque au nombre de celles-ci, la Mort de Didon, tableau vaste et d'un grand effet. Le morceau le plus considérable que j'en aie vu dans l'État ecclésiastique, est une Ste-Cène, dans le réfectoire des Conventuels d'Assise, ouvrage d'une élégance parfaite et exécuté avec le plus grand soin; le peintre a introduit son portrait, parmi les serviteurs qui sont autour des convives.

Les principes que le Solimene suggérait aux jeunes étudiants, sont rapportés par son historien, et ont formé une nombreuse école, qui s'est étendue au-delà du royaume jusqu'à la moitié du dix-huitième siècle. Parmi

*École de Solimene.*

ceux qui restèrent à Naples, nous avons nommé, il n'y a pas long-temps, *Ferdinando Sanfelice*, noble Napolitain, qui, s'étant fait le disciple de Francesco, devint presque l'arbitre de toutes ses volontés. Ne pouvant se charger de tous les travaux qui lui étaient demandés de tous les côtés, le moyen le plus certain de l'engager à ne les point refuser, était de les lui faire proposer par le Sanfelice, qui jamais ne lui demandait rien en vain. Celui-ci, avec le secours de son maître, parvint à se faire distinguer parmi les peintres de figures, et à orner quelques autels de ses tableaux. Il se plut aussi beaucoup à peindre des fruits, des paysages et des perspectives, genres dans lesquels il excella. Il eut aussi la réputation d'être un architecte habile. Toutefois, celui des disciples de Solimene qui approcha davantage de sa célébrité en peinture, fut *Francesco* de Mura, appelé aussi *Franceschiello*. Il était Napolitain de naissance, et contribua beaucoup à l'ornement de cette ville, en public et en particulier. Mais aucun de ses ouvrages ne lui valut peut-être plus d'applaudissements que les peintures à fresque qu'il fit dans diverses salles du palais royal de Turin, où il travailla en concurrence avec Beaumont, qui était alors à l'époque brillante de son talent. Il y peignit les plafonds de plusieurs salons de tableaux en grande partie flamands; et les sujets qu'il choisit et traita avec une grace infinie, furent les Jeux olympiques et les Actions héroïques d'Achille. Il a, en outre, laissé des ouvrages divers dans d'autres parties de ce même palais. *Andrea dell' Asta* jouit à son tour d'une grande considération parmi ses compatriotes. Étant passé de l'école de Solimene à Rome, pour y achever ses études, il mêla à sa première manière une certaine imitation de Raphaël et de l'antique. On range au nombre de ses meilleurs ouvrages deux grands tableaux de la Naissance de J.-C. et de l'Épiphanie, qu'il fit à Naples pour l'église de St-Augustin des PP. déchaussés. *Niccolò Maria Rossi* fut aussi employé avec succès dans les églises de Naples, et même à la cour. *Scipion Cappella* réussit mieux qu'aucun autre de ses condisciples à faire des copies des tableaux de Solimene, lesquels étant retouchés par le maître, passèrent plus d'une fois pour des originaux. *Giuseppe Bonito*, bon inventeur et peintre de portraits, d'un merite très-distingué, a été l'un des meilleurs imitateurs de Solimene, et est mort, il y a peu d'années, après avoir rempli l'emploi de peintre de la cour. On trouvera les noms de plusieurs autres artistes de Naples et de la Sicile (1), qui me sont

Niccolò Maria Rossi.
Scipione Cappella.
Giuseppe Bonito.

(1) Les *Memorie de' Messinesi pittori* nomment un *Gio. Parcello*, qui, revenu de l'école de *Solimene*, dans sa patrie, y trouva la peinture dans un état de décadence complète, et tenta de la relever en ouvrant un école dans sa maison, et en s'efforçant de propager le style de son maître, qu'il avait saisi avec beaucoup de bonheur. *Antonio* et *Paolo*, qui étaient frères, et qui sortaient de l'école de *Maratta*, rapportèrent de Rome un goût encore plus pur, et ouvrirent à leur tour une académie à Messine; il s'y assembla bientôt un grand concours d'élèves, et les deux frères travaillèrent de concert dans plusieurs églises: ils excellaient dans les fresques, mais Antonio l'emportait de beaucoup sur Paolo. Il y eut un troisième peintre appelé *Gaetano*, et frère des deux précédents, qui faisait les ornements dans leurs tableaux. On en trouve sur mur et sur toile, à *Santa Caterina di Valverde*, à *San Gregorio delle monache*, et ailleurs. On vit fleurir dans le même temps que les *Filocami*, *Litterio Paladino* et *Placido Campolo*, élève de Conca, à Rome, où il semble que les mar-

moins connus, dans les livres des nationaux. Leur mérite a été récemment analysé dans plusieurs volumes écrits par le savant M. Pietro Signorelli, dont je n'ai point à présent l'ouvrage sous la main, mais que j'ai cité, ainsi que quelques autres, sur la foi de leur réputation.

Nous avons fait mention, en parlant de plusieurs autres écoles, de quelques peintres napolitains qui ne vécurent point dans le royaume. Nous avons assez parlé du *Conca* et du *Giaquinto* dans l'école romaine, auxquels on peut joindre Onuphre Avellino, qui vécut à Rome pendant quelques années, travaillant pour les collections

Le Conca.
Le Giaquinto.

bres antiques lui furent plus utiles que les exemples de Conca. L'un et l'autre eurent du mérite dans les compositions vastes; on vante principalement la voûte de l'église du Monte Vergine, ouvrage du premier, et la voûte de la galerie du sénat, que l'on doit au second. L'un et l'autre sont estimés quant au dessin; mais le goût du second est plus solide, plus exempt d'affectation. Les cinq artistes que nous venons de nommer et qui étaient nés dans des années différentes, moururent tous dans l'année fatale de 1743. Luciano *Fori*, copiste intelligent de tous les maîtres, quels qu'ils fussent, leur survécut : il imita mieux qu'aucun autre les productions de *Polydore*, dont il saisit très-bien le style, même dans des tableaux de sa propre invention; mais son caractère distinctif, est son habileté à pénétrer dans le secret de l'art: genre de sagacité, à l'aide duquel, reconnaissant les styles divers, les vernis, les méthodes variées des maîtres anciens, non-seulement il discernait les auteurs douteux, mais encore réparait les tableaux endommagés par le temps, en cachant les endroits qu'il avait retouchés avec une adresse si merveilleuse, que les plus grands connaisseurs n'y pouvaient rien apercevoir. Un homme doué de ce genre de talent ( et ils sont fort rares ), vaut à lui seul plusieurs peintres.

Ajoutez encore ici quelques artistes de l'île même, nés en divers endroits. *Marcantonio Bellavia*, sicilien, qui peignit à

particulières, et se produisant dans quelques églises : la voûte de St-François de Paule est l'ouvrage le plus considérable qu'il y ait laissé. Maja et Campora, à Gênes; Sassi, à Milan, et d'autres, de l'école même de Solimene, seront indiqués dans différentes villes, et quelquefois nous leur ferons le reproche d'avoir outrepassé les limites que le maître leur avait tracées. Le coloris de ce dernier, quoiqu'il eût pu avoir plus de vérité, est tel, cependant, que l'on n'en est point choqué; il a même un certain charme qui arrête les regards. Mais ses élèves et ses imitateurs, n'ayant point su se maintenir dans

Rome à Sant' Andrea del Frate, est considéré, mais d'après une simple conjecture, comme un élève du Cortona. Le *Calandrucci*, palermitain, a été nommé parmi ceux de Maratta. *Gaetano Sottino* coloria la voûte de l'Oratoire, près la Madonna de Constantinople : cet artiste eut quelque mérite. *Giovacchino Martorana* de Palerme, fut un peintre de grandes machines : on vante dans sa ville natale la grande chapelle des *Crociferi*, et à Ste-Rosalie, quatre grands tableaux, sujets pris de la Vie de Saint Bénoît. *Olivio Sozzi* de Catane, travailla beaucoup à Palerme, principalement à San Giacomo, où tous les autels sont ornés de tableaux de sa main, et où la tribune offre trois de ses grandes compositions, dont les sujets sont choisis dans l'histoire de l'enfance de J.-C. Je vois un autre *Sozzi*, du nom de François, cité à Girgenti, pour un tableau de la cathédrale, lequel représente les Cinq évêques de cette ville qui méritèrent d'être canonisés. L'église des Paolotti renferme deux tableaux du martyre de Santa Oliva, qui sont dus au pinceau d'*Onofrio Lipari* de Palerme. On voit dans cette même ville une multitude de travaux à fresque, exécutés par *Philippe Randazzo* ; on en voit aussi de *Tommaso Sciacca*, qui servit d'aide, à Rome, au *Cavalucei*, et qui a laissé des tableaux d'autels d'un grand mérite à Rovigo, dans la cathédrale, ainsi que chez les Olivetains.

les mêmes bornes, se sont tellement écartés de la véritable route, que l'on peut assurer qu'aucune époque de la peinture n'a été, plus que la leur, fatale au coloris. Florence, Vérone, Parme, Bologne, Milan, Turin, toute l'Italie, enfin, a été atteinte de cette contagion; et l'on est frappé à tous moments par des teintes si maniérées qu'elles semblent présenter un ordre de choses absolument différent de l'ordre naturel. L'abus que l'on fit, aussi, après Solimene et Giordano, de peindre à grands traits et de ne point finir, a été poussé si loin par la plupart des peintres, qu'ils ont vendu souvent à des acquéreurs crédules de mauvaises ébauches pour de bons tableaux. Les exemples de ces deux grands hommes, ayant été outrés au-delà de toute mesure, ont produit de nos jours de mauvais systèmes, ainsi qu'en avaient produits dans d'autres temps les exemples mal appliqués de Michel-Ange, de Tintoret et de Raphaël même. La véritable raison de ces erreurs doit se chercher, je crois, chez presque tous les professeurs de chacune de nos écoles, qui, abandonnant la route tracée par leurs anciens fondateurs, cherchaient à saisir, au milieu de l'obscurité, quelque guide nouveau, sans examiner quel il était, ni où il pouvait les conduire. C'est ainsi qu'à chaque apparition de quelque doctrine nouvelle, ils s'attachaient eux et leurs élèves aux pas de celui qui en était le chef.

*Peinture secondaire. Niccola Massaro.*

A l'époque de Giordano et de Solimene, *Niccola Massaro* brilla comme paysagiste. Il était élève du Rosa, et imitateur de son dessin plutôt que de son coloris; le sien fut pâle et languissant, et jamais il ne réussit à y ajouter des figures. Il se fit aider, dans ce

*Antonio*

genre, par *Antonio di Simone*, peintre qui n'était pas

très-fini, mais qui eut quelque mérite, même dans les batailles (1). Le Massaro forma *Gaetano Martoriello*, qui devint un paysagiste hardi et original, mais souvent à peine ébauché et d'un coloris toujours faux. *Bernardo Dominici*, l'historiographe, qui fut l'élève du Beych pour les paysages, eut une meilleure manière, au dire des connaisseurs. Il fut soigneux, minutieux même, et eut quelque chose de la manière des Flamands, jusque dans les *bambochades*. Ferrajuolo et Sammartino, Napolitains, qui allèrent s'établir dans la Romagne, se signalèrent dans cette province comme bons paysagistes. Le *Moscatiello* figura dans la perspective, comme nous l'avons dit en parlant de Giordano. Dans la vie de Solimene, on nomme Arcangelo Guiglielmelli comme un peintre habile. *Domenico Brandi*, Napolitain, et *Giuseppe Tassoni*, Romain, furent rivaux dans l'art de représenter les animaux. On vit briller dans la même sphère, ainsi que dans les fleurs et les fruits, un *Paoluccio Cattamara*, qui vivait au temps du P. Orlandi. Dans les marines et dans les paysages, on vit figurer *Lionardo Coccorante* et *Gabriele Ricciardelli*, élèves de l'Orizzonte, qui furent employés à orner la cour du roi Charles de Bourbon (2).

(1) *Giò. Tuccàri*, de Messine, fils d'un *Antoine*, faible écolier de Barbalunga, quoique très-exercé dans d'autres genres de peintures, dut sa plus grande célébrité à des petits tableaux de batailles, que la rapidité de son exécution lui fit multiplier jusqu'à un nombre inconcevable. La plupart passèrent en Allemagne, où ils furent gravés à l'eau-forte : ce peintre eut une imagination féconde et brillante ; mais son dessin manque souvent de correction.

(2) On nomme parmi les Messinois *Niccolò Cartissani*, mort

L'arrivée de ce prince, protecteur généreux des beaux-arts partout où il a gouverné, fortifia l'école napolitaine, ranimée pour ainsi dire par une lumière nouvelle. Les tableaux et les récompenses des artistes s'accrurent, les modèles des écoles étrangères furent multipliés; enfin, Mengs, appelé pour faire les portraits de la famille royale, avec un grand tableau de chevalet, apporta à la nation les bases d'un goût plus solide, et hâta l'avancement de l'art en même temps qu'il préparait celui de sa propre fortune. Mais c'est à Herculanum que l'on doit chercher les traces des plus grands bienfaits dont les arts soient redevables à ce prince. C'est par lui que tant de monuments antiques de peinture et de sculpture ensevelis depuis plusieurs siècles, revirent le jour. C'est par lui qu'ils furent retracés dans d'élégantes gravures, communiqués à toutes les nations et expliqués par les plus savants commentaires. Enfin, pour que les avantages qu'il préparait à son siècle fussent transmis plus sûrement aux générations futures de ses états, il tourna aussi sa sollicitude vers l'éducation de la jeunesse studieuse. Mais comme cette circonstance m'était inconnue au moment où parut ma première édition, malgré tous les soins que j'avais pris pour en être informé, il ne me fut pas

---

à Rome avec la réputation d'un bon paysagiste. Puis *Filippo Giannetti*, élève de *Casembrot* qui, pour le grandiose de ses paysages et de sa perspective, surpassa son maître; mais il ne peut lui être comparé pour le dessin des figures, non plus que pour le fini. Toutefois la facilité, ainsi que la vitesse de son pinceau, le fit nommer le *Giordano* des paysagistes. Estimé et protégé du vice-roi, comte de San Stefano, il figura dans Palerme et à Naples.

possible d'en rendre compte. J'en parle aujourd'hui d'après les notices que M. Daniele Riego, savant antiquaire, m'a communiquées à la prière de M. le marquis D. Francesco Taccone, trésorier de l'état : l'un et l'autre passionnés pour leur patrie, et attentifs à recueillir les monuments qui peuvent l'illustrer, se distinguent également par leurs vastes connaissances, et par la bienveillante politesse qu'ils apportent à les communiquer.

L'académie de St-Luc, fondée au Gesù Nuovo, existait déja à Naples dès le temps de Francesco di Maria, qui fut l'un des maîtres attachés à cette institution, dans laquelle il enseigna l'anatomie et le dessin. Elle subsista ainsi pendant plusieurs années : le roi Charles donna en quelque sorte une nouvelle vie à cet établissement, par une école de peinture qu'il ouvrit dans l'atelier des pierres dures, et des tapisseries. L'on y plaça six professeurs de l'école de Solimene, pour diriger ses travaux ; et ce lieu ayant été pourvu des meilleurs modèles, il fut permis à la jeunesse d'y aller étudier. On y donna même les fonctions de directeur à Bonito, auquel on associa peu de temps après de Mura, qui mourut avant le directeur principal. Ferdinand IV, en suivant les traces de son auguste père, a mis le comble à ses bienfaits ; et par des exemples continuels de la protection éclairée qu'il accorde aux études de ce genre, il a rendu le nom des Bourbons encore plus glorieux, et plus cher aux beaux-arts. Il transporta dans le nouveau musée royal le siége de l'académie, qu'il pourvut de tout ce qui pouvait favoriser l'éducation des nouveaux peintres. Il en confia la direction, après la mort du Bonito, à d'ha-

*Académie de Naples.*

biles professeurs; et ayant fondé des pensions pour maintenir à Rome des jeunes gens choisis parmi ceux qui annonceraient les dispositions les plus heureuses, afin qu'ils y suivissent l'étude des arts du dessin, il en assigna quatre, spécialement, pour un pareil nombre de ceux qui voudraient étudier la peinture. C'est ainsi qu'il confirma à Rome, par son suffrage, la prérogative que le monde lui accorde depuis long-temps; celle d'être l'Athènes des beaux-arts.

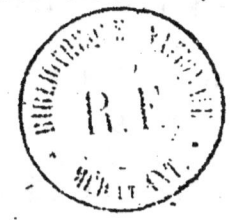

FIN DU SECOND VOLUME.

# TABLE DES MATIERES

## DU SECOND VOLUME.

LIVRE TROISIÈME. — ÉCOLE ROMAINE............ Page   i
1<sup>re</sup> ÉPOQUE. — Les Anciens........................   9
2<sup>e</sup> ÉPOQUE. — Raphaël et son école..................   48
3<sup>e</sup> ÉPOQUE. — La peinture, après les calamités publiques de Rome, commence à décliner, et tombe de plus en plus dans la recherche........................   121
4<sup>e</sup> ÉPOQUE. — Barocci et d'autres peintres, soit de l'État-Romain, soit des autres points de l'Italie, rappellent le bon goût dans l'École Romaine....................   172
5<sup>e</sup> ÉPOQUE. — Les Successeurs de Cortona, par une imitation imparfaite de *Pietro*, nuisent à la peinture. — Maratta et quelques autres la soutiennent........   256
LIVRE QUATRIÈME. — ÉCOLE NAPOLITAINE..............   339
1<sup>re</sup> ÉPOQUE. — Les Anciens........................ *ibid.*
2<sup>e</sup> ÉPOQUE. — L'École de Raphaël et celle de Michelange deviennent pour Naples le type du goût moderne.....   362
3<sup>e</sup> ÉPOQUE. — Corenzio, Ribera, Caracciolo, dominent à Naples. — Étrangers en concurrence avec eux.......   382
4<sup>e</sup> ÉPOQUE. — Giordano, Solimene et leurs Élèves.....   419

FIN DE LA TABLE.

www.ingramcontent.com/pod-product-compliance
Lightning Source LLC
Chambersburg PA
CBHW052234220526
45471CB00001B/37